新羅考古学研究

早乙女雅博 著

同成社

まえがき

　新羅は朝鮮半島の東南部に位置する慶州（金城）を王都として成立した古代国家である。その名は、同時代の414年に建立された高句麗の石碑である広開土王碑に「新羅」としてあらわれ、高麗時代に編纂された『三国史記』に新羅、高句麗、百済が本紀としてみられる。この三国は『三国史記』によれば、それぞれ紀元前の57年、37年、18年に成立したと伝えられるが、中国の史書である『魏志東夷伝』には、高句麗の名はみえるものの新羅、百済はなく、半島南部には馬韓、辰韓、弁韓の名がみえる。このころの半島南部の考古資料としては木棺墓・木槨墓と瓦質土器があげられる。これまでの赤褐色土器に変わり、還元炎焼成された軟質灰色の土器で、以後硬質灰青色の陶質土器へと発展するが移行期には両者が並存する。

　新羅、百済の成立は、考古学的にはそれぞれの王都で発達した積石木槨墳や積石塚という新しい墓制と陶質土器の出現を指標としている。その年代は遺物から求めることになるが、その最も良い資料が陶質土器である。新羅は王都を一貫して慶州に置いたのに対して、百済はソウルから公州、扶餘へと移り、考古資料も王都が置かれた時期に多くあり、年代的にも偏る傾向がみられる。したがって、土器の研究では長期間王都が一箇所に置かれた新羅が優位である。新羅土器の編年研究は、陶質土器の出現時期を明らかにし、それが副葬された積石木槨墳がいつから始まるかを明らかにすることができる。そして、新羅土器が出土する古墳の変遷、共伴する副葬品の性格と変遷を知ることができ、古代国家の成立と発展を考古学から考える基礎研究となる。さらに、土器に年代が与えられれば『三国史記』の記事との比較が可能となり、文献史学と考古学による古代研究が可能となる。

　一方、この時期は鉄器の生産が増大し鉄製甲冑や有茎鉄鏃の発達がみられ、環頭大刀、盛矢具、馬具や冠に金銅製品が出現し、冠、帯金具や垂飾付耳飾には金製品や銀製品が出現し、墓制と土器以外でもそれ以前の社会とは大きな変化がみられる。三国は国ごとに墓制や土器の様相が異なり、考古学的にみても

異なる伝統の上に成り立っているが、一方では上にあげた金属器のなかには三国で共通するものもあり、それは日本列島にも伝わったり、その源流が中国東北地区の三燕文化、さらにその先にある魏晋南北朝に求められるものがある。このことは、新羅、高句麗、百済がそれぞれの地域で前時代の社会と文化から内的に成長してきたとともに、当時の東アジア世界に身を置く国家であったことを示している。考古資料からみると、金、銀、金銅製で作られた威信財は一国を越えて分布し、異なる墓制の墓のなかから出土している。中国中心に分布するものがある一方で、新羅と倭、新羅と高句麗、百済と倭、あるいは百済・新羅と倭というように、中国には見られないが、朝鮮半島と日本列島に共通する考古資料も多い。西嶋定生氏によると、「東アジア世界」は「日本の文化を中国文化圏の中に位置づけて、そこに世界の存在を想定しようとするばあいに」「中国・朝鮮・日本・ベトナムという東アジア一帯の地域が中国文化圏として共通の文化を共有している」、そして、この地域が「自己完結的な政治構造」をもち「政治圏と文化圏が重複」するという意味をもつ（西嶋定生1975・1976）。考古資料ではそこまで厳密に定義することはできないが、西嶋氏の「東アジア世界」を常に意識しながら分析することが必要である。考古学からみた東アジア世界は、一国を越えて分布する資料が出発点となり、そこから地域を広げて考察することになる。

　本書は、そのような視点にたって、新羅の考古学に関するこれまでに発表した論文をまとめたもので、全体が3部より構成される。

　第1部は研究史をまとめたものだが、新羅考古学を中心としつつも朝鮮半島全体を視野に入れている。日本による35年間の植民地支配をへて1948年に大韓民国が成立し、朝鮮戦争をはさんで現在に至っているが、1906年から始まった新羅考古学の調査と研究は、その環境が日本とは大きな違いをみせている。第1章では、朝鮮総督府や韓国政府の政策と関連しながら進んだ調査と研究の全体像を描いた。2000年度の朝鮮史研究会大会「『古代朝鮮』という歴史空間」という統一テーマのなかでの発表を翌年の論集にまとめたものだが、内容的には新羅をもとにした朝鮮考古学史となっている。第2章は植民地期の調査研究を主導した関野貞の朝鮮古蹟調査を年代順に整理しなおした。第3章は筆者らの10年間に及ぶ関野貞資料の整理調査のなかで新しく発見した資料をも

とに、未公表であった大正2年度の古蹟調査報告の全体を復元し、その意義を考察した。第2章とあわせて第1章を補っている。これにより、関野貞の古蹟調査の全体像も明らかとなった。第1部は朝鮮考古学史を戦前から戦後にわたってまとめた論文で、戦後は新羅に限ったが全体の流れを追うことができた。

　第2部は新羅の内的成長を主題にした論文である。第1章は新羅考古学の基礎研究として、新羅土器を層位と型式分類から編年し共伴遺物から暦年代を求め、約25年ごとに時期区分した。編年案については30年前に発表したことがあるが、1990年、2002年と2003年に刊行された発掘報告書により再考察した。第3章でその年代観を日本の考古資料と比較して考察した。第2章は、第1章で得られた年代観をもとに、慶州から北へ200km離れた江陵にある古墳群から出土した土器を新羅土器と認定し、新羅の北方（東海岸）進出を記した文献記事と比較した。

　第3部は古代東アジア世界のなかの新羅を主題とした論文である。第1章は日本から中国の中原に広く分布する矢を収める容器である盛矢具を取り上げ、付属金具、実物、壁画、陶俑といった考古資料から古代東アジアの盛矢具を6型式に復元し、その系譜を考察した。第2章は日本、新羅、加耶、百済に分布する硬玉製勾玉の産地を考察した。崔恩珠氏の三国時代の硬玉製勾玉には原石が日本産でないものがあるという論文に触発されて、韓国と日本の古墳出土の硬玉製勾玉の分析を行い、崔氏とは逆に韓国の硬玉製勾玉は原石が日本産の可能性が強いと結論づけた。第1章が東アジアの広い範囲に分布する考古資料であるのに対して、第2章は韓国と日本に限られた資料である。

　これらは新羅の考古学に関する筆者の研究のひと区切りとしてまとめたものであるが、本書が今後の新羅研究発展のための踏み石のひとつとなるならば望外の幸せである。

目次

まえがき i

第1部　朝鮮考古学史と朝鮮古蹟調査

第1章　新羅考古学史 ……………………………………… 2
　1　学史の研究　2
　2　解放前の朝鮮考古学調査　3
　3　解放後の新羅考古学調査　37
　4　考古学からみた新羅の歴史空間　45

第2章　関野貞の朝鮮古蹟調査（1） ……………………… 54
　1　生い立ち　54
　2　第1回朝鮮古蹟調査—漢城・開城・慶州—　54
　3　第2回朝鮮古蹟調査—平壌・義州・扶餘・慶州—　57
　4　第3回朝鮮古蹟調査—朝鮮南部—　58
　5　第4回朝鮮古蹟調査—漢王墓—　61
　6　第5回朝鮮古蹟調査—遇賢里三墓と朝鮮東部—　63
　7　第6回朝鮮古蹟調査—双楹塚と朝鮮北部—　65
　8　第7回朝鮮古蹟調査—扶餘と慶州—　67
　9　第8回朝鮮古蹟調査—楽浪と高句麗—　68
　10　第9回朝鮮古蹟調査—高句麗の積石塚—　69
　11　第10回朝鮮古蹟調査—楽浪郡治址と金冠塚の発見—　69
　12　その後の朝鮮古蹟調査　70

第3章　関野貞の朝鮮古蹟調査（2） ……………………… 72
　　　　―大正2年朝鮮古蹟調査略報告―
　　1　大正2年略報告の発見　72
　　2　明治42年～大正3年までの朝鮮古蹟調査　73
　　3　大正2年の古蹟調査　76
　　4　大正2年古蹟調査の意義　81

第2部　新羅の考古学

第1章　新羅土器の編年研究 ……………………… 110
　　1　慶州古墳の調査　110
　　2　新羅土器の研究史　118
　　3　新羅の古墳　122
　　4　新羅古墳出土の土器編年　124
　　5　暦年代の比定　150
　　6　結　論　157

第2章　三国時代・江原道の古墳と土器 ……………………… 159
　　　　―関野貞資料土器とその歴史的意義―
　　1　江原道溟州下詩洞の古墳と土器　159
　　2　江原道三陟と江陵の古墳と土器　174
　　3　文献からみた江原道　177
　　4　結　論　181

第3章　装身具からみた日韓の暦年代 ……………………… 185
　　1　冠　185
　　2　龍文帯金具　189
　　3　垂飾付耳飾　192
　　4　年代の比較　195

第3部　古代東アジアと朝鮮半島

第1章　古代東アジアの盛矢具 ……………………… 200

    1　盛矢具と胡籙　200

    2　研究小史　201

    3　盛矢具の金具　205

    4　日本列島出土の盛矢具　208

    5　朝鮮半島出土の盛矢具　249

    6　中国出土の盛矢具　273

    7　盛矢具の復元　284

    8　若干の考察　293

第2章　日韓硬玉製勾玉の自然科学的分析 ………… 316

    1　問題の所在　316

    2　日本と韓国における自然科学的分析　317

    3　蛍光X線分析　320

    4　まとめ　328

引用文献　331

図版出典一覧　359

初出一覧　365

あとがき　367

新羅考古学研究

第1部　朝鮮考古学史と朝鮮古蹟調査

第1章　新羅考古学史

1　学史の研究

　本稿では、朝鮮総督府による文化財行政と関連させながら解放前（1945年以前）の朝鮮半島における考古学調査をまとめ、その調査のなかでもっとも重点的におこなわれたピョンヤンの楽浪郡・高句麗時代遺跡と慶州の新羅時代遺跡のうち後者を選び出し、解放後（1946年以降）における慶州の発掘調査成果とあわせ、新羅についてどのように語られてきたかを考察する。

　新羅は、『三国史記』新羅本紀にみえる新羅のことであるが、考古学では王都のあった慶州地域にみられる古墳、寺院、建物址、城などの遺構およびそこからの出土遺物を指標として基本的な新羅文化の内容とする。三国時代の朝鮮半島には、新羅、高句麗、百済、加耶諸国のほか、それらに属さない濊族や全羅南道の集団などがいるので、考古学から新羅を語るときに何を基準にして新羅とみるかという問題があるために、上記のように定義した。

　戦前の古蹟調査とその成果については、藤田亮策と梅原末治が文化財行政と関連させていくつか報告しているが（藤田亮策 1931b・1931e・1933・1951・1953、梅原末治 1946）、いずれも朝鮮総督府の立場にたった見方であった[1]。戦後になり復刻された『朝鮮古蹟図譜』や『古蹟調査報告』の解説などで有光教一も詳しく述べている（有光教一 1981・1982・1985）。一方、西川宏は朝鮮における古蹟調査を日本の植民地政策のなかに位置づけ、批判的に朝鮮考古学史を語っている（西川宏 1968・1970a・1970b）[2]。最近では「京都木曜クラブ」の人々が、植民地時代の総督府による文化財行政を批判的にみながらも、そこで展開された古蹟調査による成果の学術的評価を積極的におこなおうとしている（高正龍 1996、飯野公子 1997、山本雅和 1998・2001、高橋潔 2001、内田好昭 2001）。

本稿では、調査と並行しておこなわれた100年間の新羅考古学研究についても触れるべきであるが、その蓄積は余りにも多く、限られたなかで述べるのは困難である。そこで、研究を考察する前段階として、その基盤となった発掘調査が100年という長い期間にどのようにおこなわれ、調査の進展にともない何が成果として得られたかを整理することが重要であると考え、学史に重点をおいた。研究はその成果にもとづいておこなわれると考えたためである。そして、空間的な新羅圏と構造的な新羅社会についての予察を述べる。

2 解放前の朝鮮考古学調査

朝鮮半島での考古学調査が始まるのは1900年になってからであるが、それ以前の朝鮮王朝時代に李陸（1438年〜1498年）、許穆（1595〜1682年）、李瀷（1681〜1763年）、李圭景（1788〜？年）も考古遺物に注目した（文化財研究所1990）。

19世紀に入ると金正喜（1786〜1856年）は、1851年から1852年のあいだ咸鏡南道北青郡に流刑に処された際に北青土城を踏査して、採集された石斧や石鏃を人工品とみた。そして、文献による考証から、石器を作った人は古代にこの地域に住んでいた粛慎であるとした（西谷正1990）。

(1) 東京帝国大学による調査（1900〜1909）
　　　―八木奘三郎、関野貞、鳥居龍蔵、今西龍―

1900年以前には、朝鮮から持ち帰られた個人所蔵の土器が『人類学雑誌』にスケッチを入れて紹介されたのみで、研究者が朝鮮半島に渡って調査をしたのは東京帝国大学理科大学の八木奘三郎が最初であった。[3]

1900年に八木奘三郎は東京帝国大学の命を受けて人類学取調べとして、人種や考古、土俗の調査のために朝鮮へ出かけた。祝部土器や朝鮮土器の破片は、釜山近傍をはじめとして畑や山腹いたるところにその破片の存在が認められ、古墳は洛東江の左右およびそれ以南に多く分布しており、北には少ないことを指摘している。さらに、祝部土器の破片の分布は鳥嶺（洛東江上流で慶尚北道と忠清北道の境）を境としてそれ以南に限られ、南に位置する慶尚道は日

本的であり、北に位置する忠清北道は高麗的であり、鳥嶺の山脈をはさんで人間も風俗も大きな違いを見せているという（八木奘三郎1900）。この時の調査では、石器時代の遺物がほとんど採集できなかったが、慶尚北道聞慶の近くにおいて、凹石と打製石斧に似たものを得ている（八木奘三郎1914）。八木は翌1901年にも朝鮮へ調査に渡った（高正龍1996）。

　1902年には、東京帝国大学の命を受けて工科大学の関野貞がはじめて朝鮮に渡った。6月27日に東京を出発し9月5日に長崎帰着という62日間の調査期間中、建築や彫刻、工芸品、そして遺跡や遺物を調査した。この時の調査は、工科大学学長である辰野金吾が、「韓国建築の史的研究を以って且日く成へく広く観察せよ、浅きを妨げずと」と言っているように、①京城から開城を中心とした地方、②慶州を中心とした地方で海印寺まで含むという比較的広い範囲であり、半島全土の地上に見える古蹟、古建築物を数多くみることにその目的があった。その日程をみると、慶州で、邑城・月城・芬皇寺・五陵・仏国寺・栢栗寺などの遺跡や廃奉徳寺梵鐘の調査に3日半（8月18日～21日と推定される）を費やしたほか、釜山・大邱・漆原・梁山などを廻っている（関野貞1904）。

　1905年8月には鳥居龍蔵が東京帝国大学の命を受け東京を出発し、18日に大連に到着し、遼陽では漢代の塼室墓を調査したのち、奉天、興京を調査して、高句麗の都であった輯安に入った。ここでは山城子山城、国内城、広開土王碑を調査した（鳥居龍蔵1906）。兵役により平安南道の江西にいた東京美術学校の学生の太田福蔵は、同じ年の12月26日から、3基の古墳のうち最も大きな古墳（のちに江西大墓と名づけられた）を発掘した。床には二つの棺台が安置され、四壁や天井に絵を描いてあり、それのスケッチもおこなった。その時、壁画の絵を見て天平頃のものであろうと推定した。その後、横にある古墳（のちに江西中墓と名づけられた）を掘り、やはり四壁や天井の壁画を発見している（太田福蔵1913）。これが、高句麗壁画古墳の最初の調査であった。スケッチは太田の帰国時に持ち帰られ、6年後（1911年）に関野貞の東京美術学校での講義の時に見せたことがのちの江西大墓調査のきっかけとなった。

　1906年9月には、東京帝国大学文科大学大学院在学中の今西龍が、慶州、京城、開城を踏査した。慶州では17、8日間滞在し、兄山江が形成した平地と

その周辺の山麓の古墳を見てまわった。その結果、慶州の古墳を大きさと高さにより三分類した。大形は高さ5、60尺〜30尺、中形は30尺〜15尺、小形は15尺以内と分けた。そのうち、大形と中形の墓は新羅時代の古墳であり、小形の墓のうち大きいものの多くは、新羅時代の古墳であるが、小さいものはほとんど李朝時代の墓であろうと推定した。そして、大形のものの多くは平地にあり、中形のうち小さいものは山の中腹にしか見ることができないことを指摘している。このような見解は、現在の調査結果から見てもほぼ首肯できる。分布の特徴として、皇南里に24基の大形を含む数多くの古墳が集合し、そのなかに味鄒王陵、奈勿王と伝えられるものがあり、西の仙桃峰を越えた金尺洞にも皇南里同様に大古墳群が群集していることを指摘した。また、踏査のみでなく、味鄒王陵西側の比較的大きな古墳を調査したが、積石の上部まで掘って終わりにした（今西龍1908a・1908b）。今西は、本格的な発掘にまでは至っていないが、遺跡の調査を基礎とする朝鮮史研究の先駆といってよいだろう（藤田亮策1951）。

(2) 総督府による第1次古蹟調査（1910〜1915）
—内務部地方局第一課（史蹟調査）と内務部学務局編輯課（史料調査）—

　1909年、関野貞は統監府度支部の依嘱により、古蹟調査を開始することになった。翌1910年10月に朝鮮総督府が成立するとその業務は内務部地方局第一課に引き継がれた。半島における考古学の組織的な調査の開始であり、全道にわたって建築・古墳・城址・寺址等の調査が毎年おこなわれ、この調査は1915年まで続いた（藤田亮策1933）。この時、谷井済一、栗山俊一（建築学）も調査に加わるようになり、関野チームが結成された。1909年から1913年までの調査は、古蹟の価値を判断して、甲（最優秀なる者）、乙（これに次ぐ者）、丙（これに次ぐ者）、丁（最も価値に乏しき者）に4分類し、甲乙は特別保護の必要あるもの、丙丁は特別保護の必要を認めないものとした（関野貞1910b）。すなわち、遺跡を選択的に保存しようという姿勢が認められる。表1は、三国時代を中心とする遺跡のリストであるが、王都や王宮関係が「甲」となっているのにたいして、古墳群はほとんど「乙」に位置づけている。この期間に調査された遺跡や遺物は、『朝鮮古蹟図譜第』第一冊「楽浪郡及帯方郡時

表 1　関野貞分類と保存令指定の比較

所在地	古　　蹟	時　代	分類年	関野分類	指定年	保　存　令
平壌	井田石標	高句麗	1909	甲		
扶餘	大唐平百済塔	新羅	1909	甲	1934	宝物 33 号
扶餘	劉仁願紀功之碑	新羅	1909	甲	1934	宝物 34 号
慶州	月城遺址	三国	1909	甲	1936	古蹟 32 号
慶州	弥勒石像	三国	1909	甲		
慶州	分皇寺塔	新羅	1909	甲	1934	宝物 100 号
慶州	瞻星台	新羅	1909	甲	1934	宝物 105 号
慶州	仏国寺多宝塔	新羅	1909	甲	1934	宝物 84 号
慶州	釈迦塔	新羅	1909	甲	1934	宝物 86 号
慶州	石窟庵	新羅	1909	甲	1934	宝物 89 号
慶州	武烈王陵碑	新羅	1909	甲	1934	宝物 92 号
慶州	鐘閣奉徳寺鐘	新羅	1909	甲	1934	宝物 99 号
慶州	鮑石亭	新羅	1909	甲	1934	古蹟 1 号
扶餘	平済塔畔石像	新羅	1909	乙		
大邱	達城	新羅？	1909	乙	1939	古蹟 94 号
永川	三重石塔	新羅	1909	乙		
慶州	五陵	三国	1909	乙	1936	
慶州	諸陵墓	三国新羅	1909	乙	1936	古蹟 39 号など
金海	金首露王陵	加羅前期	1909	乙	1939	古蹟 107 号
金海	同妃許氏陵	加羅前期	1909	乙	1939	古蹟 108 号
平壌	大同江岸陵墓	高句麗以前	1909	乙・丙		
慶州	四天王石燈	新羅	1909	乙・丙		
平壌	安鶴宮址	高句麗	1910	甲	1936	古蹟 51 号
平壌	大城山城	高句麗？	1910	甲	1936	古蹟 50 号
高霊	伽耶宮址	三国	1910	甲		
高霊	主山伽耶山城	三国	1910	甲	1939	古蹟 93 号
咸安	城山山城	三国	1910	甲	1939	古蹟 99 号
益山	王宮址	馬韓	1910	甲		
昌寧	馬山城	三国	1910	乙	1939	古蹟 97 号
益山	弥勒山城	馬韓	1910	乙	1940	古蹟 127 号
益山	双陵	馬韓？	1910	乙	1940	古蹟 122 号
平壌	城山西麓古墳	高句麗	1910	乙・丙		
高霊	伽耶時代古墳	三国	1910	乙・丙	1939	古蹟 112 号
昌寧	伽耶時代古墳	三国	1910	乙・丙	1939	古蹟 114 号
咸安	城山西伽耶北古墳	三国	1910	乙・丙	1940	古蹟 118 号
咸安	白沙里古伽耶旧址	三国	1910	乙・丙		
晋州	水精峰伽耶古墳	三国	1910	乙・丙		
鳳山	峴山面鳥江洞都塚	帯方	1911	甲		
鳳山	唐土城	帯方	1911	甲	1936	古蹟 65 号
江西	遇賢里三墓	高句麗	1911	甲	1934	古蹟 13 号
江東	漢坪洞皇帝墓	高句麗	1911	甲		
慶州	南山城址	新羅	1911	甲	1936	古蹟 38 号
慶州	明活山城址	新羅	1911	甲	1938	古蹟 76 号
慶州	興徳王陵	統一新羅	1911	甲	1936	古蹟 46 号
慶州	憲徳王陵	統一新羅	1911	甲	1936	古蹟 45 号
江東	智禮洞古墳	楽浪	1911	乙		
安州	西面内洞里古墳	楽浪	1911	乙		
広州	石村古墳	百済？	1911	乙		
龍岡	黄龍城	高句麗	1911	乙		
龍岡	於乙洞土城	楽浪？	1911	乙	1936	古蹟 52 号
慶州	味鄒王陵	新羅	1911	乙		

慶州	阿達羅王陵	新羅	1911	乙		
慶州	真平王陵	新羅	1911	乙		
慶州	神文王陵	統一新羅	1911	乙		
鳳山	臥峴面古墳	帯方	1911	乙・丙		
龍岡	龍岡邑北古墳	高句麗	1911	乙・丙		
龍岡	黄山麓古墳	高句麗	1911	乙・丙		
江東	漢坪洞古墳	高句麗	1911	乙・丙		
江西	肝城里古墳	高句麗	1912	甲	1934	古蹟4号
春川	牛頭山南城址	貊？	1912	乙		
江陵	伝濊国土城	濊	1912	乙		
江陵	下詩洞里古墳	三国	1912	乙		

代、高句麗時代・甲 国内城地方」（1915年3月）、第二冊「高句麗時代・乙 平壌長安城地方」（1915年3月）、第三冊「馬韓時代、百済時代、任那時代、沃沮（？）時代、濊（？）時代、古新羅時代、三国時代仏像」（1916年3月）、第四冊「新羅統一時代」（1916年3月）として刊行された。

　1909年の関野チームは、9月19日に京城に到着して南漢山、水原、江華島（伝燈寺）を調査したのち、開城、黄州を経て平壌の大同江面石巌里で大小2基の古墳とその近くの小さな古墳を発掘し、塼室墓であることを確認した。関野は高句麗のものか楽浪のものか容易には断定できないと述べているが（関野貞1910a）、これが楽浪古墳の最初の発掘調査となった。平壌では高句麗時代の「箕子井田の跡」を見て、公州、恩津、扶餘、大邱、永川、慶州、蔚山、梁山、釜山と調査して12月21日に釜山を発った。

　慶州では西岳洞にある古墳の両袖式横穴式石室のなかに入り、天井・壁・床に石灰を塗っていることを確認し、直線と弧からなる簡単な沈線文様がある高杯の蓋と一、二の土器破片を採集している。地形見取図、石室見取図を書いてはいるが、正確な実測図はまだ取られていない。そして、皇南里では平地にある古墳の盛土を取り除き粘土および積石の層にまで達して、古墳内部に積石があることを確かめた。しかし、その積石の量の多さのため、埋葬部までの調査はおこなっていない。また、大邱―延日間の沿道工事中に金尺洞で新たに破壊された6基の高塚内部を観察し、この種の古墳が積石塚であることを確信した。この年の調査の経験から、谷井は慶州の陵墓を平原時代（前期と後期）と丘陵時代（前期と後期）の前後2時期に大きくに分け、さらに平原前期は古墳内部に積石を有し、平原後期は古墳の内部に石槨（石室）を築くもので、西岳洞の古墳は平原後期に属するとした（谷井済一1910a・1910b）。

同じ年に、萩野由之、今西龍は東京大学の命令により韓国に出張し、大同江面古墳（乙）を発掘調査し塼室であることを確認し、槨内から内行花文鏡、金銅釦、金銅耳杯を発見している。

　1910年に関野貞は韓国宮内府の嘱託となって古蹟調査を予定していたが、10月に朝鮮総督府が置かれると、関野貞チームの調査は内務部地方局第一課の所管としてさらに強化された。関野チームは、9月22日に京城に到着し、開城の高麗時代古蹟と平壌の大同江面の古墳群の調査をしたのち、10月12日より半島南部の調査に向かった。沃川、報恩、俗離山、星州、陜川（海印寺）、を経て高霊では丘陵上の加耶の古墳群を踏査し、主山山城の南方の山続きに5〜6基の大陵墓があり、そのなかに錦林王陵とよばれているものがあり、これらの陵墓の下方にも無数の小墳墓ありと述べている。丘陵から降りた平地には伽耶王宮址と伝えられるところがあり、そこから蓮華文瓦当を採集した。そのあと、昌寧では羨道のない石槨の一部が露出している加耶の古墳を見て、咸安では城山山城、城山西北の加耶古墳、伽耶王宮跡を踏査したが、発掘調査をする余裕はなかった。しかし、晋州では、長方形横穴式石室をもつ水精峯2号墳、玉峯7号墳の2基を発掘調査し、出土した遺物は東京帝国大学工科大学に送られた。さらに、河東、求禮、南原、谷城、玉果、昌平、光州、綾州、羅州、木浦、霊巌、海南、群山、全州、金溝、益山、仁川とまわり、12月7日に京城に戻った（関野貞1911）。この年の調査では、加耶の地域の古墳と山城を調査して、丘陵上に立地すること、竪穴式石室や横穴式石室を内部構造としてもつことが明らかとなった。

　1911年には、関野貞チームは9月13日に京城に到着し、開城をへて平壌でしばらく滞在した。黄山麓では高句麗時代の古墳をみたり、於乙洞古城を探したりした。また、江東面漢坪洞の漢王墓や沙里院付近の大塚を発掘し、地図に見える「唐土城」を踏査し大同江面と同じ瓦塼、土器を発見している。10月26日には慶州に到着し、新羅時代以降の古蹟を踏査した（関野貞・谷井済一・栗山俊一1914a）。調査した味鄒王陵、真平王陵は平地に立地する大塚で、内部構造を知ることはできないが、前者はいわゆる積石塚で、後者は石槨（筆者注：横穴式石室）であろうと述べている（関野貞1914a）。

　一方、この年から鳥居龍蔵による史料調査が開始された。内務部学務局編輯

課長小田省吾の発案によるもので教科書の資料を蒐集するという名目の下に、関野貞の古蹟調査とは別に始められた。鳥居はもっぱら有史以前の遺物・遺跡の調査にあたり、金海貝塚や雄基貝塚の発掘はこの一環として実施された（藤田亮策 1933）。1912 年 12 月～ 1913 年 1 月には、桓仁、通化、通溝（輯安）を踏査し、将軍塚・千秋塚・太王陵・広開土王碑、国内城、山城子山城などの高句麗時代の遺跡を調査したが、略報告が朝鮮総督府に出されたのみで発表はされなかった（藤田亮策 1948）。明治 44 年および大正元年の略報告も編輯課に提出されたが未刊のままであり、大正 2 年以降の報告書は提出されていない（藤田亮策 1951）。

　1912 年の関野貞チームは 9 月 18 日に京城に到着したのち、2 班に分かれて平壌と松坡（京城の東東南 3 里）周辺の調査をおこなった。平壌では、あらかじめ壁画の存在が知られた江西の 3 基の古墳を調査したが、これが関野貞にとってはじめての壁画古墳の発掘調査となった。横穴式石室の平面図・立面図をとり、壁画に対しては模写と写真で記録をとった。[7] その後、京城に戻り、専売局長上林敬次郎から梅山里狩塚に壁画があることを知らされたが、その調査は次年度にまわした。10 月 5 日に京城を発ち、春川、金剛山、高城、襄陽とまわり、10 月 28 日に江陵に到着して下詩洞古墳を調査した。古墳は、砂丘の上に百余基が列をなして並び、加工していない石で長方形石槨をつくっている。「内部からは新羅中期あるいは伽耶時代と同系統の陶器」が出土したが、被葬者は「濊族のものか、新羅その他の民族のものかは詳細な調査を経なければ判定は困難である」と述べている（関野貞 1914b）。地理的にみれば、濊族の居住している地域であるが、出土した高杯や長頸壺をみると新羅土器あるいは洛東江東岸様式土器といってよく（第 2 部第 2 章参照）、東海岸におけるはじめての三国時代の古墳の発掘調査として注目される。11 月 2 日には江陵を発ち、原州、驪州、忠州、豊基、順興、栄川、奉化、禮安、安東、咸昌、尚州、金泉をまわって 12 月 16 日に東京に戻った（谷井済一 1912・1913a・1913b・1913c）。

　1913 年 5 月には、谷井済一が慶州で明活山城址と南山城址を踏査し、統一新羅時代の土器を発見しているが（谷井済一 1913d）、関野チームによる古蹟調査は今西龍を加えて 9 月から始められた。龍岡地方の梅山里四神塚（狩塚）、

花上里龕神塚（大蓮華塚）、花上里星塚、安城洞大塚、真池洞双楹塚、肝城里蓮華塚などの高句麗時代の壁画古墳を調査したのち、安州、熙川、江界を経て鴨緑江を渡り輯安に到着し、11日間ここに滞在して広開土王碑や太王陵、将軍塚などの高句麗時代の遺跡を調査した。

　この年の5月には、慶州古蹟保存会（会長は慶尚北道長官）が発足した。陳列館として、温故閣本館（元慶州府尹の官舎）と温故閣別館があり、考古遺物の陳列は諸鹿央雄の寄託品が多くある（大坂金太郎1921）。保存会の事業としては、古蹟の修繕・保存のための柵の設置などがあげられ、寺院址や石塔のほか新羅歴代王陵と新羅時代の古墳など22ヵ所の古蹟がその対象となった。また、その陳列館には、個人の所有であっても古代の考古資料の出陳を勧誘し、売り渡しを希望するものには買い取りもおこなうことをあげている（奥田悌1920）。

　1914年12月で関野チームによる古蹟調査は打ち切られ（有光教一1985）、1915年から関野貞は朝鮮総督府の古蹟主任となった。

　一方、史料調査を担当していた鳥居龍蔵は、1915年の春、慶州の半月城台下を発掘調査したが、正式の発掘報告書は公表されなかった。遺跡の下部は石器時代で、中部はこれよりやや新しく、上部は三国時代（新羅、任那等）の遺物があることを確かめた（有光教一1959）。

　この年は、慶州の古墳が関野の新チーム（関野貞、谷井済一、後藤慶二）により集中的に発掘調査された。まず、皇南里にある剣塚（100号）を発掘調査した（奥田悌1920）。高さ32尺、横径141尺、縦径147尺の積石木槨墳で、「内部を調査するに地盤より約2尺2寸掘り下げ、手頃の川石を投げ入れて地固めをなし、木棺と副葬品とを蔵め、川石を以って之を封じ、其の上を5、6寸の厚さに粘土を以って覆い、更に上を所々小石を混ぜる土を以って覆いたり。掘り下げた底面より4尺のところから遺物が出土、鉄槍2点、鉄刀1点、鉄剣2点、砥石1点、短頸壺2点、短頸瓶、長頸壺1点」（朝鮮総督府1916、金昌鎬1991）が出土した。積石木槨墳の本格的な発掘調査であり、墳丘構造の全体像が明らかとなった。1909年にその一部を調査した皇南里南塚の再発掘もおこなったが、日程の都合上古墳の中心までは調査を遂げることができなかった。封土には石を混ぜず、内部に川石を積んでいるので剣塚と同じ構造

の積石木槨墳と推定された。

　普門里では夫婦塚を発掘調査した。積石木槨墳と横口式石室墳が連接した瓢形土墳で、木槨内より太環金製耳飾、ヒスイ勾玉、紺色ガラス丸玉、銀製指輪、銀釧、三葉文環頭親子刀、三葉文環頭刀子、小刀、刀子、銅鈴、鋳造鉄斧、鏡板、杏葉、金銅冠、有蓋高杯、脚付長頸壺が出土し、横口式石室より棺鉄釘、玉類、太環金製耳飾、金銅釧、銀釧、棺金具、短脚高杯、有蓋短頸壺が出土した。副葬品の内容から積石木槨墳の被葬者が男性であり、武器や馬具をもたない横口式石室墳が女性と推定された（朝鮮総督府1916）。普門里ではほかに金環塚や埦塚も発掘調査されたが、その内容は詳しくはわからない。埦塚は、横口式石室か竪穴式石槨であろう。

　東川里では、片袖式横穴式石室の瓦塚を発掘調査した。玄室の後壁および右壁に接して棺台が設置され、被葬者にかぶせたと思われる丸瓦や平瓦のほか、宝珠鈕蓋、脚付直口壺などの年代が推定できる遺物が出土した（朝鮮総督府1916）。

　西岳里では、玄室が横に長い両袖式横穴式石室の石枕塚を発掘調査した。玄室の後壁および左右の壁に接して棺台を設け、後壁の棺台の上に石枕を置き、かつ足部にあたるところを石で囲んでいる。そして、壁、天井、床は、いずれも漆喰が塗られていた（朝鮮総督府1916）。

　このころすでに西岳里、忠孝里、東川里、普門里の古墳群がいたるところで盗掘されて、石室の入口が見えていることが指摘されている（奥田悌1920）。

　この年の発掘で、慶州に分布する古墳は積石木槨、横口式石室、横穴式石室という内部構造であることがわかり、金製垂飾付耳飾、ヒスイ勾玉、高杯、壺という新羅の典型的な遺物が知られることになった。

　黒板勝美は、総督府とは別に東京帝国大学の命令により出張し、百余日をかけて「実地を踏査して考古学・歴史地理学等の方面よりこれ（上代における日韓の交渉）を観察し、もって上代史の研究に資する」目的をもって半島南部を踏査した。通訳として学務局編輯課嘱託の加藤灌覚を、そして写真技師1人を同行しており（黒板勝美1974）、発掘の許可も朝鮮総督府より得ているので、総督府の事業と密接な関係のもとにおこなわれたことがうかがえる。発掘の許可をうけたのは、慶州邑内面、善山郡洛山洞、高霊邑外、咸安郡伽耶面、金海

右部面、扶餘郡山直里の6カ所である。いずれも、新羅、加耶、百済の重要な古墳群であり、王陵と推定される古墳も多い。

慶州では普門里の明活山城の麓の古墳を発掘（4日間）するが、積石部まで達して中止した。かつて関野貞も積石部までで中止したことがあり、積石木槨墳の発掘、とくに積石の撤去作業がいかに大変であるかがわかる。

善山郡洛山洞では竪穴式石槨を発掘し、冠の一部と思われる金具、帯金具、銀指輪、木棺の金具などを検出している。高霊では主山の東方にある甲墳（二つの平行する竪穴式石槨）、乙墳、丙墳の3基を発掘し、咸安郡の末伊山では羨道を有する石槨を発掘し、金海では首露王妃陵に近いところで、壁面に漆喰を塗る片袖式横穴式石室を発掘した。これらの地域では、古墳とともに周辺にある山城も踏査した（黒板勝美1974、梅原末治1946）。

扶餘郡山直里では、百済王陵と伝えられる上下2列、1列に3基合わせて6基からなる古墳群のうち、中下塚、西下塚を発掘調査した。関野貞の新チームも、この頃朝鮮総督府の嘱託を受け中上塚を発掘し、黒板の調査している中下塚、西下塚の発掘にも参加した。その後、黒板と関野のチームは、ここから東に8町ばかり離れた陵山里の塼床塚、割石塚、横穴塚を調査した（関野貞1915）。いずれも切石横穴式石室であり、新羅の墓制とは異なることが確認された。

(3) 新体制下での第2次古蹟調査（1916～1920）
――総督府博物館と「古蹟及遺物保存規則」――

1915年9月11日から10月31日まで、京城の景福宮において「総督府施政五年紀念物産共進会」が催され、農業から美術品、考古資料にいたるまで13部46類に区分し、総数48760余点が陳列された（朝鮮総督府編1999）。その時、古美術陳列のために建てた建物を総督府博物館として、この年の末（12月1日）に開館した。歴史博物館として石器時代から朝鮮時代までの発掘品や史料を陳列し、美術工芸品はその時代の代表的なもののみを並べた。博物館は、古蹟の発掘調査・保存修理・登録指定・埋蔵物の処理などの事務もおこない、朝鮮の古代文化に対する全責任を負うことになった。行政機構の一部として館長はおかず、複数の博物館協議員により、陳列、購入、その他の方針を決

定した。そして、博物館設立とともに、地方局第一課の史蹟調査事業〈関野貞、谷井済一、栗山俊一〉と学務局編輯課の史料調査〈鳥居龍蔵、今西龍〉を、1916年4月に総務局総務課に移管し、博物館がその事業をおこなうことになった。新しい組織での古蹟調査は、次の三つの種類に分けておこなわれた（藤田亮策1933）。

　　一般調査──遺跡遺物の所在を知り、この保存の要否を決す。
　　特別調査──発掘その他の特殊の調査
　　臨時調査──臨時の調査

そして、1916年度より5カ年計画が立てられ、一般調査は次のように実施された。しかし、計画はその年度では終わらずに次年度に繰り越されることもあった。

　第一年度　漢置郡、高句麗　黄海道、平安南北道、京畿道、忠清北道
　　　　　　その地域の有史前
　第二年度　三韓、伽耶、百済　京畿道、忠清南北道、慶尚南北道、全羅南北道
　　　　　　その地域の有史前
　第三年度　新羅　慶尚南北道、全羅南北道
　　　　　　その地域の有史前
　第四年度　濊貊、沃沮、渤海、女真等　江原道、咸鏡南北道、平安南北道
　　　　　　その地域の有史前
　第五年度　高麗　京畿道
　　　　　　その地域の有史前

一方、法律上の整備も進み、1916年7月10日より、「古蹟及遺物保存規則」8条（朝鮮総督府令第52号）を施行し、あわせて「古蹟調査委員会規程」11条を定め（藤田亮策1931e）、古蹟調査委員会、博物館協議会を設置した。この規則は登録制度をとっており、第1号の登録は円覚寺址十層石塔であり、1924年にはあわせて193件が登録されている（朝鮮総督府1924a）。発足当初の古蹟調査委員には総督府の関係官以外に、関野貞、黒板勝美、今西龍、鳥居龍蔵の日本側の学者が依嘱され、朝鮮側では小田省吾、浅見倫太郎、工藤壮平、劉猛、柳正秀、具義秀がなり、小田幹治郎が幹事となった。その後1917

年に谷井済一、1931 年には馬場是一郎が加わり、1932 年には浜田耕作、原田淑人、池内宏、梅原末治が新たに委員となった。

　この保存規則によると、古蹟とは建物が壊れてしまった跡をさし、遺物とは廃寺（礎石のみを残す）に残った石塔や石浮屠をさすので、現存する寺に属する宝塔や国有の宮殿、城門の類はもれてしまった。したがって、仏国寺多宝塔や京城の南大門は登録から洩れてしまい（関野貞 1933）、古文化財の保護にとっては不十分な規則であった（藤田亮策 1931e）。

　あわせて出された「古蹟及遺物ニ関スル件」（訓令）によれば、発見した時は朝鮮総督に報告し、現状変更する時は認可を必要とした。これにより、総督の許可がおりなければ実質的に発掘調査ができなくなり、考古学調査が総督府により独占されることになった。

　1916 年は、今西龍チーム、黒板勝美チーム、関野貞チーム、鳥居龍蔵チームにより分担して調査された。今西龍は京畿道を担当し、楊州郡仏厳山山城および仏厳寺（今西龍 1917a）、高陽郡北漢山の新羅真興王巡狩管境碑（今西龍 1917b）、広州郡の二聖山城、風納里土城、南漢山城、石村里古墳、楊平郡の文湖里積石塚（今西龍 1917c）といった百済関係遺跡を調査した。また、驪州郡では石枕をもつ横穴式石室の上里 1 号墳を調査して、高句麗のものと異なる点が多く新羅の古墳と推定した。一方、加平郡梨谷面の石長隅古墳群では、横穴式石室を高句麗のものとみた。高句麗では、壁画古墳をつうじて横穴式石室の構造が知られ、慶州では石枕や瓦を玄室に置いた横穴式石室が知られていた。この地域は、6 世紀代になると百済、高句麗、新羅の争いの舞台となるところであり、考古学的にもこの三国の遺跡が混在していておかしくはない。そのほか、江華郡松海面では下道里支石墓を（今西龍 1917c）、開城では高麗王陵の一部に盗掘事件が起こったのを契機に高麗諸陵墓を調査した（今西龍 1917d）。

　黒板勝美は、平安南道の南半部を担当し、支石墓、楽浪の塼室墓、高句麗の横穴式石室を調査した（黒板勝美 1917）。

　関野チームは、以前のメンバーに小場恒吉（美術）、野守健、小川敬吉（建築）を加えて強化した。平安南道を担当し、大同郡大同江面貞柏里と石巌里で楽浪郡の木槨墳と塼室墳を発掘し、とくに石巌里 9 号木槨墳からは、北方系の

金製帯鉤をはじめとして副葬品が多数出土した（関野貞・谷井済一・栗山俊一・小場恒吉・小川敬吉・野守健 1919）。楽浪古墳には金銀銅の製品が数多く副葬されているので、しだいに盗掘がひどくなり、すでに 5、60 基の古墳が被害にあった。そこで、関野は平壌の古墳も開城の二の舞になりかねないことを心配し、道庁および府庁に取り締まりを厳重にするよう要望した。高句麗の壁画古墳では鎧馬塚、湖南里四神塚、天王地神塚を調査し、高麗では大華宮址、珠宮遺址を調査した。

　鳥居龍蔵は、有史以前の遺蹟、遺物を担当、大同江畔の平壌を中心として、大同、价川、徳川、寧遠、孟山、成川、江東、中和、江西、龍江、平原、順川の各郡と海州邑、長淵郡、殷栗郡、安岳郡、鳳山郡の先史遺跡を調査し、美林里遺跡では石斧、石包丁、石鏃、漁網錘、土器を発見した。この時の調査をもとに、支石墓を全羅道と多島海諸島に分布する碁盤式と忠清道より東北に分布するものとに二分した（鳥居龍蔵 1917）。谷井済一は、晩達面勝湖面の高句麗積石塚と封土墳を調査した（谷井済一 1917）。

　1917 年は、黒板勝美、関野貞、今西龍、鳥居龍蔵、谷井済一の 5 チームで一般調査をおこなった。

　今西龍は、慶尚南北道の加耶時代の古墳群の分布調査と発掘調査、そして古墳群と関係する山城の踏査をおこなった（今西龍 1920）。善山郡、金泉郡、星州郡、達城郡（旧玄風郡）、高霊郡、昌寧郡（旧霊山郡）、昌寧郡（旧昌寧郡）、咸安郡の地域および、これらは洛東江両岸の加耶の代表的な遺跡である。この時の調査をもとに、今西は加羅、任那に関する論文をあいついで発表した（今西龍 1918・1919a・1919b）。

　善山郡では、分布調査を善山面院洞古墳群、洛山洞古墳群、不老山古墳群、月谷洞古墳群、山陽洞古墳群、松谷洞古墳群、金湖洞洛成洞古墳群、桃開面新林洞古墳群、善山面生谷洞古墳群、玉城面古墳群でおこない、発掘調査は洛山洞 28 号、105 号、107 号墳でおこなった。あわせて郡県治址と邑城址、山城址、寺院址なども踏査した。

　咸安郡では、分布調査を末伊山古墳群、道項里丘群（末伊山丘群と同一）、伽耶里丘群、新音里丘群、蓬山山城下群でおこない、古墳内部の調査を末伊山 5 号、34 号墳でおこなった。あわせて、城山山城、安羅王宮址も踏査してい

旧霊山郡では、分布調査を霊山邑南古墳群、桂城面古墳群で、旧昌寧郡では邑内面古墳群でおこない、山城や真興王巡狩管境碑もみている。

　達城郡（旧玄風郡）では、分布調査を玄風邑古墳群でおこない、高霊郡では分布調査を池山洞古墳群、邑内面北部古墳群、雲水面月山洞古墳群、星山面朴谷洞古墳群でおこなった。

　星州郡では分布調査を星山洞古墳群、月恒面水竹洞古墳群、月恒面龍角洞古墳群、碧珍面迎鳳山古墳群でおこない、金泉郡（旧開寧地方）では開寧東部洞第1号墳（開寧西部洞の一古墳）を調査した。

　以上の調査は、その後の加耶地域の古墳調査の基礎となった。

　関野貞は、前年度に調査しきれなかった高句麗関係の遺跡を調査するため、平安北道雲山・渭原・楚山の3郡および奉天省輯安県に赴き、龍湖洞古墳群、徳岩洞古墳、萬戸洞古墳、舎長里古墳群、満洲楡樹林子地方の古墳群を調査した（関野貞1920）。高句麗の都のあった輯安の平地ではなく、その周辺の中小の積石塚を調査したことに意義がある。

　谷井済一チーム（野守健・小川敬吉・小場恒吉）も、この年の春に前年度に調査しきれなかった黄海道鳳山郡の帯方郡関係の遺跡を調査したのち、平安北道で関野貞と合流して一緒に調査を継続し、7月には終わらすことができた（谷井済一1920a）。秋からは本年度の目的である京畿道と忠清南道の百済関係の遺跡の調査をはじめた。京畿道広州郡では風納里土城、可楽里2号墳を、忠清南道扶餘郡では陵山里古墳群のなかの西上塚、東上塚、東下塚（壁画古墳）を調査した。ここはあわせて6基の古墳があるが、1915年に黒板勝美が2基を関野が1基を調査している。広州郡、扶餘郡はいずれも百済の都があったところであるが、百済の地方として論山郡の連山北山城西南古墳群も調査している。そのほか、益山郡の双陵、羅州郡の潘南面古墳群も調査している（谷井済一1920b）。

　黒板勝美は高霊の池山洞古墳、金海の会峴里古墳群・参山里古墳群・内洞里古墳群・柳下里古墳群を調査するが、報告書は出されなかった（末松保和1974）。

　鳥居龍蔵は、この年の終わりに大邱の達城城壁の発掘をおこない、①東側入

口城壁下底遺物包含層、②城内中央部包含層、③北側城壁外面下部包含層、④北隅より外方に突出した丘陵の上の4カ所を調査したが、ここでも残念ながら報告は出されなかった（有光教一 1959）。

1918年は黒板勝美、原田淑人、浜田耕作、谷井済一の4チームによる一般調査と池内宏の調査がおこなわれた。

黒板勝美は、釜山、梁山、東莱で山城址を調査したのち、慶州で原田淑人と会い普門里古墳の発掘にも参加したあと間もなく東京にもどっている(11)。慶州で普門里古墳を発掘した原田淑人は、軽便鉄道の敷設の工事がおこなわれる四天王寺址の一部も調査したのち（原田淑人 1922）、慶山郡押梁面大洞造永洞古墳群、金泉郡金泉駅付近古墳群、尚州郡沙伐面達川里沙伐王陵などの加耶の古墳を調査した。

浜田耕作チーム（梅原末治、林漢韶）は、前年に今西龍により分布調査がおこなわれた星州郡星山洞古墳群の第1号、第2号、第6号墳と高霊郡池山洞古墳群の第1号、第2号、第3号墳と昌寧郡校洞古墳群の第21号、第31号墳を発掘し、多くの土器や金製耳飾を得ている。星州土器と昌寧土器は新羅土器に類似するが違いもあり、星州土器は咸安の土器に近く、昌寧土器は新羅土器に近いとした（梅原末治・浜田耕作 1922）。

谷井済一チームは臨時調査と特別調査を終えたのち、10月から羅州潘南面大安里6号・7号墳、徳山里1号墳を発掘し、同3号墳と新村里6号墳の外形調査をした。その後晋州郡鳳降面の古墳4基と晋州面玉峰里の古墳および平居面新安里の古墳を調査し、固城面では碁月里の古墳群および三山面の山城を調査した。12月に入り、咸安郡伽耶面伽耶城址および古墳群を調査し道項里の古墳を発掘し、昌寧郡昌寧面校洞の第5号、第6号、第7号、第8号墳、さらに翌年にかけて第89号、第12号、第91号、第10号、第11号墳も発掘した（著者不詳 1919）(12)。

この年は特別調査として、黒板勝美が輯安の高句麗遺跡を調査し、谷井済一が京畿道高陽郡纛島面中谷里軍畏谷に200基の古墳が散在することを確かめ、完全なもの2基を発掘調査した。川石を積み、板石で蓋をした玄室に羨道がつく横穴式石室で、人骨、脚付壺、脚付碗、杯、瓶が出土した（著者不詳 1919）。谷井済一は臨時調査も担当した。測量員2名をともない黄海道鳳山郡

山水面聖寿里の古墳群24基のうち2基を発掘調査し、高句麗の石室墳であることをあきらかにするとともに、遊廓予定地になっている黄海道黄州郡松林面兼二浦の月峯山南麓の高句麗古墳も発掘した（著者不詳1919）。

池内宏は、総督府の古蹟調査計画に入っていないが、朝鮮出張中に平安北道義州郡の西部で8基の古城址を調査した。ここは、鴨緑江と清川江の間の地にあり、新羅にも渤海にも属さないところであるが、西麟洞古城より出土の軒丸瓦は安鶴宮址出土の瓦に文様が似るという（池内宏1919）。

1919年は三・一独立運動がおこり総督府の仕事は殆ど中止され、古蹟調査もその例外ではなかった。計画では、一般調査が（1）前年度にもれてしまった新羅の遺蹟、遺物、（2）濊貊、沃沮、渤海、女真等の遺蹟、遺物、（3）有史前の遺蹟、遺物調査であり、特別調査は慶尚南道固城および金海方面の加耶の遺蹟、臨時調査は必要によりその都度追加するとされたが、十分にはおこなえなかった。

翌1920年には、今西龍が発見し鳥居龍蔵により1914年と1917年に一部が発掘された金海貝塚が、梅原末治・浜田耕作によって発掘された。丘の斜面を階段状に掘り分層的発掘を目指したが、十分ではなかった。ここでは、軟質の土器に混じって青灰色硬質土器も出土した。これは新羅土器に類似することから、他の土器よりも新しい時期のものとみた（浜田耕作・梅原末治1923）。

関野貞、谷井済一も浜田耕作、梅原末治と金海で同宿しながら任那の遺跡を調査していたが（梅原末治1973）、この年も前年の三・一独立運動の影響で古蹟調査はあまりおこなわれなかった。ただ、馬場是一郎、小川敬吉が11月に13日間をかけて慶尚南道の梁山夫婦塚を発掘し、横口式石室のなかから金銅冠などの装身具や馬具など、豊富な遺物が出土した（小川敬吉1927）。

(4) 古蹟調査課での第3次古蹟調査（1921～1930）
　　―学務局古蹟調査課が博物館業務と古蹟調査を担当―

1921年9月に、慶州の町中にある居酒屋で裏庭増築工事中に、偶然ではあるが遺物が大量に発見された。大部分が削平され工事により積石部が露出し、緊急の発掘によってはじめて金冠が出土した。この古墳は、のちに出土した金冠にちなんで金冠塚と名づけられた。この金冠発見をきっかけに同年、総督府

は以下のような組織変更をおこなった。

　すなわち、10月に学務局のもとに古蹟調査課（小田省吾課長のもと鑑査官、属、技手をおく）を新たに設け、博物館と古蹟調査の業務をそこで担当することになった。藤田亮策が博物館主任になり、梅原末治が古蹟調査を担当し、小泉顕夫は博物館と古蹟調査の両方を担当することになった。一方、古蹟調査委員会では、小田幹治郎幹事、谷井済一、馬場是一郎委員にかわり鮎貝房之進、末松熊彦、藤田亮策が委員となった。新しくできた古蹟調査課は、1924年末の総督府行財政整理により消滅したが、二つの業務はそのまま総督府博物館に引き継がれて終戦をむかえた（藤田亮策1953）。

　金冠塚は工事中の発見であったため、住民により遺物が一部持ち去られてしまったが、その後の努力により遺物は回収された。墳丘の大部分が削平されていたが、積石木槨墳の墳丘裾の断面図が報告書で図示され、木槨内の遺物出土状況も住民からの聞き取りを踏まえて復原された（浜田耕作・梅原末治1924）。考察は本文下冊で述べられる予定であったが、発行されないままで終わった。しかし、浜田耕作はのちに、遺物からその年代を考察した（浜田青陵1932）。それによると、同系統の遺物を出す日本の近江水尾古墳の年代観が6世紀初葉であるから、金冠塚も6世紀始めの頃に置くことができ、遺物の性格が全く同一の瑞鳳塚の年代からみてもおかしくないという。瑞鳳塚は1926年に発掘され、出土した銀製盒にみられる「辛卯」という銘文を511年と解釈した。そして、唐草文は北魏の文化の影響を受けたものであり、金冠、金製耳飾、金製腰佩は北西アジアの影響を受けたものであり、硬玉勾玉は日本との関係があるとみた。これまでの調査では、朝鮮半島内での比較がおこなわれていたが、中国や北アジア、日本との比較ができる金銀銅の金属製遺物が多く発見され、考古学研究の視野を広げることとなった。

　5カ年計画が終了し、藤田亮策、小泉顕夫、梅原末治の3人による新たな体制をしいた古蹟調査は、このころから緊急発掘が増えてきてそれに追われることになった。

　1922年度は発掘というより、いままでに知られた遺跡の保存に対する調査がおこなわれた。まず、1920年に発掘調査された金海貝塚では、保存施設の計画を立てることを目的として、貝層が露出している長さ約4尺、深さ4尺、

奥行2尺内外を掘り、処女貝層を明らかにした（小泉顕夫・梅原末治・藤田亮策 1924）。同じ貝塚遺跡である梁山貝塚では約1坪の狭い区域を発掘し、牡蠣を主体とする貝塚で出土遺物からみても金海貝塚とほぼ同じ時代であるとみた（小泉顕夫・梅原末治・藤田亮策 1924）。

　慶州では、慶州月城壁下、四天王寺址、望徳寺址、皇龍寺址および昌林寺址の調査をおこない、保存の方法を考えた（小泉顕夫・梅原末治・藤田亮策 1924）。

　一方、緊急調査では、加耶の地域に属する漆谷面若木面福星洞の古墳群に対して地元民より石材採取のため要保存林解除の請願があり、そこに存在する100基をこえる古墳の現状を調査した。ここは、殖産局山林課において乙種要保存林として古墳群も保存されていた。古墳群のあるところでは土器が散乱し、封土は流失して石室は露出していたが、完全なものも含まれていたため要保存林の継続を進言した（小泉顕夫・梅原末治・藤田亮策 1924）。

　1923年には、小場恒吉・小泉顕夫が慶州南山の仏蹟を調査し、小川敬吉が芬皇寺址の遺構を調査した。ところが、7月には大邱の達城で、公設市場の建設にともなう敷地の工事に用いる土石の採掘場所を、すでに知られている古墳群があるところに定めて盛んに採掘をおこなっていた。そこで、小泉顕夫が飛山洞34号墳の発掘をおこない、古墳のないところでの土取りを許可した。しかし、埋土不足と家屋の拡張工事のため古墳群の保存が不可能となったため10月より再び発掘をおこなった（小泉顕夫・野守健 1931、小泉顕夫 1986）。

　飛山洞37号墳、内唐洞50号、51号、55号、59号、62号墳の合計6基（うち5基は野守健が発掘）が発掘され、金冠塚の金冠と同じ型式の金銅冠を発見している。慶州の積石木槨墳とは異なり、竪穴式石室と横口式石室（第34号、37号、55号墳）を内部構造としてもつが、両者は副葬品の上では大差はなく、慶州の積石木槨墳の出土遺物と共通するものが多い。しかし、新羅土器にまじり加耶（任那）系統の器形と軟質のものが含まれているのは、地方的な特徴を示すものと思われる（小泉顕夫 1986）。達城は古新羅時代において有力な部族の居城として経営され、これらの部族により古墳が作られたとみられた（小泉顕夫・野守健 1931）。金銅冠についての言及はないが、『東国輿地勝覧』に新羅の達勾火県とあるので、新羅の一地方と考えたようだ。

1924 年には、金鈴塚（5月 10 日〜6月 3日）と飾履塚（5月 10 日〜6月 13日）が、金冠塚の経験を生かして周到な準備のもとに発掘された。すなわち、壊れていていずれ工事などにより全壊する恐れのある鳳凰台の南東、人家の間に介在する 2 基の古墳を、あらかじめ計画を立てて発掘しようとしたのである。緊急調査でなく、しかも当時は財政緊縮ではあったが、諸鹿央雄がこの年の 4 月に慶州を訪問した斎藤総督に陳情し、予算がおりることになった。調査を進めると、半壊と思っていた両古墳は、主要部をなす積石は地下に埋もれており、ほとんど全容を残していた。金鈴塚は地籍図によると「林」として国有であるが、崔氏の家屋が大半を占めていた。飾履塚も、韓国併合後の土地測量で「林」として国有に編入されていた。この 2 基は双円墳をなすが副葬品は対照的であり、金鈴塚が金冠をはじめとして豪華なものが多いのに比べ、飾履塚ははなはだ見劣りがするという。しかし、地下に墓室を掘り木槨を営み、中央に木棺を安置し、積石でもって中核を覆い、棺内に伸展葬しそこに副葬品を納めるほか、頭部に主としてそれを置くという葬法の共通性があり、この共通性こそが、慶州邑南古墳群のもつ普遍的な性質（他の地域の古墳とは区別できる点）であると、新羅の古墳の特徴をはっきりと指摘した。主体部が盗掘を受けていない慶州の古墳のはじめての学術発掘であり、その報告書も高い水準にある。それによれば、年代は類似する遺物を出す瑞鳳塚の年代を「辛卯」銘銀製盒から 511 年とみなし、金鈴塚はそれに近く 6 世紀の年代とした。積石木槨墳の系統は楽浪郡の木室墓（貞柏里 9 号墳など）と朝鮮在来の支石墓の積石（大邱大鳳洞支石墓）に求められ、それが合わさった墓制とみた。副葬品では、冠帽類が北方に祖形を求められ、勾玉は東海の島国（日本）に求めた（梅原末治 1932）。この考え方は金冠塚に対する考察とも共通している。

　新羅の冠は、1915 年の慶州・普門里夫婦塚の発掘で金銅冠の破片が発見され、1920 年の梁山夫婦塚の発掘で完全な形での金銅冠が発見され、1921 年の慶州・金冠塚の偶然による金冠の発見があったが、具体的に南ロシアのアレキサンドロポール発見の銀製品と比較したのは、この古墳の報告がはじめてであった。調査を担当した浜田耕作は、その後の論文で新羅の冠・垂飾付耳飾・龍鳳文環頭大刀・金属製の馬具の系譜をスキタイ系と述べているが、その考えのもとになったのが金鈴塚の発掘であった（浜田耕作 1935）。

古蹟主任の関野貞を中心とするチームの調査も継続しておこなわれるが、この年以降は、おもに平壌周辺で高句麗関係の遺跡を調査し、1930年まで続く。このころ、平壌の大同江面の古墳の盗掘が盛んにおこなわれ、破壊されたものは400から500基に達したという（藤田亮策1931a）。多くは楽浪郡の古墳であり、鏡や漆器が盗掘された。盗掘に先んじて発掘をおこなうよう努力しているが、総督府の担当職員の数からすれば、もはや盗掘を防ぐことは困難であった。そして、この年の末には緊縮財政のため古蹟調査課が廃止され、古蹟・古建築物・名勝天然紀念物の調査保存の業務は、博物館とともに学務局宗教課に移され、数名の嘱託と2人の技手によって細々と継続され、1931年までその体制であった（藤田亮策1931e）。

　1925年には、1913年に設立された慶州古蹟保存会の活動をもとに、陳列館が総督府博物館慶州分館へと発展した。

　原田淑人は、細川侯の資金援助を受けて東京帝国大学文学部の手により平壌の王旴墓を発掘し、総督府からも小泉顕夫が応援に出向き、関野貞も平壌で高句麗遺跡を調査中に王旴墓の発掘を見学している。総督府以外によるはじめての発掘として注目される。

　1926年には京城帝国大学が開設され、藤田亮策が考古学を担当したが、そこの卒業生は戦後になってから活躍した。

　慶州では、5月に大邱—慶州—蔚山—釜山の狭軌鉄道を広軌に改修し、慶州駅に機関庫を併設するための用地埋め立て採土のため、皇南里で土取り作業をおこなっていたところ、多量の土器と土偶が発見された。古墳は竪穴式の小石槨でガラス玉や指輪が発見されるにすぎず、これまでに調査された積石木槨墳や横穴式石室とは異なる墓制であった。工事によりすでに数十基が壊されたが6月末になってもなお大量の土取りが必要ということで、路西里にある最大の積石木槨墳の残骸であった瑞鳳塚の盛り土を工事に利用することととして発掘調査を開始した。これは、一度に大量の土が確保できるということで選ばれたのである。竪穴式の小石槨は、正式な発掘はされなかったもののその存在が確認された。1970年代の味鄒王陵地区の大規模な発掘により、さらに詳しくその内容が知られることとなった。一方、土取りされた瑞鳳塚は、南北52m、東西35m、高さ7mの墳丘を残していたが、調査では墳丘の土をすべて撤去し

たため外護列石が露出し、南墳（瑞鳳塚）と北墳（のち1929年に発掘され、デビット墓と名づけられた）の二つが連なった双円墳であることが明らかとなった。北墳の外護列石が切除されて南墳の外護列石が食い込んでいたため、北墳がまず造られ南墳がこれに寄生したという見解があるが（小泉顕夫1986）、現在の双円墳に関する知見からすれば、南墳（瑞鳳塚）の外護列石に北墳の外護列石が付加されたと見るべきだろう。墳丘が残っていたため、上表部から遂次掘り下げる方法をとったので、積石下層で棺槨の区域が容易に確認できた。これには、金鈴塚と飾履塚の経験が大いに役立った。正式報告書は出なかったが、発掘まもなく担当者により簡単な略報が出された（小泉顕夫1927）。古墳の名前は、スウェーデン（瑞典）のグスタフ・アドルフ殿下とルイズ妃殿下が、日本からの帰路に発掘現場に立ち寄り、殿下がみずからの手で発掘し、頂部に鳳凰の付いた金冠を発見したことから、案内役として立ち会った浜田耕作は、「瑞典」と「鳳凰」から一字ずつをとり瑞鳳塚と名づけた。

1927年には野守健と神田惣蔵が、盗掘が盛んにおこなわれていた鶏龍山麓陶窯址を発掘調査し（神田惣蔵・野守健1929）、その後、3月頃に盗掘されたという噂がある宋山里古墳群のうち、第1号、第2号、第5号墳を10月に発掘調査した。この報告書では、百済時代の古墳様式の変遷を述べるとともに、百済の範囲に入っている京畿道驪州郡の梅龍里2号、8号墳の横穴式石室の実測図を載せ、公州、扶餘の古墳とは石室構造が異なることを述べている（野守健・神田惣蔵1935）。金元龍は、この2基の石室を慶州の横穴式石室と比較して、新羅の勢力がこの地方に及んだ後の7世紀代の新羅古墳とみて（金元龍1974）、野守の考えが正しいことを裏づけた。古墳の調査が盛んにおこなわれる一方で、慶尚南道の梁山では、古墳が1基も残さずに盗掘された（藤田亮策1931b）。

1928年には小田省吾が、平安南道大同郡で美林里の石器時代遺物包含地帯を水利組合で工事することになりここを調査した。古墳とは違い地上には何も表れていないが、すでに鳥居龍蔵が1916年に調査して遺跡の性格を明らかにしており（藤田亮策1929）、工事に先立ち緊急（事前）調査がおこなわれた。

前年度に引き続き、小川敬吉、野守健が鶏龍山麓陶窯址を発掘し、さらに忠清南道大田郡鎮岑面で高麗青磁窯を新たに発掘調査した。また全羅北道扶安郡

でも朝鮮時代初期の三島手の窯址を発掘し、京畿道楊州郡牛耳里付近では朝鮮時代初期の青磁窯址を調査し、京畿道広州分院の朝鮮時代の窯を詳細調査した（藤田亮策1929）。開城における高麗墓の盗掘による青磁の入手のみでなく、窯址の盗掘による青磁の入手も盛んになった。

今西龍と藤田亮策は、平安北道泰川郡の籠吾里山城を調査し、大原利武は、盗掘の盛んな黄海道股栗郡の塼室墳および平安南道龍岡郡の古墳を調査し、関野貞は、平安南道順川郡にある草坪洞古墳（天王地神塚）を壁画撮影のため再調査した（藤田亮策1929）。平壌周辺での発掘が盛んにおこなわれた結果、平壌の旭町にある図書館の3階を借りて陳列室をつくり、楽浪の遺品を陳列し始めたが、これがのちに平壌府立博物館へと発展した。ここでは、発掘品ばかりでなく、収集家の関口半、富田晋二、橋都芳樹、諸岡栄治からも遺物の寄託をうけた。

慶州では、田中十蔵が3年をかけて慶州南山の五千分の一の実測図を完成したので、これをもとして、翌29年から実地調査を開始する予定であった（藤田亮策1929）。

1929年には、朝鮮銀行釜山支店長後藤登丸から東莱付近の広大な面積にわたる貝塚の存在が報告され、藤田亮策と小泉顕夫が実地調査し貝塚の一部を発掘した。貝塚は楽民洞の平坦部から寿安洞の緩傾斜面にわたる十町の範囲にあり、骨鏃、鹿角製刀子柄、土器などが出土した（藤田亮策1930d）。

京城帝国大学ができそこの教授となった藤田亮策は、総督府博物館の依嘱により雄基松坪洞貝塚の発掘調査をおこなった（中村栄孝1930）。すでに1909年と1920年に鳥居龍蔵が表面採集して遺物の存在が知られていたが、この年の発掘で貝塚の三分の一を掘り上げた。1920年の金海貝塚に次いで、石器時代遺跡の第2回目の学術的発掘である（藤田亮策1930d）。

慶州では、1926年に発掘された瑞鳳塚と双円墳をなすデビット墓の発掘がおこなわれた。慶州古蹟保存会がイギリス人デビットの寄付を得て発掘の費用を負担した。デビット墓は報告書が出ていないが、発掘を見学したものによると、朝鮮人夫7、8名を使役して総督府の技師達が泥まみれになって発掘しており、主な出土遺物には、新羅土器数十個、銀製馬具破片、刀子、トンボ玉、鳳凰蒔絵の漆器破片、純金製耳飾、紫ガラス玉、ヒスイ勾玉、純金壁釧、純金

指輪8個、その他があったという（田中萬宗1930）。

　この頃、梅原末治は路西里の西端の人家の間にある古墳を発掘調査したが、終了前に中国出張のため後の作業を小泉顕夫に託した。調査の結果は公表されないままに終わったが、梅原考古資料の日誌に略図があり、正方形の玄室の中央に羨道がつく横穴式石室で、迫り出した天井をもち（有光教一1955）、慶州の平地における横穴式石室の資料をさらに増やした。伊藤秋男は梅原考古資料と現地踏査にもとづき、この正方形石室墳を路西里117番区の7にある路西里131号墳にあたるとした（伊藤秋男1976）。積石木槨墳が群集する慶州邑南部地帯にも横穴式石室が存在していることは小泉顕夫も指摘しており（小泉顕夫1986）、有光教一も1929年の段階では朝鮮に赴任していないが、皇南里古墳群中に羨道が開いたままの横穴式石室が2基あるのを見た記憶があるという（有光教一1955）。

　古墳の調査ではないが、この年の9月末に朝鮮修史会嘱託の崔南善が咸鏡南道利原郡東面で磨雲嶺真興王巡狩管境碑を発見した（藤田亮策1930d）。真興王の巡狩管境碑は、慶尚南道昌寧、京畿道北漢山、咸鏡南道黄草嶺の3カ所ですでに発見されており、これをあわせて現在までに知られる4カ所となった。

　朝鮮博覧会の開催を契機として、9月15日〜11月3日の期間に「新羅芸術品展覧会」が大邱商品陳列館で開催され（藤田亮策1930d）、石器時代から統一新羅時代までの考古・美術品264件と楽浪郡から李朝時代までの参考品128件が陳列された。その多くは市田次郎、白神寿吉、小倉武之助、柴田団九郎、諸鹿央雄らの個人所蔵品であり、日本人の骨董愛好家がこぞって朝鮮の考古・美術品を収集していた。また、この翌年には昌寧の古墳が盗掘によりほとんど破壊され（藤田亮策1931b）、遺物はこれらの愛好家の手にも渡った。

　1930年には、総督府が東京美術学校の小場恒吉を招聘して江西の古墳壁画の模写をおこなった（中村栄孝1930）。すでに1912年に模写を取っていたので、今回は2回目となる。平壌では、野守健、榧本亀次郎、神田惣蔵が工事により破壊される梧野里の楽浪古墳を緊急発掘した。時すでに遅く人夫らにより遺物が盗み去られたが、警察により遺物が回収された。木槨墳と塼室墳を発掘し、報告では楽浪の古墳を六つの型式に分類した（野守健・榧本亀次郎・神田惣蔵1935）。

前年に引き続き、雄基松坪洞貝塚の発掘調査が榧本亀次郎らの総督府博物館員によりおこなわれ、櫛目文土器、丹塗磨研土器、黒曜石石鏃、人骨、鹿・牛・犬・猪の骨、鉄片、鉄屑が出土し、オンドル住居も検出された（藤田亮策1930b）。貝塚では、東海中部線の釜山―蔚山間の鉄道敷設にともない、東莱楽民洞の貝塚も発掘された。その東1町にある山の尾根も工事により断ち割られ、そこで2基の甕棺が発見され、日本国内の甕棺との類似関係が知られた（藤田亮策1930c）。

(5) 朝鮮古蹟研究会での第1次古蹟調査（1931～1932）
　　―第1次計画・平壌の楽浪と慶州の古新羅に重点を置く―

　1931年2月13日の訓令第13号により古蹟調査を担当していた宗教課は社会課に合併され、総督府の財政緊縮政策により古蹟調査事業は困難に直面した。そこで、黒板勝美の提唱によって博物館に外郭団体をつくり、資金を外部に求めることになった。このようにして、朝鮮古蹟研究会がこの年の8月に生まれ、以後1945年まで続いた。研究会は、理事長に政務総監を推薦し、黒板勝美、小田省吾、浜田耕作、原田淑人、池内宏、梅原末治および学務局長を理事とし、総督府博物館内にその事務所をおいた。この時、岩崎小弥太から6,000円の援助を受けて、慶州の博物館内に慶州研究所（有光教一研究員、助手1人）を、平壌には平壌研究所（小場恒吉、小泉顕夫研究員、のちに田沢金吾が加わる）を置いた。そして、1935年からは扶餘の陳列館内にも百済研究所を置いた。

　朝鮮古蹟研究会の目的は、その規則にも書かれているように平壌と慶州を中心とする古蹟の研究であった。その背景には、民間から資金を調達するため、すぐにでも目立った成果が得られる平壌の楽浪文化や慶州の新羅文化の調査や研究をめざさざるを得なかったのだろう（西谷正1982）。しかし、慶州ではもっぱら危機に瀕している古蹟の緊急調査にあたることとなり（有光教一1935）、外からみてはっきりとわかる大形墳丘を調査の対象からはずした。慶州の町は、当時南方に発展しつつあり、そこある皇南里などの古墳が調査の対象とまずなった。これまでに発掘した、金製品を多く出土した大形の古墳が密集する路西里の地域から離れた南方にある、副葬品の乏しい古墳の調査となっ

た。しかし、それにより慶州古墳群の全般にわたる調査ができたため、これまでにない注目すべき成果が得られた（有光教一1936）。

このほかに、輯安県の古墳群配置図作成やそこの古墳壁画の模写、東明王陵付近の古墳壁画模写、潘南面の甕棺調査なども研究会の事業であった（藤田亮策1951）。

慶州ではさっそく、慶州研究所の有光教一が、遺物がすでに略奪されている懸念を抱かせる深い盗掘坑が開いていた皇南里82号、83号墳を調査したが、82号墳は中心部の盗掘を免れていた。一つの大きな墓壙が掘られて納めた木槨の外側に階段状に土を盛ったのちに石を積んでいた。また、主槨と副槨をそれぞれ備えた東塚と西塚の二つの埋葬主体が接するようにして同一の墓壙に営まれていた（有光教一1935）。

平壌研究所では、小泉顕夫と澤俊一が石巌里210号墳と貞柏里の盗掘墳2基を調査した。石巌里210号墳は、1925年秋に南墳という名称で東京帝国大学文学部により発掘されたが、日時の都合で中止された。貞柏里の盗掘墳2基は外形実測のみをした。その後予定を変更して、石巌里260号墳と南井里116号墳（彩篋塚）を調査した。石巌里の古墳が終了しても、南井里116号墳は3個の木棺がある大形の木槨墳だったため、1カ月以上も石巌里に比べ調査が遅れた。その後1933年には、彩篋塚の槨室を平壌府民の希望で新設の府立博物館内に移建したのに伴い、羨道と槨室の周辺をさらに調査した（小泉顕夫・澤俊一1934）。11月1日には、高麗の都があった開城で府立博物館が80坪の陳列室をもって開館した（藤田亮策1931d）。

前年に引き続き、雄基貝塚の第3回目の発掘を藤田亮策、榧本亀次郎と今関光男（京城帝国大学法文学部嘱託）、重吉万次（同史学科学生）がおこなった。この3回にわたる発掘により、北朝鮮における最も重要なる石器時代遺跡と位置づけられた（藤田亮策1931c）。

1932年の春から夏にかけても、有光教一は慶州上水道濾過池開鑿予定区域内の忠孝里1号～6号墳と濾過池を含む公園計画地域内の第7号～10号墳の緊急発掘をおこなった。古墳はすべて横穴式石室をもち、出土した新羅土器の形は邑南古墳群の積石木槨墳出土品の高杯とは異なっていた。石室内では、丸瓦が両足を平瓦が胸腹を覆うものがあり、副葬された土器には骨壺に同様式が

見られ、石室墳の分布と火葬骨壺の分布範囲が共通するという特徴を見出した。それは、邑南古墳群の時期とは異なり統一新羅期であることを物語っている。ただし、石室墳は高句麗・百済の横穴式石室にその系統があり、統一以前にさかのぼるものもあるとみた（有光教一1937a）。

　秋になると、皇吾里16号墳を発掘した。この古墳の構造は複雑で、外護列石で囲まれた墳丘が5基連接する形態であり、さらに外護列石同士をつなぐ列石もあり、のちに集合墳とよばれるようになったものである。各墳丘のうち、三つは内部主体1基ずつあるが、一つは3基、一つは瓦棺を含めて2基があった。その内部主体も遺骸を埋葬する主槨の木槨のみからなるものと、主槨と副槨からなるものがあるが、基本は積石木槨墳でその集合した形となっている。5基は切り合い関係からすべて異なる時期に営まれたと考えられ、そのうちの3基から金銅冠が出土した。一つ一つの墳丘の大きさは、15〜20mクラスで金鈴塚や飾履塚にちかく、今までに知られていた円墳、双円墳にさらに新しい墳形を加えることになった。当時、諸般の事情から報告書が出せなかったが、2000年になって日本と韓国の共同作業により刊行された（有光教一1936、有光教一・藤井和夫2000a）。たいへん喜ばしいことである。そして、この古墳から出土した金製太環式耳飾は、東京国立博物館に保管されていたが1965年に韓国の中央博物館に戻された。

　総督府とは別に、杉原荘介は慶州の南山の遺跡を見学し、南山城址近くで石器時代の赤褐色で文様のない素焼きの土器破片（鳥居龍蔵のA式）が散在しているのを見つけ、南山の南端部の尾根より西側の斜面一帯からも磨製石斧、高杯形土器、コップ形土器、乳形把手付き土器を採集した（杉原荘介1933）。慶州にも新羅時代以前から人が居住していたことは確実である。

　平壌では、榧本亀次郎が平壌駅構内の鉄道線路間にゴミ捨て場を作る時に1基の塼室墳を発掘し（榧本亀次郎1933）、小場恒吉は未盗掘の木槨墳を探して、貞柏里第127号墳（王光墓、木槨墓）を発掘した。その報告では、人骨の解剖学的所見、骨の黒色色素について、脳の血清学的調査、骨浸出物の血清学的検査などの化学的調査もおこない、それが報告書に反映されている（小場恒吉・榧本亀次郎1935）。

　1930年代には朝鮮古蹟研究会以外の人々による発掘も盛んにみられた。そ

の対象は、楽浪や新羅といった金銀製品を出す遺跡ではなく、石器や骨角器、土器を出す先史時代の貝塚であった。横山将三郎は釜山の東三洞貝塚（横山将三郎 1933）と咸鏡南道の油阪貝塚（横山将三郎 1934）を発掘して、櫛目文土器と石器、骨角器を発見しているし、大曲美太郎は慶尚南道東莱郡の洛東江岸にある多大浦貝塚を調査して、隆起文と沈線文の破片を採集した（大曲美太郎 1934）。そして、1931年に民間の団体である釜山考古学会が発足し（西谷正 1982）、東莱高等普通学校の教諭であった及川民次郎は釜山考古学会の会員とともに釜山の東三洞貝塚を発掘している（及川民次郎 1933）。[14]

(6) 朝鮮古蹟研究会での第2次古蹟調査（1933～1935）
―「朝鮮宝物古蹟名勝天然記念物保存令」―

1933年8月9日に「朝鮮宝物古蹟名勝天然記念物保存令」（制令）が発布され、12月に同保存会官制（勅令）と施行規則その他が定められ、新しい法律の制定による文化財行政がスタートした。保存会委員には、日本側から関野貞、黒板勝美、浜田耕作、原田淑人、池内宏、梅原末治のほかに藤島亥治郎、天沼俊一が加わり、朝鮮側では藤田亮策、小田省吾、鮎貝房之進、小場恒吉、崔南善がなった（関野貞 1933）。

これまでの「古蹟及遺物保存規則」が所有権に制限を加えるにもかかわらず総督府令で定めた形式上の不備があり、また名勝、天然記念物の保存については何ら法令がなかったので、これらを一つの法令として定めた（渡辺豊日子 1933）。登録制から指定制へと変わり、罰則規定もきびしくなったが、「保存令」の大きな特徴は、第十八条にある。[15]すなわち、指定されていない遺跡でも許可なく発掘をすれば罰せられることになり、違反者は1年以下の懲役もしくは禁錮、又は500円以下の罰金もしくは科料に処せられた。また、遺物を発見しても届け出なかったものにも100円以下の罰金もしくは科料を処した[16]（渡辺豊日子 1934）。しかし、実際の運用がどのようになされたかはわからない。

法令の運用にあたり、「朝鮮宝物古蹟名勝天然記念物保存要目」をつくり、宝物、古蹟、名勝、天然記念物の4種目の保存基準を定め、各種目の種類や具体的な対象例をあげている。宝物とはその所在地から離れても保存の価値あるもの、古蹟とは必ずその原所在地と密接の関係あるもの、名勝もその性質は古

蹟と似るという認識であった（朝鮮総督府 1934）。形ある文化財の保護対策がこれで一応整ったことになった。表1（6頁参照）は、関野貞が分類した三国時代以前を中心とした表であるが、右端は1933年の保存令による宝物と古蹟の指定番号であり、その左隣は指定された年号である。関野貞が甲に分類したものは、ほとんど指定されているのに対して、乙に分類したものには指定されない古蹟もあった。

　朝鮮古蹟研究会の事業も本格的に進み、1933年から3年間にわたり日本学術振興会から楽浪研究のための補助金を受けることになった。平壌府立博物館内に楽浪研究所を設置し、6カ月間を実地調査に費やし、6カ月間を平壌府立博物館および総督府博物館で調査研究の整理をおこない報告書を作成する計画が立てられた（著者不詳 1933）。藤田亮策、原田淑人、梅原末治、小場恒吉の4名が研究員として発掘調査にあたり、松本栄一、矢島恭介、濱本助千代、澤俊一、榧本亀次郎、田窪394吾の6名が助手として発掘を助けた。

　1933年度の楽浪調査は、日本学術振興会より15,000円の補助金を受けて、2班が8基の古墳（4基は未盗掘墳）を発掘調査した。小場恒吉班は大同江面貞柏里8号、13号、17号、59号、122号墳を担当し、梅原末治班が大同江面貞柏里227号、219号、221号墳を担当した（朝鮮古蹟研究会 1934）。

　1934年度も2班が4基の古墳を発掘調査した。小場恒吉班は大同江面将進里45号墳（塼室墳）、貞柏里19号墳（木槨墳）を発掘したが（朝鮮古蹟研究会 1935）、前室の穹窿天井の保存状態が良い将進里45号墳は平壌府立博物館の庭に移建された（朝鮮古蹟研究会 1936）。小泉顕夫（平壌府立博物館）班は大同江面将進里30号墳（木槨墳）、石巌里23号墳（木槨墳）を担当した（朝鮮古蹟研究会 1935）。

　1935年も2班が5基の古墳を発掘調査した。小場恒吉班は石巌里255号（塼室墳）、257号墳（木槨墳、未盗掘）、貞柏里4号墳（木槨墳、未盗掘）を担当し、梅原末治班が南井里53号墳（塼室墳）、道済里50号墳（塼室墳）を担当した（朝鮮古蹟研究会 1936）。報告書出版事業も進み、これまでに発掘された楽浪古墳の正式報告書が刊行され続けた。

　一方、古墳のみでなく、大同江面土城里にある土城址の発掘も着手された。原田淑人が担当となり、第1回（1935年度4月）、第2回（9月～10月）の調

査がおこなわれ（朝鮮古蹟研究会 1936）、その後原田淑人が所属する東京帝国大学文学部に引き継がれて 1937 年まで調査が継続された（駒井和愛 1965）。

　慶州での調査も、宮内省より受けた 5,000 円の御下賜金をもとにおこなわれた。この御下賜金は 3 年間にわたり同額が下され、慶州研究所の新羅文化研究および公州・扶餘を中心とする百済遺跡の調査に当てられた。

　1933 年の春に、慶州路西里 215 番地の金徳彦の宅地内から多数の遺物が出土し、警察に届けられたことから、有光教一が担当して緊急に発掘がおこなわれた。古墳は、積石木槨墳の積石部が残っており、中から金製太環式耳飾、金製龍文釧、金製指輪、銀製指輪、硬玉勾玉、瑪瑙飾玉などが出土した。[17]調査の際に、古墳の積石部の上に別の古墳の外護列石が乗っていることがわかったが、この時は発掘されなかった（有光教一・藤井和夫 2000b）。解放後の 1946 年になって発掘され、壺杅塚（路西里 140 号墳）と名づけられた。

　この年の秋には、家屋建築を示す標杭が中腹に立てられた皇吾里 54 号墳が、有光教一によって調査された。主墳 1 基を中心として西に 3 基、北に 3 基、東に 3 基、南に 3 基あわせて 13 基の古墳が重なっている集合墳である。そのうち 2 基が発掘され、外護列石をもつ直径 15 〜 20m の積石木槨墳であった（有光教一 1934）。慶州の邑南古墳群のなかでも特に古墳が密集する地域に営まれ、今までにない数多くが集まった古墳であり、集合墳にもさまざまなタイプがあることを示してくれた。

　1934 年の春には、新しく朝鮮古蹟研究会慶州研究所に所属することになった斎藤忠により皇南里 109 号墳が発掘された。外護列石の直径が 16m の小さい円墳であったが、1 墳多槨式で四つの槨が含まれた（斎藤忠 1937a）。第 3 槨（主槨）、4 槨（副槨）から出土した新羅土器は邑南古墳群のなかでは最も古い型式であり、墳丘をもつ積石木槨墳の出現年代を考えるための基本資料となった。

　この年の秋も斎藤忠により、皇吾里 14 号墳が発掘調査された。畑の中に独立して存在する双円墳で、墳丘の切り合いから前後関係が明らかとなった。すなわち第 2 槨とその副槨が、第 1 槨とその副槨の外護列石を壊していることと、第 2 槨の外護列石が第 1 槨の外護列石の外側に付け加えられていることが判明した（斎藤忠 1937a）。層位的にみて、第 2 槨の土器が第 1 槨の土器より

新しい時期の副葬であり、古墳築造順序と土器編年の研究に良好な資料を提供してくれた。

　1935年には、何者かによって盗掘されたとの知らせがあった忠孝里古墳1基を、斎藤忠が清掃調査した。統一新羅時代の横穴式石室で、玄室入口の石柱に龍文浮彫彫刻があるという珍しい古墳であった（斎藤忠 1937b）。

　平壌と慶州以外の地域では、1933年に藤田亮策、小泉顕夫、澤俊一が公州に派遣され、宋山里6号墳の発掘をおこなった。すでに盗掘を受けていたが、四神図が描かれた壁画を発見した。百済における最初の壁画古墳の発見である。この古墳は、前年の秋に遊覧道路建設のため工事を始めていたところ塼築の排水溝が発見され、その年の8月から排水溝を掘りはじめたところ羨門部を発見したという通知が総督府学務局長に届いたのをきっかけにおこなわれた。しかし、これはどうやら遊覧道路建設の名を借りて誰かが盗掘を企てたらしいという（小泉顕夫 1986）。

　1935年には、朝鮮古蹟研究会とは別に日満文化協会が池内宏、浜田耕作、梅原末治、池内宏、小泉顕夫、三上次男を輯安に派遣して、高句麗の広開土王碑、将軍塚、太王陵、千秋塚、山城子山城の調査をおこなった（池内宏 1938）。これに合わせるかのように、朝鮮古蹟研究会も1936年に、古墳構造様式の解明と壁画の発見を目標として、これまでに壁画古墳の発見が知られた大同郡林原面と柴足面の高句麗古墳20基の発掘調査をおこなった。小場恒吉、有光教一、澤俊一による調査で、内里1号墳、高山里1号墳で壁画が発見されたが、当初の期待より数が少なかった（朝鮮古蹟研究会 1937）。

(7) 朝鮮古蹟研究会での第3次古蹟調査（1936〜1945）
　　　—日本学術振興会の補助金（第2期）、宮内省御下賜金（第2期）—

　1936年より日本学術振興会から3年間にわたり「朝鮮の古蹟調査」に対して年8,000円の補助が出され、宮内省からも御下賜金が引き続き下されことになり、朝鮮古蹟研究会は事業の計画を更新して古蹟調査を担当した。これまで楽浪と新羅の文化に偏りすぎていたという反省から、高句麗と百済の遺跡にも力を注ぎ、調査対象も古墳以外に広げた。

　しかし、緊急の調査は今までどおりに続けられ、補助金をうけているためで

あろうか、1936年の高句麗壁画古墳の調査のように何らかの成果を期待する発掘もおこなわざるを得なかったようだ。秋には、当初の計画にもとづき石田茂作、斎藤忠、関根龍が扶餘の軍守里廃寺址を発掘調査した。前年に引き続く第2次調査でその全貌がわかり、伽藍配置はわが飛鳥時代寺院のそれと密接な関係をもつとされた（石田茂作1937）。扶餘では、1937年4月に1936年度の調査として、文様塼が出土した窺岩面の遺跡を調査した。付近の農夫が伐根中に文様ある方形塼を発見したのを契機に、有光教一、米田美代治が担当し、塼列、平瓦、鐙瓦を検出したが礎石や栗石はみられなかった。塼文様と遺跡が扶餘にあることから百済末期と推定した（有光教一1937b）。

慶州では、慶州―蔚山間の広軌鉄道線改良工事により、慶州新駅近くの98番地-3にある古墳が広軌線の敷地として破壊される恐れがあるので、斎藤忠が事前に発掘をおこなった。一墳丘に二つの積石木槨が並列する構造とみられたが、わずかに残存する墳丘に対する注意深い調査により、皇吾里14号墳と同じ構造の双円墳であることがわかった。慶州の古墳は1920年代に野守健らによって分布図が作成され通し番号がふられたようで、200基近い数の古墳が確認された（有光教一・藤井和夫2000b）。この番号は通し番号であるため、皇南里、皇吾里、路西里という地名を頭につけなくてもわかるが、習慣的に里名をつけている。この分布図から洩れてしまった古墳は、番号がないので地番で呼ばれることが多いが、98番地-3の古墳は報告では皇吾里古墳と呼ばれた。南槨からは金製細環式耳飾、銀製帯金具が、北槨からは金銅冠、金製太環式耳飾、硬玉質勾玉が出土した（斎藤忠1937b）。

慶州の古墳は調査の重点地域であった関係もあり、発掘調査の技術やその成果にかなりの蓄積がある。円墳、双円墳、集合墳の墳丘構造がわかり、積石部の盗掘を免れている古墳もあって木槨内からの遺物出土状況も知られ、金冠・帯金具・耳飾・硬玉勾玉などの代表的な遺物も周辺地域と比較して研究されてきた。しかし、最も数多く出土した土器については、1910年代に加耶地域の古墳出土土器との比較がおこなわれたにすぎず、その後はほとんど注目されなかった。

慶州では、この年から古墳以外の仏教関係遺跡の調査が計画され、その後継続的におこなわれている。南山石仏の調査で、平面図、立面図、写真が取られ

た（小場恒吉 1938b）。

　大邱大鳳町では、工事にともなう緊急の調査がおこなわれた。大邱中学校前の支石墓群に内鮮満連絡電話中継所を建設することとなり、9月中旬に掌石5個を移動し下部を発掘していることを知り、総督府は榧本亀次郎を派遣した。10個の石棺・石槨を発見したが、調査以前に掌石が動かされたため石棺・石槨との関係は不明であった。10月にはいり、藤田亮策、榧本亀次郎は慶尚北道の援助のもとに掌石と石棺・石槨の関係を明らかにするために、9月の地点の南方500mあまりに位置する支石墓3基を調査し、南方式支石墓の構造を明らかにした（藤田亮策 1937）。1938年にも大邱女子高等普通学校校長白神寿吉が資金を集め、藤田亮策と末松保和により大鳳町の第1区と第5区の支石墓を調査した（藤田亮策 1940）。ここの支石墓は、掌石の下に石積みがみられ、慶州の積石木槨墳の積石部の起源となる可能性も指摘された（金元龍 1973）。

　1937年の古蹟調査もほぼ前年度の方針を継承した。小場恒吉と澤俊一、田窪真吾は当初の予定どおり大同郡林原面と大宝面で高句麗古墳の発掘調査をおこない（小場恒吉 1938a）、野守健、澤俊一、榧本亀次郎は小野田セメント株式会社の工場拡張にともない、晩達山麓にある江東面勝湖里の高句麗古墳の発掘をおこなった（野守健・榧本亀次郎 1938）。また、小泉顕夫は、平壌の古物商の店頭に現れた泥仏2点の残欠を小場恒吉が購入して総督府博物館に持ってきたのを契機に、泥仏が出土した元五里廃寺址の発掘調査をおこなった（小泉顕夫 1938a）。さらに8月には、平安南道庁舎の新築工事により発見された平壌の万寿台建築物と平壌神社前の高句麗時代門址を発掘し、あわせて付近の羅城土塁の調査もおこなった（小泉顕夫 1938b）。

　慶州では古墳の調査にかわり、南山の調査と統一新羅時代の建物址の調査がおこなわれた。市街地の北を西方向に流れる北川の護岸工事により発見された石列をきっかけに、斎藤忠により発掘された。城東里遺跡と名づけられ、門址、殿堂址、長廊址などの複雑な遺構と統一新羅時代の軒丸瓦と軒平瓦が多数出土した。斎藤忠はまた、十二支の一つである午像を彫った板石が発見された狼山麓の土壇状の遺構を調査した（斎藤忠 1938）。これらの遺構は、現在の知識でも何であるかを決めるのは難しい。

　扶餘では、陵山里の一部になお未調査の遺跡があると伝えられた。陵山里古

墳群は黒板勝美と関野貞によりすでに発掘がおこなわれたが、今度はその東側にある陵山里東古墳群を梅原末治と鏡山猛、澤俊一が発掘した。第1号〜5号墳までの5基を調査したが、石室内に残った木棺の材を京都大学の中尾助教授に調査してもらったところすべて高野槙であった（梅原末治1938）。高野槙は、朝鮮半島には産出しないので、日本から運ばれたものだろうか。

1938年は3カ年計画の最後の年にあたり、高句麗・百済・新羅三国の遺跡を主な対象として、半島南部の史前遺跡にも及んだ（梅原末治1940）。

春に平壌の酒岩という台地に面した東方の畑で、排水溝を掘っていたところ、溝の断面の下部に撹乱を受けていない瓦層とその中に礎石の一部が認められた。そこで秋に小泉顕夫、米田美代治が、朝鮮古蹟研究会平壌研究所の事業として発掘調査し、翌年の6月にも再調査をおこなった（小泉顕夫1940・1958）。東西30mの大きな建物址がみつかり、その南に八角基壇をもつ建物址、さらにその南に東西に長い建物址がみつかった。高句麗の長寿王が輯安から都を移した清岩里土城の中にあり、宮殿関係の建物と期待されたが、調査の結果、寺院址と理解され清岩里廃寺址と名づけられた。

扶餘でも、近年官幣大社扶餘神宮の造営にともなう広大な神都計画があり、この年の春に朝鮮古蹟研究会は石田茂作・斎藤忠を担当として東南里廃寺址の発掘調査を計画した。さらにそれに引き続き、中堅青年修練所の敷地に選定された佳塔里廃寺址の試掘調査をおこなった（石田茂作・斎藤忠1940）。

秋には、大邱の都市計画により将来整理される運命にあるとみて、斎藤忠が新池洞古墳群を発掘調査した。丘陵の上に立地する古墳は主体部が竪穴式石室であった。さらに斎藤忠は、これまでに学術調査がおこなわれていない達城郡解顔面古墳群で、「横穴式の類例に入れるべきを穏当とするも、羨道等もなき簡素なる構造」の石室を調査した（斎藤忠1940a）。大邱の古墳を調査した斎藤忠によると、大邱付近は『日本書紀』にみえる加耶の喙国と推定され、新羅は6世紀初頭頃から都である慶州に最も近い喙国を合わせたとみた。そして、『日本書紀』による年代観から、大邱の古墳をすでに新羅の領域に属した後のものとみたが、考古学の上では墳墓の形式や遺物の性質から、新羅と加耶は区別がつかず、同一の文物をもっていたとした（斎藤忠1943）。

1938年度の事業として翌年の5月に、有光教一、澤俊一が羅州郡潘南面の

古墳を調査した。近年盗掘がひどくなっているので、遺跡の壊滅を恐れて5基の甕棺墓を発掘し、また別に石室墳1基の実測図を作成した。新村里6号、7号墳、徳山里2号、3号、5号墳、興徳里石室墳である。そのうち、新村里6号墳、徳山里2号墳は前方後円墳に形が似ており、徳山里3号墳、大安里9号墳は周縁に堀をめぐらしていた。副葬品の中にも勾玉、環頭柄頭大刀、埴輪円筒の類似品および多数の陶質土器があり、構造・内容ともに最も日本的色調が濃厚であるという（有光教一 1940）。

日本学術振興会の補助金による第2期の調査事業が1938年度で終了し、朝鮮古蹟研究会による『古蹟調査報告』の刊行も同年度で終了した。それ以後の調査計画を知ることはできないが、1939年以降も朝鮮古蹟研究会は調査を続けているので、簡単にみていこう。

1939年の春には、扶餘神宮の造営を契機として扶餘に総督府博物館分館が置かれた。それにともない、朝鮮古蹟研究会も分館内に研究所を置き藤沢一夫が研究員となり、それ以降に扶蘇山城の発掘が活発化した。

平壌付近の古墳の発掘もこれまでに続きおこなわれ、小泉顕夫は梧野里の楽浪古墳を発掘し、榧本亀次郎は黄海道神渓郡および平安南道順川郡の2基の高句麗古墳を発掘した（朝鮮講話の会 1972）。また、春に小泉顕夫は黄海道黄州面で青銅器時代の住居址を発掘し、夏には斎藤忠とともに上五里の建築址を発掘調査し、清岩里廃寺址と同じ八角形基壇を発見した（小泉顕夫 1986）。

斎藤忠は秋になると、公州の錦町の校村里3号、6号墳を調査し、他の地域にみられない塼室墳と合掌式天井石室墳を発見した（斎藤忠 1940b）。

1937年、38年と発掘された大邱の大鳳町支石墓は、この年も榧本亀次郎により2基が発掘され（朝鮮講話の会 1972）、藤田亮策、有光教一も同じ大邱の七星公園月見山の5基の支石墓と慶州の光明里の3基の支石墓を調査した。

1940年に小場恒吉は輯安の通溝四神塚、通溝12号墳の壁画を模写し、翌年にも真坡里4号墳の壁画を模写した。カラー写真のない時代の高句麗古墳壁画の調査には小場恒吉の存在は大きく、赤・黄・緑の顔料と墨で描かれた壁画を忠実に模写していった。慶州では壁画古墳がみつかっていなかったので、残念ながら小場恒吉の模写での活躍の場はなかった。

翌1941年にも小場恒吉は平壌周辺で古墳壁画を模写している。5月に真坡

里の伝東明王陵の背後で 2 基の壁画古墳が発見され、現地で演習中の神保少佐から平壌府立博物館に発見の連絡がはいった。小泉顕夫、小野忠明、蔡秉瑞、米田美代治が発掘を担当し、真坡里 1 号と 4 号墳の壁画古墳と 2 号、6 号、9 号墳を発掘したが、思いもかけず 6 号墳から金銅製龍文透彫金具が出土した。そこで、東京から小場恒吉が来援し第 4 号墳の壁画模写をおこなったが、すでに 6 月末になり梅雨に入るので第 1 号墳の壁画模写は将来を期することにした（小泉顕夫 1986）。

　平壌の楽浪古墳の調査は引き続き、榧本亀次郎、中村栄寿、小泉顕夫、梅原末治らにより、1941 年、1942 年、1943 年、1944 年と続けられた（朝鮮講話の会 1972、梅原末治 1946）

3　解放後の新羅考古学調査

(1) 国立博物館による発掘調査（1946～1964）
　　　　―国立博物館中心の発掘調査―

　第二次世界大戦が終了し植民地から解放された朝鮮半島は、一時米軍政下に入ったものの 1948 年 8 月 15 日に大韓民国が、1948 年 9 月 9 日に朝鮮民主主義人民共和国が樹立されたが、政情は不安定であった。そのようななかにあって、1945 年 9 月には国立博物館が開館し、1946 年 5 月から壺杅塚・銀鈴塚の双円墳の発掘が始まった。戦前、古蹟調査に携わった日本人のなかで、有光教一が韓国に残り発掘に協力した。博物館の金載元、李健中、林泉、そして有光教一がそのメンバーであった。1933 年に有光教一が調査した路西里 215 番地古墳に墳丘が重なっている古墳で、積石木槨のなかから青銅製の壺杅が出土したので壺杅塚と名づけられた。さらに、北方にトレンチを入れたところ積石層が判明したので、そこを発掘し銀鈴塚と名づけた。規模は、壺杅塚が直径 16m、銀鈴塚が直径 20m であった（上田宏範 1953、金載元 1948）。翌 1949 年にも国立博物館は皇吾里廃古墳（51、52 号墳）を調査した。

　1950 年に朝鮮戦争が起こると、調査は一時中断され文化財は安全のために疎開させられたが、博物館に戻ってくるのは戦争終了後数年たってからのことであった。1952 年にはすでに知られている金尺里古墳群が調査され、慶州の

積石木槨墳と同じ内部構造と金製垂飾付耳飾などが出土した（金元龍1960b）。古墳群は慶州から大邱へ通じる道路沿いにあり、1906年に今西龍もその存在に気づいていた。慶州の平地の外にある積石木槨墳として重要である。

1953年には両袖横穴式石室の双床塚（137号墳）、積石木槨墳の路西里138号墳、両袖横穴式石室の馬塚（133号墳）が発掘され、積石木槨墳が密集する平地に営まれた横穴式石室の資料を増やした（金載元・金元龍1955）。これらは、番号の付いている古墳であるが、1955年には新大邱街道（八友亭ロータリから東に150m延びる道路）敷設道路工事で発見された無番号の古墳が調査された。皇吾里32号墳の北方に位置し、墳丘が残っていない直径17mの積石木槨墳で、被葬者は女性と推定された（秦弘燮1960）。

慶州以外の地域でも新羅の土器を出す古墳が調査された。1957年金元龍は、京畿道楊平郡丹石里で破壊された小形の竪穴式石槨墓を調査し、破壊された石槨からは慶州と同じ高杯を発見した。土器型式は普門里古墳より新しく忠孝里古墳（有光教一は漠然と統一新羅期と報告している）より古いとし、丹石里古墳の年代を600年初半の頃と推定した。竪穴式石槨墓は新羅の墓制とは異なり扶餘にも見られ、土器には百済土器の瓶も見られる（金元龍1958）。お互いの土器の共伴関係は不明であるが、この地域に新羅の影響が及んでいることを示している。なおこの土器は、後の皇龍寺の発掘により6世紀後半以降の新羅土器であることが明らかとなった。

慶州は町の中心部に大古墳群があるため、市街地化にともなう道路などの工事が多くなると真っ先に古墳が犠牲となり、破壊される古墳の緊急調査もしだいに増加した。時間と経費に追われてなかなか十分な調査とはいかなかったが、関係者は何とか記録にだけは残そうと努力した。1961年には道路工事中に、皇吾里39号墳の付近で偶然ではあるが積石木槨墳2基を発見し、副葬品が国立博物館に収められた（考古美術編集部1961）。1962年には市街化と道路建設による緊急調査で皇吾里4号、5号墳が調査され（洪思俊・金正基1964）、1961年12月の道路工事で露出した積石木槨墳2基と1962年になって発見された味鄒王陵東北の古墳も調査された。味鄒王陵東北の古墳は竪穴式石室という構造であった（考古美術編集部1962）。

法律上の整備もようやくでき上がり、1962年1月10日に「文化財保護法」が公布された。これは全文73条、附則3条からなり、第4章に埋蔵文化財が記されている。

1964年に、南北に連接する第144号墳と145号墳の東に隣接する平らな耕作地から発見された古墳は、4基の積石木槨と2基の竪穴式石槨が一封土に存在し、石槨の一つは川石積みの壁に自然板石の蓋石という新羅の積石木槨とはまったく異なる墓制であった（洪思俊・金正基1964、朴日薫1964）。皇南里442番地田にあり、皇南里破壊古墳と名づけられた。墳丘の残っていないあるいはない古墳には、竪穴式石槨もあることが認識されはじめ、ようやく慶州の墓制が注目されるようになった。この年には、横穴式石室をもつ西岳里古墳や（尹武炳・朴日薫1968）、仏国寺に近い九政里方形墳も調査された。工事にともなう調査が進むなか、大邱でとんでもない事件がおこった。1964年5月27日に大邱市内の旧小倉武之助の邸宅で、電気施設の補修工事中に考古資料と美術品あわせて142点（うち日本陶磁が23点）が発見された（考古美術編集部1964）。小倉武之助は1911年に大邱電気株式会社を設立し、1935年には合併により朝鮮合同電気株式会社の社長になった実業家で、有名な考古美術品の収集家でもあった。戦後20年近くのあいだ発見されることもなく、旧宅に残されていたのである。

この時期、新羅の研究にとって欠かせない論文が刊行された。国立博物館に勤務していた金元龍により、解放前に調査された慶州と加耶地域の土器がまとめられ、地域性と年代について論じられた。金元龍はこれらの土器を新羅土器と呼び、新羅中心群（洛東江東岸）と加耶群（洛東江西岸）に二分しており（金元龍1960）、西岸に位置する星州の土器を新羅中心群に含めるなど、今後の土器研究に大きな指針を与えた。

(2) 文化財管理局と大学校博物館の発掘参加（1965～1972）

1960年代初めまでは国立博物館が主導していたが、1960年代後半からは文化財管理局も遺跡や遺物の保存管理事業として発掘に参加し始めた。1969年に文化財管理局のなかに文化財研究室が設置され、1975年にはそれが文化財研究所へと発展した。

1965年より慶州市街地の発展にともなう古墳整理事業が、文化財管理局によっておこなわれ各地の大学が参加した。大学による発掘調査は、学生が動員できる夏休みが利用された。慶州皇吾里皇南里古墳発掘調査委員会を組織し、ソウル大学校（金元龍）は皇吾里1号墳を発掘した（秦弘燮1965、任孝宰1966）。南北2区に分かれ、南墳が先に北墳が追加葬されており、北墳は馬具が出土しているので男性とみて南墳を女性とすると、女性が先に埋葬され男性（主人）が後から埋葬されたことになる（金元龍1969）。梨花女子大学校（秦弘燮）は皇吾里33号墳を発掘し（秦弘燮1965・1969）、慶北大学校（金英夏）は皇吾里32号墳と皇吾里34号墳を発掘した。34号墳は、主槨と副槨の境をなす積石の中から金銅冠が発見された珍しい例で、被葬者のまわりからは細環式耳飾、銀製帯金具が出土した（秦弘燮1965）。

　1966年には皇南里151号墳が調査され、一封土内に横口式石室と積石木槨墳の2基が並んでいた。両者の切り合い関係はないが、副葬品からみて横口式石室が古いという（朴日薫1969）。積石木槨墳が石室の出現以降にも営まれており、下限年代を考えるよい資料となった。この年はほかに皇吾里30号、60号墳が調査され、皇南洞234番地の李錫南の畑で発見された竪穴式石室古墳も調査された（考古美術編集部1966）。

　1967年は梨花女子大学校（秦弘燮）が、北南二つの積石木槨がある皇吾里18号墳を、慶北大学校（尹容鎮）が積石木槨墳である皇吾里37号墳北槨を発掘した（秦弘燮1967）。

　博物館、文化財管理局、大学校により盛んになった考古学発掘を背景に、9月には韓国考古学会（会長金載元）が、12月には韓国考古学協会が設立された。

　1968年の春には秦弘燮、姜仁求（文化財管理局）、金春美（梨花女子大学）により、慶州龍江洞古墳が発掘され、横穴式石室から印花文土器と蓮華文軒丸瓦が出土した（考古美術編集部1968a・1968b）。このチームは鶏林中学校新築敷地で発見された仁旺洞地下遺構址も調査し、蓋石をかぶせた暗渠が検出され統一新羅時代と推定された（考古美術編集部1968a・1968b）。冬には李弘稙・秦弘燮の指導のもとに文化財管理局が芳荑里古墳群の1次発掘調査をおこなった。京釜間高速道路の大邱—慶州間の月城郡西面芳荑里に数百基が密集した古

墳群で、夫婦葬とみられる小石室内には、平瓦を敷きならべて二つの屍床を作っていた古墳もあった（考古美術編集部 1969）。

　1969 年の秋には慶熙大学校（黃龍渾）が、市街地の南にある仁旺洞 19 号、20 号墳を調査し（嚴永植・黃龍渾 1974）、この年から皇龍寺址の発掘調査が文化財管理局の事業として始まった。皇吾里 102－34 番地では、家屋の建設により発見された古墳が調査され、自然板石を天井石とした石槨が検出された（朴日薰 1971）。また 1972 年には、かつて一段式金冠が盗掘された校洞 68 番地で、一封土多槨式の古墳が調査された（金元龍・崔夢龍・郭乗勲 1975）。1921 年に金冠塚が調査され、はじめて出土した金冠が三段式の対生樹枝状立飾であるのに比べ、それより古い形式であり、金冠の出現を考えるよい資料を提供している。

　慶州以外の地でも 1970 年に積石木槨墳が調査された。慶州の町から兄山江を北に下り 20km ほど行った安渓里で、貯水ダムの建設により水没する古墳が文化財管理局で発掘された（池健吉・趙由典 1981）。ここは、慶州から日本海に通じる交通路にあたり、兄山江が東に大きくカーブして日本海に流れ込んでいる。新羅にとっては、海路を確保するためにも重要な地点である。

(3) 新羅綜合観光開発計画事業（1973〜1975）

　当時の朴正熙大統領の意向を受けて、慶州の観光開発のために味鄒王陵地区の整備事業をおこなう前の発掘調査が 1973 年から開始された。解放前に日本人の手により数基が発掘された路西里地区は、大古墳が集まっているものの破壊されているものが多く、現在残っている大古墳は鳳凰台と西鳳凰台にすぎない。大古墳の墳丘が残っていながらこれまでほとんど調査がおこなわれなかった皇南洞の味鄒王陵地区が選ばれた。

　文化財管理局が大古墳である天馬塚（皇南洞 155 号墳）と皇南大塚（皇南洞 98 号墳）を 3 年かけて発掘調査した。大学校チームは、第 1 区域、第 2 区域、第 3 区域と皇吾洞 381 番地廃古墳を慶北大学校チームが（尹容鎮 1975）、第 4 区域を嶺南大学校チームが（李殷昌 1980）、第 5 区域を釜山大学校チームが（金廷鶴・鄭澄元 1975）、第 6 区域を嶺南大学校チームが（金宅圭・李殷昌 1975）、第 7 区域を釜山大学校チームが（金廷鶴・鄭澄元・林孝澤 1980）、第 9

区域を高麗大学校チームが（尹世英1975）、第10区域を嶺南大学校チームが（沈載完・李殷昌1974、金宅圭・李殷昌1975）、仁旺洞149号墳を梨花女子大学校チームが担当した（秦弘燮・金和英1975）。まさに発掘オリンピックといってよいくらい、短期間に多くのチームと人々が参加して、大きな成果をあげた。天馬塚では墳丘の築造工程が層位的にわかり、積石内部の木槨の構造も復原され、解放前の調査に新しい情報を加えることになった。皇南大塚は、皇南洞に位置する慶州最大の双円墳であることからその名がつけられ、墳丘の築造順序から南墳が先で北墳があとであることがわかり、副葬品からみて夫婦の埋葬であろうとされた。いずれも大古墳で、副葬品に金冠その他多くの金製品を持つことから、新羅の王陵と推定された。味鄒王陵地区の大学校チームの発掘では、工事による緊急ではなくあらかじめ計画された発掘であったため、墳丘がみられない平地の下から甕棺や竪穴式石槨、積石が一重しかない木槨など墓の構造が把握できた。新羅の墓制が積石木槨墳のみでなく、多様であることがさらにはっきりとわかったが、それが時期差によるものなのか階層差によるものなのかは、はっきりしなかった。

　1975年には、古墳の調査と並行して統一新羅時代の文武王が造ったと伝えられる雁鴨池の発掘も始められ（文化財管理局1978）、文化財管理局のなかに文化財研究所ができ、国立慶州博物館が新しく開館した。

(4) その後 (1976～)
　　　―文化財研究所と新しい国立慶州博物館―

　1976年には、雁鴨池の調査と並行して文化財研究所は皇龍寺址の発掘を本格的に開始したが、この調査は1983年まで続いた。また、1967年に掘り残していた皇吾里37号墳南槨を慶北大学校（金英夏）が発掘し（金元龍編1976）、文化財管理局慶州史蹟管理事務所は月城郡西面の金尺里古墳群の前の低湿地で小形石槨墳が発見されたため緊急発掘をおこなっている（金元龍編1977）。金尺里古墳群は積石木槨墳として知られていたが、ここでも石槨墳が確認された。ここの積石木槨墳は1981年に工事で遺物が発見されたのを契機に8基が調査され、第1号墳から金銅冠や金製帯金具が出土した。慶州以外の各地でも大学校による発掘が進むなか、全国の考古学研究者を集めた韓国考古

学研究会（代表金元龍）が発足し、現在の韓国考古学会に引き継がれている。

1977年には、仁旺洞669番地の4付近の廃古墳を嶺南大学校が発掘した。小形石槨墳と大小甕棺墓、大小積石木槨墳が群集しており（李殷昌1978）、味鄒王陵地区（皇南洞）と同じ様相を示した。

慶州の遺跡の調査は、三国時代の古墳や寺院址あるいは統一新羅時代の遺跡が多かったが、1979年には慶州博物館が原三国時代の朝陽洞墳墓を調査した。ここは、慶州の町から仏国寺方面に向かって5kmほどいった小高い丘の上にあり、瓦質土器を出土する1〜3世紀代の木棺墓と木槨墓が発掘され、新羅に先行する墓制が明らかにされた（崔鍾圭1983b）。しかし、支配階層の墓制としての積石木槨墳へどのように続くのかはまだ不明であった。1982年には、そこから少し南へいった九政洞の丘の頂上で古式陶質土器と短甲が出土した木槨墓が調査され、朝陽洞墳墓に続く4世紀代の時期と推定された（崔鍾圭1983c）。このような木槨墓は慶州の平地ではなく、東南方の慶州—仏国寺—蔚山へと通じる道沿いに分布するようで、1996年には仏国寺の先に位置する竹東里古墳群が調査された。墳丘のない主副槨からなる木槨墓で、九政洞と同じく古式陶質土器が出土しており、慶州にみられるような長頸壺はまだ出現していない。古式陶質土器とは、新羅土器や加耶土器とも呼ばれる陶質土器が洛東江東岸様式と西岸様式に分かれる前の段階をいい、およそ4世紀代の年代があたえられている。これらの木槨墓は積石木槨墳出現直前の4世紀頃の慶州周辺の墓制を示しているが（尹炯元・朴文洙1998）、積石木槨墳との境をまだ埋められずにいる。

ところが1985年に、国立中央博物館が1962年に調査した皇吾里4号墳から南に延びる道路の両側の下水溝を拡張・改築する工事にともない、国立慶州博物館と慶北大学校が月城路古墳群を発掘し、今まで知られた積石木槨墳のなかでは最も古く4世紀に遡る土器が検出され、考古学からみた新羅の成立問題、すなわち慶州における積石木槨墳の出現に一石を投じた（国立慶州博物館・慶北大学校博物館1990）。ここに隣接する月城路の東側、皇吾里4号墳のすぐ東南の地点でも、個人住宅の建設のため1998年に東国大学校によって調査がおこなわれ、重なりあって築造された積石木槨墳が検出された（東国大学校慶州キャンパス博物館1999）。そして、1985年に発掘した区域の南端から東に

300m いった皇南洞95-14番地でも、1989年に文化財研究所により調査され、石槨墓5基、石棺墓2基、石囲墓1基、甕棺墓1基が検出されたが、土器からみるとほとんどが6世紀中葉になるものであった（池賢柄1990）。

慶州市街地から永川市へ向かう道の中間あたり、慶州から十数キロメートル離れたところに位置する舎羅里遺跡が、1995年から1996年にかけて調査され、青銅器時代住居址5棟、原三国時代木棺墓7基、三国時代木槨墓67基・積石木槨墓43基・石槨墓12基・甕棺墓2基が検出された（嶺南文化財研究院1999a）。慶州とは別の政治集団と考えられるが、積石木槨墓には5世紀前半代の新羅土器を副葬したものもあり、新羅支配集団との関係を考える上で重要である。

文化財研究所は、慶州の調査を重点的に続け、1979年に月城東門址を発掘したのを皮切りに、1984年からは月城およびその周辺の本格的な発掘を開始した。

慶州の平地の周辺に分布する横穴式石室の調査も市街地の拡大化にともないおこなわれるようになり、1986年には龍江洞石室墳の発掘で土俑28点と十二支銅像3点が出土し（趙由典・申昌秀1986）、1987年にはアパート建設にともなう隍城洞横穴式石室古墳を調査し（李康承・李煕濬1993）、1990年には慶州から離れたところであるが新院里古墳群を（尹容鎮・朴淳発1991）、1991年に龍江洞古墳を（李殷昌・姜裕信1992）、1994年に東川洞で横穴式石室墳を発掘した（国立慶州博物館1995）。

文化財管理局は1990年に慶州文化財研究所を置き、1991年から皇龍寺址の東南側の道路遺構によって区画された地域の発掘をはじめ、多数の建築址、井戸、排水施設を検出した（文化財研究所1995）。そして、1994年には西岳洞一帯の考古遺跡、仏教・石造遺跡、建築遺跡を網羅的に調査するなかで、横穴式石室をもつ獐山土偶塚を調査した（張正男1994）。古墳や寺院以外にも、1997年に電話局の新築予定地で統一新羅時代の井戸が調査され（嶺南文化財研究院1999b）、1998年からは小学校の新築予定地であり、当時の王京の範囲外と考えられていた龍江洞と隍城洞で、統一新羅時代の建物址、道路、石列のある苑池遺構が調査され、王京の範囲をさらに北に広げることになった（韓炳三2000）。

4　考古学からみた新羅の歴史空間

　1900年より始まる朝鮮半島の考古学調査は、東京帝国大学が主に担った。これは古蹟のみに限らず自然科学の各方面においても、日清戦争以後の大陸進出政策の一環として、東京帝国大学の教官や卒業生がさまざまな調査を実施するため、朝鮮や満洲の各地に派遣されたことによる。まさに、当時の大学の役割を示すものだろう。1910年に朝鮮総督府が設立されると、土地調査事業などの各種調査事業の一つとして古蹟調査がはじまり、年度計画のもとに半島全域にわたって実施された。そして、1916年の「古蹟及遺物保存規則」により、法令にもとづく文化財行政がはじまった。調査は朝鮮総督府予算のなかでおこなわれるため、財政の影響を受けやすく、1920年代後半になると規模が縮小され、1931年にはついに外郭団体として設立された「朝鮮古蹟研究会」が総督府博物館に基盤を置きながら古蹟調査を受け持つことになった。日本で明治天皇聖蹟、建武中興の史蹟、歴代天皇聖蹟の指定が始まる1933年には、「朝鮮宝物古蹟名勝天然記念物保存令」が施行され、考古遺跡の指定も増加した。解放後は国立博物館が中心となって調査体制を整え、大学校博物館が発掘に参加し、文化財管理局に文化財研究所（ソウル）そして慶州文化財研究所が置かれ発掘体制が整えられた。現在は、大規模発掘調査の増加に対応して、財団法人による発掘調査機関も設立され、慶州では（財）嶺南文化財研究院による調査もおこなわれている。

　考古学研究は発掘調査と密接にむすびついており、遺構や遺物が工事などで偶然に発見され、それによる発掘調査の成果が研究を進展させることもしばしばある。本来は、研究目的をもち周到な準備をしてからの発掘が理想であるが、現実にはなかなかそのようにはいかない。文化財の宝庫である慶州といえども例外ではなかった。そこに文化財行政が生まれるのであり、よりどころとなる法令が作られ、発掘と行政とのかかわりが生まれる。本章末尾の註で文化財に関わる法令と規則をあげたのは、その理解を助けるためである。新羅という古代の歴史空間を知るための考古学調査は、近代に入って初めておこなわれ100年が経過した。朝鮮の考古学調査、とくに新羅の遺跡に関しては、朝鮮総

督府と解放後の韓国政府による政策と密接な関係にあり、研究もその影響を受けている。文化財行政に触れたのはそのような視点からである。

　新羅という歴史空間は都のあった慶州を基点として広がるが、北には高句麗が、西には百済が国家を形成し対峙していた。また、洛東江とその支流には、『日本書紀』にみえる任那の国々すなわち加耶諸国が存在し、慶州と最も近い「国」として新羅という国家との関係がつねに問題とされてきた。

　解放前における朝鮮の考古学調査全体をみたのは、新羅の基点としての慶州の文化が高句麗、百済の文化とは違い、どのような特徴があるかを、当時の研究者がどのように知ったかを見たかったからである。それによれば、慶州の新羅（古新羅）時代の古墳のさまざまな内部構造と金冠をはじめとする副葬品の種類がほとんど解放前に知られ、高句麗と百済の文化内容との違いが考古学的にも明らかとなっていた。慶州における新羅文化の特徴は基本的に出尽くしていたといってよいだろう。加耶諸国については、慶州のような一地域ではなく洛東江流域に広く分布しているため、一地域に集中した調査は不可能であった。しかも古蹟調査事業の方針が時代により変わったものの、楽浪、高句麗、新羅、百済を中心としたため、1917〜1923年の調査以降は散発的であった。それでも大邱の達城古墳群の発掘で、内部構造が慶州の積石木槨とは異なるものの土器をはじめ金銅冠など慶州の副葬品と共通する点が指摘された。解放後の加耶諸国の発掘によっても、洛東江東岸の加耶諸国と慶州には墓制の違いはあるものの、副葬品の共通性は支持されている。慶州の墓制を積石木槨墳とし、その分布圏が新羅の範囲とすると、慶州を中心とした20km以内の金尺里や舍羅里、安渓里あたりまでとなり、それ以遠の慶尚道地域は加耶となる。一方、土器様式でみると洛東江東岸地域の共通性から、大邱・昌寧・釜山を新羅圏に含めることができる（崔鍾圭1983a）。これまでみてきた調査によれば、慶州には積石木槨墳以外にも天井石をもつ竪穴式石槨などさまざまな墓制が知られる。大邱・昌寧・釜山では在地の墓制として竪穴式石槨を継続しながらも、新羅の王陵から出土する金冠と同じ形式の金銅冠がみられることを重視すれば、やはりある時期に新羅圏に編入されたとみるべきだろう。ただし、慶州の新羅王権と地方政治集団がどのような結びつきをもったかは、墓制や副葬品からの構造的な把握が必要になってくる。

解放後については慶州とそのごく周辺に限っての考古学調査をみた。新羅の特徴を示す遺構と遺物は、古墳に関しては解放前にほとんど出し尽くされたので、それを確認する作業であった。しかし、1973年の味鄒王陵区域の大規模調査は、大きな古墳のすき間にある多数の小古墳を発掘し、そこでは金製垂飾付耳飾も出土した。墓制の違い、積石木槨墳の規模の違い、副葬品の内容と量の違い、殉葬墓などをつうじて、王都における支配集団を構成する人々の階層性が明らかとなり、新羅社会の構造的把握も進んだ。また、この時多量に出土した新羅土器の編年により古墳の年代も決定されるようになり、その編年結果は洛東江東岸地域あるいは洛東江西岸地域の土器編年にも利用された。
　新羅王都社会の構造的把握が進むと、それと共通の副葬品をもつ大邱・昌寧・釜山などの洛東江東岸に位置する地方政治集団の首長と新羅王権との関係を探ることができ、新羅圏全体の構造的把握も可能となろう。
　近年の慶州での調査では、古墳や寺院はもとより当時の人々が生活した跡を示すさまざまな遺構までが発掘対象となり、新羅の王都のなかでの歴史空間が地理的にも時間的にも広がって理解できるようになった。

註
(1) 梅原末治の『朝鮮古代の文化』(1946年刊)は、戦後すぐの1948年に金敬安により『朝鮮古代文化』として韓国語に翻訳されて、ソウルの正音社から刊行された。そこで金敬安は梅原末治とは正反対の意味で感慨無量であると述べている。
(2) 西川宏は学史を、第1段階(1900年以前；金正喜らの先駆的仕事)、第2段階(1900～1945年；近代科学としての考古学が日本人独占でおこなわれた)、第3段階(1945年以降；朝鮮人みずからの手で考古学がおこなわれた)に分け、第2段階では、朝鮮民族にとっての朝鮮考古学という視点の欠如を挙げている。
(3) 東京帝国大学理科大学に人類学教室が開設された1893年に八木奘三郎が朝鮮に派遣されたという記事(鳥居龍蔵1953)があるが、これは高正龍の研究により誤りであることがわかった(高正龍1996)。
　それ以前にも土器は日本に将来され、『東京人類学雑誌』第141号(1897年)に島村孝三郎、林若吉、磯部武者五郎などより寄贈された東京帝国大学所蔵の三国時代土器がスケッチにより紹介された。また、『東京人類学雑誌』第150号(1898年)、161号(1899年)には林若吉、坪井正五郎、土岐僙、磯部武者五郎所蔵の三

国時代の土器がスケッチにより紹介され、日本の祝部土器（須恵器）との類似が指摘された。

(4) この瓦は現在東京大学に所蔵されており、高正龍 1996 により紹介された。

(5) 関野が見た黄山南麓の古墳群は、板状の石材を組合わせ、上に蓋石を載せただけの簡単な墓室であった。『朝鮮古蹟図譜』第二冊に雲化洞露出石槨として載せている写真から判断すると、高句麗時代の古墳ではなく、典型的な北方式卓子形支石墓である（有光教一 1981）。

(6) ここから「帯方太守張撫夷」銘塼を発見したことにより、帯方郡がこの付近にあったと推定された。

(7) 調査に先立ち、あらかじめ李王家博物館と交渉して、同館より小場恒吉・太田福蔵に嘱託して壁画を模写した。両氏は、約 70 日間をかけて壁画を精密に模写し、この時描いた下絵は日本に持ち帰られた（関野貞 1913）。

(8) 一、新羅歴代王陵　二、金陽墓　三、金角干墓　四、鮑石亭曲水古蹟　五、瞻星台　六、石氷庫　七、皇福寺跡三重塔　八、皇龍寺跡　九、望徳寺跡　一〇、南山寺跡三重塔　一一、鍪蔵寺址石塔　一二、原羅介塔（五重塔）　一三、浄恵寺址三重塔　一四、堀仏寺石仏　十五、柏栗寺六角石幢　十六、集慶殿石廓　十七、天部刻石燈籠　十八、奉徳寺鐘閣　十九、鶏林碑閣　二〇、瓢岩碑閣　二一、馬洞三重塔　二二、新羅時代ノ古墳

(9) 「古蹟及遺物保存規則」の条文は次のとおりである。

第一条　本令ニ於テ古蹟ト称スルハ貝塚、石器骨角器類ヲ包有スル土地及堅穴等ノ先史遺蹟、古墳並都城、宮殿、城柵、関門、交通路、駅站、烽燧、官府、祠宇、壇廟、寺刹、陶窯等ノ遺址及戦跡其ノ他ノ史実ニ関係アル遺跡ヲ謂ヒ遺物ト称スルハ年代ヲ経タル塔、碑、鍾、金石仏、幢竿、石燈等ニシテ歴史、工芸其ノ他考古ノ資料ト為ルヘキモノヲ謂フ

第二条　朝鮮総督府ニ別記様式ノ古蹟及遺物台帳ヲ備ヘ前条ノ古蹟及遺物中保存ノ価値アルモノニ付左ノ事項ヲ調査シ之ヲ登録ス

　一　名称
　二　種類及形状大小
　三　所在地
　四　所有者又ハ管理者ノ住所氏名若ハ名称
　五　現況
　六　由来伝説等
　七　管理保存ノ方法

第三条　古蹟又ハ遺物ヲ発見シタル者ハ其ノ現状ニ変更ヲ加フルコトナク三日以内

ニ口頭又ハ書面ヲ以テ其ノ地ノ警察署長ニ届出ツヘシ
第四条　古蹟又ハ遺物ニ付朝鮮総督府ニ於テ之ヲ古蹟及遺物台帳ニ登録シタルトキハ直ニ其ノ旨ヲ当該物件ノ所有者又ハ管理者ニ通知シ其ノ台帳ノ謄本ヲ当該警察署長ニ送付スヘシ

前条ノ届出アリタル古蹟又ハ遺物ニ付古蹟及遺物台帳ニ登録セサルモノハ速ニ当該警察署長ヲ経テ其ノ旨ヲ届出人ニ通知スヘシ

古蹟及遺物台帳ニ登録シタルモノニシテ其ノ登録ヲ取消シタルトキハ前項ニ準シ其ノ物件ノ所有者又ハ管理者ニ通知スヘシ
第五条　古蹟及遺物台帳ニ登録シタル物件ノ現状ヲ変更シ、之ヲ移転シ、修繕シ若ハ処分セムトスルトキ又ハ其保存ニ影響ヲ及ホスヘキ施設ヲ為サントスルトキハ当該物件ノ所有者又ハ管理者ハ左ノ事項ヲ具シ警察署長ヲ経テ予メ朝鮮総督府ノ許可ヲ受クヘシ
　一　登録番号及名称
　二　変更、移転、修繕、処分又ハ施設ノ目的
　三　変更、移転、修繕又ハ施設ヲ為サムトスルモノハ其ノ方法及設計図並費用ノ見積額
　四　変更、移転、修繕、処分又ハ施設ノ時期
第六条　古蹟又ハ遺物ニ付台帳ノ登録事項ニ変更ヲ生シタルトキハ警察署長ハ速ニ之ヲ朝鮮総督ニ報告スヘシ
第七条　警察署ハ遺失物法第十三条第二項ニ該当スル埋蔵物発見ノ届出ヲ受ケタルトキハ同法ニ依ル届出事項ノ外同法第十三条第二項ニ該当スルコトヲ證スルニ足ルヘキ事項ヲ具シ警務総長ヲ経テ朝鮮総督ニ報告スヘシ
第八条　第三条又ハ第五条ノ規定ニ違反シタル者ハ二百円以下ノ罰金又ハ科料ニ処ス
　　　附則
本令ハ大正五年七月十日ヨリ之ヲ施行ス
(『朝鮮総督府官報』第1175号〈大正5年7月4日〉による)
(10) 小川敬吉の手記をもとに、のちに有光教一が潘南面古墳群新村里9号墳の発掘調査を紹介した（有光教一 1980）。
(11) この時の踏査は、文禄・慶長の役における日本の築城を踏査するのが主眼であった（著者不詳 1919）。
(12) この時の調査成果は、梅原考古資料にもとづき穴沢咊光・馬目順一が紹介している（穴沢咊光・馬目順一 1975）。
(13) 朝鮮古蹟研究会の規則は次のとおりである。

第一条　本会ハ朝鮮古蹟研究会ト称ス
第二条　本会ハ平壌及慶州ヲ中心トスル古蹟ヲ研究シ朝鮮文化ノ発揚ヲ図ルヲ目的トス
第三条　本会ノ事務所ハ朝鮮総督府博物館内ニ置ク
第四条　本会ノ経費ハ本会ノ事業ヲ賛助スル有志ノ寄付金ヲ以テ之ヲ支弁ス
第五条　本会ノ事業年度ハ政府ノ会計年度ニ依ル
第六条　本会ノ事業計画ハ之ニ伴フ予算ト共ニ毎年度開始前評議員会ノ決議ヲ経テ之ヲ定ム事業実施ノ結果ハ決算ト共ニ年度経過後二個月以内ニ之ヲ評議員会ニ報告スベシ
第七条　本会ニ左ノ職員ヲ置ク
　　　　理事　　五名
　　　　監事　　二名
　　　　評議員　若干名
　　　　幹事　　二名
　　　理事ノ内一名ヲ理事長トシ朝鮮総督府政務総監ノ職ニ在ル者ヲ推戴ス
　　　理事長以外ノ理事監事及評議員幹事ハ理事長之ヲ嘱託ス
第八条　理事長ハ会務ヲ総理シ本会ヲ代表ス
　　　理事長事故アルトキハ理事長ノ指名シタル理事其ノ職務ヲ代理ス
　　　理事ハ理事長ヲ補佐シ会務遂行ノ責ニ任ズ
　　　監事ハ本会ノ会計並ニ財政ノ状況ヲ監査ス
　　　幹事ハ理事長ノ命ヲ受ケ庶務ヲ処理ス
第九条　評議員会ハ理事及評議員ヲ以テ之ヲ組織シ本会ニ関スル重要ナル事項ヲ議決ス
　　　評議員会ハ必要ニ応ジ理事長之ヲ召集シ其ノ議長ト成ル
第十条　本会ノ事業施行ニ依リ蒐集シタル遺物ハ法令ニ依リ国庫ノ帰属スベキモノヲ除キ評議員会ノ決議ニ依リ之ヲ処分ス
第十一条　本会ノ事業施行ニ関シ必要ナル細則ハ評議員会ノ議決ヲ経テ理事長之ヲ定ム
（藤田亮策 1931b による）

(14) 東三洞貝塚は広がりをもっており、横山将三郎が調査したところを A 地点、及川民次郎が調査したところを C 地点と呼んでいる（有光教一 1962）。
(15)「朝鮮宝物古蹟名勝天然記念物保存令」の条文は次のとおりである。
　第一条　建造物、典籍、書蹟、絵画、彫刻、工芸品其ノ他ノ物件ニシテ特ニ歴史ノ證徴又ハ美術ノ模範ト為ルベキモノハ朝鮮総督之ヲ宝物トシテ指定スルコトヲ

得
　　　貝塚古墳寺址城址窯址其他ノ遺蹟、景勝ノ地又ハ動物植物地質鑛物其ノ他学術
　　　研究ノ資料ト為ルベキ物ニシテ保存ノ必要アリト認ムルモノハ朝鮮総督之ヲ古
　　　蹟、名勝又ハ天然記念物トシテ指定スルコトヲ得
第二条　朝鮮総督前条ノ指定ヲ為サントスルトキハ朝鮮総督府宝物古蹟名勝天然記
　　　念物保存会（以下単ニ保存会ト称ス）ニ諮問スベシ
　　　前条ノ指定以前ニ於テ急施ヲ要シ保存会ニ諮問スル暇ナシト認ムルトキハ朝鮮
　　　総督ハ仮ニ指定スルコトヲ得
第三条　朝鮮総督ハ宝物、古蹟、名勝又ハ天然記念物ニ関スル調査ヲ為ス為必要ア
　　　リト認ムルトキハ当該官吏ヲシテ必要ナル場所ニ立入リ、調査ニ必要ナル物件
　　　ノ提供ヲ求メ、測量調査ヲ為シ又ハ土地ノ発掘、障碍物ノ変更除却其ノ他調査
　　　ニ必要ナル行為ヲ為サシムルコトヲ得此ノ場合ニ於テハ当該官吏ハ其ノ身分ヲ
　　　證明スベキ證票ヲ携帯スベシ
第四条　宝物ハ之ヲ輸出又ハ移出スルコトヲ得ズ但シ朝鮮総督ノ許可ヲ受ケタルト
　　　キハ此ノ限リニ在ラズ
　　　朝鮮総督前項ノ許可ヲ為サントスルトキハ保存会ニ諮問スベシ
第五条　宝物、古蹟、名勝又ハ天然記念物ニ関シ其ノ現状ヲ変更シ又ハ其ノ保存ニ
　　　影響ヲ及ボスベキ行為ヲ為サントスルトキハ朝鮮総督ノ許可ヲ受クベシ
第六条　朝鮮総督ハ宝物、古蹟、名勝又ハ天然記念物ノ保存ニ関シ必要アリト認ム
　　　ルトキハ一定ノ行為ヲ禁止若ハ制限シ又ハ必要ナル施設ヲ命ズルコトヲ得
　　　前項ノ施設ニ要スル費用ニ対シテハ国庫ヨリ予算ノ範囲内ニ於テ其ノ一部ヲ補
　　　助スルコトヲ得
第七条　朝鮮総督第五条ノ規定ニ依ル許可又ハ前条第一項ノ規定ニ依ル命令ヲ為サ
　　　ントスルトキハ保存会ニ諮問スベシ但シ軽易ナル事項ニ付テハ此ノ限ニ在ラズ
第八条　宝物ノ所有者ニ付変更アリタルトキハ朝鮮総督ノ定ムル所ニ依リ所有者ヨ
　　　リ之ヲ朝鮮総督ニ届出ヅベシ宝物滅失又ハ毀損シタルトキ亦同ジ
第九条　宝物ノ所有者ハ朝鮮総督ノ命令ニ依リ一年内ノ期間ヲ限リ李王家、官立又
　　　ハ公立ノ博物館又ハ美術館ニ其宝物ヲ出陳スル義務アルモノトス但シ祭祀法用
　　　又ハ公務執行ノ為必要アルトキ其ノ他已ムコトヲ得ザル事由アルトキハ此ノ限
　　　ニ在ラズ
第十条　前条ノ規定ニ依リ宝物ヲ出陳シタル者ニ対シテハ朝鮮総督ノ定ムル所ニ依
　　　リ国庫ヨリ補給金ヲ交付スルコトヲ得
第十一条　第三条ノ規定ニ依ル行為若ハ第六条第一項ノ規定ニ依ル命令ノ為損害ヲ
　　　被リタル者アルトキ又ハ第九条ノ規定ニ依リテ出陳シタル宝物其ノ出陳中不可

抗力ニ因ルニ非ズシテ滅失若ハ毀損シタルトキハ朝鮮総督ハ其ノ定ムル所ニ依リ損害ヲ補償スルコトヲ得

第十二条　第九条ノ規定ニ依リテ出陳シタル宝物ニ付其ノ出陳中所有者ノ変更アリタルトキハ新所有者ハ当該宝物ニ関シ本令ニ規定スル旧所有者ノ権利義務ヲ承継ス

第十三条　朝鮮総督ハ地方公共団体ヲ指定シテ宝物、古蹟、名勝又ハ天然記念物ノ管理ヲ為サシムルコトヲ得

前項ノ管理ニ要スル費用ハ当該公共団体ノ負担トス

前項ノ費用ニ対シテハ国庫ヨリ予算ノ範囲内ニ於テ其ノ一部ヲ補助スルコトヲ得

第十四条　公益上其ノ他特殊ノ事由ニ依リ必要アルト認ムルトキハ朝鮮総督ハ保存会ニ諮問シ宝物、古蹟、名勝又ハ天然記念物ノ指定ノ解除ヲ為スコトヲ得

第十五条　朝鮮総督第一条若ハ第二条第二項ノ規定ニ依リ指定ヲ為シ又ハ前条ノ規定ニ依リ指定ノ解除ヲ為シタルトキハ其ノ定ムル所ニ依リ之ヲ告示シ且当該物件又ハ土地ノ所有者、管理者又ハ占有者ニ通知スベシ但シ指定セラレタル者ノ保存上必要ト認ムルトキハ告示セザルコトヲ得

第十六条　朝鮮総督ハ国ノ所有ニ属スル宝物、古蹟、名勝又ハ天然記念物ニ関シ別段ノ定ヲ為スコトヲ得

第十七条　寺刹ノ所有ニ属スル宝物ハ之ヲ差押フルコトヲ得ズ

前項ノ宝物ノ管理ニ関スル事項ハ朝鮮総督之ヲ定ム

第十八条　貝塚、古墳、寺址、城址、窯址其ノ他ノ遺蹟ト認ムベキモノハ朝鮮総督ノ許可ヲ受クルニ非ザレバ発掘其ノ他現状ヲ変更スルコトヲ得ズ

前項ノ遺蹟ト認ムベキモノヲ発見シタル者ハ直ニ其ノ旨ヲ朝鮮総督ニ届出ヅベシ

第十九条　朝鮮総督ハ本令ニ規定スル其ノ職権ノ一部ヲ道知事ニ委任スルコトヲ得

第二十条　朝鮮総督ノ許可ナクシテ宝物ヲ輸出又ハ移出シタル者ハ五年以下ノ懲役若ハ禁錮又ハ二千円以下ノ罰金ニ処ス

第二十一条　宝物ヲ損壊、毀棄又ハ隠匿シタル者ハ五年以下ノ懲役若ハ禁錮又ハ五百円以下ノ罰金ニ処ス

前項ノ宝物自己ノ所有ニ係ルトキハ二年以下ノ懲役若ハ禁錮又ハ二百円以下ノ罰金若ハ科料ニ処ス

第二十二条　左ノ各号ノ一ニ該当スル者ハ一年以下ノ懲役若ハ禁錮又ハ五百円以下ノ罰金若ハ科料ト処ス

　　一　許可ヲ受ケズシテ宝物、古蹟、名勝又ハ記念物ニ関シ其現状ヲ変更シ又ハ其保存ニ影響ヲ及ボスベキ行為ヲ為シタル者

　　　　二　第六条第一項ノ規定ニ依ル命令ニ違反シタル者
　　　　三　第十八条第一項ノ規定ニ違反シタル者
　　　　四　第五条若ハ第十八条第一項ノ規定ニ違反シ又ハ第六条第一項ノ規定ニ依ル命令ニ違反シテ得タル物件ヲ譲受ケタル者
　第二十三条　第三条ノ規定ニ依ル当該官吏ノ職務執行ヲ拒ミ妨ゲ若ハ忌避シ、調査ニ必要ナル物件ノ提供ヲ為サズ又ハ調査ニ必要ナル物件ニシテ虚為ナルモノヲ提供シタル者ハ二百円以下ノ罰金ニ処ス
　第二十四条　第八条又ハ第十八条第二項ノ規定ニ違反シ届出ヲ為サザル者ハ百円以下ノ罰金又ハ科料ニ処ス
（『朝鮮総督府官報』号外〈昭和8年8月9日〉による）

(16) 渡辺豊日子 1933、1934 では「遺物」と書いているが、「保存令」では「遺蹟」となっている。

(17) 遺物の多くは 1934 年に朝鮮古蹟研究会より東京帝室博物館に寄贈されたが、1965 年にソウルの国立博物館に戻された。

(18) 現在の知見からすれば、竪穴系横口式石室と呼んでよいものである。

第2章　関野貞の朝鮮古蹟調査（1）

1　生い立ち

　雪深い新潟県上越市（新潟県中頸城郡高城村）で、関野貞は関野峻節とヤエの次男として生まれた。時は、慶応3年12月15日（1868年1月10日）で、日本の政治が徳川幕府から明治政府へと移り変わる真っ只中であった。朝鮮半島では、これまで鎖国政策をとっていた朝鮮王朝が、江華島事件（1875年）を契機に日本の圧力によって釜山、元山、仁川の3カ所を開港させられた。その後、朝鮮をめぐって日本と清国との対立が激化し、ついに1894年には日清戦争が勃発した。

　そのころ、1892年7月、関野は東京帝国大学工科大学に入学し、造家学（のちの建築学）を専攻し1895年7月に卒業した。12月には古社寺修理工事監督として、古い歴史のある神社や寺院が多い奈良県に赴任した。そして、1897年6月に古社寺保存法が制定されるとともに、奈良県技師に任命され古社寺などの文化財の指定と保存修復にあたった。1901年に東京帝国大学助教授に任命され、建築学第二講座を担当するまでの5年間にわたる奈良での研究をもとに、「平城京及大内裏考」を著し1908に工学博士の学位を授与された。

2　第1回朝鮮古蹟調査―漢城・開城・慶州―

　日清戦争後、朝鮮では1897年10月12日に国号を「大韓帝国」と改め、朝鮮王朝最後の国王となった高宗は皇帝に即位した。しかし、列強による主権侵害が甚だしくなるとともに、清にかわってロシアの影響力が大きくなり、朝鮮をめぐって日本とロシアの抗争が激しくなっていった。

　関野が東京帝国大学の命令により、はじめて朝鮮に渡ったのは1902年、日

本がロシアと対立していたイギリスと日英同盟を締結した時であった。

　6月27日に東京を出発し、途中三重県に寄って30日に神戸港から出港した。対馬海峡を横切って釜山港に着いた後、海岸沿いに西周りで航行し、馬山浦、木浦、郡山などに寄港しながら、7月5日に仁川港に到着し、すぐに漢城（ソウル）へ行った。漢城と仁川を結ぶ京仁鉄道は1900年に開通したものの、漢城と釜山間450kmを結ぶ京釜鉄道は1905年の完成なので、この時はまだ鉄道がなく船を利用したのだろう。

　朝鮮王朝時代の都であった漢城では、城郭・北漢山城・昌慶宮・昌徳宮・景福宮などの文化財を調査し、高麗王朝の都であった開城では、羅城・内城・王宮・満月台などを調査した。7月31日には船で仁川に戻り、いったん漢城に帰着して、今回の調査の前半が終了した。開城や漢城では個人収集の陶磁器も数百点調査し、この時の報告にその図を載せている。

　後半は、8月9日に仁川を出港し、船で西海岸を南下したのち南海岸を東行して、11日に釜山港に到着した。東莱・梁山（通度寺・梵魚寺）を調査しながら陸路北上し、18日に新羅の都であった慶州に到着した。ここでは3日間半という短い調査期間に、邑城・月城・氷庫・芬皇寺・五陵・太宗武烈王陵・仏国寺・栢栗寺などを調査した（関野貞1909）。この時に慶州南門外の鳳凰台下の鐘閣内にあった廃奉徳寺梵鐘は、現在、国立慶州博物館の庭に移され、「エミーレの鐘」と愛称され、訪れる人々に遠い昔を偲ばせてくれる。

　慶州からは西に向かい、慶尚北道の永川・大邱を通り、標高1,430mの伽倻山に上り、そこから南下して慶尚南道の漆原・馬山浦を通り、30日に再び釜山に到着した。9月4日には釜山港を出発し、翌5日長崎に到着している（図1の太線）。

　全行程62日間におよぶ古建築を中心とする調査ではあったが、一つ一つに費やす時間は短いため、記録として写真を数多く撮った。帰国後、「韓国建築調査報告」（関野貞1904）を著したが、これが朝鮮の美術工芸を学会に紹介した最初となった。

　日本とロシアの対立が激化し、ついに1904年2月9日、日本はロシアとの戦争を開始した。日本はただちに首都ソウルを制圧し、2月23日に日韓議定書を押し付け、8月22日には第一次日韓協約を締結して日本は朝鮮の内政に

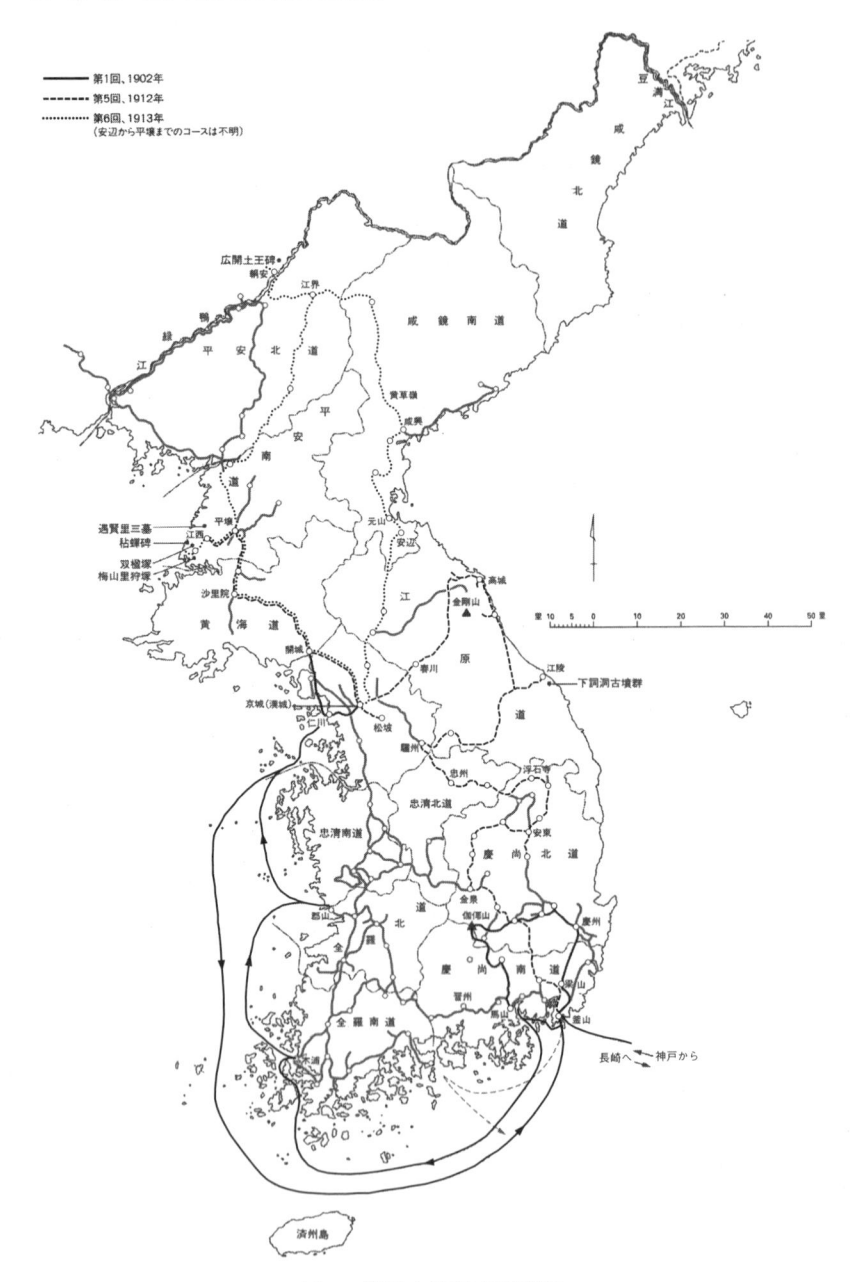

図1　朝鮮古蹟調査行程図

干渉した。1905年9月ポーツマス条約（日露講和条約）を結び、日本とロシアとの戦争は終結したが、朝鮮への支配はますます強まり、第二次日韓協約で日本は朝鮮の外交権をにぎり、1907年7月には第三次日韓協約を締結し、朝鮮の内政に関する全権を掌握した。

この間1905年、関野は東京帝国大学付属病院に入院し腎臓の手術を受けている。また、同年10月、日本の遺跡で収集した瓦192個、韓国古瓦及石造物19個、大仏殿組物雛形2個、彩色組物雛形2個を東京帝国大学に寄贈した。1906年9月から翌1月にかけて第1回の中国建築調査をおこない、続いて1907年6月から9月にかけて第2回の中国建築調査に出かけた（関野克1978）。

朝鮮の古蹟関係では、1905年に鳥居龍蔵が高句麗の都であった奉天省輯安に行き、丸都城・国内城・広開土王碑を調査し、1906年には今西龍が、関野が1902年に調査をおこなった慶州・京城・開城を踏査した。

3　第2回朝鮮古蹟調査—平壌・義州・扶餘・慶州—

1906年2月、ソウルに統監府が置かれると種々の調査事業が始まった。統監府度支部（長官荒井賢太郎）は工事顧問であった妻木頼黄博士の意見により、関野貞に嘱託して1909年から朝鮮半島全土の古建築調査を開始した。以後、毎年朝鮮に行き、殿・宮・院・祠・寺・社・廟・塔・碑・礎・燈・古墳・陵墓などの古建築や古蹟を調査して報告書を出した。

この年は、1906年に完成した京義鉄道（漢城—新義州）の沿線にそって北上し、京城・開城・黄海北道の黄州・高句麗の第三の都のあった平壌・平安北道の義州に至り、さらに少しもどって平安南道の安州・平安北道の寧辺・妙香山を調査し、平壌にいったんもどった。帰路には、百済の第二の都であった公州、恩津、百済の第三の都であった扶餘、慶州をまわって日本に戻ったが、扶餘では雪に見舞われている。

関野は、谷井済一、今泉茂松技師とともに、10月14日から平壌の大同江面石巌里で古墳を発掘した。はじめ外形の残りのよい古墳を選んで発掘したが、既に盗掘にあっていたので、別の大小2基の古墳を発掘した。この古墳も深さ2.7mまで掘っても槨に到達しなかったので、大と小ともに発掘を中止した。

おそらく内部主体が木槨であったため、達しなかったのだろう。そこで、4基目にあたる近くの小さな古墳を見つけ発掘し、その日の午後5時には塼室墳の穹窿天井を発見した。今泉技師が現地にとどまり発掘を続け、塼を積み上げて造られた玄室と前室から、刀、銅鏡、腕輪、指輪、五銖銭、土器などが出土した。この「石巌里古墳」から出土した遺物は、東大建築（東京大学大学院工学研究科建築学専攻のこと。以下、東大建築と略す）で保管している。これは楽浪古墳のはじめての発掘であった。今泉技師は、この古墳の近くで5基目にあたる別の古墳を発掘し、鉄鏡や金銅釦などの遺物が出土している。

　帰路の扶餘でも古墳を捜したが、2日間ばかりの短い滞在であったためか、見つけることができなかった。しかし、慶州では府内面西岳里の丘陵端部で横穴式石室の古墳を見つけ調査している。遺骸の頭部の下に石の枕が置いてあったことから石枕塚と名づけられた。なお、ここから出土した高杯の蓋も、東大建築で保管している。また、西岳里の畑中で等身大の弥勒菩薩半跏石像を発見し、頭部と両腕を欠くが、わが国の飛鳥時代の仏像に髣髴していると指摘している。

　この時の調査をもとに「朝鮮文化の遺蹟」（関野貞1910c）を著している。この論文によれば、慶州には多数の陵墓が分布し、平地に築かれ、外形は小山状で平面が円形のものが最も多いがまれに瓢形もある、中心に丸石を累積し、その上を薄く粘土で覆い、さらに厚く土を被せる、とあり、木槨には触れていないが、慶州の積石木槨墳と双円墳をほぼ正しく認識しているのがわかる。

　この年、萩野由之・今西龍も東京帝国大学の命令により朝鮮に行き、平壌の大同江面古墳（乙）を発掘調査し、塼室墳であることを確認し、内行花文鏡、金銅釦、金銅耳杯などの遺物が出土した。遺物は東京帝国大学文学部の所蔵となったが、関東大震災の火災で焼失した。

4　第3回朝鮮古蹟調査—朝鮮南部—

　1910年8月22日、「韓国併合ニ関スル条約」が締結され、日本は朝鮮を併合して植民地とした。統治機関として朝鮮総督府がおかれ、寺内正毅が初代の朝鮮総督に就任した。関野の朝鮮古蹟調査は、「史蹟調査」として朝鮮総督府

内務部地方局第一課に引き継がれ、さらに強化された。一方、鳥居龍蔵・黒板勝美・今西龍の朝鮮における「史料調査」は、教科書編纂の必要からの調査として、朝鮮総督府学務部編輯課の担当となった。藤田亮策によると、調査には憲兵・通訳・写真師を同行し、史料調査による収集品は朝鮮に残し、史蹟調査による収集品は全部内地にそれぞれ携帰したという（藤田亮策1933）。

　1910年10月3日に平壌大同江面の古墳群を踏査し、2基を発掘対象として選定し、翌4日より発掘を開始した。東方の古墳は複室塼室墳で「大同江面東墳」とよばれ、西方の古墳は単室塼室墳で「大同江面西墳」と呼ばれる。7日まで掘り続けてもまだ塼室の床に達しないので、ここの発掘を今泉技師にまかせ、関野と谷井は8日に京城に引き返し朝鮮南部の調査に出かけた。

　調査地点は多岐にわたり、忠清北道の沃川・俗離山、慶尚北道の星州・伽倻山・高霊、慶尚南道の昌寧・霊山・咸安・晋州・河東、全羅南道の求禮、全羅北道の南原、全羅南道の谷城・玉果・昌平・光州・羅州・木浦を陸路でまわり、そこから船で全羅北道の郡山にわたり、全州・金溝・益山をまわって、そこから海路で仁川に出て、12月7日に京城にもどった。京城ではさっそく今泉技師より、大同江面東墳と西墳の報告を受けた。

　今回の調査の特色は、加耶時代（三国時代）の遺跡を発掘したことである。高霊では、主山城から続く尾根上に5～6基の大きな古墳を確認したがこれは発掘せず、その下にある無数の小さな古墳のうち2～3基を発掘した。昌寧では、発掘こそしなかったものの、盗掘されて露出した古墳を調べ、羨道が付かない長さ6mの石槨を確認している。

　晋州では南北に尾根続きとなっている水精峯と玉峯で本格的な発掘をおこない（図2）、横穴式石室のなかからさまざまな遺物を発見した。北の尾根にある水精峯2号墳は、石室の奥左右に2個の木棺を置くための石製台が設けられ、その付近から棺に装着したとみられる鐶座金具が発見されている。ここからは、大刀・刀子・紡錘車・小玉・鉄釘・鉄斧・鐙・蛇行状鉄器・銅鋺のほか、有蓋高杯2点・脚付有蓋長頸壺2点・器台などの陶質土器が出土した（図3）。その南に位置する水精峯3号墳も、2号墳と同じ構造であるが、石室内には2個の木棺ではなく1個の木棺を想定している。ここからは、大刀2点・鉄鉾3点のほか、有蓋高杯4点・有蓋長頸壺1点・脚付有蓋長頸壺2点・広口壺

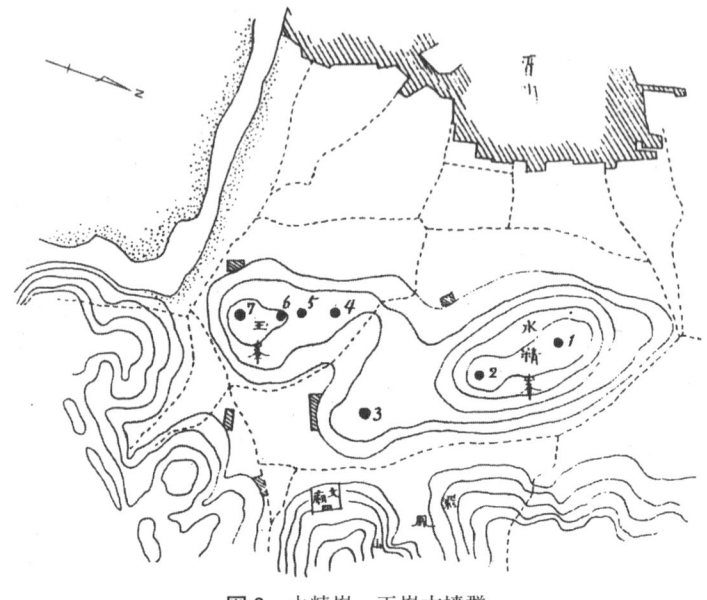

図2　水精峯・玉峯古墳群

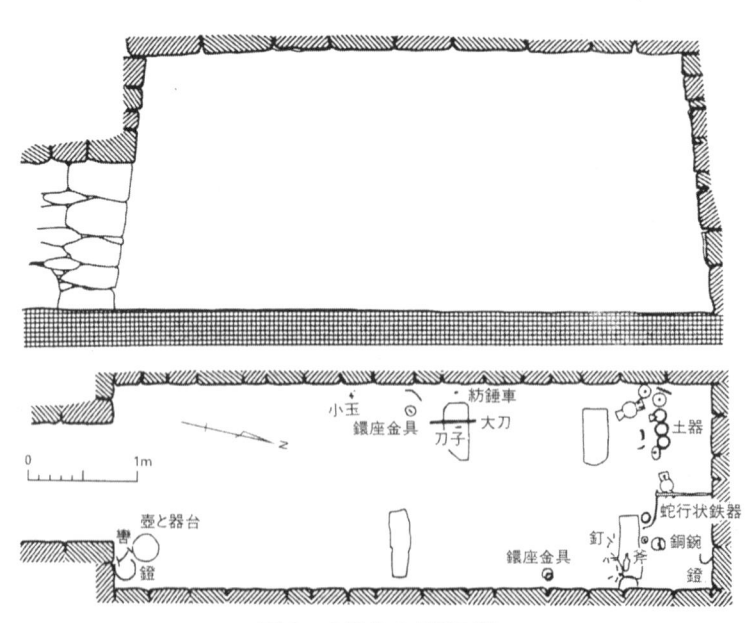

図3　水精峯2号墳石室

1点・脚付広口壺1点・器台2点・碗1点などの陶質土器が出土している。南の尾根にある玉峯7号墳は、石室の中から大刀2点・鉄斧2点・石突1点・鉸具1点・釘・鑲座金具（？）・蛇行状鉄器・U字形鋤先1点・素環鏡板付轡・楕円形鏡板付轡・鉄輪鐙1双のほか、有蓋把手付鉢・有蓋長頸壺・蓋・器台・銅鋺形土器・承盤形土器などの陶質土器が出土している。土器から6世紀前半の年代が与えられ、その多くは加耶の中心に位置する高霊地域からの影響を受けたものである。しかし、水精峯3号墳や水精峯2号墳の器台、玉峯7号墳の有蓋把手付鉢・器台には高霊的ではない百済の影響も認められ、鑲座金具・銅鋺・銅鋺形土器などももとは百済からの影響と考えられる。また、銅鋺や蛇行状鉄器は倭への影響が考えられる遺物であり、6世紀の日韓関係を考える上でも重要な意味をもっている（定森秀夫・吉井秀夫・内田好昭 1990）。

晋州地域は、これ以降本格的な発掘調査がなされることなく、1988年の慶尚大学校による加佐洞古墳群の調査まで待たねばならなかった。

なお、高霊の古墳や水精峯2号墳・玉峯7号墳の出土遺物は、この時東京帝国大学工科大学に送られ、現在も東大建築が保管している。

5　第4回朝鮮古蹟調査—漢王墓—

1911年9月11日新橋駅を出発し、13日に京城到着。付近を調査したのち、22日に開城を通って、24日に平壌に到着した。関野とともに、谷井済一、栗山俊一が同行した。今回の目的は漢王墓の発掘である。2年前に朝鮮へ調査にきた時、平壌で白川正治より江東郡馬山面漢坪洞に一つの大きな古墳があることを聞いていたが、日程の都合で調査できなかった。その後、萩野・今西が漢坪洞に行って発掘を試みたが、厳寒期で土が凍結して作業が困難であったため、ついに玄室に達することができなかった。

29日に平壌を出発する予定であったが、降雨のため道路が遮断されて江東方面へ行くことができなかったので、予定を変更して、三和地方の牛山麓へまず行くことと決めた。ここに多数の古墳があることは、1909年の調査の時、白川正治より聞いていた。29日、汽車で鎮南浦へ行き、そこからは馬で三和へ出発した。しかし、旅の途中で日没になったため龍岡で1泊を余儀なくさせ

られた。関野は、宿にきた守田徳龍郡守、粟屋鎌太郎書記より、黄山の麓に多数の古墳があることを聞き、予定をさらに変更して黄山麓に行くことにした。翌30日には黄龍山城に上がり、温井里に宿をとり温泉に浴している。10月1日には、黄山麓の高句麗時代の古墳を尋ね、『龍岡郡誌』にみえる於乙洞古城の址を探した。

　10月に入り、漢王墓の調査を開始しようとしたが、また降雨のため江東方面に行くことできなかった。この間を利用して江西面遇賢里に行き、かつて地元での発掘に参加した住民から聞き取り調査をおこなった。それによれば、古墳の玄室の壁に絵画があったという。この情報は次年度の調査に活かされることになった。

　5日になってようやく、漢王墓の発掘を開始した。しかし、10日には古墳の一部が崩壊して、人夫1人が埋没し2人が膝まで埋まるという事故が起こり、発掘は一時中断せざるを得なくなった。16日に発掘は再開されたが、その間いったん平壌にもどり、沙里院駅の南約2里半、銀波の西方の都墓坪に多数の古墳があることを聞き、ここを訪ね踏査した。その帰り、沙里院駅にもどる途中に線路のそばに大きな古墳（のちに「都塚」と名づけた、鳳山郡嵋山面烏江洞）があるのを見つけ、そこから「漁陽張」という文字が書かれた塼の破片を拾った。漢王墓の発掘は順調に進み18日には玄室に達した。持送り天井をもつ石室の天井と壁には漆喰が塗られ、何か描かれていたらしいが、剥落がひどくほとんどわからない。墳丘は二段の方形基壇の上に円形に作られた大形古墳で、墳丘上から多くの瓦が出土し、その一部は東大建築で保管している（関野貞1914e）。

　21日、京城に戻ったのち、谷井済一は再び都塚に行き、発掘を始めた。羨道および左右の耳室を調査し、室を築く塼のなかに「使君帯方太守張撫夷」という文字が陽刻された塼を発見した。玄室は翌1912年に調査された。「帯方太守」は、遼東に勢力を張った公孫氏が、2世紀の終わりから3世紀の初めに、楽浪郡の屯有県以南の地に新設した帯方郡と密接な関係があり、塼の出土はこの地域を帯方郡治とみなす有力な証拠となっている。

　関野・栗山は、25日に京城を出発し、26日に慶州に入り新羅時代以降の史蹟を調査した。11月2日には大邱に入り桐華寺を調査して5日に出発し、釜

山を経て7日に新橋駅に帰ってきた。この年の調査では、190枚の写真を撮っている（関野貞・谷井済一・栗山俊一 1914a）。

6　第5回朝鮮古蹟調査―遇賢里三墓と朝鮮東部―

朝鮮総督府より古蹟調査の嘱託を受け、1912年9月16日に栗山俊一・谷井済一とともに東京を出発、18日に京城に到着したのち、21日に平壌に入った。平壌では、松坡の木棺直葬とみられる古墳を調査した後、23日に江西に入り、今回の目的の一つである遇賢里三墓の発掘に着手した。聞き取り調査によると、大塚と中塚の2基は8年前に郡守が発掘し、大塚から頭骨が出土したので、郡守が持ち帰ったが、悪いことがあったので、もとの場所に埋葬したという。しかし、この頭骨はのちに平壌キリスト教会の学校が持ち帰り、調査時も同校にあるという。骨以外の出土遺物が知られていないことから、郡守の発掘時には、すでに盗掘にあっていたとみてよいだろう。

　大塚（乾塚）は発掘開始3日目に、中塚（南塚）は2日目の夕刻に、小塚は5日目の午後になって、横穴式石室の内部に入ることができた。

　大塚は、幅312cm、奥行317cmのほぼ正方形の玄室の南壁に羨道が付く横穴式石室で、天井までの高さは352cmあり、壁・天井ともに良質の花崗岩を使用する。天井に特徴があり、複雑な構造をもっている。すなわち、壁の上部を28cmの幅で少し内側に傾け、その上に厚さ28〜30cmの平行持送りを二段積み上げ、その上に厚さ28〜29cmの隅三角持送りを一段積み、その上に平三角持送りを一段積み、最後に1枚の天井石をのせている。ここまではよくみられる構造であるが、下段の平行持送りの隅を切ったり、三角持送りが丸く弯曲している点などは穹窿天井を意識したものとみなせる。玄室の内部左右に石床が二つあることから、複数の埋葬が考えられる。盗掘にあっており、副葬品はない。

　壁画は、壁面に直接描かれる。北壁に玄武、東壁に青龍、西壁に白虎、南壁は入口周縁に忍冬文、左右に朱雀が描かれる。天井は下段平行持送りの側面に忍冬文、上段平行持送りの側面に天人・飛雲・神仙・山岳を、その下面に忍冬文や蓮華文を描く。隅三角持送りの側面には忍冬文と麒麟を、その下面に蓮華

および忍冬文と双鳳を、平三角持送りの下面には蓮華忍冬文や双鳳を、最上段の一枚石には雲龍文を描いている。

　中塚は、幅309cm、奥行324cmのほぼ正方形の玄室に、長さ692cmの長い羨道が付く横穴式石室であり、壁・天井ともに花崗岩を使用する。天井までの高さは258cmと、大塚に比べて低いが、これは天井構造の違いによる。玄室の四壁は、いずれも1枚石よりなり、天井は二段の平行持送りの上にすぐに1枚石をのせる低い構造となっている。床は3枚の大石よりなるが、大塚のような石床はなく、木棺の小さい破片が朱漆の破片とともに散乱していた。

　壁画は壁面に直接描かれる。北壁に玄武、東壁に青龍、西壁に白虎、南面入口の左右には朱雀が描かれる。天井は、下段平行持送りの側面には美しい忍冬文、上段平行持送りの側面には一種の忍冬文、その下面には一種の火炎状の奇なる文様がある。天井の1枚石は中央に蓮華、南北に鳳凰が描かれ、東に太陽、西に太陰の象徴がある。太陽は円内に黒い三足烏を、太陰は奇妙な蟾蜍を描き、さらに四隅に蓮華および忍冬文を描く。

　小塚は、奥行336cmの玄室で大塚と似た天井構造をもつが、壁画はなく、玄室内より人骨、木棺の残片、黒漆片が発見された。

　壁画の存在は前年に知られていたので、あらかじめ李王家博物館と連絡を取り、同館の費用で小場恒吉・太田福蔵に模写してもらっている。彼らは、約70日間をかけて大塚と中塚の壁画を模写した（関野貞1913）。この模写は、東大建築に大切に保管されている。

　28日に江西を出発し平壌にもどり、29日には平壌を発ち京城に着いた。ここでしばらく滞在し、10月3日午後、寺内正毅に面会している（山本四郎編1980）。4日には総督府専売局長上林敬次郎からの電報で、梅山里狩塚に壁画があることを知る。この壁画の内容については、この年日本に帰ってから壁画の写真と模写の一部を見て、遇賢里より古いことを確かめた。関野の調査は、つねに前年の情報が次年度の調査に活かされ、梅山里狩塚も次年度に調査されることになる。

　5日にソウルを発ち、この年はいままで行っていない江原道を中心に、忠清北道や慶尚北道の内陸部をまわった。江原道の春川・金剛山長安寺（淮陽郡）・金剛山表訓寺（淮陽郡）・金剛山正陽寺（淮陽郡）・金剛山楡岾寺（高城郡）・

金剛山新渓寺(高城郡)・高城・乾鳳寺(杆城郡)・洛山寺・襄陽を経て、10月28日には江陵に到着した。

江陵では、客館臨瀛館の正門、中門、烏竹軒、普賢寺、朗圓國師塔碑などの古建築調査のほか、楓湖の東北にある砂丘の上に立地する古墳の調査も行った。古墳は、砂丘という立地条件のため封土はほとんど風で飛ばされ、竪穴式石槨が露出していた。石槨は、大きいもので長さ5.8m以上、幅約0.8m以上あり、有蓋高杯・長頸壺・脚付長頸壺などの陶質土器のほか、紡錘車・鉄斧なども出土している。現在、関野の調査した古墳も含めてこの一帯を下詩洞古墳群とよんでいる。この地域は、文献の上では濊族の居住地とされるが、陶質土器をみると、5世紀の段階で新羅の影響を強く受けているのがわかり、考古学的に重要な地域といえる(第2部第2章参照)。その後の下詩洞古墳群に対する調査は、1970年の文化財研究所による調査まで待たねばならなかった。

11月2日に江陵を出発し、五台山月精寺・原州・驪州(京畿道)・忠州(忠清北道)・豊基(慶尚北道)・順興・小白山を経て浮石寺・栄川・太子山・奉化・太白山覚華寺・禮安・安東・醴泉・咸昌・尚州・金泉と調査し、12月16日に東京にもどった(図1の破線)。

7 第6回朝鮮古蹟調査—双楹塚と朝鮮北部—

1913年の調査は、関野貞・栗山俊一、今西龍・谷井済一が、2班に分かれて行った。

今西・谷井は鳳山郡の調査をした後、9月23日には、1911年の調査時に注目していた平壌の大同江畔の土城を踏査して、城壁を確認し漢式瓦片を採集した。

関野・栗山は、前年の情報をもとに鎮南浦府大上面梅山里にまず行き、梅山里狩塚(四神塚)を調査したのち、花上里龕神塚(大蓮華塚)、花上里星塚の古墳および壁画を調査した。いずれも持送り天井をもつ壁画古墳で、壁・天井は漆喰を塗った上に人物や四神が描かれている。

26日には、龍岡郡真池洞にある双楹塚と安城洞大塚の2基の古墳を発掘した。前室と玄室をもつ複室構造の壁画古墳であり、壁画にも斗栱・蛙股などの

建築部材がみられる。この時作製された梅山里狩塚と双楹塚の壁画模写は、東大建築に保管されている。

　古墳の発掘中、鎮南浦発行の地元新聞に、関野博士が龍岡に行くと誤って載ったため、粟屋鎌太郎書記が親切にも馬で迎えに来た。関野貞はその好意を断るわけにはいかず、今西を龍岡に派遣した。今西は、於乙洞古城で漢式瓦を探すが、平瓦以外発見できないので、面長に何か情報はないかと尋ねたところ、近くに古碑があるという返事をもらった。すぐに古碑のところに行き、よく観察すると古調を帯びていることを認めたが、夕方になったためいったん宿に帰り、翌日再び現地に行き拓本を採った。関野は平壌の宿舎でこの拓本をみて、書体が漢隷であること、「黏蟬」の文字が読めることがわかり、他の文字も大半が読むことができた。これが、黏蟬碑の発見であり、楽浪郡のなかの黏蟬県の位置を決める重要な役割をはたした。なお、白鳥庫吉も1カ月前に、富田儀作の案内でこの碑の拓本を採って帰ったが、多忙のためまだ研究していなかった。

　30日に関野らの一行は平壌から大同江を船で下り、今回、今西・谷井が踏査した土城を訪れ、城壁の遺存を確認し、多数の漢式瓦を採集した。そして、ここを楽浪郡治址と推定した（関野貞・谷井済一・栗山俊一・小場恒吉・小川敬吉・野守健1927）。10月8日には、平安南道大同郡大同江面梧野里で、漢城鉱業会社電力部発電所の煙突基礎工事の際に、地表より3.3m掘ったところで、1基の木槨（梧野洞古墳）が発見された。直ちに、平安南道道庁技手深田九馬三が、現地に行き遺物を採取した（朝鮮総督府1915a）。

　10月には安州・熙川・江界を経て鴨緑江を渡り、奉天省の輯安に行き、太王陵・将軍塚・千秋塚・西大塚・臨江塚・広開土王碑・通溝城・山城子山城などを調査した。広開土王碑に関しては、第Ⅲ面の第一行目を確認し、現地での聞き取り調査で、10年ほど前から文字の周囲に石灰を塗り、以来毎年石灰で補修したことを聞き出している。また、将軍塚を広開土王の陵墓とみた。太王陵・千秋塚・将軍塚の墳丘から収集された輻線蓮華文軒丸瓦や銘文塼は、東大建築に保管され、高句麗の王陵を比定する重要な資料となっている（浜田耕策1987、谷豊信1989）。いったん江界に戻ったのち、牙得嶺・黄草嶺を越えて咸興に出て、その後11月に咸鏡南道安辺郡衛益面（現在は江原道）上細浦洞夫

婦塚と上細浦洞西塚を調査した（図1の点線）。

平壌にもどると、12月6日に黏蝉碑の現地を訪れ、私費を投じて雨覆を造らせた。梧野洞古墳の調査をした深田技手からは10月の調査の詳細を聞き、道庁保管の木槨、木棺の残材や出土品を調査し、楽浪郡時代の古墳に木槨式があることを初めて知った。（関野貞・谷井済一・栗山俊一・小場恒吉・小川敬吉・野守健1927）

4年間にわたる朝鮮での古蹟調査の成果にもとづき、寺内総督は『朝鮮古蹟図譜』の刊行を計画し、関野貞の方針により谷井、栗山が編纂した。1915年に刊行をはじめ第一冊から第四冊が1916年3月までに完成した。この功績により編者である関野貞は、1917年にフランス学士院からスタニス・ラス・ジュリアン賞を受けている。『朝鮮古蹟図譜』は1935年6月になってようやく最後の第十五冊ができ上がった。

8　第7回朝鮮古蹟調査―扶餘と慶州―

1915年7月、朝鮮総督府の嘱託を受け、谷井済一・後藤慶二（工学士）と扶餘の遺蹟を踏査、ここで6日間を過ごした。黒板勝美は数日前より扶餘にきていて、王陵と思われる陵山里の古墳のうち、最も大きな中下塚と最も小さな西下塚を発掘した。中下塚は蒲鉾天井をもつ横穴式石室で、玄室の壁と天井には漆喰を塗っている。西下塚は平天井の横穴式石室で、短い羨道をもつ。いずれも盗掘にあっており、遺物はほとんど残っていない。関野貞は中下塚に次ぐ大きさの中上塚を発掘した。やはり盗掘されていたが、冠の金具と思われる金銅製透彫金具と八花形の大小の金具十数枚を発見した。玄室は長方形で、左右の壁のうえには、斜めに面取りされた持送り石が一段のり、その上に1枚の大きな天井石がのる平天井型式である。残りの3基は1917年に谷井済一により発掘され、そのうちの東下塚から四神や蓮華文などの壁画が発見された（谷井済一1920b）。ここから東方に約8町離れた陵山里古墳群の塼床塚、割石塚、横穴塚の3基も発掘した。横穴塚は、花崗岩の崩壊した山腹に遂道状に横穴をあけた珍しい型式である。

忠清道長官の小原新三の誘いによって、公州に一泊の予定で行き、公山城を

踏査した。長官は部下に命じて古墳を捜させ、いくつか報告されたが、関野貞は日程の都合で発掘調査を見あわせた（関野貞1915）。

7月には谷井とともに慶州皇南里の剣塚（100号墳）を発掘した。直径44.5mの円墳で、掘り下げた床面より1.2m上から鉄剣・鉄矛・陶質土器が出土した。墳丘規模が天馬塚に匹敵するにもかかわらず、金製品が出土していないのは、発掘がまだ木槨の床に達していなかった可能性が高い。

9　第8回朝鮮古蹟調査—楽浪と高句麗—

1916年9月に関野を首班として、谷井・栗山、そして新たに小場恒吉・小川敬吉・野守健が加わり、楽浪郡と高句麗の遺跡・遺物を中心に調査した。21日に京城を発ち、平安南道に向かい、大同郡、龍岡郡、順川郡を調査して、22日に平壌に到着した（栗山は10月6日に到着）。翌23日には、大同江面の古墳群を踏査し、貞柏里と石巌里のあわせて10基を発掘対象古墳に選定した。

24日に発掘を開始し、小場恒吉、小川敬吉、野守健、栗山俊一が分担して発掘主任となった。10基とは、貞柏里1号・2号・3号・151号・153号墳、石巌里6号・9号・99号・120号・253号墳である。10月23日に発掘は終了し、24日は出土品の整理と荷造りをおこない、28日には貞柏里と石巌里の古墳群の調査を完全に終結させた。

次に、大城山下の高句麗時代の古蹟調査の準備に移った。大城山麓では古墳6基を発掘調査し、大同郡柴足面魯山里鎧馬塚と大同郡柴足面湖南里四神塚の2基が壁画古墳であった。

11日に順川郡北倉面松渓洞の天王地神塚を調査した。壁画古墳で、天井は類例のない極めて奇巧な構造をもつ。写真を撮ったのち直ちに面長に命じて、入口を閉塞させた。

15日からは海雲面葛城里甲古墳の外形測量に着手し、午後からは南方より発掘を開始した。17日午後3時頃に約2.1m下から木材の腐朽した跡を発見し、18日に壙の範囲を検出し、20日に壙床を明らかにした。21日には木棺の痕跡と甕や壺の位置を実測し、取り上げた。轡・車軸頭・斧・槍・剣が出土し、23日に発掘が終了した。

23日から龍岡郡龍月面葛峴里古墳を調査し、塼室墳の跡2基を確認し、28日に平壌を出発し京城帰任した。今回の調査では、543点の蒐集品と写真248枚を撮った。

この年、黒板勝美も8月23日から9月11日までの間、黄海道・平安南道・平安北道を踏査し、龍岡・安州・殷栗等で新しく古墳を見つけた。

10　第9回朝鮮古蹟調査―高句麗の積石塚―

1917年6月11日に京城を発ち、12日に平安北道雲山郡に到着し、谷井済一と合流した。今回は平安北道の楽浪郡時代と高句麗時代の遺跡・遺物の調査を目的とした。

平安北道雲山郡東新面の龍湖洞古墳（積石塚・封土墳）、平安北道雲山郡委延面克城洞の萬里城、平安北道渭原郡渭城面の萬戸洞古墳群（積石塚・封土墳）、徳岩洞古墳（積石塚）、平安北道渭原郡密山面旧邑洞の舎長里古墳（積石塚・封土墳）、平安北道渭原郡西泰面の新川洞古墳（30基あり、第3号墳と第6号墳を発掘、いずれも積石塚）を調査したのち、鴨緑江を渡った。奉天省輯安県では、融和堡高子墓子東山谷で地形と付近の古墳群などを調査した。再び鴨緑江を渡って、平安北道楚山郡に戻り、郡面雲海川洞古墳群を調査（157基あり積石塚と封土墳が混在するが、十中八九は積石塚、甲乙丙丁の4基を調査）して、再び鴨緑江をわたり、輯安県の沖和堡外岱溝門子の地形、古馬領高麗墓子の古墳群などを調査して、7月15日に京城にもどった。

11　第10回朝鮮古蹟調査―楽浪郡治址と金冠塚の発見―

1918年2月から1920年5月まで、イギリス・フランス・イタリア・支那・印度を外遊している間に、朝鮮では1919年3月1日に独立運動がおこった。

1921年9月、慶州で居酒屋の裏庭で増築工事中に、金製品を始めとする遺物が大量に発見された。そこで急遽、関野貞・浜田耕作・梅原末治が慶州に集まり、対策を検討した。この古墳がのちに金冠塚と名づけられ、黄金の冠が出土したことで有名になった。10月になると、関野・小川・野守は楽浪郡治址

(1913年に調査した大同江畔の土城)を調査し、山田鈄次郎収集の楽浪郡時代の遺物を調査した。

12　その後の朝鮮古蹟調査

1922年5月に第11回朝鮮古蹟調査がおこなわれ、咸鏡南道永興の所羅里で土城を発見した。出土した瓦や土器からみて、玄菟郡の時代のものであろうと推定した。

1923年に第12回朝鮮古蹟調査がおこなわれた。この年の10月に京城で、公州尋常高等小学校の敷地内から、6月の工事中に地下約1.5mのところから多数の塼が出土したことを聞いた。そこで29日に京城を出発し、鳥致院駅で下車し自動車を走らせて道庁に行き、知事の金寬鉉に面会したのちすぐに現地に向かった。出土状態は、まず一番下に梯形の塼を丸く並べ、その上に二重に塼を敷き並べてあり、円の直径は約1.5mで中心には灰黒色の壺が置かれていた。塼は長方形と梯形の2種類あり、蓮華文・銭文・格子文などの文様と「急使」「中方」の銘がある塼がみられた(関野貞1924)。1933年に発掘された公州宋山里6号墳は同様の塼でもって玄室が築造されており、中国南朝の梁との関係がうかがえる。

1924年10月には、第13回朝鮮古蹟調査を平壌でおこない、小場恒吉が発掘している古墳を視察した。1925年10月には、第14回朝鮮古蹟調査を平壌でおこない、東京帝国大学文学部(黒板勝美・村川堅固・原田淑人)が発掘調査している王盱墓(石巌里205号墳)を見学した。総督府からは、小泉顕夫、田沢金吾が実際の発掘者として参加した。1926年10月には、第15回朝鮮古蹟調査をおこない、平壌で高句麗遺跡を踏査した。

関野貞は、1928年に東京帝国大学を停年退官し、建築学講座の後任は藤島亥治郎が引き継いだ。

1929年に義和団の賠償金で東方文化学院東京研究所が設立されると、大陸建築の歴史的研究を担当し、1930年の支那(南京)調査、1931年の支那(河北・山西・北京)調査、1932年10月の支那(満洲)調査、1933年10月の支那(熱河)調査と停年後は精力的に中国関係の仕事をこなした。

1935年7月7日、国宝調査のため関西に出張中、13日に病を得て調査途中で帰宅し、帰宅後盂蘭盆を済ませてから、15日東京帝国大学付属病院に入院した。そして、29日午後9時25分、急性骨髄性白血病で永眠した。享年68歳であった。1936年秋には楽浪郡治址の土城の土塁の一角で、関野貞博士記念碑の除幕式が挙行された（関野克1978）。

　関野貞が朝鮮・中国の調査に当たって収集した瓦・塼・土器・拓本および乾板は、東大建築で保管されている（稲垣栄三1980）。

第3章　関野貞の朝鮮古蹟調査（2）
―大正2年朝鮮古蹟調査略報告―

1　大正2年略報告の発見

　関野貞は最初に朝鮮古蹟調査を始め、かつその基礎を作り上げた人物である。さらにその調査を通じて作成され蒐集された資料をもとに、朝鮮半島の建築史、考古学、美術史の研究を最初に始めた人でもある。

　筆者は、すでに関野貞の朝鮮古蹟調査を年度ごとに整理して発表したが[1]、1998年より東京大学工学部が所蔵する関野貞・藤島亥治郎らの資料を工学部建築学科の藤井恵介とともに調査と整理を始め、朝鮮半島の模写・拓本類と写真に関する資料データを作成した（早乙女雅博・藤井恵介2000、早乙女雅博・藤井恵介・角田真弓2002）。その資料調査の過程で、東京大学生産技術研究所（駒場キャンパス）に関野貞が残した書類群がダンボール箱70余個あることを知り、それを総合研究博物館（本郷キャンパス）に移動して2003年4月から調査と整理を開始した。そのなかで、関野貞が日本・朝鮮・中国・インド・欧米の各地を調査したときに記されたフィールドカード類5034枚は、関野貞の論文に記載されていない内容も多いので、その重要性を鑑みて目録を作成した（藤井恵介・早乙女雅博・角田真弓・李明善2004）。

　さらに調査を進めていくなかで、関野貞の長男である関野克の自宅に保管されていた関野貞資料が愛知県犬山市の博物館明治村にあることを知り、2004年1月に博物館明治村で調査させていただいた[2]。そのなかに、初期の調査である明治42年（1909）から大正3年（1914）までの朝鮮半島における古蹟調査の報告原稿が含まれていた。明治42年から大正元年までの4年間の調査略報告はすでに朝鮮総督府などから刊行されているが、大正2年の調査略報告は朝鮮総督府に提出されたと思われるが刊行されていない。

　この年の調査には、平安南道龍岡郡での黏蟬碑・双楹塚などの高句麗壁画古

墳、満洲輯安での広開土王碑・将軍塚・三室塚などの高句麗壁画古墳が含まれていて、重要な調査がおこなわれた年である。そこで、本稿では関野貞資料に残された大正2年の朝鮮古蹟調査略報告をまとめるとともに、この年におこなわれた古蹟調査の意義について考えることにする。なお、大正3年の調査資料は写真目録が関野貞資料に残されているのみなので、ここでは割愛する。

2　明治42年〜大正3年までの朝鮮古蹟調査

　戦前（昭和20年以前）の朝鮮半島における古蹟調査は、1900年の八木奘三郎による人類学取調べに始まり1944年の楽浪古墳の調査まで続いた。その間1910年の総督府設置、1916年の「古蹟及遺物保存規則」の施行、1921年の古蹟調査課の設置、1931年の朝鮮古蹟研究会の設立、1933年の「朝鮮宝物古蹟名勝天然記念物保存令」の発布、1936年の事業計画の更新などの行政組織の変更や法律の制定をもとに、調査事業を7期に分けることができる。1909年〜1914年までの調査は、その第2期にあたる。[3]

　明治42年大韓帝国度支部建築所では、旧建築物を一時の応急措置として諸官衙庁舎に使用するため改築することが少なからずあるが、それによる破壊から守り保存すべき建築物を有識の士に委嘱して調査することになり、工事顧問の妻木頼黄の推薦により関野貞に古建築の調査を委嘱した。東京帝国大学助教授の関野貞は、谷井済一（東京帝国大学史学科1907年卒）・栗山俊一（東京帝国大学建築学科1909年卒）の2名を補助として古建築の調査を始めたが、その調査は古建築にとどまらず「著名な古蹟及び工芸的遺物」にまで及んだ。その背景には、両者が密接な関係にあり「共に古代文化の変遷を徴する」という関野貞自身の認識があった。この認識は、その後の古蹟調査の方向を決定したといってよい。

　保存すべき建築物（古蹟および工芸的遺物を含む）が調査の目的であったので、甲・乙・丙・丁の4等に分類し、甲（最優秀）・乙（次ぐ者）を特別保護の必要ある者、丙・丁（最も価値に乏しい）を特別保護の必要を認めざる者とした。丙については、全体の調査が終了したのちに再評価して、乙に編入する可能性を残している者とした。調査した古蹟、古建築物をもとに通史として

「朝鮮文化の遺蹟」を著し、甲・乙・丙・丁の評価をつけた目録を「朝鮮遺蹟一覧」として、さらに甲・乙のみを選択した目録を「朝鮮重要遺蹟一覧」として報告した。そして、報告は『朝鮮芸術之研究』として刊行されたが、その目次は次のようである。

　　『朝鮮芸術之研究』　大韓帝国度支部　　明治四十三年八月
　　　　朝鮮建築調査略報告　　　関野貞
　　　　　　撮影　五百四十七種
　　　　朝鮮文化の遺蹟　　　　　関野貞
　　　　朝鮮遺蹟一覧（地方別）　関野貞
　　　　朝鮮重要遺蹟一覧（時代別）関野貞
　　　　慶州の陵墓　　　　　　　谷井済一
　　　　新羅時代以後の墳墓建築に就いて　栗山俊一

　なお、古蹟調査は９月から始まったが、途中京城に滞在した時に鍾路の廣通館で講演した内容を記録したものが『韓紅葉』として刊行されている。[4]

　明治43年に総督府が置かれると、内務部地方局第一課の所管として関野貞による調査が引き継がれ、大正３年まで関野貞・谷井済一・栗山俊一の３名でおこなわれた。この年も前年と同じ形で報告が出されたが、建築調査から遺蹟調査へと名称が変わっている。目次は次のとおりである。

　　『朝鮮芸術之研究続編』朝鮮総督府　明治四十四年七月
　　　　朝鮮遺蹟調査略報告　関野貞・谷井済一・栗山俊一
　　　　朝鮮遺蹟一覧（地方別）
　　　　朝鮮重要遺蹟一覧（時代別）

　明治44年も引き続き関野貞らによる調査がおこなわれ、次のような報告が刊行された。写真撮影は明治42年からおこなわれているが、１枚ごとの目録が出たのはこの年からである。

　　『明治四十四年古蹟調査略報告』朝鮮総督府　明治四十五年六月
　　　　朝鮮古蹟調査略報告　関野貞・谷井済一・栗山俊一
　　　　朝鮮遺蹟一覧（地方別）
　　　　朝鮮重要遺蹟一覧（時代別）
　　　　明治四十四年撮影朝鮮古蹟写真目録　計百九十枚

朝鮮文化ノ遺蹟　其二　関野貞

　なお、この年から鳥居龍蔵も史料調査として、関野貞とは別個に金海貝塚、雄基貝塚などの調査を始めている。[5]

　大正元年には、高句麗壁画古墳をはじめて学術調査した。平安南道江西郡の遇賢里大塚（江西大墓）と中塚（中墓）、肝城里高句麗墳墓（肝城里蓮華塚）の3基であるが、この年の調査を契機として翌年には9基の壁画古墳を調査している。また、太白山脈を越えてはじめて江原道の金剛山の諸寺院の調査や江陵付近で下詩洞古墳の発掘をおこなった。調査範囲を江原道に広げたことは、翌年の咸鏡南道へとつながる。報告は以下のとおりである。

　　『大正元年古蹟調査略報告』朝鮮総督府　大正二年五月
　　　古蹟調査略報告　関野貞・谷井済一・栗山俊一
　　　朝鮮古蹟調査表（地方別）
　　　朝鮮重要遺蹟一覧（時代別）
　　　大正元年撮影朝鮮遺蹟写真目録　計五百五十三枚
　　　　（写真の内、五百三十六から五百五十三は壁画模写と略図）
　　　朝鮮文化ノ遺蹟　其三　関野貞

「朝鮮古蹟調査表」には寺院などの古建築物が相対的に数多く載せられているが、関野貞が著した「朝鮮文化ノ遺蹟」には古蹟及び工芸的遺物が多く取り上げられていて、古建築物の保存から開始された調査が文化財全体へ広がったことがうかがえる。

　大正2年は、鴨緑江を渡り満洲の輯安県に行ったのち咸鏡南道をまわって平壌に戻った。この年から今西龍が関野貞・谷井済一・栗山俊一の古蹟調査に参加し、4名でおこなわれた。鳥居龍蔵や黒板勝美（大正4年）が関野貞と別行動をとったのに対して、今西龍は一員として行動した。

　大正3年は、関野貞は欧州留学の予定のため朝鮮には渡っていない。しかし、7月3日には関野貞の海外送別会が催されたが、渡欧の予定である8月2日には欧州大戦が勃発したため延期となった。[6]関野貞にかわり谷井済一と今西龍の2名が調査を担当し、咸鏡北道の富寧・慶興・慶源・穏城・鍾城、さらに豆満江を渡り満洲の間島省の龍井村・局子街・頭道溝などの地域に行っている。この年も調査報告は刊行されていないが、これで朝鮮半島全土にわたる古

蹟調査を一応終了した。

　大正4年には、関野貞・谷井済一、そして新たに後藤慶二（東京帝国大学建築学科1909年卒）が加わり3名で、これまでの調査の方針を変更して、重要な遺蹟の精査を目的として慶州で新羅時代の古墳を、扶餘で百済時代の古墳を発掘した。黒板勝美（東京帝国大学史学科助教授）は、これとは別に東京帝国大学の命により、新羅・加耶・百済の古墳を発掘した[7]。

　これらの成果は、大正4年から5年に『朝鮮古蹟図譜』第一冊から第三冊にまとめられ、豊富な写真や図面が公表された。

3　大正2年の古蹟調査

　9月から12月まで関野貞・谷井済一・栗山俊一（当時、名古屋高等工業学校）・今西龍（京都大学講師）の4名で97日間の調査をおこなった。黄海道で海州の寺院などを調査したのち、一行は甲・乙に分かれ、甲組は関野貞・栗山俊一、乙組は今西龍・谷井済一の2組である。甲組は21日に平壌に到着し、鎮南浦で梅山里四神塚・花上里龕神塚（大蓮華塚）・花上里星塚などの高句麗時代の壁画古墳を調査した。乙組は別働隊となって途中にある黄海道黒橋駅付近で銅剣銅矛出土地の調査に従事したが、予想外に早く終わったので平壌に出て、23日正午に平壌の客舎を発し、大同江を渡ってその南岸にある土城内を踏査し多くの瓦片を拾った。城内からは漢式瓦、城壁外の東方からは高句麗瓦が採集された。翌24日に甲組と乙組は鎮南浦で合流し、真池洞の双楹塚と大塚の壁画古墳の発掘を開始した。その間、今西は於乙洞古城に行き古瓦を採集し、付近にある古碑の拓本を採った。28日で壁画古墳の発掘は終わり、29日に平壌に戻り30日には漢式瓦を多く出土した土城を訪ね、規模の大きさから楽浪郡治址と推定した。

　10月1日からは長期間の調査に旅立った。平壌から安州、熙川、江界を経て、13日に高山鎮から鴨緑江を渡り満洲の輯安に到着した。ここに11日間滞在して、散蓮華塚・三室塚・亀甲塚・美人塚の4基の壁画古墳をはじめとして、広開土王碑や太王陵、将軍塚などの多くの積石塚といった高句麗時代の遺跡を調査した。関野貞資料に山城子塚として鉛筆スケッチされた図は美人塚の

図1 美人塚の婦人スケッチ

壁画であろう（図1）。また、関野貞資料にある広開土王碑拓本は、この時の調査で入手したもので、拓本の年代を具体的に知ることのできるよい史料となっている（早乙女雅博2005）。

29日には再び江界に帰り文岳里で高句麗時代の古墳を調査し、牙得嶺、咸鏡南道の長津、黄草嶺を越えて咸興に出た。咸興から元山に出て、京元鉄道で途中の安辺や鉄原を調査しながら京城に出た。途中、京元鉄道線の中間にある三防で火災に遭い、輯安で調査した関野の書類見取図すべてを失ったが、他の3氏の調査書類と蒐集した標本は無事であった（関野貞1914c）。三防川の渓谷は鉄道工事の難所で、三防を挟んで洗浦駅と北載川駅の間は、大正2年の時はまだ工事中であり開通するのは大正3年になってからである。三防では鉄道が利用できず、宿舎で火災に遭った。そのため輯安でのフィールドカードは関野貞資料に残されていないが、三室塚と美人塚の壁画スケッチのみは見られる。

この時関野貞はすべての書類を失ったのではなく、咸鏡南道で調査した時のフィールドカードは残されている。

　12月4日に京城から再び平壌に戻って、6日にはこの年の調査の始めで発見された黏蟬碑を訪問し、自費を投じて覆屋を造った。

　大正2年の調査行程を記した文献はないので、高橋潔（2001）の作成した行程表をもとに、関野貞資料にあるフィールドカードの日付と古蹟調査略報告の記述などから行程の復元をおこなうと表1のようになる。大正元年の朝鮮古蹟調査表（地方別）には、地方ごとに調査月日が記されるが、大正2年の朝鮮古蹟調査表（地方別）では月日が記されていない。しかし、朝鮮古蹟調査表（地方別）と遺蹟写真目録は古蹟（遺蹟）の配列順序が同じなので調査順と推定される。それによれば、江界での調査は輯安への行きではなく帰りであることがわかる。

　この年の報告は、これまでと同様の様式で以下のように作成された。すべての項目が関野貞資料に残されており全体を知ることができる。その内容は文末に別記する。

　　大正二年朝鮮古蹟調査略報告　関野貞・谷井済一・栗山俊一
　　　　　　　　　　　　　　　　　　　　　　　　大正三年八月
　　朝鮮古蹟調査表（地方別）
　　朝鮮重要遺蹟一覧（時代別）
　　大正二年撮影朝鮮遺蹟写真目録　計二百九十枚也
　　朝鮮文化ノ遺蹟　其四（大正二年調査）　関野貞

既報告にならい原文通りとするが、読み易くするために句読点を入れ、漢字は適宜常用漢字に直した。朝鮮文化ノ遺蹟、朝鮮古蹟調査表、朝鮮重要遺蹟一覧の3冊は、朱書きで訂正が入っておりその通りに直した。写真目録のみは関野貞の筆ではないので、写しと考えられる。

　関野貞の古蹟調査では精確な記録を取ることに主眼がおかれていたので、壁画模写を小場恒吉（東京美術学校助教授）に依頼し、大正元年に江西大墓と中墓の壁画模写を墓の中でおこなった。翌大正2年にも小場恒吉は朝鮮に渡り、李王家博物館内で前年の模写の仕上げと調整作業をおこなった。大正3年には8月9日から11月18日までの間、関野貞が大正2年に調査した大蓮華塚・星

表1 大正2年度調査行程表

月　日	行　　程	調査地	主　な　調　査	文献
9月上旬	朝鮮ニ参ル			7
9月14日	京城			2
9月16日	京城出発海州ニ至ル			6
9月18日		海州	海州廃廣照寺五重石塔	1
9月19日		海州	海州海雲亭五重石塔	1
9月20日		海州	海州石浮屠・水庫五重石塔・神光寺五重石塔	1
9月21日	平壌ニ行ク	平壌	甲（関野、栗山）、乙（谷井、今西）に分かれる	4
9月23日		平壌	乙組、平壌の土城で瓦当を採集	3
9月23日		鎮南浦	甲組、梅山里狩家、洞山里水道水源地事務所の官舎に宿泊	1, 3
9月24日		鎮南浦	甲組、梅山里中塚・花上里大蓮華塚・花上里星塚	1
9月24日		龍岡	乙組、大上面洞水里水道水源地事務所官舎ニ余ト会ス、本日ヨリ真池洞発掘着ス。甲・乙組合流、関野は乙組採集の土城の瓦当をみる	3, 5
9月25日		鎮南浦	関野、鎮南浦に引返す	3
9月25日		鎮南浦	梅山里南塚・梅山里北塚・花上里大蓮華塚	1
9月26日		龍岡	鎮南＝江西＝真池洞着	5
9月26日		龍岡	関野、真池洞に着く、数日前より発掘中の高句麗の二古墳を見る。今西は於乙洞古城で古瓦採集し附近の古碑をみる	3
9月27日		龍岡 平壌	平壌着、土城蒐集瓦をみる（関野、歯の治療のため平壌に来る）	5
9月27日		龍岡	今西、古碑（黏蟬碑）の拓本をとる	3
9月28日		龍岡	双楹塚・安城洞大塚	1
9月29日	平壌着	平壌		5
9月29日		平壌	高句麗古墳の調査を終え平壌に帰る。関野は今西の古碑の拓本をみる	3
9月30日		平壌	内務部長篠田治策および文学士中川忠順と税関の小汽艇に搭乗し、大同江を下り新たに発見した土城をみて、多数の漢式瓦当を採集した。昔時の楽浪郡治址と推想した	3
9月30日			土城調査、古瓦採集	5
10月1日	安州ヲ経テ熙川・江界			6
10月2日				
10月3日				
10月4日				
10月5日				
10月6日				
10月7日				
10月8日			梧野里の漢城鉱業会社電力部発電所の機関室附属煙突基礎工事の際発見され、漢城鉱業会社電力部理事の真木平一郎より官庁に届けあり、技手深田九馬三が出張し取り調べた	4
10月9日				
10月10日				
10月11日				
10月12日				
10月13日	鴨緑江ヲ渡リ		輯安には11日間滞在	6
10月14日				
10月15日				
10月16日				

10月17日				
10月18日				
10月19日				
10月20日				
10月21日				
10月22日				
10月23日				
10月24日				
10月25日				
10月26日				
10月27日				
10月28日				
10月29日	江界ニ還リ			6
10月30日				
10月31日	長津着			6
11月1日				
11月2日				
11月3日				
11月4日		咸興	咸興真興王管境巡守碑・感興中嶺城址	1
11月5日		咸興	咸興千佛寺開心寺	1
11月6日		咸興	咸興穆祖德陵及考妃安陵	1
11月7日		咸興	咸興慈塘山城・咸興五老里古墳	1
11月8日		咸興		1
11月9日		咸興	咸興德川面麻姑城	1
11月10日		咸興	咸興德川面上岱里古城址	1
11月11日		咸興	咸興義陵、本宮	1
11月12日				
11月13日		咸興	五老里古墳、道蔵山南塚	1
11月14日				
11月15日		咸興	帰州寺、定和陵	1
11月16日		咸興	中峯山麻姑城	1
11月17日		定平	定平長城	1
11月18日		永興	永興大成殿・永興邑城聖歷山城	1
11月19日		永興	永興濬源殿	1
11月20日		高原	高原文廟・高原染泉寺・文川淑陵	1
11月21日		元山	望德山城、文川文廟、文川玉女峯	1
11月22日		元山	府庁銅炮、賀鶴楼	1
11月23日		安辺	賀鶴楼、釈王寺	1
11月24日		安辺	釈王寺応真殿、護持門	1
11月25日		安辺	上細浦洞古墳群	1
11月26日		安辺	上細浦洞夫婦塚・西塚、下細浦洞蓋杯塚	1
11月27日				
11月28日				
11月29日		鉄原	鉄原到原寺三重石塔	1
11月30日		鉄原	鉄原於云洞面奉常石塔、石燈・鉄原北面古闕里石燈	1
12月1日				
12月2日				
12月3日				
12月4日		平壌	関野貞、谷井済一は京城を発ち午後平壌に到着、直ちに平壌附近出土の木材や副葬品をみる。この墓は梧野里にある木槨墓	4
12月5日		平壌	午前、梧野里の現地を踏査	4
12月5日		平壌	平壌外城	1

12月6日			龍岡新徳時観音銅座像・於乙洞古城・黏蝉碑	1
12月6日			関野貞は黏蝉碑を往訪、私費を投じて雨覆を作る、翌年に総督府は少しその位置を後方に移し、新たに碑閣を造る	3
12月7日		平壌	平壌市江岸通旧城壁石材	1
12月7日		平壌	道技士深田九馬三より、10月に大同江面梧野里にある漢城鉱業会社発電所敷地内で煙突の基礎工事中、地表下約11尺で木槨（梧野里古墳）を発見したとの詳細な報告を聞き、道庁に保管してある木槨と木棺の残材、出土品を調査、初めて楽浪郡時代に古墳に木槨式があることを知る	3
12月7日		平壌	夕方、梧野里の遺物の調査	4
12月8日				
12月9日				
12月10日				
12月11日				
12月12日		平壌	朝鮮教育会で講演	7
12月13日				
12月14日				
12月15日			慶州四天王寺・聖徳王陵・発見服装品類	1
12月16日				
12月17日				
12月18日				
12月19日				
12月20日				
12月21日				

文献 1　関野貞フィールドカード
　　 2　高橋潔 2001
　　 3　関野貞・谷井済一・栗山俊一・小場恒吉・小川敬吉・野守健 1927
　　 4　谷井済一 1914
　　 5　関野貞フィールドカード楽浪遺蹟
　　 6　大正二年度朝鮮古蹟調査略報告（第1部第3章）
　　 7　関野貞 1914f

塚・安城洞大塚・双楹塚の壁画模写をそれぞれの墓室内に入っておこなった（佐々木栄孝 2005）。

　調査と同時に保存にも力を入れ、大正4年に刊行された『朝鮮古蹟図譜』の写真をみると、調査された壁画古墳の入口にはすでに門が作られ扉が設置されている。その設計にあたったのは、総督府技師の岩井長三郎（東京帝国大学建築学科1905年卒）である。

4　大正2年古蹟調査の意義

　第2期の古蹟調査が甲・乙・丙・丁の等級付けを目的とし、それが古建築調

査より始まったが、古建築にとどまらず「著名な古蹟及び工芸的遺物」にまで及んだのは、古建築と関係のある古蹟および工芸的遺物はともに古代文化の変遷をよく表しているという認識であった。その背景には日本の奈良県での古社寺調査の経験があった。明治29年5月に内務省社寺局に古社寺保存会が設置されると、建造物の調査が始まった。関野貞は12月に奈良県より土木工事監督、古社寺修繕工事監督を委嘱され、奈良県に赴任した。さらに、明治30年3月には内務省の命を受けて、奈良県の古建築の調査をおこない、6月に「古社寺建築物保存調査復命書」を奈良県知事に提出した（広瀬繁1998）。そこでは、①古建築の年代と価値を判断して、修繕の緩急を計ること、そのために価値を五等級にわけ、破損の程度も五等級に分けた、②世に伝わる図面は不正確なので、正確詳細な図面を作成し、不慮の事変があっても図面により後世に形式手法を伝える、という2点を重視した（関野貞1897）。古社寺修繕による保存が主目的であるので、まず何を優先して保存すべきかを考えた。この方法は、朝鮮古蹟調査第2期の甲・乙・丙・丁の等級付けにつながる。

「復命書」を出したのち、6月22日には奈良県技師に任命され、明治34年9月に東京帝国大学助教授になるまで奈良での生活が続いた。関野貞資料のなかには、奈良県の文字が印刷された罫紙に書かれた「古社寺宝物調査私見」があり、古社寺に残る宝物に関心を寄せ、この時期に取られた仏像の顔や衣文のスケッチが関野貞資料のなかに残っている。

古代文化の変遷を知るためには、「美術工芸ノ模範（意匠構造）」と「各時代ノ代表者トナルヘキモノ（形式手法）」が重要であり、価値と時代に注目した（関野貞1897）。文献や銘文により年代のわかる形式をもとに、形式変遷の概念で年代が記されていない形式の年代を考えた。第2期の朝鮮古蹟調査の報告にある「遺蹟一覧表」に、古建築物、古蹟、工芸的遺物の年代が記されているのは、「各時代ノ代表者トナルヘキモノ」を選ぶ上で必ず必要な情報だったのである。

大正2年の調査では、古代文化の変遷のなかでも特に高句麗壁画古墳と楽浪郡関係に大きな関心を寄せている。高句麗の後期王都があった平壌付近の壁画古墳はすべて「甲」と評価し最も優秀なものとしたのに対して、壁画のない高句麗古墳は「乙」と評価した。さらに、総督府の管轄外である満洲の輯安へ渡

表2　楽浪郡～三国時代の遺蹟一覧（明治42年から大正元年）

種類	等級	名　　　称	地域	時　　期	保存令(1933年)
墳墓	甲	帽山面鳥江洞都塚	鳳山	帯方	古蹟48
城	甲	唐土城	鳳山	帯方	古蹟65
墳墓	乙丙	臥峴面古墳	鳳山	帯方	
墳墓	乙丙	龍岡邑北古墳	龍岡	高句麗	
城	乙	黄龍城	龍岡	高句麗	
城	乙	於乙洞古城	龍岡	楽浪？	古蹟52
墳墓	乙丙	黄山麓古墳	龍岡	高句麗	
墳墓	甲	遇賢里三墓	江西	高句麗	古蹟13
墳墓	甲	肝城里古墳	江西	高句麗	古蹟4
墳墓	甲	漢坪洞皇帝墓（漢王墓）	江東	高句麗	
墳墓	乙丙	漢坪洞古墳	江東	高句麗	
墳墓	乙	智礼洞古墳	江東	楽浪	
碑	甲	井田石標	平壌	高句麗	
墳墓	乙丙	大同江岸陵墓	平壌	高句麗以前	
陵墓	丙	箕子陵	平壌		
城	甲	安鶴宮址（高句麗）	平壌	三国	古蹟51
城	甲	大城山城（高句麗？）	平壌	三国	古蹟50
墳墓	乙丙	大城山西麓古墳（高句麗）	平壌	三国	
墳墓	乙	西面内洞里古墳	安州	楽浪	
城	乙	牛頭山南城址	春川	貊？	
城	乙	伝濊国土城	江陵	濊？	
墳墓	乙	下詩洞里古墳	江陵	新羅？	
陵墓	乙	五陵	慶州	三国	
陵墓	乙	諸陵墓	慶州	三国・新羅	
墳墓	乙丙	伽倻時代古墳	高霊	三国	古蹟113
宮殿	甲	伽倻宮址	高霊	三国	
城	甲	主山伽倻山城址	高霊	三国	古蹟93
城	乙	牧馬山城（伽倻カ）	昌寧	三国	古蹟97
墳墓	乙丙	伽倻時代古墳	昌寧	三国	古蹟114、115
城	甲	城山山城（伽倻）	咸安	三国	古蹟99
墳墓	乙丙	城山西北伽倻古墳	咸安	三国	古蹟118
宮殿	丙	白沙里古伽倻旧址	咸安	三国	
墳墓	乙丙	水精峯伽倻古墳	晋州	三国	
宮殿	甲	王宮坪（馬韓宮址）	益山	馬韓	
城	乙	弥勒山城	益山	馬韓？	古蹟127
陵墓	乙	双陵	益山	馬韓？	古蹟122

り、高句麗時代の積石塚・石室墳・碑を調査した。ここでも壁画古墳はすべて「甲」と評価されたが、美人塚のみ「乙」であった。美人塚は、天井が崩れ壁画の剥落も甚だしく婦人図のみが残っているにすぎず、「美術工芸ノ模範」にはならないと判断したのだろう。写真も図面も取られていない。明治42年から大正元年までの遺蹟一覧表の中の三国時代以前をみても、壁画古墳は「甲」であるのに対して、壁画のない高句麗古墳は「乙」と評価した（表2）。

　そのほか、王陵と考えられる古墳、王宮やそれと関わる山城が「甲」と評価

表3　楽浪郡〜三国時代の古蹟調査表（大正2年）

種　類	等級	名　　称	地　域	時代	保存令(1933年)
城	甲	土城（楽浪郡治？）	平壌	楽浪？	古蹟24
碑及刻石	乙	大同江岸城壁発見刻線石	平壌	高句麗	宝物101
碑及刻石	甲	黏蟬碑	龍岡郡	楽浪	宝物143
墳墓	甲	安城洞双楹塚	龍岡郡	高句麗	古蹟5
墳墓	甲	安城洞大塚	龍岡郡	高句麗	古蹟6
墳墓	甲	梅山里狩塚	鎮南浦府	高句麗	古蹟7
墳墓	乙	梅山里自余古墳	鎮南浦府	高句麗	
墳墓	甲	花上里大蓮華塚	鎮南浦府	高句麗	古蹟9
墳墓	甲	花上里星塚	鎮南浦府	高句麗	古蹟8
墳墓	乙	花上里自余古墳	鎮南浦府	高句麗	
城	甲	通溝城壁（国内城址？）	満洲輯安縣	高句麗	
城	甲	山城子山城（尉那巌城？）	満洲輯安縣	高句麗	
碑及刻石	甲	廣開土王碑	満洲輯安縣	高句麗	
墳墓	甲	将軍塚（廣開土王墓？）	満洲輯安縣	高句麗	
墳墓	甲	将軍塚東辺石塚	満洲輯安縣	高句麗	
墳墓	甲	太王陵	満洲輯安縣	高句麗	
墳墓	甲	千秋塚	満洲輯安縣	高句麗	
墳墓	甲	散蓮華塚	満洲輯安縣	高句麗	
墳墓	甲	三室塚	満洲輯安縣	高句麗	
墳墓	甲	三塚	満洲輯安縣	高句麗	
墳墓	甲	二塚	満洲輯安縣	高句麗	
墳墓	甲	四塚	満洲輯安縣	高句麗	
墳墓	乙	五道神塚	満洲輯安縣	高句麗	
墳墓	乙	臨江塚	満洲輯安縣	高句麗	
墳墓	乙	中大塚	満洲輯安縣	高句麗	
墳墓	乙	西大塚	満洲輯安縣	高句麗	
墳墓	乙	龕持塚	満洲輯安縣	高句麗	
墳墓	甲	山城子亀甲塚	満洲輯安縣	高句麗	
墳墓	乙	山城子美人塚	満洲輯安縣	高句麗	
墳墓	乙	山城子兄塚	満洲輯安縣	高句麗	
墳墓	乙	山城子弟塚	満洲輯安縣	高句麗	
墳墓	乙	山城子折天井塚	満洲輯安縣	高句麗	
墳墓	乙	山城子四阿天井塚	満洲輯安縣	高句麗	
墳墓	乙	輯安自餘古墳	満洲輯安縣	高句麗	
墳墓	乙	文岳里化洞大塚	江界	高句麗	
墳墓	乙	文岳里二塚	江界	高句麗	
墳墓	乙	文岳里自余古墳	江界	高句麗	

されているのは、「各時代ノ代表者トナルヘキモノ」と判断したと推定される。この評価は、その後にも影響を与え、1933年に制定された「朝鮮宝物古蹟名勝天然記念物保存令」における古蹟指定に引き継がれる。朝鮮内の壁画古墳はすべて古蹟に指定され、しかも指定の順番が早い（表2、3）。

　江西大墓と中墓の壁画模写は、下絵と正式模写図が制作され、下絵は日本に持ち帰られ、模写図は李王家博物館に納められた（関野貞1913）。大正3年4

月8日から10日の間、東京帝国大学工科大学建築学教室で開催された第5回展覧会に、江西大墓、中墓、梅山里四神塚、花上里甍神塚（大蓮華塚）、双楹塚の模写が出陳され、大正4年に京城（ソウル）で開催された総督府施政五周年紀念物産共進会では、李王家にある江西大墓の模写からさらに二分の一の模写が制作され、石室の模型も作ってあわせて展示された。(12)

平壌での調査では、乙組が大同江を渡った南岸の土城里で、土城の城壁址と多くの漢式瓦当を採集した。甲組にいた関野貞は9月30日に現地を訪れ、①楽浪古墳の散布地の中心に位置すること、②大同江岸の形勝の地にあるという地勢、③多くの漢式瓦当や塼が出土したこと、から楽浪郡治址と推定した。当時、白鳥庫吉や箭内亙による文献研究から楽浪郡治は大同江北岸の平壌にあったと考えられていたから（白鳥庫吉・箭内亙 1913）、それに対する遺跡・遺物からの新説といってよいだろう。その後、土城里の土城から「楽浪禮官」、「楽浪富貴」などの銘文が陽刻された軒丸瓦や「楽浪太守章」の封泥などが発見され、1935年と1937年には朝鮮古蹟研究会が原田淑人（東京帝国大学助教授）を主査として発掘調査をおこない、楽浪郡治址であることが確実となった（駒井和愛 1965）。

大正2年の秋には、白鳥庫吉（東京帝国大学史学科教授）も朝鮮半島に渡り、平安南道龍岡郡海雲面龍井里にある古碑を見つけ、その拓本を採ったが文字が不明のためそのままにしておいた。それより数日遅れて、9月27日に乙組の今西龍が現地を訪れ古碑の拓本を採った。壁画古墳の調査を終えて平壌に戻った関野貞は、今西より拓本をみせられ、そこに「黏蟬」の文字を発見し楽浪郡黏蟬県がこの付近にあると考えた（関野貞・谷井済一・栗山俊一・小場恒吉・小川敬吉・野守建 1919）。そして、明治44年に調査したこの近くの於乙洞土城を黏蟬県治址とみた。明治44年の報告では、於乙洞土城を楽浪郡か高句麗か不明であるとしたが、大正2年の調査により楽浪郡時代である可能性が強まった。したがって、黏蟬碑を「甲」と評価したのに合わせて、於乙洞土城も明治44年の「乙」から「甲」に変更すべきだろう。1933年の保存令による古蹟に、楽浪郡治址とともに古蹟に指定されている（表2）。

以上、未刊行であった大正2年の朝鮮古蹟調査略報告をまとめ、第2期の古蹟調査とともにその意義について考えてみた。報告は総督府に提出されるの

で、韓国側には正式報告の原稿があると思われるが、すでに90年以上も経過している。関野貞資料にすべての項目の報告原稿があったので、ここに発表することにした。大正3年の報告原稿は、写真目録の写しが関野貞資料にあるので、調査地とその順番を知ることができるが、その他の古蹟調査表などの資料はない。韓国側に期待したい。

註
(1) 第1部第2章を参照
(2) 調査に際しては、博物館明治村館長の飯田喜四郎先生に大変お世話になった。なお、関野貞資料の全容については藤井恵介2006に詳しい。
(3) 第1部第1章で7期に分け、第2期の内容を詳しく述べている。
(4) 大韓帝国度支部建築所が1909年に刊行した『韓紅葉』には、「上世に於ける日韓の関係」(谷井済一)、「平壌開城の古墳」(栗山俊一)、「韓国芸術の変遷に就て」(関野貞)が収録されている。
(5) Tadashi Sekino 1931によれば、内務部学務局編輯課長小田省吾の尽力により、明治44年から鳥居龍蔵に嘱託して有史以前の人種と文化の調査、大正2年から今西龍、大正4年から黒板勝美に嘱託して歴史的資料を蒐集して史実を明らかにして、教科書編纂の資料となさんとした。
(6) 大正三年七月目録
　　三日午後五時御殿ニ催セル（工科大学教員カ）余等ノ海外行送別会ニ臨ム
　　大正三年八月目録
　　二日本日長渡欧ノ予定ナリシモ欧州大戦乱勃発ノ為延期
(7) 1909年から1915年の古蹟調査の行程は、高橋潔2001に詳しく述べられている。
(8) 関野貞の報告によれば、輯安の壁画古墳は、東枴子三室塚、五塊墳散蓮華塚、山城子亀甲塚、山城子美人塚とあり、山城子塚は亀甲塚か美人塚のいずれかである。亀甲塚では蓮華文と蟠虺文、美人塚では二婦人の立てる美人を模写したと記述されているので、美人塚の壁画と判断した（関野貞1914d）
(9) 総督府鉄道局1929によると、大正3年8月16日に最後に残った洗浦―高山間が竣工し開通した。三防は洗浦―高山の中間地点にある。
(10) 関野貞1914dによれば、「江原道三防に於いて旅舎火災にかかりし際、此等を焼失せしは惜しむべし。幸いに写真は全部災いを免れ、栗山工学士は事を以って余等に先だち帰られ、其の調査の書類は悉く無事なるを得たり」とある。
(11) 「雑記工科大学建築学科第五回展覧会」『建築雑誌』第328号1914年、関野貞資

料にある目録にも「大正三年四月八日、工科大学建築科展覧会、主トシテ余ノ蒐集セル朝鮮芸術ニ関スル資料及内田君ノ鹿児島秋田震災ニ関スル資料ヲ陳列ス」とある。

(12)『京城日報』1915年9月22日号、文献の入手では金英順氏のお世話になった。

〔史料〕
大正二年朝鮮古蹟調査略報告

　小官等大正二年九月中旬京城ニ着シ、十六日出発先海州ニ至リ、二十一日平壌ニ往キ龍岡江西鎮南浦地方ニ於ケル楽浪高句麗時代ノ遺蹟ヲ探リ、十月一日安州ヲ経テ熙川江界ト抵リ、十三日鴨緑江ヲ渡リテ満洲輯安縣ニ入リ高句麗時代ノ遺址ヲ踏査研究シ、二十九日再江界ニ還リ牙徳嶺ヲ越テ、三十一日長津着更ニ黄草嶺ヲ下リテ咸興ノ平野ニ出テリシヨリ定平永興高原文川ヲ過キ、〔空白〕日元山ニ至リ安辺鉄原ノ調査ヲ終ヘ、〔空白〕日京城ニ帰着シタリ、其間ノ獲ル所ノ史蹟遺物亦鮮ナカラス、今特ニ其最モ重要ナル者ヲ挙クレハ、平壌ニテ楽浪郡治ノ址跡ト思ルル者、龍岡ニテ半島最古ノ碑タル粘蟬碑ヲ発見セシハ古代ノ歴史ニ一光明ヲ与ヘシ者ナリ、又真池洞駅ノ近傍ニテ高句麗時代ノ古墳ヲ発掘シテ昔時ノ風俗文化ヲ徴スヘキ壁画ヲ得、鎮南浦附近ニ於テモ高句麗時代ノ壁画ヲ有セル古墳三処ヲ調査セリ、熙川及定平ニテハ高麗徳宗ノ経営ニカカル所謂萬里長城ノ址跡ヲ見、満洲輯安縣ニ於テハ高句麗国内城時代ノ豊富ナル大遺蹟ヲ研究シ、咸興安辺間ニハ沃租ノ山城及墳墓ト推想セラルル者ヲ調査シ、又高麗末及李朝初期ノ陵墓建造物ヲ得、鉄原ニ於テ弓裔ノ都城址ヲ踏査シ、到彼岸寺ノ鉄造釈迦佛ノ背ニ咸通六年ノ銘文ヲ発見シ新羅時代ノ彫像年代ニ関スル一ノ標準ヲ得タリ、前例ニ倣ヒ此等各地方ニ於テ調査セシ遺物ヲ分類シテ地方別（第一表）時代別（第二表）トナセリ

　小官等調査セシ古蹟ノ中、特ニ参考ニ資スヘキ者ハ隋テ之ヲ撮影シ凡テ二百九十種ヲ得タリ、別冊写真目録ニ載スル所ノ如シ

右及報告候也

　　　　　　大正三年八月　　　朝鮮総督府古蹟調査嘱託　関野貞
　　　　　　　　　　　　　　　　同　　　　　　　　　　谷井済一
　　　　　　　　　　　　　　　　同　　　　　　　　　　栗山俊一

朝鮮古蹟調査表（地方別）

海州									
	1	乙	芙蓉堂	鮮中			清康煕年間		
	2	乙	大仏頂陀羅尼幢	高麗					
	3	乙	邑東南五重塔	同					
	4	乙	氷庫側五重塔	同					
	5	乙	邑南門銅鐘	鮮中			清康煕年間		
	6	乙	廣照寺真徹大師碑	高麗	太祖二十年	承平七年	後唐清泰四年	九三七	
	7	乙	廣照寺五重石塔	同					
	8	乙	神光寺五重石塔	同	忠恵王復位二年	興国三年	元至正二年	一三四二	
	9	乙	神光寺石浮屠	同					
	10	乙	神光寺無字碑	同					
	11	乙	神光寺普光殿	鮮中	粛宗六年	延宝八年	延宝八年	一六八〇	
	12	乙	神光寺普光殿観世菩薩像	高麗					
	13	乙	神光寺普光殿勢至菩薩像	同					
	14	乙	石潭書院李珥筆蹟	鮮初					
	15	乙	申夫人刺繍及絵画	同					
平壌									
	16	甲	土城（楽浪郡治？）	楽浪？					
	17	乙	大同江岸城壁発見刻線石	高句麗					
龍岡郡									
	18	甲	粘蝉碑	楽浪	成務天皇四十九年		後漢光和二年？	一七九	
	19	甲	安城洞双楹塚	高句麗					
	20	甲	安城洞大塚	同					
	21	乙	新徳寺銅造釈迦像	鮮初	世宗八年	応永三十三年	明宣徳元年	一四二六	
鎮南浦府									
	22	甲	梅山里狩塚	高句麗					
	23	乙	梅山里自余古墳	同					
	24	甲	花上里大蓮華塚	同					
	25	甲	花上里星塚	同					
	26	乙	花上里自余古墳	同					
熙川									
	27	甲	長城（明文倉通過）	高麗	徳宗二年	長元六年	宋明道二年	一〇三三	
満洲輯安縣									
	28	甲	通溝城壁（国内城址？）	高句麗					
	29	甲	山城子山城（尉那巌城？）	同					
	30	甲	廣開土王碑	同					
	31	甲	将軍塚（廣開土王墓？）	同					
	32	甲	将軍塚東辺石塚	同					
	33	甲	太王陵	同					
	34	甲	千秋塚	同					
	35	甲	散蓮華塚	同					
	36	甲	三室塚	同					
	37	甲	三塚	同					
	38	甲	二塚	同					
	39	甲	四塚	同					
	40	乙	五道神塚	同					
	41	乙	臨江塚	同					
	42	乙	中大塚	同					

43	乙	西大塚	同					
44	乙	龕持塚	同					
45	甲	山城子亀甲塚	同					
46	乙	山城子美人塚	同					
47	乙	山城子兄塚	同					
48	乙	山城子弟塚	同					
49	乙	山城子折天井塚	同					
50	乙	山城子四阿天井塚	同					
51	乙	輯安自餘古墳	同					
江界								
52	乙	文岳里化洞大塚	高句麗					
53	乙	文岳里二塚	同					
54	乙丙	文岳里自余古墳	同					
咸興								
55	乙	邑城	高麗創業鮮後改築	光海君元年	慶長十四年	明万暦三十七年	一六〇九	
56	丙	客舎豊沛館	鮮後	李太王三年	慶応二年	清同治五年	一八六六	
57	丁	客舎前門	鮮後					
58	丙	知楽亭	鮮中					
59	丙	文廟大成殿	鮮中	粛宗四十年	正徳四年	清康熙五十三年	一七一四	
60	丁	文廟東西廡	鮮後					
61	丁	文廟三門	同					
62	丁	郷校明倫堂附東西斎及南門	同					
63	丁	郷校齋楼	同					
64	丙	普通学校前庭銅鐘	同	憲宗八年	天保十三年	清道光二十二	一八四二	
65	甲	穆祖德陵及妃安陵	鮮初	太宗十年	太宗十年	明永楽八年	一四一〇	
66	甲	度祖義陵	同	太祖二年	明徳四年	明洪武二十六年	一三九三	
67	甲	桓祖定陵及妃和陵	同	太祖二年	明徳四年	明洪武二十六年	一三九三	
68	乙	本宮殿舎						
		正殿	鮮中	光海君二年	慶長十五年	明万暦卅八年	一六一〇	
		内三門及歩廊	同	同	同	同	同	
		移安殿	同	同	同	同	同	
		移安殿前門	同	同	同	同	同	
		外三門	鮮中					
		豊沛楼	鮮後					
69	乙	川西面麻姑城	沃沮？					
70	乙	徳川面麻姑城	同					
71	乙	上岐川面慈塘山城	同					
72	乙	上岐川面古墳	同					
73	乙	徳山面上岱里古城址	高麗					
74	乙	真興里真興王管境巡狩碑	鮮後？					
75	丙	帰州寺読書堂	鮮後	正祖二十一年	寛政九年	清嘉慶二年	一七九七	
76	丁	帰州寺読書堂旧基碑閣	同	同	同	同	同	
77	丙	帰州寺聴泉楼	同	李太王十七年	明治十三年	清光緒六年	一八八〇	
78	丙	帰州寺大雄殿	同	同	同	同	同	
79	丁	帰州寺無量寿閣	同	同	同	同	同	
80	丁	帰州寺尋釰殿	同	同	同	同	同	
81	丁	帰州寺山神堂	同					

第 3 章　関野貞の朝鮮古蹟調査 (2)　91

82	丁	帰州寺戟半閣	同					
83	丙	帰州堂聴泉楼銅鐘	鮮中	粛宗十九年	元禄六年	清康煕三十二年	一六九三	
84	丙	帰州寺尋釵殿銅鐘	同	顕宗十二年	寛文十一年	清康煕十年	一六七一	
85	丙	開心寺大雄殿	鮮後	李太王十九年	明治十五年	清光緒八年	一八八二	
86	丁	開心寺両花楼	同	李太王廿四年	明治二十年	清光緒十三年	一八八七	
87	丁	開心寺極楽殿	同	李太王十九年	明治十五年	清光緒八年	一八八二	
88	丁	開心寺影閣	同	李太王廿四年	明治二十年	清光緒十三年	一八八七	
89	丙	開心寺冥府殿	同					
90	丁	開心寺羅漢殿	同	英祖十二年	元文元年	清乾隆元年	一七三六	
91	丁	開心寺山神堂	同					
92	丙	開心寺両花楼銅鐘	同	英祖三十三年	宝暦七年	清乾隆二十二年	一七五七	
93	丁	開心寺大雄殿銅鐘	鮮後	英祖三十三年	宝暦七年	清乾隆二十二年	一七五七	
94	丁	慶興殿正殿	鮮中					
95	丁	慶興殿両聖誕降旧基碑閣	鮮後	正祖十一年	天明七年	清乾隆五十二年	一七八七	
96	丁	慶興殿三門	同					
定平								
97	甲	長城	高麗					
永興								
98	丁	郡庁関南楼	戦後					
99	丙	旧客舎豊沛館	鮮中					
100	丙	旧客舎君子楼	同					
101	乙	文廟大成殿附東西廡三門	同	粛宗四十年	貞享元年	清康煕二十三年	一六八四	＊
102	丙	郷校明倫堂	同	同	同	同	一六八四	
103	乙	聖歴山城	高麗					
104	丁	小黒石里碑閣	鮮後	英祖五十一年	安永四年	乾隆四十年	一七七五	
105	甲	濬源殿正殿	鮮初	太祖五年	応永三年	明洪武二十九年	一三九六	
106	丙	濬源殿内三門及三面廡廊	鮮中					
107	丁	濬源殿移安殿	鮮後	純祖十五年	文化十二年	清嘉慶二十年	一八一五	
108	丁	濬源殿外門	同					
109	乙	本宮正殿	鮮初					
110	丙	本宮内三門	鮮後					
111	丙	本宮外三門	同					
112	丙	本宮移安殿	鮮中	粛宗二十六年	元禄十三年	清康煕三十九年	一七〇〇	
高原								
113	丙	文廟大成殿	鮮中					
114	丁	文廟東西廡	鮮後					
115	丁	文廟三門	同					
116	丁	郷校明倫堂	鮮中					
117	丁	郷校東西斎	鮮後					
118	丁	郷校入徳門	同					
119	乙	梁泉寺大雄殿	鮮中					

120	乙	梁泉寺萬歲楼	同					
121	丁	梁泉寺焼香閣	鮮後					
122	丁	梁泉寺山三門	同					
123	丁	梁泉寺僧坊	同					
文川								
124	乙	古伊均城	高麗					
125	乙	城内里石造釈迦座像	同					
126	丙	文廟大成殿附東西廡三門	鮮中	景宗元年	享保六年	清康熙六十年	一七二一	
127	丁	郷校明倫堂	鮮後	李太王九年	明治五年	清同治十一年	一八七二	
128	丙	郷校両花楼	鮮中	景宗元年	享保六年	清康熙六十年	一七二一	
129	甲	翼祖妃淑陵	鮮初	太祖二年	明徳四年	明洪武二十六年	一三九三	
130	丙	客舎	鮮中					
元山								
131	乙	望徳山城	高麗					
132	乙	元山府庁銅砲	鮮後	光海君十年	元和四年	明万暦四十六年	一六一八	
安辺								
133	乙	賀鶴楼	鮮初	成宗十七年	文明十八年	明成化二十二年	一四八六	
134	丙	客舎鶴城館	鮮後					
135	丁	客舎前門	鮮後					
136	丁	西門楼	同					
137	甲	釈王寺応真殿	高麗	恭愍王十九年	元中三年	明洪武十九年	一三八六	*
138	乙	釈王寺護持門	鮮初	太祖元年	元中九年	明洪武二十五年	一三九二	
139	乙	釈王寺大雄殿	鮮後	英祖七年	享保十六年	清雍正九年	一七三一	
140	丙	釈王寺暎月楼	同	英祖二十七年	宝暦元年	清乾隆十五年	一七五一	
141	丙	釈王寺興福楼	同	李太王二十七年	明治十三年	清光緒十六年	一八九〇	
142	丙	釈王寺泛鐘楼	鮮中					
143	丙	釈王寺龍飛楼	鮮後	英祖二十七年	宝暦元年	清乾隆十五年	一七五一	
144	丙	釈王寺曹渓門	同	正祖十五年	寛政三年	清乾隆五十六年	一七九一	
145	丙	釈王寺仁智寮	同	英祖二十七年	宝暦元年	清乾隆十五年	一七五一	
146	丁	釈王寺焼香閣	同					
147	丁	釈王寺寿君堂	同	哲宗三年	嘉永五年	清咸豊二年	一八五二	
148	丁	釈王寺尋釼堂	同	李太王十六年	明治十二年	清光緒五年	一八七九	
149	丁	釈王寺寶明堂	同	李太王二十八年	明治二十四年	清光緒十二年	一八九一	
150	丁	釈王寺両花楼	同	李太王九年	明治五年	清同治十一年	一八七二	
151	丁	釈王寺真天堂	鮮中					
152	丁	釈王寺真歇堂	鮮後	李太王十六年	明治十二年	清光緒五年	一八七九	
153	丁	釈王寺更衣堂	同					
154	丁	釈王寺極楽殿	同	哲宗三年	嘉永五年	清咸豊二年	一八五二	
155	丁	釈王寺警天門	同					
156	丁	釈王寺釈王祠	同	正祖十六年	寛政四年	清乾隆五十六年	一七九一	*

第3章　関野貞の朝鮮古蹟調査（2）　93

157	丁	釈王寺宸翰閣	同				
158	丁	釈王寺天書閣	同				
159	丁	釈王寺義重楼	同	正祖十六年	寛政四年	清乾隆五十七年	一七九二
160	丁	釈王寺白蓮堂	同	哲宗三年	嘉永五年	清咸豊二年	一八五二
161	丁	釈王寺迎恩門	同				
162	丁	釈王寺不二門	同	英祖二十七年	宝暦元年	清乾隆十五年	一七五一
163	丙	釈王寺内院菴約経堂	鮮中	隆熙三年			
164	丁	釈王寺内院留雲堂	鮮後	哲宗十一年	万延元年	清咸豊十年	一八六〇
165	乙	釈王寺西山大師筆蹟	鮮後				
166	丁	釈王寺大雄殿金鼓	同			清乾隆	
167	丙	釈王寺寿君堂銅鐘	鮮中	仁祖十一年	寛永十年	明崇禎六年	一六三三
168	丙	釈王寺尋釰堂銅鐘	鮮中	粛宗十一年	貞享二年	清康熙二十四年	一六八五
169	丁	釈王寺真歇堂銅鐘	鮮後	李太王三十年	明治二十六年	清光緒十九年	一八九三
170	丁	釈王寺白蓮堂銅鐘	鮮後	英祖元年	享保十年	清雍正三年	一七二五
171	丙	釈王寺泛鐘楼側大銅鐘	鮮中	仁祖二十四年	正保三年	清順治五年	一六四六
172	丁	釈王寺内院庵銅鐘	鮮中	粛宗二十年	元禄七年	清康熙三十二年	一六九四 *
173	乙	衛益面細浦洞山城	沃沮？				
174	乙	衛益面上細浦洞古墳	同				
鉄原郡							
175	甲	到彼岸寺三重石塔	新羅				
176	甲	到彼岸寺鉄造釈迦像	新羅	景文王四年	貞観七年	唐咸通六年	八六五
177	甲	古闕里石燈	泰封				
178	甲	於云洞面及北面土城	泰封				
179	乙	奉常里石燈	新羅				
180	丙	文廟大成殿附東西廡三門					
181	丁	郷校明倫堂	鮮後				
郭山郡							
182	丁	舟岩里石窟陽刻佛像	鮮初？				

＊印は原文のまま

朝鮮重要遺蹟一覧（時代別）

(一) 楽浪郡時代						
	○城					
甲	土城（楽浪郡治址？）	平壌				
	○碑					
甲	秥蟬碑	龍岡		成務天皇四十九年	後漢光和二年	一七九
(二) 沃沮（？）						
	○城					
乙	川西面麻姑城	咸興				
乙	徳川面麻姑城	同				
乙	上岐川面慈塘山城	同				
乙	衛益面細浦洞山城	安辺				
	○墳墓					
乙	上岐川面古墳	咸興				
乙	衛益面上細浦洞古墳	安辺				
(三) 高句麗時代						
	○城					
甲	通溝城（国内城？）	輯安				
甲	山城子山城（尉那巖城？）	同				
	○墳墓					
甲	将軍塚	輯安				
甲	太王陵	同				
甲	千秋塚	同				
甲	散蓮華塚	同				
甲	三室塚	同				
甲	亀甲塚（山城子）	同				
乙	将軍塚東北石塚	同				
乙	三塚	同				
乙	二塚	同				
乙	四塚	同				
乙	五道神塚	同				
乙	臨江塚	同				
乙	東大塚	同				
乙	中大塚	同				
乙	西大塚	同				
乙	龕持塚	同				
乙	美人塚（山城子）	同				
乙	兄塚（山城子）	同				
乙	弟塚	同				
乙	折天井塚	同				
乙	四阿天井塚	同				
乙	輯安自余古墳	同				
乙	文岳里化洞大塚	江界				
乙	同　　　二塚	江界				
乙	同　　　自余古墳	江界				
甲	安城洞双楹塚	龍岡				
甲	同　　大塚	同				
甲	梅山里獵塚	鎮南浦				
乙	同　　自余古墳	同				
甲	花上里大蓮華塚	同				
甲	同　　　星塚	同				

乙	同　　　自余古墳	同				
	○碑及刻石					
甲	広開土王碑	輯安				
乙	大同江岸城壁発見刻字石	平壌				
(四) 新羅統一時代						
	○城址、塔、佛像、及石燈					
甲	到彼寺三重石塔	鉄原				
甲	同　　　鉄造釈迦像	鉄原				
甲	古闕里石燈（泰封）	鉄原				
甲	於云洞面及北面土城（泰封）	鉄原				
乙	奉堂里石燈	鉄原				
(五) 高麗時代						
	○城					
甲	長城	熙川及定平	徳宗二年	長元六年	宋明道二年	一〇三三
乙	咸興邑城	咸興				
乙	徳山面上岱里古城	同				
乙	聖歴山城	永興				
乙	古伊均城	文川				
乙	望徳山城	元山				
	○佛寺堂、塔					
甲	釈王寺応真殿	安辺	恭愍王十九年	元中三年	明洪武十九年	一三八六
乙	邑東南五重石塔	海州				
乙	氷庫側五重石塔	海州				
乙	廣照寺五重石塔	海州				
乙	神光寺五重石塔	海州	忠恵王復位二年	興国三年	元至正二年	一三四二
	○碑、浮屠、幢					
乙	廣照寺真徹大師碑	海州	太祖二十年	承平七年	後唐清泰四年	九三七
乙	神光寺石浮屠	同				
乙	大仏頂陀羅尼幢	同				
乙	神光寺無字碑	同				
	○佛像					
乙	神光寺普光殿観世菩薩像	海州				
乙	神光寺普光殿勢至菩薩像	海州				
乙	城内里石造釈迦座像	文川				
(六) 朝鮮時代						
	○廟					
乙	本宮殿舎	咸興				
	正殿		光海君二年	慶長十五年	明万暦三十八年	一六一〇
	内三門及歩廊		同	同	同	同
	移安殿		同	同	同	同
	前門		同	同	同	同
	外三門		鮮後			
	豊沛楼		鮮後			
乙	文廟大成殿附東西廡三門	永興	粛宗四十年	貞享元年	清康熙二十三年	一六八四
甲	濬源殿正殿	同	太祖五年	応永三年	明洪武二十九年	一三九六
乙	本宮正殿	同	鮮初			
	○官衙					
乙	芙蓉堂	海州	鮮中		清康熙年間	
乙	賀鶴楼	安辺	成宗十七年	文明十八年	明成化二十二年	一四八六
	○佛寺					
乙	神光寺普光殿	海州	粛宗六年	延宝八年	延宝八年	一六八〇
乙	梁泉寺大雄殿	高原	鮮中			

乙	梁泉寺萬歳楼	高原	同			
乙	釈王寺護持門	安辺	太祖元年	元中九年	明洪武二十五年	一三九二
乙	釈王寺大雄殿	安辺	英祖七年	享保十六年	清雍正九年	一七三一
	○陵墓					
甲	穆祖徳陵及妃安陵	咸興	太宗十年	太宗十年	明永楽八年	一四一〇
甲	度祖義陵	同	太祖二年	明徳四年	明洪武二十六年	一三九三
甲	桓祖定陵及妃和陵	同	同	同	同	同
甲	翼祖妃淑陵	文川	同	同	同	同
	○鐘、銅砲					
乙	邑南門銅鐘	海州	鮮中		清康熙年間	
乙	元山府庁銅砲	元山	光海君十年	元和四年	明万暦四十六年	一六一八
	○佛像					
乙	新徳寺銅造釈迦像	龍岡	世宗八年	応永三十三年	明宣徳元年	一四二六
	○書画、刺繍					
乙	石潭書院李珥筆蹟	海州				
乙	同　　申夫人刺繍及絵画	海州				
乙	釈王寺西山大師筆蹟	安辺				

第3章 関野貞の朝鮮古蹟調査 (2) 97

大正二年撮影朝鮮古蹟写真目録

第一	海州郡	
一	邑城石壁	
二	同　南門所懸銅鐘	
三	芙蓉堂	
四	同　組物	
五	六面幢	
六	同　上部	
七	石塔其一（三重存ス）	
八	同　其二（四重存ス）	
九	同　其三（五重存ス）	
一〇	邑東北石刻物	
一一	廣照寺遺址石碑正面	在錦山面中下一里須弥倉
一二	同　　同　左側面	
一三	同　　同　亀趺頭部	
第二	神光寺	在海州郡席洞面東一里寺洞
一四	普光殿	
一五	同　組物	
一六	同　菩薩	
一七	五重石塔	
一八	無字石碑正面	
一九	同　　左側面	
二〇	同　碑身左側面	
二一	同　亀趺頭部	
二二	石浮屠	
第三	石潭書院	在海州郡高山面二里石潭
二三	李珥自筆中庸吐釈	
二四	同　筆蹟其一	
二五	同　同　其二	
二六	同　同　其三	
二七	同　同　其四	
二八	同　生母手工刺繍	
二九	同　同　自筆絵画其一	
三〇	同　同　同　同　其二	
第四	鎮南浦	
三一	梅山里古墳全景	
三二	同　猟塚玄室天井	
三三	同　同　奥室	
三四	同　同　同　左壁	
三五	花上里古墳全景	
三六	同　大蓮花塚前室奥壁上部	
三七	同　同　　同　同　右方上部	
三八	同　同　　同　右壁上部	
三九	同　同　　同　同　人物及建築細部	
四〇	同　同　　同　同　人物	
四一	同　同　　同　同　龕	
四二	同　同　　同　左壁龕	
四三	同　星塚	
四四	同　同　玄室天井	
四五	同　同　同　前壁	
第五	真池洞駅	
四六	双楹塚及大塚全景	

四七	双楹塚右側面	在龍岡郡日連池面安城洞
四八	同　　羨道入口	
四九	同　同　左壁牛車其一	
五〇	同　同　同　同　其二	
五一	同　同　右壁騎馬人物其一	
五二	同　同　同　同　　其二	
五三	同　双楹（羨道ヨリ望ム）	
五四	同　　同	
五五	同　玄室天井	
五六	同　同　奥壁人物遠景	
五七	同　同　同　同　近景	
五八	大塚遠景	在龍岡郡日連池面柳井洞
五九	同　右側面	
六〇	同　羨道入口	
六一	同　玄室入口（羨道ヨリ望ム）	
六二	同　前室左壁	
六三	同　同　同　上部	
六四	同　玄室前右側隅上部	
第六　輯安縣		在支那盛京省
六五	通溝〇洞溝城壁址外面	
六六	同　　同　　　同　　一部	
六七	山城子山城址正面	
六八	同　　同　　建築物遺址	
六九	同　石塚其一	
七〇	同　同　其二	
七一	同　折天井塚	
七二	麻線溝千秋塚	
七三	五塊墳〇五魁埜　五塊墳〇五魁埜全景	
七四	同　　　　同　　　　第二墳	
七五	同　　　　同　　　　第五墳	
七六	同　　　　四ツ塚全景	
七七	同　　　　同　　第一塚頂石	
七八	同　　　　大石塚	
七九	同　　　　殯	在大塚附近
八〇	同　　　　三室塚	
八一	同　　　　同　　羨道（入口ヲ望ム）	
八二	五道神塚	
八三	東崗太王陵上部	
第七　好太王碑		在支那盛京省輯安縣温和堡東崗大碑石
八四	正面遠景	
八五	右側面全景	
八六	墨摺光景	
八七	全形（正面及右側面）	
八八	正面（第一面）	
八九	右側面（第二面）	
九〇	背面（第三面）	
九一	左側面（第四面）	
九二	正面（第一面）上半	
九三	同　　　　　　下半	
九四	右側面（第二面）上半	
九五	同　　　　　　下半	
九六	背面（第三面）上半	
九七	同　　　　　　下半	

九八	左側面（第四面）上半	
九九	同　　　　下半	
一〇〇	右側面（第二面）文字其一	
一〇一	同　　　同　其二	
第八　将軍塚		在支那盛京省輯安縣温和堡将軍塚
一〇二	全景（正面及左側面）	
一〇三	正面	
一〇四	右側面	
一〇五	左側面	
一〇六	背面	
一〇七	正面左部	
一〇八	同　右部	
一〇九	羨道入口	
一一〇	玄室天井	
一一一	同　棺座	
一一二	陪塚（最左方）正面	
一一三	同　　　　左側面	
一一四	同　　　　石槨	
第九　牙得嶺		
一一五	嶺頂所見其一	
一一六	同　其二	
第十　長津郡		
一一七	牙得嶺麓家屋	
一一八	同　　水車	
一一九	同　　渓流	
一二〇	雪関酒幕	
第十一　黄草嶺		
一二一	嶺頂所見	
一二二	中嶺石壘址	
一二三	新羅真興王巡狩碑々閣	
一二四	同　　　　全形	
一二五	同　　　　正面	
一二六	同　　　　文字其一	
一二七	同　　　　同　其二	
一二八	同　　　　碑閣掲板	
第十二　千佛山開心寺		在咸興郡西元平面
一二九	全景	
一三〇	墓地	
第十三　德安陵		在咸興郡加平面
一三一	旧碑	
一三二	全景其一（左側面）	
一三三	同　其二（正面）	
一三四	墳塋	
一三五	德陵石虎及石羊	
一三六	同　長明燈	
一三七	文石及武石	
一三八	斎室所蔵德安陵図	
第十四　咸興郡		
一三九	邑城城壁	
一四〇	邑城外墳墓群	
一四一	客館前庭銅鐘	
一四二	德川面高麗時代城址其一	
一四三	同　　同　　其二	

一四四	徳山面麻姑城全景其一	
一四五	同　　同　　同　其二	
一四六	同　　同　　城壁址其一	
一四七	同　　同　　同　其二	
一四八	同　　同　　井戸址	
一四九	五老村慈塘山城址	在上岐川面
一五〇	同　　同　　城壁址其一	
一五一	同　　同　　同　其二	
一五二	同　　同　　井戸址	
一五三	同　　古墳	
一五四	同　　同　羨道入口塞石	
一五五	同　　同　玄室其一	
一五六	同　　同　同　其二	
一五七	慶興殿全景	
一五八	帰州寺銅鐘（元梁泉寺大鐘）	
一五九	同　　康熙十年中鐘	
一六〇	川西面麻姑城遠景	
一六一	同　　同　　近景	
一六二	同　　同　　城壁址其一	
一六三	同　　同　　同　其二	
一六四	同　　同　　城内石壇址	
一六五	同　　同　　井戸址	
第十五	定和陵	
一六六	神道碑亀趺頭部	
一六七	全景	
一六八	定陵	
一六九	和陵	
一七〇	同　文石及武石	
第十六	義陵	
一七一	陵林	
一七二	丁字閣	
一七三	同　内部光景	
一七四	同　構造	
一七五	同　組物	
一七六	同　前拝組物	
一七七	正面	
一七八	背面	
第十七	咸興本宮	
一七九	本殿	
一八〇	同　内部光景	
一八一	同　拝所	
一八二	同　組物	
一八三	傳李太祖所用弓箭	
一八四	龍袍（摹品）	
一八五	咸興本宮図	
一八六	慶興殿図	
第十八	定平郡	
一八七	萬里長城址遠景	
一八八	同　　　近景	
第十九	永興郡	
一八九	文廟三門背面	
一九〇	同　同　右側面	
一九一	同　大成殿	

一九二	同	同　　組物	
第二十	濬源殿		
一九三	全景		
一九四	本殿		
一九五	同　外部組物		
一九六	同　内部組物		
一九七	同　李成桂彩色画像		
第二一	永興本宮		
一九八	本殿		
一九九	同　内部光景		
二〇〇	同　組物		
二〇一	移安室		
第二二	梁泉寺		在高原郡上鉢面楽泉里
二〇二	大雄殿		
二〇三	同　　外部組物		
二〇四	同　　内部組物		
二〇五	同　扉半部		
二〇六	萬歳楼		
二〇七	同　構造		
二〇八	同　組物		
第二三	智陵		
二〇九	全景其一（左側面）		
二一〇	右半		
二一一	墳壟及長明燈		
二一二	文石及武石		
第二四	文川郡		
二一三	公立普通学校附近石佛		
第二五	望徳山城址		
二一四	城壁址其一		
二一五	同　　其二		
二一六	同　　其三		
二一七	同　　築石		
第二六	元山府		
二一八	萬暦年間所鋳砲身　元山府所管		
二一九	同　　　　　　刻銘		
第二七	安辺府		
二二〇	賀鶴楼		
二二一	同　外部組物		
二二二	同　内部組物		
第二八	釈王寺		
二二三	護持門		
二二四	同　外部組物左側面		
二二五	同　同　　　正面		
二二六	大雄殿		
二二七	同　内部光景		
二二八	同　外部正面組物		
二二九	同　同　背面組物		
二三〇	同　内部組物		
二三一	応真殿		
二三二	同　内部光景		
二三三	同　外部正面組物		
二三四	同　同　背面組物		
二三五	同　内部組物		

二三六	龍飛楼	
二三七	大鐘	
二三八	崇禎六年中鐘	
二三九	西山大師筆高麗国師道詵伝其一	
二四〇	同　　　同　　　其二	
二四一	同　　　雪峰山釈王寺記其一	
二四二	同　　　同　　　其二	
第二九高山駅		
二四三	山城址遠景	在安辺郡衛益面城峙
二四四	同　　近景	
二四五	同　　城壁址其一	
二四六	同　　同　其二	
二四七	同　　同　築石	
二四八	同　　井戸址及城壁址内面	
二四九	古墳群	在安辺郡衛益面都塚燈
二五〇	同　　一部	
二五一	夫婦塚	
二五二	同　　石槨其一	
二五三	同　　石槨其二	
二五四	同　　石槨内壇座	
二五五	蓋杯塚	
二五六	同　　石槨其一	
二五七	同　　同　其二	
二五八	西塚	
二五九	同　　石槨	
第三十　三防		
二六〇	傳弓裔墓	
第三一　鉄原郡		
二六一	到彼寺鉄造釈迦座像	在東辺面到彼里
二六二	同　　同　　　面貌	
二六三	同　　三重石塔	
二六四	同　　同　　　基壇	
二六五	邑北八角石燈	
二六六	同　　同　　上部	
二六七	同　　同　　残石	
二六八	同　　同　　台石	
二六九	同　　亀趺	
二七〇	弓裔城址	
二七一	古闕里石燈（北面）	
第三二　平壤府		
二七二	大同江面梧野洞古墳木槨木棺用材	
二七三	同　　　　副葬品其一（鉄製直刀、鉄製斧、銅製鋺）	
二七四	同　　　　同　其二（陶製坩）	
二七五	旧城壁	
二七六	同　　横断面外側部	
二七七	同　　同　　中央部	
二七八	同　　同　　外側基底部	
二七九	江岸通旧城壁発見石材刻銘	
二八〇	同　　地下約十尺発見花瓦（径五寸二分）	
二八一	普通門西妻発見鉄鏃	
二八二	同　　東妻発見鉄鏃	
第三三　龍岡郡		

二八三	新徳寺銅造釈迦座像	
二八四	同　　同　　　　底板鋳銘	
二八五	粘蟬碑全景	在雲洞面龍坪洞路傍
二八六	同　　正面	
二八七	同　　文字其一	
二八八	同　同　其二	
第三四	郭山郡	
二八九	舟岩里石窟内光景	在館面
二九〇	同　　同　　陽刻天王二躯	
計二百九十枚也		

朝鮮文化ノ遺蹟　其四（大正二年調査）

朝鮮総督府古蹟調査嘱託　関野貞

　今回ノ調査ハ平安南道及ヒ咸鏡南道ヲ主トシテ傍ラ満洲輯安縣ニ及ヒ、楽浪及ヒ高句麗時代遺蹟ニ関シ穫ル所少ナカラス、且沃租ノ址跡ト思ハルル者ヲ調査シ、新羅以降ノ遺物ニアリテモ多少注目スヘキ者ヲ得タリ、今左ニ其概要ヲ記述スヘシ

　　一　楽浪時代

　楽浪郡治ノ位置ハ古来ノ学者皆今ノ平壌ヲ以テ之ニ充テシカ、余等夙ニ之ヲ疑ヒ寧ロ大同江ノ南岸ニ之ヲ求ムルヲ以テ妥当トシタリ、今回平壌鉄橋ノ下流約一里大同江ノ南岸土城ト称スル処ニ於ヒテ方五六町ノ地区ヲ囲メル土城ノ遺跡ヲ調査シ且内外ヨリ楽浪時代ニ属スル多数ノ瓦塼ヲ発見セリ、其附近大同江面ニ楽浪時代ノ古墳無数存在セルコトハ既ニ報告セシ所ニシテ、種々ノ点ヨリ推想スルニ此土城ハ蓋楽浪郡治ノ址跡ナルヘシ、又楽浪墳墓ノ玄室ハ塼築ヲ以テ普通トナセトモ今回木槨木棺ヲ有セル者ノ発見セラレシハ珍トスヘシ、

　龍岡郡於乙洞古城ハ既ニ去明治四十四年踏査シ、其内ヨリ楽浪時代ノ古瓦片ヲ採集シ、恐クハ楽浪郡ノ或縣治ノ遺址ナラント想像シタリシカ、今回其附近ニ於テ後漢光和二年（西暦七十九年）ト推定スヘキ秥蟬縣ノ古碑ヲ発見シ、此古城カ秥蟬縣治ノ址跡タルコト始メテ明白トナレリ、実ニ此碑ハ朝鮮ニ於テ其種最古ノ者タルノミナラス之ニヨリテ長ク歴史上ノ疑問タリシ列水カ大同江タルコトヲ確定スヘキ有力ナル史料ニ供セラルヘキ者ナリ

　　二　沃租？

　今回ハ咸鏡道ノ南部ヲ始メテ調査セシカ、咸興ノ川西面麻姑城、徳川面麻姑城、上岐川面慈塘山城及ヒ安辺ノ衛益面細浦洞山城ハ特峙セル山ノ肩部ニ城壁ヲ繞ラシ上ニ井ヲ穿テル特殊ノ山城ニシテ従来他ノ地方ニ全ク見サリシ所ノ者ナリ、其分布ノ状況ハ更ニ咸鏡南道ヨリ満洲地方ヲ調査セサレハ分明ナラサレトモ、其高句麗百済新羅伽羅ノ者ト別種ニ属スルハ疑ヲ容ルルノ余地ナク、又慈塘山城及細浦洞山城ノ附近ニアリテ山城ト同時代ト認ムヘキ古墳ノ構造副葬品及ヒ川西面麻姑城ニテ穫タリシ古瓦片ヨリ判スレハ、其年代ハ少クモ千四五百年ヲ下ラサル者ノ如シ、サレハ此等ノ地方カ新羅ニ統轄セラレシ以前高句麗ニ服属セシ時ニ成リシ者ナルヘク、恐クハ当時ノ沃租氏族ノ遺構ニアラサルヤヲ疑フコト切ナリ、而モ更ニ北方ノ調査ヲ経サレハ遽カニ断定シ難シ

　　三　高句麗時代

　高句麗カ平壌ニ遷移以前ノ都城タリシ国内城ノ位置ニ関シテハ古来学者間ノ意見一定セス永ク学界ノ疑問タリシカ、余等今回満洲輯安縣ノ遺蹟ヲ踏査シ縣治所在地ナル通溝城カ国内城王宮ノ址跡ニシテ、之ヨリ渓谷ニ沿フテ上ルコト約三十町山城子トイ

ヘル処ノ険峻ナル山ニ拠リテ築カレタル山城ハ、所謂高句麗ノ尉那巌城ノ遺址タルコトヲ推定スルニ至リタリ、此通溝ヲ中心トセル稍広キ平野ニハ幾萬ヲ以テ数フヘキ墳墓累々トシテ存セルカ、之ヲ大別シテ石塚土塚ノ二種トナスヘク、石塚ノ殆完存セル者ニハ将軍塚アリ（恐クハ広開土王ノ墓ナラン）、規模ノ壮大ナル者ニハ大王陵千秋塚アリ、又土塚ノ顕著ナル者ニハ三塚二塚四塚等アレトモ、三室塚散蓮華塚及ヒ山城子亀甲塚美人塚ヨリ高句麗時代ノ壁画ヲ発見セリ、特ニ三室塚ハ三処ノ玄室ヨリ成リ四神図草花文ノ外多少風俗ヲ徴スヘキ人物画ヲ有セリ、此等ノ絵画文様ヲ見ルニ既ニ仏教芸術ノ感化ヲ受ケシ者ナレトモ、支那大同ノ雲岡洛陽ノ龍門等ニ於ケル北魏式ヨリハ一層ノ古式タルコトヲ示セリ、其年代ハ恐クハ約千四五百年前ニ属スヘキ者ナラン

広開土王碑ハ方五六尺高約廿一尺ノ凝灰岩ノ野面ノ者ヨリ成リ四面ニ銘文ヲ陰刻ス、書体蒼古当時我国トノ関係ヲモ記セルハ最有益ニ史料ナリトス

近年通溝ノ西約八九里小板盆嶺ニ於テ魏田丘倹紀功碑ノ残片ヲ出セルニヨリ、其処ヲ以テ丸都城ニ比定セン学者多カリシカ、今回調査ノ結果此附近ニ山城ノ遺跡モナク又都城ヲ経営スヘキ平坦ノ地区モナキニヨリ、碑ノ発見ヲ事実トスルモ丸都城ハ此附近ニ比定スヘカラサル者タルコトヲ知リタリ

平壌附近ノ高句麗時代ノ遺蹟ニ関シテ既ニ数ヘ報告セシカ、今回真池洞ヲ距ルコト東方約十町安城洞ニ於テ当時ノ壁画ヲ有セル古墳二処ヲ発見セリ、其大ナル者（大塚ト仮称ス）ハ玄室破損多ク僅ニ楼閣斗栱等ノ壁画ヲ遺セルニ過キサレトモ、小ナル者（仮リニ双楹塚ト名ク）ハ玄室二処アリテ其間ニ珍異ナル八角柱ヲ有シ、壁面天井ニ諸種ノ風俗画四神図唐草文様等ヲ写セリ、手法繊麗又豪岩、年代ハ約千四五百年前ニ上ルヘク、当時ノ風俗車馬ノ制ヲ徴スルニ足ルヘシ、其他既ニ発掘ヲ経シ者ニシテ壁画ヲ有セル者ニハ鎮南浦府ノ梅山里ニ狩塚（仮ニ余名ツク以下同シ）アリ、花上里ニ大蓮華塚及ヒ星塚アリ、狩塚ハ今日マテ発見セラレシ壁画中最モ古ク約千五百年前ノ者ニシテ、奇古ナル四神図人物騎馬狩猟等ノ図アリ毫モ仏教芸術ノ痕跡ヲ認メス、大蓮華塚ニハ男女ノ人物ヲ図スルコト多ク星塚ニハ一種忍冬文ノ如キ珍シキ文様ヲ有セリ、年代ハ何レモ約千四五百年前ナルヘク、多少仏教芸術ノ影響ヲ受ケタリ、要スルニ是等龍岡鎮南浦ニ於ケル古墳ハ一昨年発掘調査セシ江西郡ノ遇賢里、肝城里ノ古墳ヲ合セテ壁画ノ発見セラルル者既ニ八処ニ及ヒ、満洲輯安縣ノ者ト共ニ実ニ現今東洋ニ於テ知ラレタル最古ノ絵画ニシテ、啻ニ高句麗時代ノ文化ノ程度トスルニ足ルヘキノミナラス支那六朝時代ノ絵画ノ一斑ヲモ推想スヘキ貴重ノ標本ナリトス

　四　新羅時代

今回ハ新羅時代ノ遺蹟ヲ発見スルコト少ナカリキ、鉄原ニ於ケル泰封弓裔ノ都城ハ唐制ヲ模セシカ如ク平地ニ築キシ者ニシテ猶土城ノ遺址ヲ存セリ、城内今両石燈アリ

共ニ新羅末ノ者ト認ムヘシ、鉄原到彼岸寺ノ鉄造釈迦像ノ背面ヨリ「咸通六年乙酉正月日」ノ銘ヲ発見セリ、蓋新羅時代在銘唯一ノ仏像ニシテ其年代ノ正確ナルハ他ヲ推定スヘキ標準トナルヘキ者、形状整美手法亦観ルヘシ、同寺三重石塔ハ恐クハ同時代ニ成リシ者ノ如ク八角二成壇ヲ有セルハ他ニ観サル所ナリ

　咸興黄草嶺真興王ノ碑ハ有名ナル者ナレトモ、其真否ニ就キ近来学者間議論一定セス、余等今回詳細ニ之ヲ調査セシニ、石質比較的新タニ決シテ千四百年ノ風霜ヲ経タル者ニアラス、且文字モ当時ノモノト認メ難シ、蓋近世ノ作ナルヘシ、唯複刻ナルヤ否ヤハ別ニ研究ヲ要スヘシ

　　五　高麗時代

　高麗ノ徳宗二年、女真ヲ防カンカ為メ築キシ長城ハ西鴨緑江口ニ起リ半島ヲ横断シテ東定平ノ東海岸ニ至ル延袤千餘里実ニ麗初ニ於ケル大工事ナリ、而ルニ其遺跡湮滅、人ノ知ル者稀レナリシカ、今回熙川ノ北、明文倉ト定平トニ於テ城壁ノ一部ヲ踏査シ、熙川以東ニ於ケル長城亘ノ地形ノ大要之ヲ知ルコトヲ得タリ、其明文倉ニ在ル者ハ石築ニシテ定平ニ在ル者ハ三重ノ城壁ナリ、蓋土地ノ異同ニヨリ便宜ノ材料ヲ以テ構成セシナリ

　咸興ノ邑城ハ恐クハ当代ノ創築ニシテ、李朝ニ入リ大ニ修築ヲ加ヘシ者ナルヘク、咸興ノ徳山面上岱里古城、永興ノ聖歴山城、文川ノ古伊均城、元山ノ望得山城亦当代ニ成リシ者ナルヘク、ヨク其形式ヲ保持セリ

　高麗時代ノ木造建築ハ一昨年始メテ太白山浮石寺ニ於テ無量寿殿及祖師殿ノ二ヲ発見セシカ、今回亦安辺ノ釈王寺ニ於テ高麗末（恭愍王十九年西暦千三百八十六年）ニ李成桂ノ建立セシ応真殿ヲ得タリ、斗栱其他ノ形式ヨリ当時ノ特色ヲアラハセリ

　石塔ニハ海州神光寺五重石塔最注意スヘシ、其至正二年（忠恵王復位三年西暦千三百四十二年）ノ銘ヲ有セルハ他ノ塔婆ノ年代ヲ比定スルノ標準トナスヘキ者ナリ、此他当代ニ属スヘキ石塔婆三四アリシモ言フニ足ルヘキ者ナシ

　石幢ハ支那ニ在リテハ唐宋間ノ者多ク存スレトモ、朝鮮ニ於テハ今回始メテ海州ニ大仏頂陀羅尼幢ヲ得タリ、高麗初期ノ者ナルヘク比較的壮大ニシテ八角幢身ノ周囲ニ梵文ノ陀羅尼ヲ陰刻セリ、蓋半島ニ於ケル此種唯一ノ標準ナルヘシ

　碑ニハ当代ノ者ハ僅カニ海州ノ広照寺真徹大師碑（太祖二十年西暦九百三十七年）及神光寺無字碑ノ二ヲ調査セシニ過キス、共ニ麗初ノ者ハ螭首亀趺雄麗観ルヘシ、無字碑ノ側ニ石浮屠アリ、恐クハ碑ト同時ノ者ナルヘク亦当時ノ手法ヲ存シタリ

　仏像ニハ海州神光寺普光殿安置ノ観音勢至両菩薩ノ像、恐クハ当代末期ノ者ナラン、優雅ニシテ権衡亦宜キヲ得タリ

　　六　朝鮮時代

　当代ノ廟建築ノ重要ナル者ニハ永興ノ濬源殿アリ、太祖五年（西暦千三百九十六

年）ノ経営ニ成リ其本宮正殿亦当代初期ノ遺構ナリ、咸興本宮ハ光海君二年（西暦千六百十年）ノ再興ニシテ規模尤モ壮大ナリ、其他永興文廟（粛宗四十年西暦千六百八十四年）亦当代中期ノ特質ヲヨクアラハセリ
※※

　官衙建築ニ属スル者ニハ安辺ニ駕鶴楼（成宗十七年西暦千四百八十六年）アリ、海州客舎ニ芙蓉堂アリ、特ニ前者ハ当代初期ノ様式ヲ伝ヘ形態整斉手法亦観ルニ足レリ

　仏寺建築中最注意スヘキヲ安辺釈王寺ノ護持門トナス、同寺太祖ノ願刹ニシテ門ハ其元年（西暦千三百九十二年）ニ建テシ者、高麗朝鮮両朝ノ間ニアリテ既記同寺応真殿ト共ニ建築形式推移ノ状ヲ察知スヘキ者ナリ、其他海州神光寺ノ普光殿（粛宗六年西暦千六百八十年）、高原ノ梁泉寺大雄殿及萬歳楼ハ当代中期ヲ代表シ、安辺釈王寺大雄殿ハ後期ノ初頭ヲ代表スヘキ者ナリ

　咸鏡南道ハ李朝太祖発祥ノ地ナレハ、其父祖ノ陵墓多ク皆此ニアリ、其中余等ノ調査セシ者ハ咸興ノ穆祖ノ徳陵及妃ノ安陵、度祖ノ義陵、桓祖ノ定陵及ヒ妃ノ和陵、並ヒニ文川ノ翼祖ノ妃淑陵ニシテ何レモ太祖太宗間ニ築造セラレシ者、以テ当代初期ニ於ケル陵墓ノ制ヲ窺フニ足ルヘシ、徳安陵ノ両墳左右相並ヘルハ高麗恭愍王ノ玄陵及妃ノ正陵ノ遺制ニ出テシカ如キモ定和陵ノ前後ニ次第セルハ珍キ配置法ナリ、又義陵丁字閣ノ当代初期ニ属スルハ此種最古ノ遺制ヲ徴スヘキ者ナリ

　此他当代ノ遺物ニシテ注意スヘキ者ヲ挙クレハ、龍岡新徳寺ノ銅造釈迦像ハ宣徳元年（世宗八年西暦千四百二十六年）ノ銘ヲ有セル優秀ノ作ナリ、海州邑南門ニアル銅鐘ハ康熙年間ノ者手法稍観ルヘシ、元山府庁ニ所蔵セル銅砲ハ萬暦四十年（光海君十年西暦千六百十八年）ノ鋳造ニシテ当時ノ様制ヲ徴セリ、又海州石潭書院蔵李珥中庸吐釈ノ手稿及其母申夫人ノ刺繍及絵画ハ珍トスヘク、安辺釈王寺西山大師筆道詵伝及ヒ釈王寺記ハ共ニ壬辰役国事ニ奔走セシ傑僧ノ豪岩ナル気象ヲ看取スルコトヲ得ヘシ

　※　　恭愍王十九年としているが、禑王一二年の誤りか。
　※※　粛宗四十年としているが粛宗十年の誤りか。

第2部　新羅の考古学

第1章　新羅土器の編年研究

1　慶州古墳の調査

　朝鮮半島における新羅の王都である慶州での考古学発掘は、1906年の今西龍による積石木槨墳の発掘から始まり、植民地期は朝鮮総督府、朝鮮古蹟研究会により皇吾里14号墳、皇南里82号墳、皇南里109号墳、金冠塚（128号）、金鈴塚（127号）などの古墳が発掘された。戦後まもなく1946年には壺杆塚（140号）が国立博物館と有光教一により発掘されたが、朝鮮戦争により一時中断されたのち、1965年に皇吾里1号墳、皇吾里33号墳の発掘がおこなわれた。1960年代は大学校博物館と文化財管理局による慶州の遺跡発掘がおこなわれ、韓国における新羅考古学の研究も始められた。

　1972年7月に朴正熙大統領により「慶州綜合観光開発計画事業」が決定され、文化財管理局が翌1973年4月より皇南洞の大形円墳の155号墳の発掘に着手し、続いて6月に最大の双円墳である98号墳の墳丘測量をおこない7月から発掘を開始した。さらにそれと併行して国立慶州博物館、国立扶餘博物館、ソウル大学校・高麗大学校・檀国大学校・梨花女子大学校・釜山大学校・慶北大学校・嶺南大学校の各大学校博物館が1973年と1974年に味鄒王陵地区と鶏林路の古墳群を発掘して中形・小形古墳の様相を明らかにするとともに土器資料を増やした。

　その後、1985年には味鄒王陵地区の東方に位置する月城路古墳群が国立慶州博物館と慶北大学校博物館により発掘された。ここは行政区画でいうと皇吾洞と仁旺洞になり、現在の慶州駅から仏国寺に向かう道路の下水溝改修工事にともなう事前調査であった。おおよそ4〜6世紀にわたる総数56基の古墳（うち積石木槨墳は30基）が調査された。

　その後1993年には、1985年に調査された月城路古墳群に属する仁旺洞729

-3番地で、協成注油所が増改築のため既存の建物を撤去して工事を始めたところ、遺構が発見されたので国立慶州博物館が緊急発掘をおこなった。200坪余の調査区から総数30余基（うち積石木槨墳は16基）の古墳が発掘された。これとほぼ同じ時期の1993年に、交通量の増加にともない新たに善徳女子高校から北川辺に到る道路を開設するための工事にともない、月城路古墳群の東方、東海南部線を渡ったところに位置する仁旺洞668-2番地を国立慶州文化財研究所が調査した。発掘面積は155坪で、総数33基（うち積石木槨墳は16基）の古墳が調査された。

そして2007年3月から味鄒王陵地区と月城路古墳群の間に位置する籃泉地区（皇南洞・皇吾洞・仁旺洞にわたる）の16万5000坪におよぶ面積が整備目的での調査を開始した。その地区には植民期に発掘された54号墳も含まれている。このように慶州地区では長期間にわたって数多くの古墳を発掘し、出土遺物の種類と数量が蓄積され土器資料も増加した（表1）。

一方、『三国史記』によれば、赫居世が前漢孝宣帝五鳳元年（紀元前57年）に建国し、居西干と号して国名を徐那伐とした。その後、紀元前37年には京城を築いて、そこを金城といい、紀元前32年には宮室を金城に営んだ。その後、王の称号は「次次雄」「尼師今」へと変わり、紀元417年には「麻立干」となり、紀元514年に「王」と称するようになった。その変化は国の政治的発展を示していると考えられる。『三国史記』では新羅建国を紀元前57年とするが、中国側の歴史書である『晋書』には、太康元年（280年）・二年・七年に辰韓の使いが朝貢に来たという記事がある。「新羅」という語が初めて登場するのは『太平御覧』引用の『秦書』からであり、符堅建元十八年（382年）新羅国王の楼寒が衛頭を使いとして遣ったという記事がある。『三国史記』にも奈勿尼師今二十六年（381年）に衛頭を符の秦に遣って方物を貢したという記事があり、両者は1年の違いがみられるものの奈勿尼師今の臣下の衛頭が符堅の前秦に使いとして行ったことは事実であろう。楼寒は奈勿尼師今をさすと考えられ、奈勿尼師今の即位年が356年であることから、文献からみた新羅の成立あるいは国号を新羅と名乗ったのは4世紀中葉と考えられる。

考古学からみた新羅の成立は積石木槨墳の出現と考えられており、高句麗が積石塚、加耶が大形木槨墓の出現をその成立とみるのと同じように、墓制の大

表1 慶州中心部古墳一覧

古墳名	古墳名（別称）	主体部	発掘年、機関	文献
仁旺洞19号	仁旺洞699-1番地	積石木槨墳	1969年慶熙大学校	厳永植・黄龍渾 1974
仁旺洞20号	仁旺洞699-1番地	積石木槨墳	1969年慶熙大学校	厳永植・黄龍渾 1974
仁旺洞149号	仁旺洞680番地	積石木槨墳	1973年梨花女子大学校	秦弘燮・金和英 1975
仁旺洞156-1号	仁旺洞808番地	積石木槨墳	1973年鄭永鎬	檀国大学校博物館 1973
仁旺洞156-2号		積石木槨墳	1973年鄭永鎬	檀国大学校博物館 1973
仁旺洞106-3古墳群		積石木槨墳、石槨墓など	1989年国立慶州文化財研究所	金龍星・崔キュション 2007
仁旺洞668-2古墳群		積石木槨墳、石槨墓など	1993年国立慶州文化財研究所	国立慶州文化財研究所 2002
仁旺洞669-4古墳群		積石木槨墳、石槨墓など	1977年嶺南大学校	李殷昌 1978
仁旺洞729-3古墳群		積石木槨墳、石槨墓など	1993、1994年国立慶州博物館	国立慶州博物館 2003
仁旺洞807-4古墳		石槨墓	1990年国立慶州文化財研究所	慶州文化財研究所 1991
仁旺洞751-1古墳		石槨墓	1976年国立慶州博物館	池建吉 1977
仁旺洞古墳			1975年慶州史蹟管理事務所	金龍星・崔キュション 2007
皇吾里1号		積石木槨墳	1965年ソウル大学校	金元龍 1969、秦弘燮 1965
皇吾里2号				国立慶州博物館・慶州市 1997
皇吾里3号				国立慶州博物館・慶州市 1997
皇吾里4号		積石木槨墳	1962年国立博物館	洪思俊・金正基 1964
皇吾里5号		積石木槨墳	1962年国立博物館	洪思俊・金正基 1964
皇吾里7号				国立慶州博物館・慶州市 1997
皇吾里8号				国立慶州博物館・慶州市 1997
皇吾里9号				国立慶州博物館・慶州市 1997
皇吾里10号				国立慶州博物館・慶州市 1997
皇吾里11号				国立慶州博物館・慶州市 1997
皇吾里12号				国立慶州博物館・慶州市 1997
皇吾里13号				国立慶州博物館・慶州市 1997
皇吾里14号		積石木槨墳	1934年斎藤忠	斎藤忠 1937a
皇吾里15号				国立慶州博物館・慶州市 1997
皇吾里16号		積石木槨墳	1932、1933年有光教一	有光教一・藤井和夫 2000a
皇吾里17号			1952年国立博物館	報告書未刊、鄭在繡 1977
皇吾里18号			1967年梨花女子大学校	報告書未刊、金龍星・崔キュション 2007
皇吾里30-1号				国立慶州博物館・慶州市 1997

第1章　新羅土器の編年研究　113

皇吾里31号				国立慶州博物館・慶州市1997
皇吾里32号		積石木槨墳	1965年慶北大学校	秦弘燮1965
皇吾里32号北		積石木槨墳	1955年秦弘燮	秦弘燮1960
皇吾里33号		積石木槨墳	1965年梨花女子大学校	秦弘燮1965・1969
皇吾里34号		積石木槨墳	1965年慶北大学校	秦弘燮1965
皇吾里35号			1966年文化財管理局	報告書未刊, 金龍星・崔キュジョン2007
皇吾里36号				国立慶州博物館・慶州市1997
皇吾里37号		積石木槨墳	1967年慶北大学校博物館	報告書未刊, 金龍星・崔キュジョン2007
皇吾里38号				国立慶州博物館・慶州市1997
皇吾里39号				国立慶州博物館・慶州市1997
皇吾里40号				国立慶州博物館・慶州市1997
皇吾里41号				国立慶州博物館・慶州市1997
皇吾里42号				国立慶州博物館・慶州市1997
皇吾里43号				国立慶州博物館・慶州市1997
皇吾里44号				国立慶州博物館・慶州市1997
皇吾里45号				国立慶州博物館・慶州市1997
皇吾里46号				国立慶州博物館・慶州市1997
皇吾里47号				国立慶州博物館・慶州市1997
皇吾里48号				国立慶州博物館・慶州市1997
皇吾里49号				国立慶州博物館・慶州市1997
皇吾里50号				国立慶州博物館・慶州市1997
皇吾里51号			1949年国立博物館	鄭在繾1977, 国立慶州博物館・慶州市1997
皇吾里52号			1949年国立博物館	鄭在繾1977, 国立慶州博物館・慶州市1997
皇吾里53号				国立慶州博物館・慶州市1997
皇吾里54号		積石木槨墳	1933年有光教一	有光教一1934
皇吾里55号				国立慶州博物館・慶州市1997
皇吾里56号				国立慶州博物館・慶州市1997
皇吾里57号				国立慶州博物館・慶州市1997
皇吾里58号				国立慶州博物館・慶州市1997
皇吾里60号			1966年文化財管理局	報告書未刊, 金龍星・崔キュジョン2007
皇吾里98-3号	皇吾里古墳	積石木槨墳	1936年斎藤忠	斎藤忠1937b
皇吾里100古墳群		積石木槨墳	1998年東国大学校	東国大学校慶州キャンパス博物館1999・2008

皇吾里 102-34 古墳				朴日薫 1971
皇吾里 381 古墳	皇吾里院古墳	石槨墓（板石天井）	1974 年慶北大学校	尹容鎮 1975
皇吾里 385 古墳		積石木槨墳	1949 年国立博物館	報告書未刊、金龍星・崔キュション 2007
皇吾里破壊墳				国立慶州博物館・慶州市 1997
皇南里 59 号				国立慶州博物館・慶州市 1997
皇南里 61 号				国立慶州博物館・慶州市 1997
皇南里 62 号				国立慶州博物館・慶州市 1997
皇南里 63 号				国立慶州博物館・慶州市 1997
皇南里 64 号				国立慶州博物館・慶州市 1997
皇南里 65 号				国立慶州博物館・慶州市 1997
皇南里 66 号				国立慶州博物館・慶州市 1997
皇南里 67 号				国立慶州博物館・慶州市 1997
皇南里 68 号				国立慶州博物館・慶州市 1997
皇南里 69 号				国立慶州博物館・慶州市 1997
皇南里 70 号				国立慶州博物館・慶州市 1997
皇南里 71 号				国立慶州博物館・慶州市 1997
皇南里 72 号				国立慶州博物館・慶州市 1997
皇南里 73 号				国立慶州博物館・慶州市 1997
皇南里 74 号				国立慶州博物館・慶州市 1997
皇南里 75 号				国立慶州博物館・慶州市 1997
皇南里 76 号				国立慶州博物館・慶州市 1997
皇南里 77 号				国立慶州博物館・慶州市 1997
皇南里 78 号				国立慶州博物館・慶州市 1997
皇南里 79 号				国立慶州博物館・慶州市 1997
皇南里 80 号				国立慶州博物館・慶州市 1997
皇南里 81 号				国立慶州博物館・慶州市 1997
皇南里 82 号		積石木槨墳	1931 年有光教一	有光教一 1935
皇南里 83 号		積石木槨墳	1931 年有光教一	有光教一 1935
皇南里 84 号				国立慶州博物館・慶州市 1997
皇南里 85 号				国立慶州博物館・慶州市 1997
皇南里 86 号				国立慶州博物館・慶州市 1997
皇南里 87 号				国立慶州博物館・慶州市 1997

第1章 新羅土器の編年研究

号	古墳名	墳種	発掘年・調査者	報告書・文献	所蔵
皇南里88号					国立慶州博物館・慶州市1997
皇南里89号					国立慶州博物館・慶州市1997
皇南里90号					国立慶州博物館・慶州市1997
皇南里91号					国立慶州博物館・慶州市1997
皇南里92号					国立慶州博物館・慶州市1997
皇南里93号					国立慶州博物館・慶州市1997
皇南里94号					国立慶州博物館・慶州市1997
皇南里95号					国立慶州博物館・慶州市1997
皇南里96号					国立慶州博物館・慶州市1997
皇南里97号					国立慶州博物館・慶州市1997
皇南里98号	皇南大塚	積石木槨墳	1973年文化財管理局	文化財管理局文化財研究所1985・1993・1994	
皇南里99号					国立慶州博物館・慶州市1997
皇南里100号	剣塚	積石木槨墳	1911年関野貞	朝鮮総督府1916, 金昌鎬1991	
皇南里101号					国立慶州博物館・慶州市1997
皇南里102号					国立慶州博物館・慶州市1997
皇南里103号					国立慶州博物館・慶州市1997
皇南里104号					国立慶州博物館・慶州市1997
皇南里105号	伝味鄒王陵				国立慶州博物館・慶州市1997
皇南里106号					国立慶州博物館・慶州市1997
皇南里107号					国立慶州博物館・慶州市1997
皇南里108号					国立慶州博物館・慶州市1997
皇南里109号	皇南里31番地	積石木槨墳	1934年斎藤忠	斎藤忠1937a	
皇南里110号		積石木槨墳	1973年嶺南大学校	沈奉謹・李殷昌1974, 金宅圭・李殷昌1975, 李殷昌1975	
皇南里111号					国立慶州博物館・慶州市1997
皇南里112号					国立慶州博物館・慶州市1997
皇南里113号					国立慶州博物館・慶州市1997
皇南里114号					国立慶州博物館・慶州市1997
皇南里115号					国立慶州博物館・慶州市1997
皇南里116号					国立慶州博物館・慶州市1997
皇南里117号					国立慶州博物館・慶州市1997
皇南里120号					国立慶州博物館・慶州市1997

古墳名	地区/位置	埋葬形式	調査年・調査機関	報告書・文献
皇南里 121 号				国立慶州博物館・慶州市 1997
皇南里 122 号				国立慶州博物館・慶州市 1997
皇南里 123 号				国立慶州博物館・慶州市 1997
皇南里 124 号				国立慶州博物館・慶州市 1997
皇南里 143 号	皇南里西瓢塚			朝鮮総督府 1916, 国立慶州博物館・慶州市 1997
皇南里 144 号				国立慶州博物館・慶州市 1997
皇南里 145 号	皇南里 442 番地		1964 年朴日薫	朴日薫 1964
皇南里破壊墳				国立慶州博物館・慶州市 1997
皇南里 146 号	皇南里 145 号か		1909,1915 年関野貞	朝鮮総督府 1916, 国立慶州博物館・慶州市 1997
皇南里 151 号	皇南里 233 番地	横口式石室、積石木槨墳	1966 年朴日薫	朴日薫 1969
皇南里 153 号				朴日薫 1969 図版 1
皇南里 154 号				朴日薫 1969 図版 1
皇南里 155 号	天馬塚	積石木槨墳	1973 年文化財管理局	文化財管理局 1975
皇南里の 1 古墳		石槨墓	1906 年今西龍	報告書未刊, 金龍星・崔キュジン 2007
皇南里 95-14 古墳群		積石木槨墳	1989 年国立慶州文化財研究所	国立慶州博物館・慶州市 1997
皇南里 106-3 古墳		石槨墓	1966 年発見	考古美術編集部 1966
皇南里 234 号墳		積石木槨墳	1973 年慶北大学校	尹容鎮 1975
味鄒王陵地区第 1 区域		積石木槨墳	1973 年慶北大学校	尹容鎮 1975
味鄒王陵地区第 2 区域		積石木槨墳	1973 年慶北大学校	尹容鎮 1975
味鄒王陵地区第 3 区域		積石木槨墳	1973.74 年嶺南大学校	李殷昌 1980
味鄒王陵地区第 4 区域	A 地区	積石木槨墳、石槨墓	1973.74 年嶺南大学校	金廷鶴・鄭澄元 1975
味鄒王陵地区第 5 区域		積石木槨墳	1973.74 年釜山大学校	李殷昌 1980
味鄒王陵地区第 6 区域	C, D 地区	積石木槨墓、石槨墓	1973.74 年釜山大学校	金廷鶴・鄭澄元・林孝澤 1980
味鄒王陵地区第 7 区域		積石木槨墳	1973 年高麗大学校	尹世英 1975
味鄒王陵地区第 9 区域	A 号破壊古墳	積石木槨墳、甕棺	1973 年国立慶州博物館	報告書未刊, 韓炳三 1973, 姜友邦 1973
鶏林路古墳群				国立慶州博物館・慶州市 1997
校洞 28 号				国立慶州博物館・慶州市 1997
校洞 29 号				国立慶州博物館・慶州市 1997
校洞 30 号				国立慶州博物館・慶州市 1997
校洞 118 号				国立慶州博物館・慶州市 1997
校洞 119 号				国立慶州博物館・慶州市 1997

古墳名	構造	発掘年	出典
校洞 64 古墳			国立慶州博物館・慶州市 1997
校洞 68 古墳	校洞廃古墳	1973 年ソウル大学校	金元龍・崔夢龍・郭乗勲 1975
路東里 4 号	玉圃塚	1924 年藤田亮策、小泉顕夫	国立中央博物館 2000
路東里 125 号	鳳凰台	未発掘	国立慶州博物館・慶州市 1997
路東里 126 号	飴腹塚	1924 年梅原末治	梅原末治 1931・1932
路東里 127 号	金鈴塚	1924 年梅原末治	梅原末治 1931・1932
路東里 142 号			国立慶州博物館・慶州市 1997
路東里 277-1 古墳		1974 年尹容鎮	鄭在繡 1977
路西里 128 号	金冠塚	1921 年	浜田耕作・梅原末治 1924、朝鮮総督府 1924、浜田青陵 1932
路西里 129 号	瑞鳳塚	1926 年小泉顕夫	小泉顕夫 1927、浜田青陵 1929、穴沢咊光・馬目順一 2007
路西里 129 号	デビット墓	1929 年	田中萬宗 1930、穴沢咊光 2007
路西里 130 号	西鳳凰台	未発掘	国立慶州博物館・慶州市 1997
路西里 131 号	横穴式石室	1929 梅原末治	伊藤秋男 1976、金載元・金元龍 1955 付図
路西里 132 号			金載元・金元龍 1955
路西里 133 号	馬塚	1953 年国立博物館	金載元・金元龍 1955 付図
路西里 134 号	横穴式石室		金載元・金元龍 1955 付図
路西里 135 号			金載元・金元龍 1955 付図
路西里 136 号			国立慶州博物館・慶州市 1997
路西里 137 号	双床塚	1953 年国立博物館	金載元・金元龍 1955
路西里 138 号		1953 年国立博物館	金載元・金元龍 1955
路西里 140 号	壺杆塚	1946 年国立博物館	金載元 1948
路西里 140 号	銀鈴塚	1946 年国立博物館	金載元 1948
路西里 141 号			国立慶州博物館・慶州市 1997
路西里 215 古墳		1933 年有光教一	有光教一・藤井和夫 2000b

＊古墳名の列で、号は古墳番号を示し、数字のあとに古墳あるいは古墳群とあるのは数字が番地を示す。

きな転換期を国家の成立時期と結びつけて考えている。さらに慶州の積石木槨墳からは金冠や三累環頭大刀をはじめとする身分秩序を示す装身具、武器が出土しており、その時間的変遷や同時期における所有関係をみることによって新羅社会の発展や構造を考古学から明らかにすることができる。そして『三国史記』などの文献記事との比較により、新羅社会をより一層詳しくみることができる。そのためには、まず古墳出土品の新古を明らかにして相対年代をもとめ、その後に暦年代を決定することが必要である。これまで相対年代を決めるために対象となった遺物には、金冠、環頭大刀、土器などがある。金冠、環頭大刀が限られた古墳から出土するのに対して、土器はどの古墳からも出土し時期的変化が金属遺物に比べて大きく、慶州のあらゆる古墳の年代を決めるには最も適した遺物である。

そこで、本論では、植民地期から1990年代まで慶州地区で発掘された古墳から出土した土器をもとに新羅土器の相対年代を求め、土器と共伴した金属遺物から土器の暦年代を決めて新羅土器編年をおこない、これからの新羅考古学研究の基礎としたい。

2 新羅土器の研究史

新羅古墳の編年研究は、古墳内部構造と伴出遺物、新羅土器、その他の遺物の3方面からおこなわれており、1990年までの研究を李鍾宣がそれぞれの研究の特徴を挙げながら要領よくまとめている（李鍾宣1992）。ここでは、新羅土器に関するこれまでの研究について見ていこう。

植民地期に発掘され日本語で出版された報告書をもとに土器をはじめて分類編年したのは、国立博物館に勤務していた金元龍である。彼は三国時代に慶尚南・北道で盛行した灰青色硬質土器を「新羅土器」と定義し、その起源、型式分類、編年をおこなった。それによると中国の周から漢時代に至る期間存在した縄蓆文土器と格子文土器が西暦紀元前後に南韓に伝来し、在来の土器と結合して硬質土器が出現したとみた。これが金海期の土器で、1世紀から4世紀まで継続し、4世紀後半頃にこの土器が発展して新羅土器が生まれたと推定した。型式は洛東江西岸と東岸で異なり、前者を伽耶土器群、後者を新羅土器群

第1章　新羅土器の編年研究　119

とした。これまで新羅焼と一括していた土器群をはじめて二つに分類し、分布圏の違いを明らかにした。編年ではⅠ期（4・5・6世紀型）とⅡ期（7・8・9・10世紀型）に分け、政治上の古新羅と統一新羅に対応させている。そして、Ⅰ期をさらに5世紀型と6世紀型に二分した（金元龍1960）。6世紀型の設定には1946年に発掘調査された壺杅塚の土器が有効であった。長頸壺でみると5世紀型は単純口縁であり6世紀型は複合口縁、高杯は6世紀型が5世紀型より脚が短くなることを指摘している。

　1970年代になると、伊藤秋男が古墳出土遺物を装身具、化粧具、武器、馬具、農工具、容器、その他に分け、それぞれの種類のなかで型式分類をおこなった。特に装身具のなかの耳飾の連繋金具の形態の違いに注目して、A・B・Cの3群に分け、それぞれをⅠ期、Ⅱ期、Ⅲ期の時期に対応させた。そして、耳飾をともなわないⅣ期をⅢ期の後に設定した。さらに耳飾と共伴する各種遺物の型式分類をもとに、各期の標準遺物を設定した（Akio Ito 1971、伊藤秋男1972）。

　原口正三は慶州出土の土器に限定して、3期に編年し各々をさらに2区分した。形態と文様から類別しているが、主に文様に重点がおかれている。それによると、Ⅰ類は文様繁縟で平行条束文と二重円環文が盛行し器形変化が少ない。Ⅱ類は文様変化に乏しいが器形変化に富み、Ⅲ類は文様に円圏文と複線鋸歯文を使用する。編年ではⅢ類の文様が統一新羅の文様と通ずることにより三つの中で一番新しいものとした。Ⅲ類に形態上、文様上類似するのがⅡ類であり、Ⅰ類に類似するのがⅢ類よりⅡ類であることより、Ⅰ→Ⅱ→Ⅲの序列を考えた。全器形を取り上げたが、古墳の数が少ないためⅠ→Ⅱ→Ⅲへの連続的変化の説明に欠けている（原口正三1975）。しかし、金元龍以来途絶えていた新羅土器の型式学的研究をさまざまな制約を受けつつも発展させたことは評価されよう。伊藤秋男も4期編年の各時期に標準遺物として新羅土器を含ませているが、その時期の古墳から出土したということで型式学的編年とは言いがたい。金元龍のいう新羅土器も慶州以外に星州、昌寧、梁山、達城出土の土器を含んでいるので、器形や文様の相違点が地域的差異によるものか時間的差異によるものかがあいまいになっている。このような疑問点を除くには、土器の生産と流通を考えて限定された地域での時間的変遷を明らかにすることがまず必

要である。

　そこで藤井和夫は、「慶州綜合観光開発計画事業」により発掘された慶州味鄒王陵地区出土の数多くの新羅土器に注目して型式分類に基づく土器編年をおこない、400年から700年の間を11期に分けた（藤井和夫1979）。層位的に前後関係がわかる古墳は7組であり、層位に基づく編年はまだ機が熟していないので、主に高杯をとりあげ、その型式分類から型式の変化方向を探り、これまでのなかでは最も細かい編年となっている。最古（1期）の皇南里109号墳第3、4槨の年代は、馮素弗墓出土の輪鐙との比較から400年～420年と位置づけた（藤井和夫1979）。

　筆者も慶州出土の土器のうち、長頸壺を分類し層位学と型式学より6期に分けて編年序列を与えた。金元龍の研究を受け継ぐもので、長頸壺は高杯に比べて時間的変化が小さいが、大きな時期区分には有効であることを示した（早乙女雅博1979）。

　これまでは積石木槨墳などの古墳出土土器をもとに土器編年をおこなってきたが、崔秉鉉は皇龍寺の発掘成果と文献記事との比較から新羅土器に暦年代を与えた。「慶州綜合観光開発計画事業」の一環として1976年～1983年に発掘された皇龍寺は、沼地を埋め立てて造営されたことが発掘の結果わかり、造営時の層位により出土した土器は次のように分類された。①沼地の底に堆積した泥炭層の土器、②沼地を埋め立て台地を造成した築土層の土器、③1次伽藍の各建物基礎遺構内から出土した土器、④2次伽藍堂塔殿址のなかで最も早く造成された金堂址の基壇版築土のなかから出土した土器、⑤講堂址東北辺の廃土器埋地から出土した土器。そして①は造営開始の553年以前、②・③は創建伽藍完成時の566年あるいは569年以前、④は金堂造成の584年以前という年代を与えた。一方、これらの土器の形態が積石木槨墳出土とは異なることから、6世紀でも中葉に近い年代と考えた（崔秉鉉1984）。

　皇南大塚の発掘を担当した崔秉鉉は、その報告書のなかで古墳出土の土器からも年代的位置づけをおこなった。新羅前期様式土器の成立が皇南里109号墳第3、4槨であり、それが味鄒王陵地区第5区域6号墳（無蓋・口縁直立・脚三段区分高杯）→皇南里110号墳（有蓋・口縁内傾化・脚二段区分高杯出現、三段区分残存）→皇南大塚南墳（脚二段区分のみ）へと変遷するとみた。そし

て、高杯の脚三段区分の消滅を境にして皇南里110号墳までを第1期、皇南大塚南墳より後を第2期と区分した（崔秉鉉1992・1994）。

1980年代の月城路古墳群の発掘成果を取り入れて、李熙濬は（洛東江）以東様式が成立した後にみられる新羅土器の二段透窓高杯を基準に長頸壺を補助器種としてⅠa、Ⅰb、Ⅱa、Ⅱb、Ⅲa、Ⅲb、Ⅳの7期に分けた（李熙濬1997）。そしてⅡa期に属する皇南大塚南墳の年代を、七星山96号墳などの集安の高句麗古墳出土の長柄鐙と比較しながら5世紀前葉とし、北墳の被葬者はその夫人で5世紀前葉の終わり頃とみた。ここで問題となるのは、日本における短柄鐙から長柄鐙へという輪鐙の変遷年代（5世紀後半）が朝鮮半島にも適用できるかという問題である。李熙濬は、七星山96号墳出土の鏡板付轡の鏡板は、袁台子壁画墓と孝民屯154号墓から出土した鏡板に類似することから、中国の資料が4世紀中葉から後半の年代と考え七星山96号墳を4世紀後葉とみた。そして七星山96号墳と類似する長柄鐙をもつ皇南大塚南墳をそれよりやや遅れた5世紀前葉としたのである（李熙濬1995）。

白井克也は、慶州出土土器を典型新羅土器とし、昌寧と金海出土の土器も地域性を認めながら新羅土器として、それぞれの地域での編年をおこなったのち併行関係を求めた。基準にした土器は高杯と蓋であり、典型新羅土器を主に成形技法から3期に大区分し、さらに形態の変化をも加味して13期に細区分した。本人も「結論は先学の諸説と共通するが」と述べているように、時間的前後関係は藤井和夫や李熙濬などと共通するが、区分の画期に違いがみられる（白井克也2003）。白井克也の研究は、編年よりもそれに基づく高霊土器や日本の須恵器編年との時間的併行関係を求めたところに特徴がある。

これまでの研究で新羅土器の器形の変化の方向、すなわち相対編年はおおよそ意見の一致をみている。問題は、変化の説明が不十分であること、器形の変遷を何を基準にして区切って一つの時期を設定するか、その時期の暦年代をどのような資料と比較して求めるかにある。

そこで本論では、土器編年の原点に立ち、層位と型式変遷から編年を再構築する。

3 新羅の古墳

　新羅の王都である慶州の平地に分布する古墳の大部分は積石木槨墳であるが石槨墓や甕棺墓もある。数はきわめて少ないが、路西洞や隍城洞の平地で横穴式石室が発掘された。一方、平地を取り巻く周辺の山麓では横穴式石室が営まれ、分布の違いはすでに谷井済一により指摘されている（谷井済一 1910a・1910b）。

　平地を形成する慶州盆地は、西側に南から北に流れる兄山江（西川）の中流に位置する。盆地はその川の東に広がり、北に西流する北川、南に西流する南川がそれぞれ兄山江に注ぐ。積石木槨墳は三つの川に区切られた地域の主に南半部に分布し、現在の行政区画では校洞、仁旺洞、皇吾洞、皇南洞、路東洞、路西洞にあたり、皇南洞○号墳などと呼んでいる。これとは別に、「慶州綜合観光開発計画事業」により大陵苑（古墳公園）の外周にそって発掘された皇南洞の一部を味鄒王陵地区と呼び、それに隣接して皇南洞90号墳から鶏林にのびる道路に沿った古墳群を鶏林路と呼んでいる。そして、現在の慶州駅から仏国寺方面へ南にのびる道路の八友亭ロータリから仏国寺方向に沿った道路沿線で皇吾洞から仁旺洞にまたがる地区を月城路と呼び、皇南洞と皇吾洞の境で皇南洞54号墳が位置するあたりを籃泉と呼ぶ。籃泉地区では、2007年より整備のために広範囲の発掘が開始された（図1）。

　北川の南側の北半部は行政区画でいうと西部洞、東部洞、城東洞、北部洞、城乾洞にあたり、この地域からは統一新羅時代に属する遺構が発掘され、朝鮮時代には邑城が築造された。古墳の発掘報告はされていない。

　北川の北側は行政区画でいうと隍城洞、龍江洞にあたり、東に小金剛山がそびえる。兄山江に近い隍城洞の平地では無文土器時代の住居や原三国時代の木棺墓が発掘され、古新羅時代の積石木槨墳も2000年と2001年の調査で発掘された（韓国文化財保護財団・慶州市 2002）。

　盆地の周辺の金尺里、舎羅里からも積石木槨墳が発掘され、栗洞と吾琴里では石槨墓が発掘された。ほかに九於里、蒜谷里（競馬場地区）、勿川里、乾川里、新院里でも古墳が調査され、これらは慶州盆地の周辺半径20km以内に位

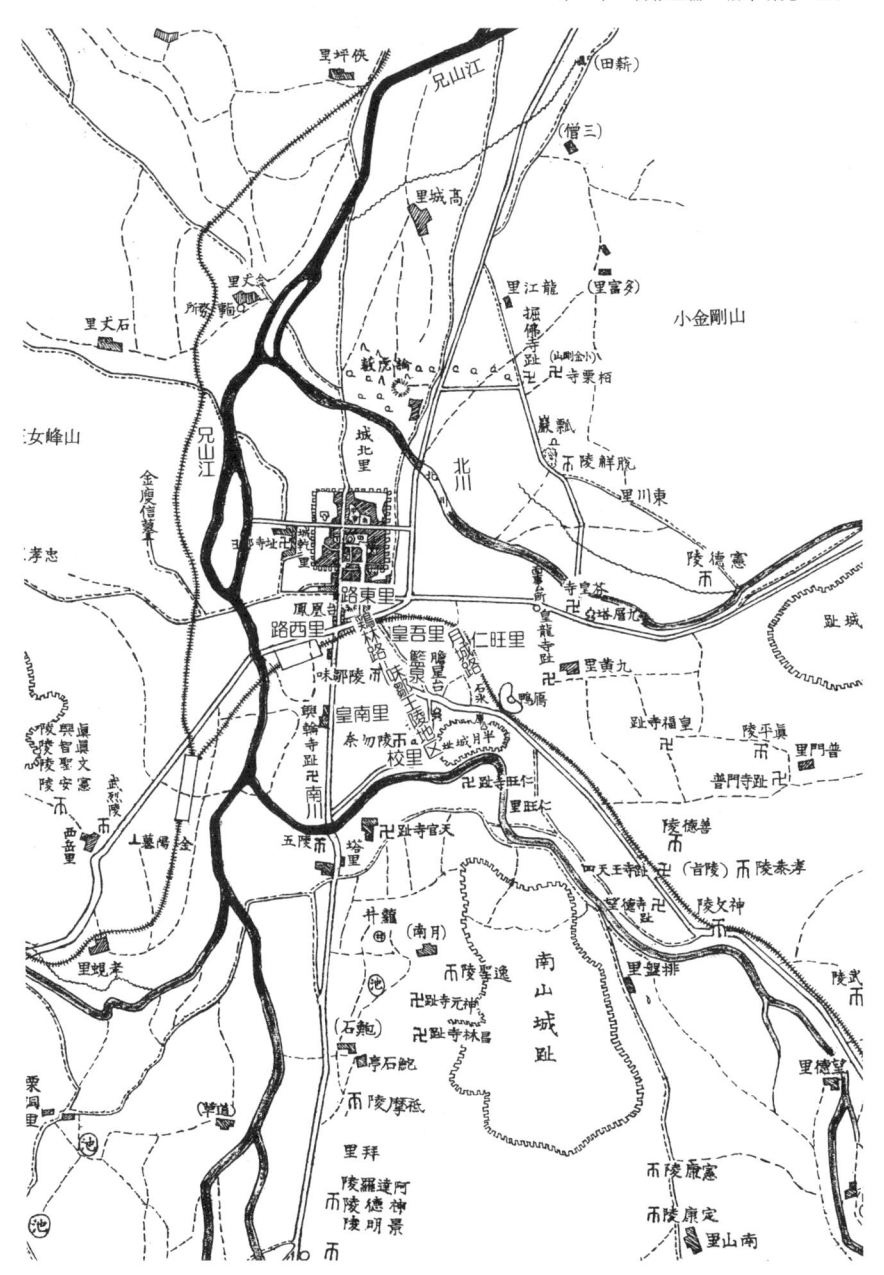

第1章 新羅土器の編年研究 123

図1 慶州地図

置する。

　盆地中心部に分布する古墳の多くは埋葬部が積石木槨であり、新羅の典型的な墓制ということができる。石槨墓は盆地中心部にもあるが、周辺にいくにしたがい多くなる。慶州中心部とは兄山江を挟んで対岸に位置する栗洞1108古墳群はほとんどが石槨墓である（韓国文化財保護財団・慶州市2000）。

　これらの古墳から出土する土器は新羅土器と呼ばれ、大きくみれば金元龍の指摘した洛東江東岸様式土器群の一地域性を示す。

4　新羅古墳出土の土器編年

　新羅土器は登窯で還元焼成された硬質青灰色の土器である。蓀谷里（競馬場地区）で窯址の発掘がおこなわれ、専門工人集団が成立していたと考えられる。土器は生産から消費までに一定期間の経過が考えられるので、生産地出土と消費地出土に分けて考えねばならない。生産地出土の場合は土器製作後すぐに廃棄されたものであるから、製作時の年代を示している。消費地出土の場合は土器使用後に廃棄されたものあるいは古墳に副葬されたものであるから、製作時との時間的差が存在する。慶州では窯址出土の土器は破片が多く報告例も限られているため、検討の材料にはしがたい。古新羅時代の住居址もまだ調査されておらず、生活用土器にどのような器種があったかは不明なので、これも検討材料からは除外される。したがって、発掘調査が進み資料が蓄積されている古墳出土の土器が検討材料となる。土器は製作集団や地域が異なると、同じ時代でも地域性による違いがあらわれるので、同一集団で生産された土器をみようとする場合、狭い地域でのなるべくまとまった古墳群に限定して分析するのがよく、ここでは慶州盆地中心部の古墳出土土器を対象として分析する。

　積石木槨墳は一つの木槨に1人の主人が埋葬され1度の埋葬で終わり、同一木槨内には追葬されない特徴がある。夫人あるいは他の人を追葬する場合は、同一墳丘に別の木槨を造営したり、墳丘を付け足してそのなかに新たに木槨を造営する。双円墳というのは二つの時期の異なる円墳が連接した古墳である。したがって、一つの木槨には同時に副葬された土器が出土するので、消費における同時性がいえる。製作時期の異なる土器が副葬されていれば、最も新しく

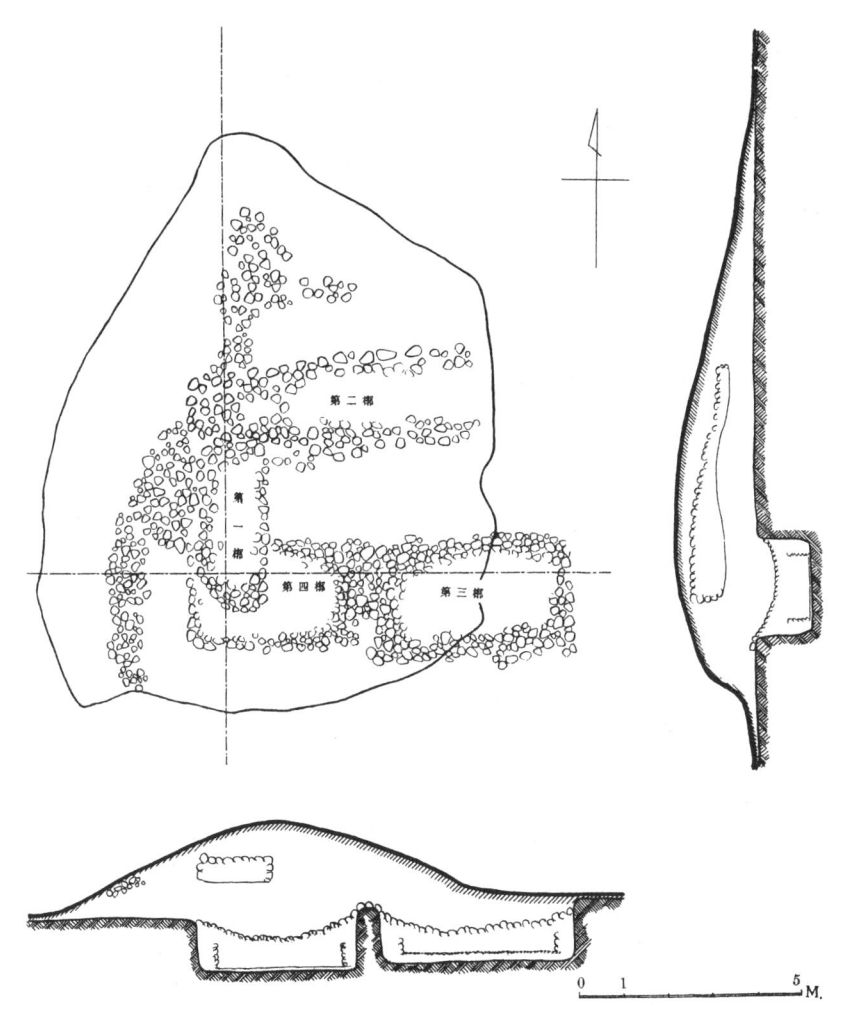

図2　皇南里109号墳平面図

製作された土器が古墳の年代を示すことになる。この点に留意しながら土器編年を試みる。まず、複数の木槨をもつ古墳を分析して、層位的な前後関係を明らかにしたのち、一つの木槨における同時性から、異なる木槨から出土する土器が異なる時期であることを前提に、一つの木槨から出土する土器の特徴をつかみ、それが時期差を反映するか検討する。そして、土器の変化の方向性をつ

かみ型式学的な編年を組み立てる。

(1) 層位的前後関係が見られる古墳

皇南里 109 号墳（図 2）（斎藤忠 1937a）

1934 年春に朝鮮古蹟研究会の斎藤忠により発掘された古墳で、皇南里 31 番地にあり 109 号墳と名づけられている。四つの墓槨があるが、まず地盤を深く掘って第 3 槨と第 4 槨の積石木槨を築造して、直径 16m（復元）の外護列石をめぐらす。第 3 槨が床に砂利を敷いて東側を土器群、西側を遺骸埋葬とし 1 対の金環が出土しているのに対して、第 4 槨は砂利層がなく遺物がほぼ全面にわたって出土したことから、第 4 槨は第 3 槨の副槨と考えられた。したがって第 3 槨と第 4 槨は同時築造であり、出土遺物も同時期とみてよい。第 1 槨は第 3、4 槨の墳丘上部に造られ、第 4 槨の上部に直交する位置にあるので後の築造である。もし、第 4 槨が後の築造なら第 1 槨を壊さないと造営できない。第 2 槨も第 1 槨とほぼ同じ高さで外護列石の内側に接するように造られているので第 3、4 槨より後の築造とみてよい。第 1 槨と第 2 槨の時間的前後関係は切り合いがないので不明である。

皇吾里 16 号墳（有光教一・藤井和夫 2000a）

1932 年と 1933 年の 2 回に分けて発掘された古墳で、外見上双円墳のようにみえた。発掘の結果、A～E の五つの墳丘から構成され、それぞれの墳丘に外護列石が廻っている。A（1 号木槨）、B（2 号主槨 3 号副槨）、C（4 号主槨 5 号副槨）、E（11 号主槨 12 号副槨）の墳丘にはそれぞれ一つの埋葬施設が設けられたが、D（6 号主槨 7 号副槨、8 号主槨 10 号副槨、9 号木槨）には三つの埋葬施設が設けられた。主槨と副槨からなるものと 1 号木槨のように副槨をもたないものがある。外護列石の状況をみると、D 墳丘外護列石が A 墳丘から分岐する外護列石の下にもぐっているので、D 墳丘が築造されたのち、A 墳丘が一部その上に重なるように築造された。

皇吾洞 33 号墳（図 3）（秦弘燮 1969）

1965 年 7 月～8 月に梨花女子大学校により発掘された。東槨は底部に 10cm

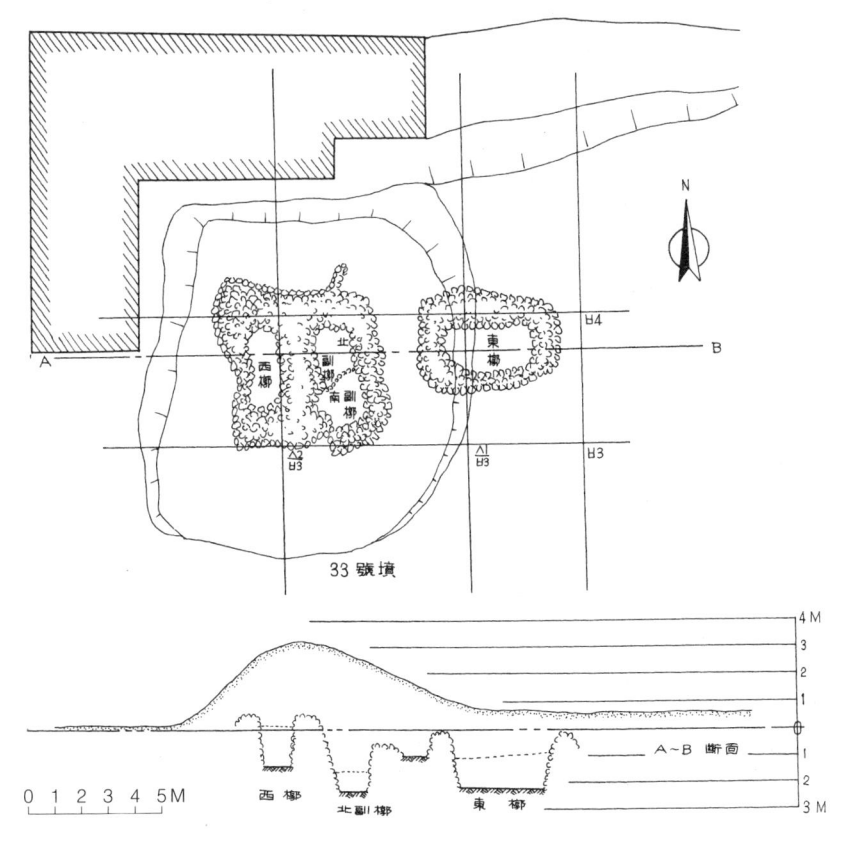

第1章　新羅土器の編年研究　127

図3　皇吾里33号墳平面図

の厚さで川石を敷いた上に約12cmの厚さの礫石を乗せて東西に主軸をもち、西槨は底部に30cmの厚さで川石を敷いた上に約10cmの厚さの礫石を乗せて棺を安置し、南北に主軸をもつ。遺物の出土位置からみて東槨の底が西槨より60cm低い。そして、西槨と東槨の間には西槨に接するように二つの副槨が設置された。北副槨の南端は南副槨の北端の下に入り込み、北副槨が1.2mほど低い位置にある。東槨と北副槨の底面がほとんど同じ層位にあり、しかも東槨の長軸の延長線上に北副槨が位置することから両者は同時期の造営と推定される。一方、西槨と南副槨の底面はそれより高く、この二者が組み合わさると推定される。副槨の上下関係をもとに見ると、それと組み合わさる東西の主槨の

時間的前後関係は、東槨が先で西槨が後の造営となる。

皇吾里 1 号墳（金元龍 1969）

1965 年にソウル大学校の金元龍らにより調査されたが、日時の都合で北槨は同年末に慶北大学校によって調査された。それぞれ副槨をもつ南槨と北槨の二つが検出されたが、二つの墳丘の接合部の封土の層位から南槨が先に築造されたことが明らかとなった。南槨は武器、特に刀がなく北槨からは馬具類が多く出土したことから、南槨が先に死亡した女性、北槨が後に死亡した男性で夫婦墓と考えられた。

皇南里 82 号墳の東槨と西槨（有光教一 1935）

同一の墓壙内に東槨の主槨・副槨と西槨の主槨・副槨が造られたが、両者の間には幅 50cm の堅緻な粘土で隔壁が設置された。東槨は墓壙床に厚さ 20cm に砂礫混じりの赤褐色粘土と一重あるいは二重の玉砂利を敷いて床を造り、その上に木槨を造ったのちに積石を被せている。西槨は墓壙床より 80cm 高く床があり、墓壙床との間は石塊と小石の混じった赤褐色の粗い砂土があるが、それは柔らかく掘りやすかったので、埋め土と推定された。東槨と西槨の配置をみると東槨は東枕に、西槨は南枕と直交する主軸関係にあるが、槨は切り合いがなく隔壁を隔てて整然と並んでいる。この状況からみると、地表下に大きな墓壙を掘ったのち東槨を築造してその副槨の西側に隔壁を造り積石を積んだ後に、隔壁の西側に粗い砂土を詰めてその上に墳丘を造った。その後、時間をあまりおかずに予め計画されていた隔壁の西側の埋め土を浅く掘って西槨を築造したと推定される。したがって、両者は時間的差が小さいと考えられる。

皇南大塚南墳と北墳（図 4）（文化財管理局文化財研究所 1985・1993・1994）

文化財管理局により、はじめから計画的に発掘された古墳である。外見上双円墳であるので北墳より発掘を始め、水平に掘削していったところ暗褐色粘土層があらわれ、はじめ北墳の積石上部を覆う粘土と考えられたが、その面を広げていくとむしろ南墳の封土表面を覆う粘土であり、その墳丘北側の粘土層の

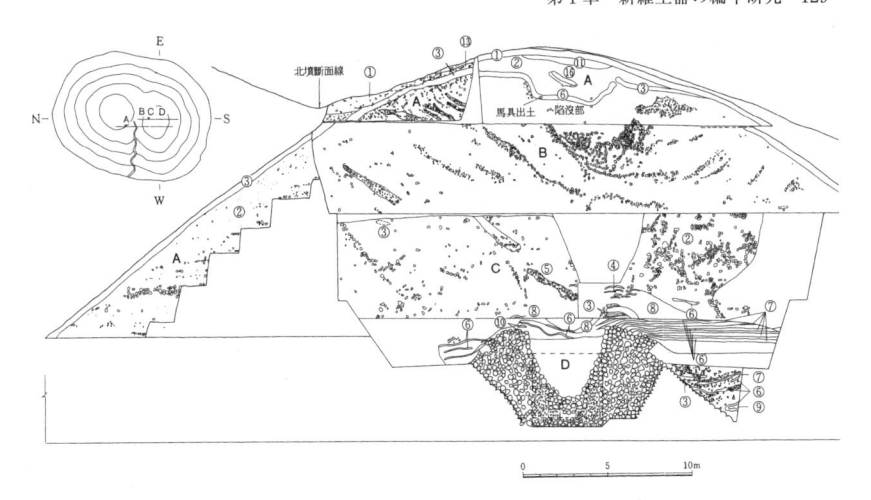

第 1 章　新羅土器の編年研究　129

図4　皇南大塚断面図

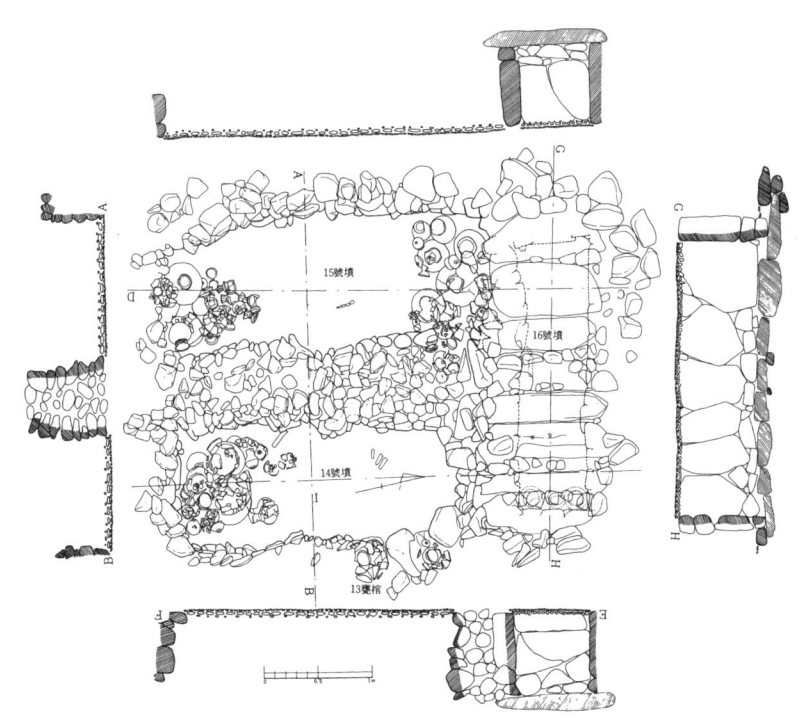

図5　味鄒王陵地区第5区域14、15、16号墳平面図

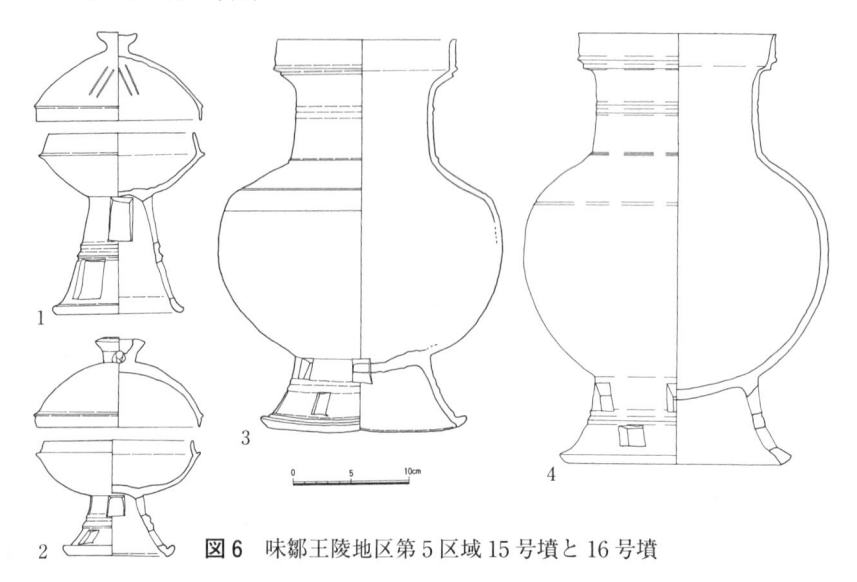

図6　味鄒王陵地区第5区域15号墳と16号墳

上に北墳を造営したと判断された。したがって南墳での埋葬が終わり封土を積み上げて一つの円墳として完成したのちに、それに重なるように北墳が新たに造営されたことがわかる。

味鄒王陵地区第5区域14、15、16号墳の検討（図5）

　1973年11月に釜山大学校博物館により調査された。14、15号墳は南北に主軸をもち平行して並ぶ積石木槨墳で、その北側に直交して東西に主軸をもつ16号墳の石槨墳が接する。15号墳は、北側の一部を除いて墓室内に石がなかったが、壁の石積みが整然としていないことから小形の積石木槨墳とみた。北短壁に隣接する16号墳は側壁が板石を立てて造られ、その上に割石を積んだのちに8枚の天井石を架けるので石槨墳である。天井石の上は小さい割石を乗せ、さらに天井石の端をまわるように石を積んでいる（金廷鶴・鄭澄元1975）。

　15号墳は積石木槨墳であるにもかかわらず北短壁が積石ではなく板石であるのは、石槨墓の16号墳が造営された時に副槨として北短壁側を再使用したため、板石で再構築したのである。15号墳の土器は南短壁側と北短壁側に集中して副葬されたが、高杯をみると高細八字二区脚付高杯（図6-1）と低八字

二区脚付高杯(図6-2)の2種がある。前者は報告書の出土状態写真をみると南短壁にあり後者は写真では出土位置が判断できない。長頸壺をみると北短壁に複合口縁長頸壺が(図6-3)あり、この器形は16号墳に副葬された複合口縁長頸壺(図6-4)と同じである。南短壁には複合口縁長頸壺がない。北短壁の土器を出土状態写真からみると型式の異なる種類があるので、15号墳を造営した時に南短壁側と北短壁側に土器を副葬したのちに、16号墳の造営時にあらためて15号墳北短壁側を副葬槨として板石で16号石槨と仕切り、15号の北短壁にそって土器を副葬したと考えられる。その土器が複合口縁長頸壺である。

味鄒王陵地区第9区域(A号破壊墳)

1973年に高麗大学校博物館により調査された。墳丘は削平され一部は道路となっており、道路外に70cmの高さで封土の一部が残っていた。調査されたのは、第1墓槨、第2墓槨、第3墓槨の3基の積石木槨墳である。第1墓槨と第2墓槨は南北にならんで造営され、それぞれ外護列石がまわるが切り合い関係はないので、時間的前後関係は不明である。それに対して第3墓槨は第1墓槨と第2墓槨の間に造営され、その積石部は第1墓槨と第2墓槨の外護列石の位置と重なる。尹世英は第1、第2墓槨が第3墓槨の外護列石を壊して造営したと解釈して、第2墓槨からのみ紡錘車が出土すること、第3墓槨から直刀、第1墓槨から馬具と鉄器が出土することを根拠に、主人の第3墓槨が最初に造営され、続いて夫人の第2墓槨が、その後に子供の第1墓槨が営まれたとみた(尹世英1975)。しかし、図面をみると第1墓槨と第2墓槨の外護列石が第3墓槨の墳丘に入り込み積石部にまで及んでいるが、第3墓槨の外護列石は第1墓槨と第2墓槨の墳丘内には及んでいない。ただし、外護列石の重なる箇所をみると第3墓槨の列石が第1墓槨と第2墓槨の列石に食い込んでいる(図7)。したがって、第1、第2墓槨が先に築造されて、第3墓槨がその後とみることも可能である。少なくとも、第1・第2墓槨と第3墓槨は築造時期が異なることは確かである。

月城路古墳群(国立慶州博物館・慶北大学校博物館1990)

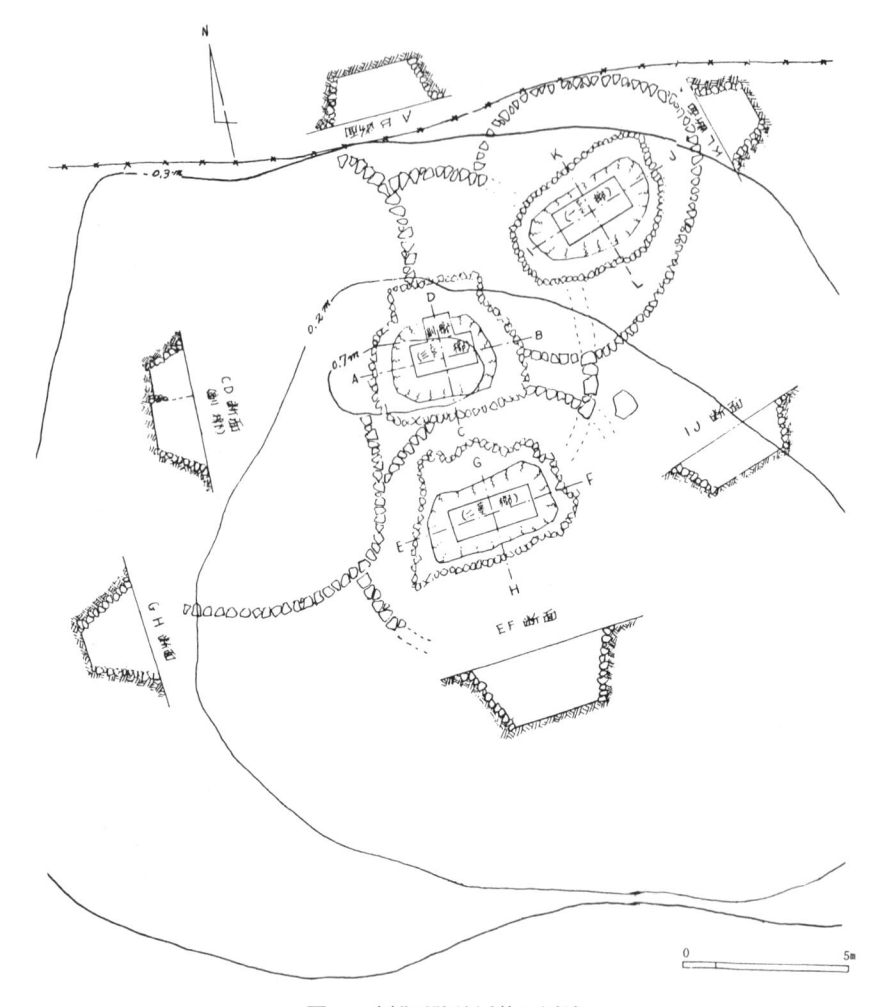

図7 味鄒王陵地区第9区域

　現在の車道の脇を幅2mで掘り、遺構が確認されると部分的に拡張する方法で発掘された。しかし、すべての遺構について拡張するのではなく、大部分が発掘区外の場合は拡張していない。遺構の切り合い関係は多くないが4カ所でみられ、そのうち土器が比較できる墓は2カ所ある。가13号積石木槨墳の墓槨上部を床として가13-1号石槨墓が営まれ、石槨の壁は最下段のみ残っていた。가13号（以下、月城路○号墳の墳は省略する）の床は図面から復元する

と地表下 140cm にあり、東西を長軸として東側に集中して土器が副葬された。가13-1号は가13号の南西側に東西を長軸として営まれたが、床は地表下約 70cm のところにあり、가13号の南西部は深さ 70cm が壊されずに残った。土器は東側に副葬されたため多くが残っている。가19号土壙木槨墳では、その北側上部を破壊して가18号石槨墓が造営されたが、가18号の床が가19号の床より 20〜30cm 高かったため가19号の北側に集中して副葬された土器がよく残っている。石槨墓も副葬品の位置からみて追葬はないと考えてよい。

仁旺洞 668-2 古墳群（国立慶州文化財研究所 2002）
　1969 年慶熙大学校博物館によって発掘された仁旺洞 19、20 号墳の北側に接するようにして位置する遺跡で、1993 年に土壙墓、積石木槨墳、石槨墓、甕棺墓など 39 基と統一新羅時代の建物址が調査された。6A 号積石木槨墳と 6B 号積石木槨墳が平行に隣接して造営されたが、内部土層の調査で 6A 号が 6B 号を破壊して築造されたことがわかった。よって 6B 号が造営されたのちに 6A 号が造られ、時期差が認められる。ほかに、5B 号土壙墓→ 5A 号土壙墓、13A 号土壙墓→ 13B 号土壙墓の時間的前後関係が確認された。

仁旺洞 729-3 古墳群（国立慶州博物館 2003）
　1985 年に発掘調査した月城路古墳群の가地区 26、27、28、29、30、31 号に隣接した東側に位置する。3 号積石木槨墳の南長壁を一部破壊して 2 号積石木槨墳が造営されたが、3 号の土器が副葬された東短壁は破壊から免れた。ほかに、12-2 号積石木槨墳→ 12-1 号石槨墓、19-1 号木槨墓→ 19 号石槨墓、21 号積石木槨墳→ 20 号石槨墓→ 23 号積石木槨墳、14-2 号積石木槨墳→ 14-1 号石槨墓、14 号積石木槨墳→ 14-1 号石槨墓、15 号積石木槨墳→ 15-1 号積石木槨墳→ 15-2 号積石木槨墳などの時間的前後関係が層位から確認されている。

(2) 編　　年
　編年をおこなうための基準となる遺物は、どの古墳からも普遍的に出土する副葬品、なかでも土器は身分の上下に関係なく、大形から小形の古墳まで出土

しており数量も多い。しかも、金属製品や石製品に比べて時間的変化も大きい。しかし土器といっても一つの古墳からすべての器種が出土するわけでもなく、最も普遍的に出土し数量も多くみられるのは高杯と長頸壺である。

そこで、すでに述べた時期差をもつ木槨から出土した高杯と長頸壺を取り上げて、木槨出土土器の特徴に時期差がみられるかを検討しよう。

①長頸壺の検討

長頸壺は口縁部と頸部そして胴部に分けられるが、特徴を示すのは口縁部と頸部である。口縁部は大きく分けると外反口縁、内弯外反口縁、直立あるいは内傾口縁（直立口縁とまとめて呼ぶ）、複合口縁の4種がある。外反は頸の傾斜角度がそのまま口縁に続く形を言い、内弯は断面をみると内側に丸く凹む形である。複合は頸から上がいったん外側に大きく開いたのちに直立あるいは内傾するもので、付加口縁、盤口口縁とも呼んでいる。頸部は口縁部とは2条の突線で区画され、文様帯の数から一段文様帯、二段文様帯、多段文様帯の3種に分けられ、頸部の高さは低いものと高いものの2種に分けられる。頸部は突線で区画されない一段文様帯、突線で区画された二段文様帯や多段文様帯があるが、区画内には文様が施されないものもある。壺底部に脚を付ける脚付長頸壺もあるが、脚が壊されて副葬されることが多く、脚は検討の材料としがたい。それらの特徴を組み合わせると、慶州中心部古墳出土の長頸壺は以下の種類に分けられる。

外反口縁一段低長頸壺　頸が太く低い、胴部から外反して立ち上がる口頸部の開く角度により細分が可能であるが、ここでは一括する。

内弯外反口縁二段低長頸壺　頸が太く低い、口縁部が内側に屈曲しながら外反する。外反口縁と区別しにくいものもある。

直立口縁一段低長頸壺　頸が太く低い、頸部は外反し、口縁部が直立かやや内傾する。

直立口縁二段低長頸壺　頸が太く低い、頸部は外反し、口縁部が直立かやや内傾する。頸部と口縁部の境となる2条突帯は鋭い稜となる。

外反口縁二段長頸壺　外反口縁一段低長頸壺から発達した器形で、頸部は高

くなり相対的に細くなる。

内弯外反口縁二段長頸壺　内弯外反口縁二段低長頸壺から発達した器形で、頸部は高くなり相対的に細くなる。胴部の形態は外反口縁二段と類似する。

直立口縁二段長頸壺　直立口縁二段低長頸壺の頸部が高くなったもの。頸部上段が大きく外反するものもあらわれる。

内弯直立口縁二段長頸壺　口縁部が大きく屈曲して直立ないしやや内傾するもの。他の長頸壺に比べて特徴的な口縁をもつ。

内傾口縁二段長頸壺　直立口縁二段長頸壺から発達して直立から内側に傾斜しているもの。直線的に内傾するものと外側に屈曲して内傾するものがある。

複合口縁二段長頸壺　頸部上端が大きく外側に屈曲して内傾・直立・外傾の口縁が付く。頸部も内傾・直立・外傾の種類がある。

　このほか、蓋受付長頸壺が、皇南里109号墳第3槨、味鄒王陵地区第1区域C号墳(以下、味鄒王陵地区を味鄒とし、区域を区とし、号墓を号とし、味鄒1区C号と略表記する)、皇南里83号墳から出土している。

　上記した層位関係がみられる古墳をもとに、長頸壺の時期差を検討しよう。皇南里109号墳第3、4槨出土では、頸が低く太い外反口縁一段低長頸壺(図8-1)と口縁が内弯しないが外側に反る一段低長頸壺(図8-3)、蓋受付口縁三段長頸壺(図8-2)が出土した。蓋受付口縁は慶州の長頸壺にはわずかしかみられず、東莱・福泉洞31号墳や金海・大成洞1号墳にみられるので、金海・釜山地域からの移入品として新羅土器からは除外して考える。皇南里109号第1、2槨出土では頸部が高くなり外反口縁二段長頸壺(図8-6、9)と内湾外反口縁二段長頸壺(図8-7)があり、それに脚が付く。慶州の古墳からは、長頸壺の胴部が完形で脚がきれいに壊された状態で副葬されたものがあり、それは意図的に脚を壊したと考えられる。この例もそのようなものであろう。第3、4槨と第1、2槨の長頸壺を比べると、頸部が低いものから高いものへ、一段文様帯から二段文様帯への変化が読み取れる。

　皇吾里33号墳東槨では、外反口縁二段長頸壺(図9-2)と内湾外反口縁二段長頸壺(図9-1)が出土した。これは皇南里109号墳第1、2槨の長頸壺と

136 第2部 新羅の考古学

図8 皇南里109号墳3槨（1、2、4、5）、4槨（3）、1槨（6〜8槨）、2槨（9〜11）

図9 皇吾里33号墳東槨（1〜5）と西槨（6〜10）

第1章 新羅土器の編年研究　137

図10　月城路가13号墳

　同じなので同一グループに属する。しかし、有蓋内傾口縁四段長頸壺は器形が新出であるとともに、頸部の文様が粗い短集線文と円文（中心に点が付かない）の組み合わせでありこれも新しく出現した文様である（図9-5）。

　皇吾里33号墳西槨からは、東槨の系譜をひく外反口縁二段長頸壺（図9-9）と内湾直立口縁二段長頸壺（図9-10）のほか東槨にはみられない新たな複合口縁二段長頸壺（図9-6）が出土した。頸部はほぼ垂直に立ち上がり大きく外側に開いて垂直の口縁が付くもので、口縁と頸部との境には突線が2条まわる。

　皇吾里16号墳でも、D墳丘内に営まれた9号木槨内から直立口縁二段長頸壺、A墳丘内に営まれた1号木槨内から複合口縁二段長頸壺が出土した。墳丘をまわる外護列石の層位関係からD墳丘→A墳丘、すなわち9号木槨→1号木槨の時間的前後関係が確認されており、複合口縁が後出する。

　月城路가13号からは、いずれも頸が低く太い外反口縁二段長頸壺（図10-

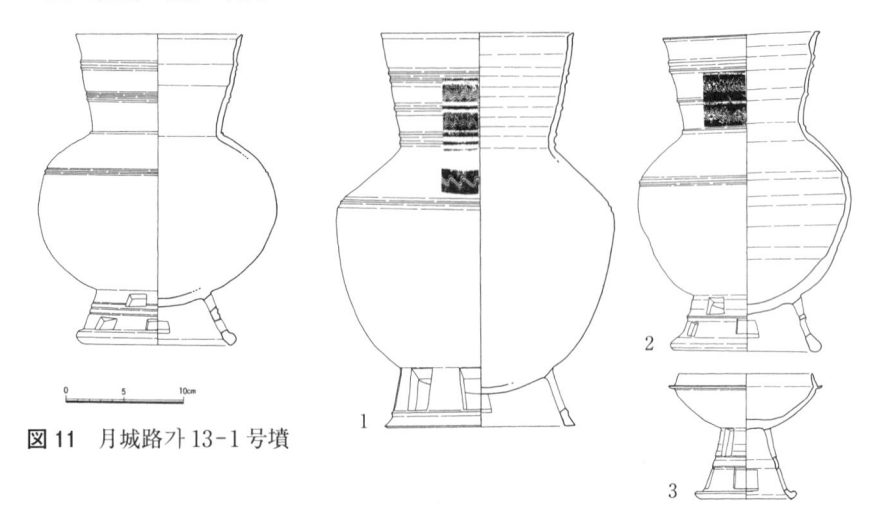

138　第2部　新羅の考古学

図 11　月城路가 13-1 号墳

図 12　月城路가 19 号墳

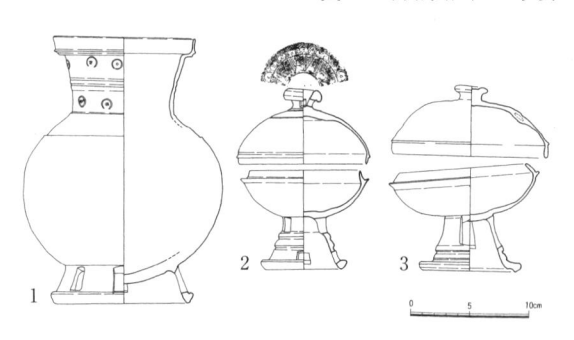

図 13　月城路가 18 号墳

1)、外反口縁一段低長頸壺（図 10-2、3）が出土し、それよりのちに営まれた月城路가 13-1 号からは脚付の相対的に頸が細くなった外反口縁二段長頸壺（図 11）が出土した。月城路가 19 号でも가 13-1 号と同じ外反口縁二段長頸壺（図 12-1）のほか内湾外反口縁二段長頸壺（図 12-2）が出土し、それより後に営まれた가 18 号からは口縁が直立し頸が外反する複合口縁二段長頸壺（図 13-1）が出土した。複合口縁が後出することは仁旺洞 668-2 古墳群の 6B 積石木槨墳→6A 積石木槨墳の関係でもいえる。新羅土器の長頸壺は頸が太く低い一段あるいは二段から相対的に細く長い二段、そして複合へと変化することが確認できる。

したがって、長頸壺は墓の層位と頸部の型式分類から大きく月城路가13号・皇南里109号墳第3、4槨→皇南里109号墳第1、2槨・皇吾里33号墳東槨・月城路가13-1号・月城路가19号→皇吾里33号墳西槨・月城路가18号・仁旺洞668-2古墳群6A積石木槨墳の三時期差が認められるとともに、低頸部、文様帯一段・二段、外反・内湾外反口縁→高頸部、文様帯二段、外反・内湾外反・直立口縁→高頸部、文様帯二段、複合口縁の方向へと変化することが確認できた。

②高杯の検討

高杯は身部でみると有蓋（蓋受けのあるもの）と無蓋（蓋受けのないもの）の2種、脚部でみると二段透窓と一段透窓の2種があり、それらを組み合わせると4器種に分類される。そのうち、数が多く出土し、変化の特徴をつかみやすい器種は有蓋二段透窓高杯であるので、これを取り上げて検討する。

有蓋二段透窓高杯の特徴は身部と脚部に分けて考えることができる。身部には口縁部にあたる蓋受の形が外反、直立、内傾するもの、その高さが高いものから低いものがある。有蓋は身部に蓋受の突帯があることをいい、蓋が付かないものもある。身本体は浅い、深い、球形などさまざまな形態をとる。脚と身の接合部に突帯が付くものと付かないものがあり、その下に付く突帯の位置により三区と二区に分けられる。三区は上段と中段に透窓が交互に開き、下段は透窓がない。二区は上段と下段に分かれ、透窓が交互に開く。どちらも透窓が二段開くので二段透窓高杯と呼ぶ。脚の形態は筒状、直線的に八字形に開くもの、その中で基部が太く高い脚（高太）と基部が細く高い脚（高細）の区別がある。脚端部の断面形は、鋭角三角形、方形、円形、水平、反転などの種類がある。また、脚には高いもの（高脚系）と低いもの（低脚系）がある。高脚は脚と身をあわせて全体の高さが高いもの（大形で17cm位）から低いもの（11cm）まで連続してある。低脚は安定を保つため相対的に端部が広くなるので、脚の高さに比べて脚の開きが大きく見え（開脚）、身と脚を合わせた高さは11cm以下である。

それらの特徴を組み合わせると、慶州中心部古墳出土の有蓋二段透窓高杯は以下の種類に分けられる。

高細八字三区脚付大形高杯　脚は高く、基部が細く筒状に下がり下段が外反

する。

高太八字三区脚付大形高杯　脚は高く、基部が太いものと細いものがあるが、直線的に下がる

高細八字二区脚付高杯　　　（脚端部三角）端部が鋭角三角形となる

高細八字二区脚付高杯　　　（脚端部方形か丸形）

低八字二区開脚付高杯　　　（脚端部水平）

低八字二区開脚付高杯　　　（脚端部反転）

　皇南里109号墳第4槨からは17点の高杯が出土しているが高さはすべて17cmと高い。写真しか報告がないので、それと同類の味鄒5区1号出土の高杯でみると、高さは17.6cm（図14-4）、口径16.3cmで身の蓋受は高さ2.2cmと高くやや外反する。身と脚の接合部には突線がなく外面をナデている。脚は2条ずつの突線により三段に区画され、上段は筒状を呈し中段と下段は開く。脚端部は断面三角形となり、接地面がわずかに平らになる。それに対して皇南里109号墳第2槨の高杯は、蓋に蛇が付くものでみると、その身・脚部高は14cmと低くなっている。第4槨の高杯は脚が突線により三段に区画され、上中段が筒状になり下段が開くもの（図8-4）と基部から端部に内弯しながら開くもの（図8-5）の2種があり、身の蓋受は直立かやや外傾して、蓋はともなわない。全体に高さが高く大形である。109号墳第1槨、2槨の高杯の脚部は、突線により二段に区画され、基部が細く端部に向かって八字状にやや内弯しながら直線的に開くが、端部の断面は写真のみでは不明である。口縁は内傾し蓋受が完成し蓋が付く。

　皇吾里33号墳東槨では、109号墳第2槨の高杯（図8-11）と類似するもの（図9-3）のほか、低脚系の高杯（図9-4）もみられる。それに対して皇吾里33号墳西槨では、東槨の高脚系統をひくもの（図9-8）のほか、脚が低く端部が水平あるいは反転し、身部が半球形を呈するもの（図9-7）があらわれている。

　皇吾里16号墳をみると、9号木槨では皇吾里33号墳東槨の高杯（図9-3）と類似するものが出土し、1号木槨からは皇吾里33号墳西槨の高杯（図9-7）と類似するものが出土しているので、これは時間差を示しているとみてよい。

　月城路가19号からは身高10.2cmの高杯（図12-3）が、月城路가18号か

らは身高 8.1cm の高杯（図 13-2）が出土した。가 18 号の高杯はすべて低脚となり、基部が細く、二段の区画の突線が太くなり透窓が小さく、脚端部が大きく反転する。身は半球形に膨らみをもつ。層位から가 19 号→가 18 号が確認されている。

月城路가 13 号の高杯は 3 種類ある。1 種は身に内傾する低い蓋受をもちそれに蓋が付き、脚は基部に突線が付く三段構成で、上段と中段に交互透窓が付き、上段は筒状に下がり中・下段は外反するもの（図 10-4）。2 種は蓋が付かず、身の蓋受は外反し、脚基部に突線が付き三段構成の上段と中段に交互透窓が付き、下段が外反するもの（図 10-5）。3 種は蓋が付かず、身の蓋受は低く外反し、脚基部に突線が付かず三段構成の上段と中段に直列で透窓が付き、上段は筒形にさがり中下段は外反するもの（図 10-6）である。2 種は皇南里 109 号墳第 3、4 槨と共通するが、3 種は脚の透窓が直列であること、1 種は身に内傾蓋受をもち蓋が付くことで皇南里 109 号墳第 3、4 槨とは異なる。しかし脚が三段構成、筒状から外反して下がるという点では三つとも共通点がある。他の古墳出土高杯に比べて皇南里 109 号墳第 3、4 槨と類似するが、それとは別グループとする。

以上、墓の層位と高杯の型式分類から大きく皇南里 109 号墳第 3、4 槨→皇南里 109 号墳第 1、2 槨・皇吾里 33 号墳東槨→皇吾里 33 号墳西槨・月城路가 18 号への三時期差があるとともに、高杯は大形、三区脚、口縁直立あるいは外反→中形高脚、二区脚→小形、二区脚、脚端部反転へと変化することが確認された。ここで注意しなければならないのは、あたらしい種類が出現しても以前の系統をもつ高杯が存続することである。

③相対編年

長頸壺と高杯それぞれが層位と器形の特徴から大きく 3 区分され、高杯では月城路가 13 号が皇南里 109 号墳第 3、4 槨グループとは別のグループで 4 区分が想定された。

皇南里 109 号墳第 3、4 槨グループには、味鄒王 5 区 1 号と味鄒 5 区 21 号などが属する。直立あるいは外反口縁三区脚の高杯からみて皇南里 109 号第 3、4 槨と味鄒 5 区 1 号、仁旺洞 668-2 古墳群 10 号積石木槨墳は同じで、頸が低く太い低長頸壺からみて味鄒 5 区 1 号と味鄒 5 区 21 号が同じである。味鄒 5 区

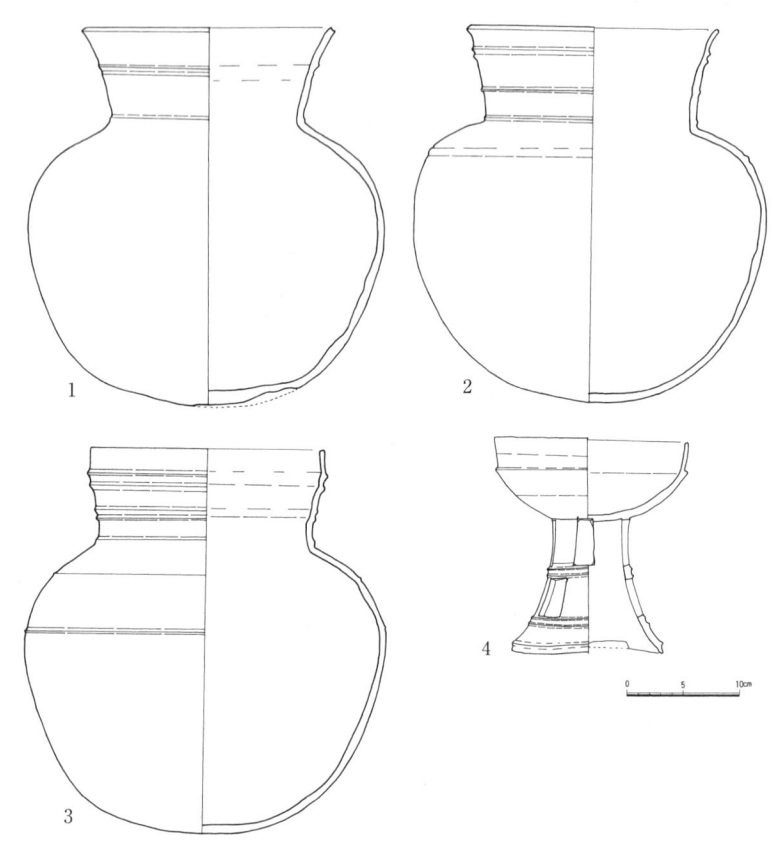

図14　味鄒王陵地区第5区域第1号墳

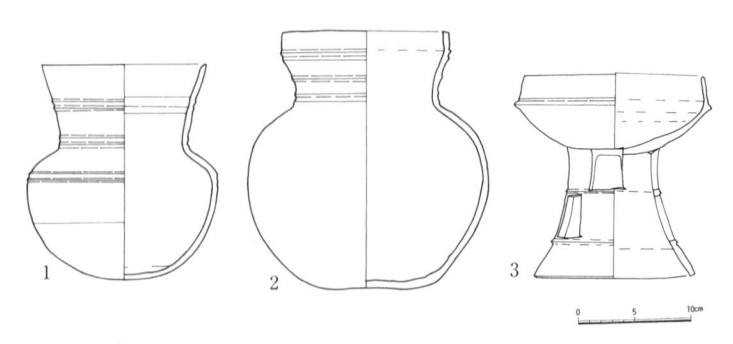

図15　味鄒王陵地区第5区域第6号墳

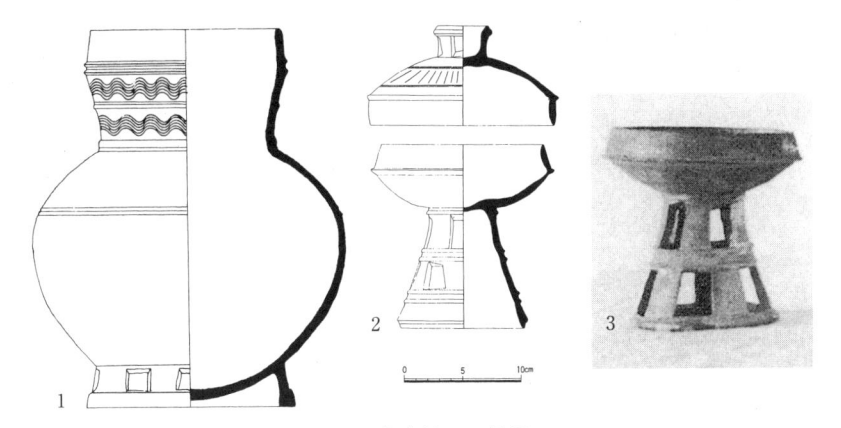

図 16　皇南里 110 号墳

　1 号では外反（図 14-1）、内弯（図 14-2）、直立（図 14-3）という口縁部の 3 種がすべて出揃っている。低長頸壺の頸部は一区と二区があるが、二区であっても一区のように低い。

図 17　味鄒王陵地区第 1 区域 D 号墳

図 18　味鄒王陵地区第 1 区域 C 号墳

　味鄒 5 区 6 号の外反（図 15-1）と直口（図 15-2）の長頸壺も頸が低く太いという特徴から味鄒 5 区 1 号と似るが、高杯をみると蓋をともなわないことと脚が三区で高さが 16.2cm と大形であることは似るが、口縁がやや内傾することと脚基部が太くなる点（図 15-3）で味鄒 5 区域 1 号とは異なる。口縁がやや内傾という高杯の類例が仁旺洞 668-2 古墳群 9 号積石木槨墳にみえる。

　皇南里 109 号墳第 1、2 槨グループの長頸壺は、頸部が皇南里 109 号墳第 3、4 槨グループに比べて十分に高い二区で、相対的に細くなった特徴をもち、皇吾里 33 号墳東槨の一部、味鄒 1 区 B 号、月城路가 11-1 号からも出土している。味鄒 1 区 B 号の高杯には高脚系と低脚系の 2 種があり、これは時間的な変遷ではなく別系統の高杯と考えたほうがよい。

　二つのグループの間に入るのが皇南里 110 号墳である。長頸壺は皇南里 109

号墳第3、4槨グループに比べて頸が高くなり二区の各段に集線波状文がまわるが（図16-1）、まだ皇南里109号墳第1、2槨グループに比べて頸が太い。この段階で脚付長頸壺が確実に出現した。高杯をみると身の蓋受が内傾し、味鄒5区6号の系譜を引く蓋がともなう。脚は基部に突線がまわり細くなり八字状に直線的に開き、皇南里109号墳第1、2槨グループの脚へとつながる。蓋をともなう高杯では味鄒5区6号の器形に最も近いが、身の高さは14cmと低くなる（図16-2）。さらに皇南里110号墳では脚が二区の新しい型式の高杯が出現している（図16-3）。皇南里110号墳と類似する長頸壺が味鄒1区E号、味鄒1区D号、味鄒1区C号からも出土する。味鄒1区E号の高杯は脚が二区であるが高さが13.6cmであり、大きさと脚が直線的に開くという形状が皇南里110号墳の三区脚の高杯に似る。味鄒1区D号と味鄒1区C号には、高さがそれぞれ9.8cm（図17）と10.6cm（図18）の低脚系高杯が出現している。味鄒1区E号のような高脚系高杯が皇南里109号墳第1、2槨グループに続くので、低脚系と高脚系は併行して存在した。

　皇南大塚南墳の長頸壺は直立口縁二段低長頸壺が多く（図19-1）、脚が付くものと付かないものがある。ほかに外反口縁一段低長頸壺（図19-2）と皇南里109号墳第1、2槨グループに比べて頸部が低い外反口縁二段長頸壺がある。頸部文様は集線波状文が多いが、二段長頸壺に組紐文や三角鋸歯文があり、これらは皇南里110号墳の長頸壺に似るが、外反口縁二段長頸壺は新しい器形である。高杯は高脚系でみると、脚は二区となるが直線的に八字形に開く。脚端部に2種あり、一つは断面が三角形となり先端が稜で終わるもので、ほとんどの脚基部に突線がまわり（図19-3）、味鄒1区E号の高杯に似ている。他は断面が四角形となり先端が外反するもので脚基部に突線がまわるものとまわらないものがある（図19-4）。前者からの発展形とみられ、皇南里109号墳第1、2槨グループの高杯へとさらに発展していく。低脚系は二区で直線的に八字形に開き、端部は高脚系の後者に近い（図19-5）。皇南里110号墳グループから皇南里109号墳第1、2槨グループへの移行期にあたるが、長頸壺の頸が相対的に低いこと、高杯の脚基部に突線がまわるものが多く、直線状に開く特徴は皇南里110号墳グループに入るので、そのなかでは相対的に新しい時期とみる。

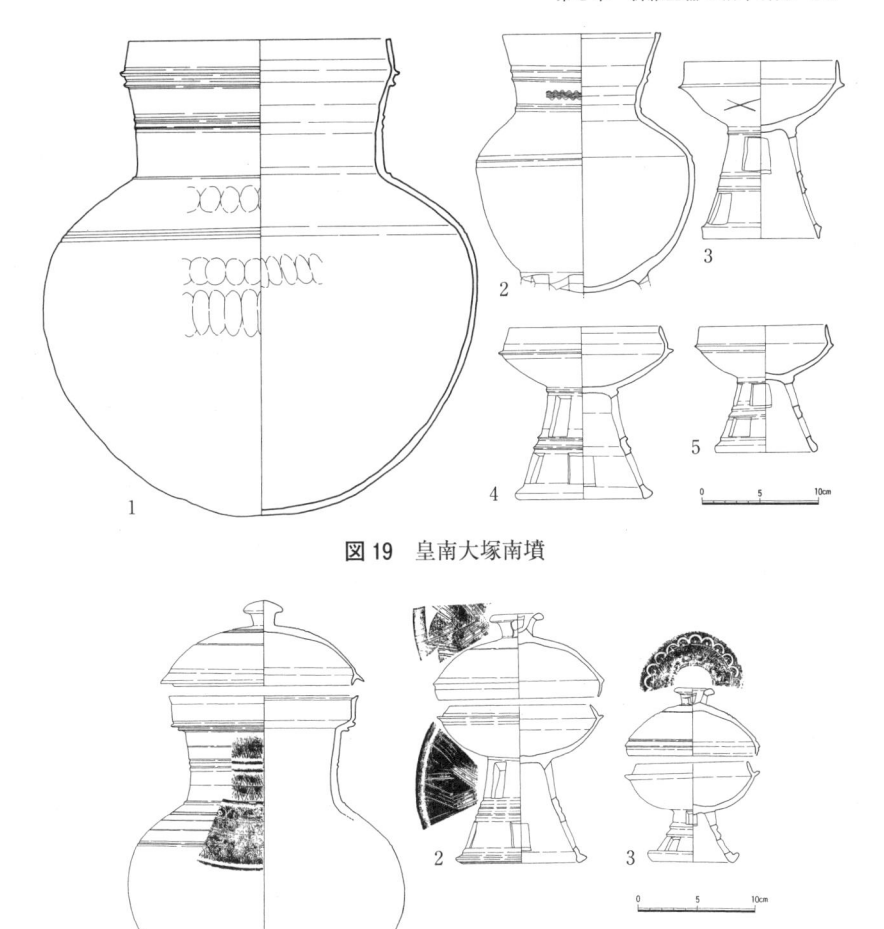

第1章　新羅土器の編年研究　145

図19　皇南大塚南墳

図20　月城路가1号墳

　皇吾里33号墳西槨グループは複合口縁二段長頸壺と脚端が水平あるいは反転する高細八字二区脚付高杯と低八字二区開脚付高杯がある。写真ではわかりにくいので、月城路가1号でみると複合口縁の段は水平に近く広がり、頸部には上段と下段に2条ずつの三角鋸歯文、肩部には上から半円圏文・三角鋸歯文・半円圏文・三角鋸歯文があわせて4条にまわる（図20-1）。半円圏文と三

角鋸歯文の組み合わせは新しい要素である。高杯は高脚系が高さ 13cm と低くなり脚端部が膨らむ（図 20-2）。低脚系は高さ 7.6cm で脚端部が大きく反転する（図 20-3）。このような高杯と長頸壺の組み合わせは味鄒 9 区第 2 墓槨からもみられる。

　複合口縁長頸壺でも水平に開いて垂直に立ち上がる口縁をもち、頸部にコンパス円圏文をもつものが、月城路나 6 号と月城路가 18 号（図 13-1）から出土している。共伴する高杯はすべて高さ 7.6～9.5cm の低脚系（図 13-2）であり高脚系は消滅している。さらに脚を二区に区切る 2 条の突線が下部に下がり一区となり、そこに方形透窓があく高杯が出現している（図 13-3）。このような高杯は皇龍寺の講堂東便建物址の下の寺址築土層のほとんど底に近いところ、すなわち創建前の地表である黒色泥土層のすぐ上からも出土した（図 26-3）。皇吾里 33 号墳西槨グループよりさらに発達した長頸壺であり、低脚化した高杯なので、それより後出のものである。

　皇吾里 33 号墳西槨グループに先行する長頸壺に天馬塚出土品がある。長頸壺は、頸部上端が大きく外に屈曲して内傾する口縁が付き、頸部と肩部に短集線文と円圏文が 1 段のなかに交互に配列される（図 21-1）。これは発達した直口口縁と複合口縁をつなぐ段階に出現した器形であり、金冠塚の直口から発達した内傾口縁と皇吾里 33 号墳西槨の複合口縁の間に位置する。同じ器形が金鈴塚からも出土している（図 22-1）。両者は内傾口縁二段長頸壺でも綾杉文＋円圏文（図 21-2）と三角鋸歯文（図 22-2）という文様の違いと口縁の外への開き方の違いはあるが、器形の類似を指摘できる。天馬塚の高杯は低脚系で高さが 9.5cm となる。脚先端部は水平に広がる（図 21-3）。金鈴塚でも同様の高杯が出土している（図 22-3）ほか、月城路가 15 号でも同様の低脚系高杯（図 23-1）や高脚系高杯（図 23-2）が出土し、ここでは複合口縁長頸壺の初現形態もみられる（図 23-3）。低脚系は高脚系に比べて脚の開き方が大きいが、両者の高さは近づきつつある。皇南里 82 号墳東槨より後に造営された西槨もこのグループに属する。

　月城路가 15 号の複合口縁長頸壺に先行する頸部上端の開き方がまだ大きくない器形が飾履塚から出土し（図 24）、これは直口あるいは内傾口縁長頸壺からの発達形と見ることができる。金冠塚や皇南里 82 号墳東墳でも同様の直口

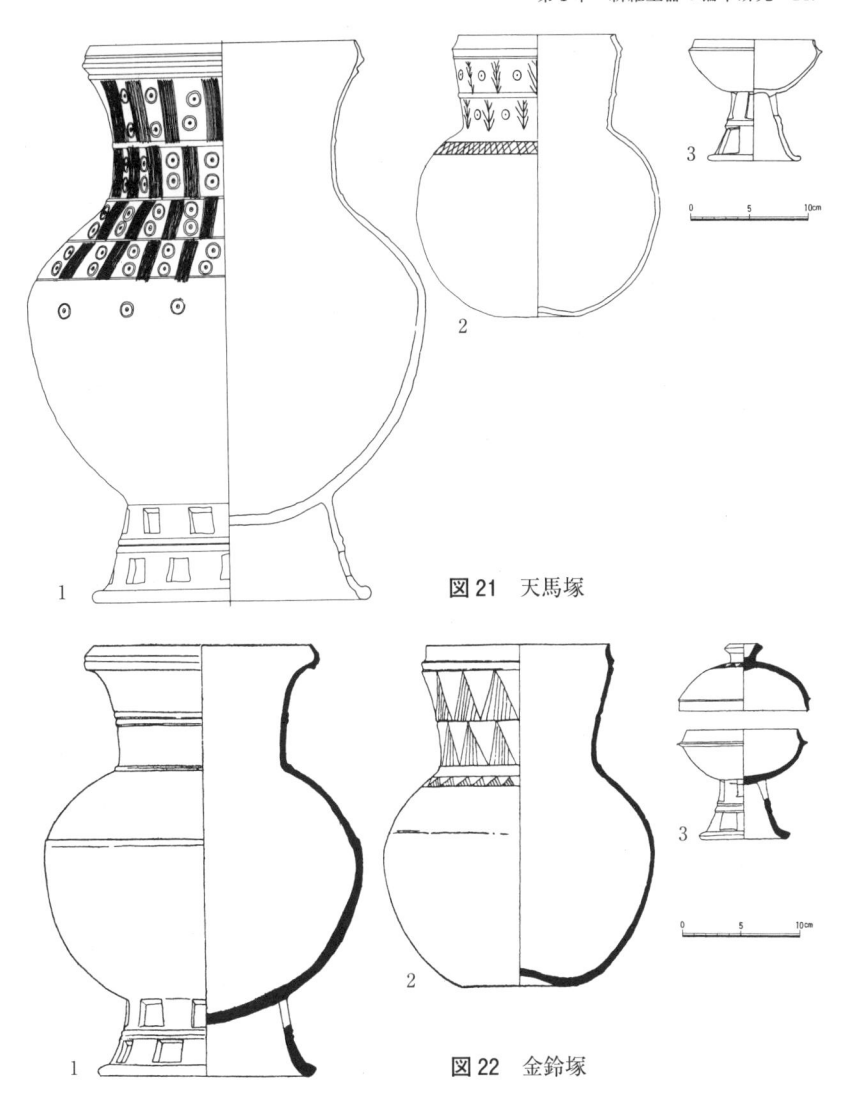

第1章 新羅土器の編年研究 147

図21 天馬塚

図22 金鈴塚

あるいは内傾口縁長頸壺が出土した。そして、東墳の一段透窓付有蓋高杯と把手付碗と同じ形態のものが皇南里83号墳からも出土し、83号墳からは蓋受付三段長頸壺の頸部各段に二重円文と7条の短集線文が交互に配された文様がまわる。

月城路가13号は高杯の発達方向からみると、皇南里109号墳第3・4槨より

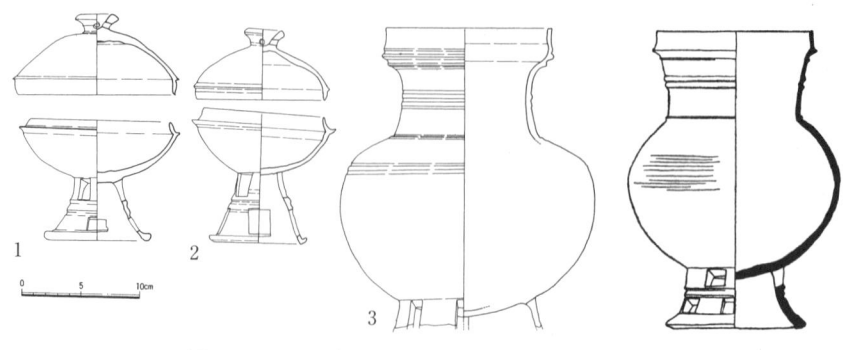

図 23　月城路가 15 号墳　　　　　　図 24　飾履塚

先行する器形である。蓋が付かない二段交互透窓に皇南里 109 号墳第 3・4 槨の高杯の先行形が想定されるが、他の器形は加耶地域に類例がみられるものの皇南里 109 号墳第 3・4 槨以降の慶州中心部古墳からの出土はみられない。長頸壺がこれらと類似する月城路가 5 号からは火炎文透窓一段高杯が出土し、月城路가 6 号からは直列小円形透窓四段高杯が出土していて、いずれも皇南里 109 号墳第 3・4 槨以降の慶州中心部古墳からの出土はみられない。加耶地域の土器との共通性が強いグループである。

　以上の 8 グループについて長頸壺と二段交透窓付高杯の変遷方向の検討の結果、8 期区分が可能であり、それぞれの時期に属する長頸壺と高杯を出土した古墳名をあげると次のようである。

1 期：月城路가 5 号、月城路가 6 号、月城路가 13 号

　積石木槨墳が出現する。月城路가 6 号では遺構上部に積石の堆積がみられたが、月城路가 13 号では土壙と木槨の間のみに石がみられ、上部に積石をしない積石木槨墳の存在が想定される。皇南里 109 号墳第 3・4 槨の高杯との類似から月城路가 13 号が新しい段階になり、そこからは金製垂飾付耳飾、盛矢具、ガラス杯、硬玉勾玉と、それ以前にはなく、のちにつながる遺物が出土している。考古資料からみると 1 期の出現は大きな画期といえよう。

2 期：（古）皇南里 109 号墳第 3、4 槨、味鄒 5 区 21 号、味鄒 5 区 1 号、仁旺洞 668-2 古墳群 10 号

　　　（新）味鄒 5 区 6 号、仁旺洞 668-2 古墳群 9 号

　高杯の脚が三段構成、身の形は蓋受けのある有蓋式であるが蓋はともなわな

い。蓋がともなわないということで味鄒5区6号も2期に含めるが、蓋受けが内傾する点で味鄒5区1号などより遅れる時期とみる。長頸壺の頸は低く一段頸部が多いが、二段低頸部もある。すでに口縁部の形の3種が出現している。長頸壺には脚は付かない。[(8)]

3期：皇南里110号墳、仁旺洞668-2古墳群3B号、味鄒1区E号、味鄒1
　　 区域C号、味鄒1区域D号、皇南大塚南墳

　高杯の脚が二段構成となり、脚端部が断面三角形になる。皇南里110号墳は高杯脚部に三段と二段の2種があり、2期から3期への移行期にあたる。高杯脚基部に突帯が付くものと付かないものがある。長頸壺は頸が長くなり、頸部に波状文が施される。

4期：皇南里109号墳第1、2槨、味鄒1区B号、月城路가11-1号、月城路
　　 나9号、皇南大塚北墳、皇吾里33号墳東槨

　皇吾里33号墳東槨は蓋受付口縁四段長頸壺という新しい器形、文様をもつので、この期の最終段階とする。高杯脚基部に突帯が付かない。

5期：月城路나12号、金冠塚、皇南里82号墳東槨、飾履塚、皇南里83号墳

　月城路나12号の高杯は4期に近いが長頸壺は5期に属する。金冠塚の長頸壺は口縁が「く」字に内傾するが6期ほど屈曲は大きくなく、高杯の蓋に円圏（コンパスの針の痕が中心部に残る）文と短集線文の組み合わせ文が出現する。

6期：天馬塚、金鈴塚、皇南里82号墳西槨、皇南里83号墳、月城路가15号

　長頸壺頸部文様に円圏文と短集線文の組み合わせがみられる。高杯の脚端部は水平に広がる。

7期：皇吾里33号墳西槨、壺杆塚、銀鈴塚、味鄒5区16号、月城路가1号、
　　 月城路다5号、味鄒9区第2墓槨

　複合口縁長頸壺が完成した段階で、低脚系高杯は身と脚の接合部は細いが端部が大きく開く。そして脚端部は反転する。

8期：皇南里151号積石木槨墳、月城路가18号、月城路나6号、皇龍寺築土
　　 層

　高脚系高杯は消滅して低脚のみとなる。この低脚は低脚系から続くのか、あるいは高脚系の脚が時代とともに低くなる結果として低脚になったのかははっ

きりしない。皇南里151号積石木槨墳は最後の段階の積石木槨墳であり、月城路가18号、月城路나6号は石槨墓である。

5　暦年代の比定

(1) 皇南里109号墳第4槨の年代

　皇南里109号墳第4槨出土の輪鐙は1対出土しており、いずれも破損がひどかった。輪部の内面はやや平たい鉄板を張り、外面は細く平たい鉄板を張る。いずれの内側にも鋲留めの突起がみられ木芯に打たれていたと考えられる。側面も平たい鉄板によって覆われているが、上部のみに限られていたようだ。図にみられる外面と内面の鉄板から内側に突出する線は、写真からみると鋲と判断され、輪部は側面板で覆われていない（斎藤忠1937a）。柄部は短く断面は梯形を呈し、木芯の上の全面を鉄板が覆い上部には革通しの孔があく。実測図から測ると全長26cm、幅18.5cm（図25-1）。これと類似する輪鐙が、中国遼寧省の馮素弗墓から発掘されている（黎瑤渤1973）。木芯金銅装輪鐙で、輪部の外面は細い金銅板を張り、内面は薄い鉄板を鋲で留め黒漆を塗っている。側面は上部と踏み込み部（下部）が金銅板で覆われるが中間は木質が露出している。復元全長23cm、幅16.8cm（図25-2）。金銅と鉄という材質の違いや踏み込み部側面の板の有無の違いはあるが、全体の形、外面と内面の板の幅、柄部の短さ、輪部側面の板の張り方、柄部の断面梯形など共通点が多く、皇南里109号墳第4槨出土の木芯鉄装短柄輪鐙の系譜を馮素弗墓出土の木芯金銅装短柄輪鐙に求めることができる。

　馮素弗墓は墓誌が出ていて被葬者がわかった墓ではない。1965年に発掘された遼寧省の北票県西官営子の1号墓が北燕の都があった龍城（朝陽）から北に35km余に位置し、そこから出土した四つの印の銘により北燕の王弟である馮素弗の墓と推定された。

　すなわち、『晋書』によれば、馮跋が天王と称して北燕を建てると、范陽公に任じられていた弟の馮素弗は侍中、車騎大将軍、録尚書事の官職を受けた。そして北燕建国に功労があった同族の馮乳陳と馮萬泥の謀反が平定されると、馮素弗は大司馬となり遼西公に改封された。[9]1号墓から出土した金印「范陽公

章」、金銅印「車騎大将軍章」、金銅印「大司馬」、金銅印「遼西公章」は、『晋書』の馮素弗の官職の記載とよく合い、馮素弗以外に上記の四つの官職をもつ北燕の人物はいない。

そのほか、馮氏一族の葬地である「長谷」が龍城の北方にあり西官営子の位置と合うこと、副葬品が東晋時代のものであることから、西官営子1号墓は馮素弗の墓であることが確実とされた(黎瑶渤1973)。馮跋は長楽郡信都郡(河北省)の人で、後燕の二代目王の慕容宝に仕え、その後に四代目王となった慕容熙を倒して慕容宝の養子の高雲を王に立てて国号を北燕とした。高雲が臣下に殺害されると409年に天王と称して帝位を継いだ。馮素弗は『晋書』によれば、馮跋の七年に死んだとあり、没年は西暦415年にあたる。したがって、皇南里109号墳第4槨出土の輪鐙の上限年代は415年、遡っても馮素弗が入手できる可能性のある、兄の馮跋が仕えた慕容宝が王位に就いた395年までとすることができる。

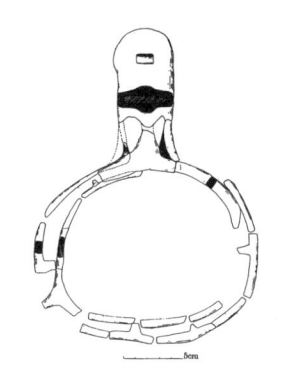

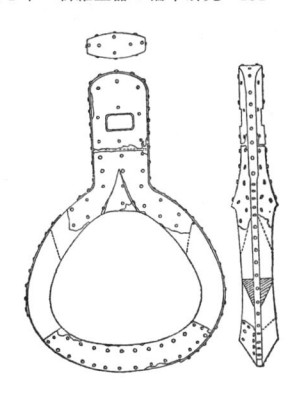

図25-1 皇南里109号墳第4槨　　図25-2 馮素弗墓

これに対して崔秉鉉は、中国の湖南省長沙市金盆嶺21号墓から馬の左側に一つのみ付く単鐙の彩陶騎馬楽土俑が出土し、墓に使用された塼の紀年銘「永寧二年」からこの陶俑を302年頃とし、南京市象山7号墓から出土した馬の左右に付く双鐙の馬俑は、この墓が王氏一族の墓域内にあるとみて永昌元年(322)に没した王廙が埋葬されたとする考えがあることから、双鐙の出現を4世紀前半とみた。一方実物資料としては、遼寧省青台子壁画墓から木芯革包漆塗長柄輪鐙が1対、安陽孝民屯154号墓から金銅製長柄輪鐙が1個出土している。崔秉鉉は両者の年代は、上記した前例と比較して4世紀初とみている。金盆嶺21号墓と象山7号墓の陶俑の鐙は輪部が三角形で馮素弗墓の鐙の輪部と似ることから、すでに晋代に短柄系と長柄系の2種の鐙が出現しているとし

て、皇南里 109 号墳第 4 槨出土の輪鐙の上限年代を 4 世紀に遡らせた（崔秉鉉 1992）。しかし、陶俑の鐙は長柄系であり、短柄系の初現の確実な出現がわかるのは馮素弗墓からである。

(2) 皇南大塚の年代

　皇南大塚は全長 120m の新羅最大の双円墳である。発掘の結果、南墳が先に造営され、後にその墳丘に重ねて北墳が造営されている。南墳の人骨のうち歯牙は 28 点が残っていたが、形態、発育と磨耗の程度からみて 2 人のものであると推定された。内棺から 11 点、外棺から 5 点、合わせて 16 点の歯牙は 15 歳前後の女性と推定され、すべて内棺から出土した 12 点は歯冠の発育が発達し磨耗が進んでいることから 60 歳前後の男性と推定された。埋葬は内棺に男性を安置し、外棺の上に若い女性を殉葬したとみた。男性は頭に硬玉勾玉を付けた対生樹枝立飾りをもつ新羅型金銅冠を被り、腰に金製帯金具を付けて埋葬された。棺外の副葬品収蔵部内からは金銅製の新羅型冠 4 点と銀製額当式冠、金銅製額当式冠の合わせて 6 点が出土した。棺内の新羅型金銅冠は三段の対生樹枝立飾りの枝が直立していて、副葬品収蔵部内の新羅型金銅冠の外側に傾いている三段の枝との違いがみられる。枝が外側に傾く金冠は校洞 68 古墳から一段の対生樹枝立飾りがみられ、この古墳は 5 世紀初頭頃と考えられている。対生樹枝立飾りの枝が直角に立ち上がる金冠は 6 期の天馬塚や金鈴塚から出土していて新しい型式と考えられる。対生樹枝立飾りの周縁の装飾に注目して時間的変遷を追った研究では、無文の校洞 68 古墳出土金冠、1 条裏打点打の皇南大塚南墳の 5 点の金銅冠と同北墳の金冠、2 条裏打点打の天馬塚の金冠と金鈴塚の金冠と点打により三つのグループに分け、このような順に時間的に変遷するとみた（藤井和夫 1996）。これによっても、直角に枝が立つ対生樹枝立飾りが外側に傾く枝をもつものより新しいと指摘できる。被葬者が被っていた金銅冠は、複数ある冠のうち最後に使用した冠と考えられる。他の 6 点の冠はそれ以前に入手あるいは使用したもので、金冠塚の 2 点、天馬塚の 2 点に比べてはるかに多く、長期間にわたって入手したとみられる。冠は金製ではなく金銅製であるが、金冠にのみ付属する硬玉勾玉を垂下していること、金製の帯金具を身に付けていたこと、墳丘が最大規模であることより、被葬者は新羅の王で

あり長期間にわたり即位していたと考えられる。この頃長期間にわたり王位に就いていたのは、奈勿尼師今（356年～402年）と訥祇麻立干（417年～458年）である。訥祇麻立干の父は奈勿尼師今であり、訥祇麻立干の弟の未斯欣が402年から418年まで倭国に人質として行っていたことから、訥祇麻立干は60歳をこえて没したと考えられる。土器編年1期の上限年代が4世紀末、4期が後で述べるように金冠塚の年代から5世紀第4四半期と考えられることから、2期の末に位置づけられた皇南大塚南墳の被葬者は訥祇麻立干とするのがふさわしい。

炭素年代測定法による皇南大塚南墳から出土した資料の絶対年代分布は420年～520年、天馬塚の場合は450年～550年の年代分布が示された（金ジョンチャン2006）。この年代では時間幅が大きく、相対編年に絶対年代を与えることはできないが、天馬塚より皇南大塚南墳が先行することは確かだろう。したがって2期の年代の下限を訥祇麻立干の没年である458年頃とする。

北墳から出土した銀製腰佩に「夫人帯」と刻銘され、それは被葬者に対して製作された腰佩とみられることから、南墳が男性であるのに対して北墳は女性であり、その関係は双円墳の性格からみて夫婦の関係と考えられる。すなわち北墳の被葬者は訥祇麻立干の夫人である。[11]

(3) 金冠塚の年代

尹善姫は新羅の三葉文透彫帯金具をⅡ類とし、さらに透彫の形と垂下部の形からⅡ-1類、Ⅱ-2類、Ⅱ-3類と細分し、垂下部の形の型式的変化からⅡ-1類（中国晋代垂下部と同じ）→Ⅱ-2類（単純化）→Ⅱ-3類（退化）の変遷を考えた。ただし、Ⅱ-1類、Ⅱ-2類、Ⅱ-3類の3種が出土した金冠塚より古墳の年代が古い皇南大塚南墳からⅡ-1類が出土せず、Ⅱ類のなかではⅡ-2類が出土しており、新羅では直線的な系列の発展ではないとみている。Ⅱ-1類は新羅以外では百済の宋山里4号墳（旧1号墳）からのみ銀製が出土している。系譜については、晋から百済に伝わりⅡ-1類が出現し、それが新羅に伝わり金冠塚からの出土となったとみている（尹善姫1987）。木村光一もⅡ-2類からの発生とみるには飛躍が大きいとし、東晋の影響のもと百済で成立しそれが新羅の慶州へと伝わったとみた（木村光一2007）。それに対して、李漢祥

は帯金具の三葉文は高句麗に祖形を求めることができ（李漢祥1994）、新羅から百済に移入されて一定期間経過したのち宋山里4号墳に副葬されたとみた（李漢祥1999）。金冠塚からはⅡ-1類の金製帯金具1組と銀製帯金具1組、Ⅱ-2類の銀製帯金具2組と金銅製帯金具1組、Ⅱ-3類の銀製帯金具1組、あわせて6組の帯金具が出土し、被葬者が身に着けていたのはⅡ-1類の金製帯金具1組である。皇南大塚南墳では立飾のわかる金銅冠が3個出土したが、被葬者が身に着けていた冠は3個のうちで型式的に最も遅れる形であり、最も新しく製作した冠とみなせる。被葬者が着装する装身具は死の直前まで使用していたものであり、他の装身具より古墳築造に近い年代を示している。皇南大塚南墳での出土状況を金冠塚に適用できるとすれば、金冠塚の築造年代はⅡ-1類の金製帯金具から求めることができる。

　宋山里4号墳（旧1号墳）は片袖横穴式石室で百済の王陵が集中する宋山里古墳群のなかにあり、百済が漢城（ソウル）から熊津（公州）に遷都した475年以後、塼室墳の武寧王陵の被葬者の没年（523年）以前の年代幅で考えられる。熊津で没した王は、文周王、三斤王、東城王、武寧王の4人であるが、尾根の上に並ぶ旧1号墳から旧5号墳のなかでは旧1号墳が最も小さい石室であるので、王陵とは考えられない。金冠塚は編年では5期に属し、7期が皇龍寺の建立以前であり6期を挟んでいることを考慮して、当時の慶州での型式の帯金具が百済に移入されたとすれば、金冠塚は475年～500年の幅で考えられる。

(4) 皇龍寺

　『三国史記』によると、王は所司に命じて、新宮を月城の東に築かせた。黄龍がその地に現れたので、王はこれを疑い、仏寺として号を賜って皇龍といったとあり、真興王十四年（553年）に新しい宮殿の造成を開始したところ龍が現れたので、宮殿計画を寺院に変更したという。その後、『三国史記』に真興王二十七年皇龍寺が完成した、『三国遺事』に己丑年になって周囲の墻ができたとある記事から、皇龍寺は真興王二十七年（566年）あるいは己丑年（569年）に第1次伽藍が完成したと考えられる。そして、『三国遺事』に真平王五年に金堂を造成したとある記事から、真平王五年（584年）に新たに金堂を建

図 26 皇龍寺出土土器

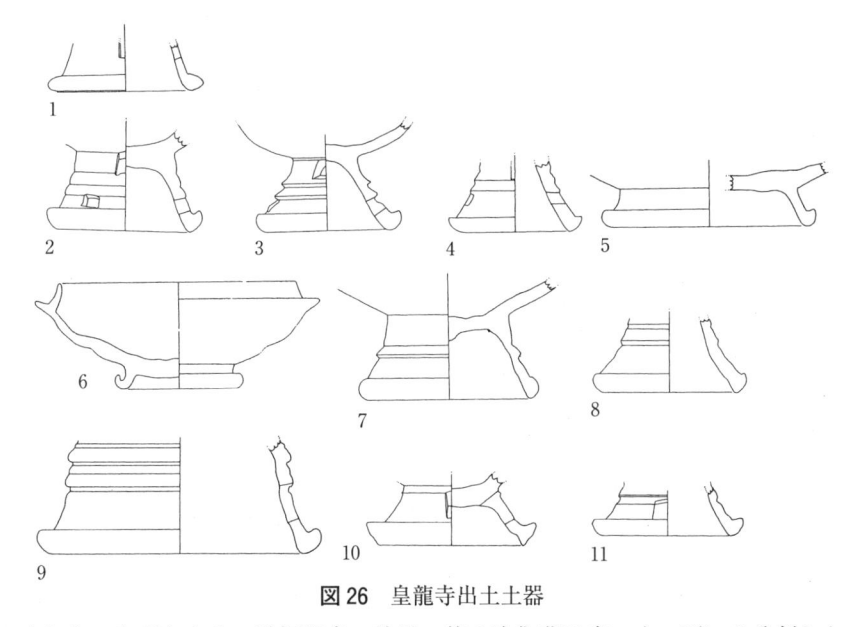

立したことがわかる。発掘調査の結果、第1次伽藍は東・中・西に3分割したように廻廊がまわり、これは宮殿の配置と共通性をもっている。中央区画では東西の廻廊から内側に向かう翼廊が検出されたので、そこに金堂を造成したと推定されたが、584年に新たに造成された金堂により完全に破壊されていた。584年の段階では3分割はなくなり、これを第2次伽藍と呼ぶ。皇龍寺の立地は低湿地であったので、黒色泥土の表土の上に厚く盛土をして平坦にならした後に建物を建てた。その盛土を築土層と呼んでいる。土器は、①黒色泥土層内から出土（図26-1）、②築土層内から出土（図26-2、3、4、5）、③第1次伽藍建物遺構内から出土（図26-6、7、8）、④第2次伽藍の金堂基壇版築土内から出土（図26-9、10、11）に分けられ、①は皇龍寺造営開始前の553年以前、②は第1次伽藍が完成した569年以前、③は第1次伽藍の講堂の両翼に造営された口字形の敷石基礎の内から出土したが、第2次伽藍では同じ場所に桁行11間、梁行3間の建物が造られた。したがって③は第1次伽藍完成の569年以前といえるが、遺構の重なりを考慮して遅くとも第2次伽藍以前であることは確実であろう。④は金堂の基壇内からなので金堂完成以前である。③からはそれまでにみられない脚が高台のように低くなる短脚高杯が出土し、②にはそれが

みられず、月城路가18号と同じ一段透窓高杯がある。遅くとも584年には短脚高杯が出現している。したがって8期を②の年代から569年を下限とする。

(5) 月城路가29号墳の石釧

　月城路가29号は土壙墓であり、炉形土器、肩に瘤が付く大甕がまだ残っており、長頸壺がまだ出現していないので月城路가13号より先行することは確実である。さらに細かくみれば、二段交互透窓高杯と長頸壺が出現する가13号の前段階に二段交互透窓高杯がまだ出現せず二段直列透窓高杯と出現期の長頸壺がみられる月城路가6号が入り、型式的にみた相対的変遷は가29号→가6号→가13号の序列が言える。しかし、それぞれが時間的にどの程度の幅があるかは不明である。

　石釧については蒲原宏行の研究がある（蒲原宏行1991）。それによれば釧の外面を斜面と側面に分け、①斜面と側面に刻目があるものが初現で、そこから②斜面には刻目があるが側面に刻目がないものが生まれ、さらに③斜面に刻目があるが側面に刻目がなく複数の凹帯を有するものに変化し、最後の段階に④側面をはさんで上下に斜面を有するものがあらわれたとみた。そして、環の断面形にも注目して、幅広で低いものから幅細で高くなり強く内傾する変化を指摘している。ただし、その順序は前の形が消えて次の形が出現するのではなく、古い形の石釧を残したまま新しい形の石釧が出現し、両者が同一の古墳から出土している。そして、鍬形石と車輪石の変化も合わせて腕輪形石製品を3期に分けた。月城路가29号の石釧は②のタイプで、断面形が幅中細で強く内傾する特徴をもち、2期以降のものである。2期は布留2式の甕との共伴や倣製鏡などの副葬品組成から4世紀中頃から後半の早い時期とした。月城路가29号の石釧が倭からの移入品とすれば上限年代は4世紀第3四半期、가13号が4世紀第4四半期、가6号はその間の年代が考えられる。そして、これに後続する新羅土器2期が5世紀第1四半期となり、馮素弗墓の輪鐙から求めた年代とも合う。

6 結　論

　慶州中心部の積石木槨墳出土土器をもとに層位と型式から土器編年を試みた。墳丘の重なり、積石の切り合い関係を優先して、土器の変化の方向を把握した。長頸壺でみると3種の器形が一つの古墳に共存するが、総体的に太く短い頸部から細く長い頸部という変化がみられた。高杯は大形から小形へ、3期からは身との接合部が太い脚から細い脚へと変化しながら端部が尖るものから水平そして反転へと変化するという型式変遷を追うことができた。そして、積石木槨墳の最後の段階には長頸壺は複合口縁が主体となり高杯は低脚へと変化し、積石木槨墳から横口式石室や横穴式石室へと墓制が変化すると、皇龍寺の③に出現する短脚高杯があらわれる。本稿では追葬を考慮しなくてよい積石木槨墳が慶州中心部で営まれた期間の土器編年をおこなった。

　8期に分けたそれぞれに暦年代を与えると、1期は4世紀第4四半期、2期は5世紀第1四半期、3期は5世紀第2四半期、4期は5世紀第3四半期、5期は5世紀第4四半期、6期は6世紀第1四半期、7期は6世紀第2四半期、8期は6世紀第2四半期～第3四半期となる。3期の皇南大塚南墳はその被葬者の没年代が458年で第2四半期よりわずかに新しいが土器の特徴からみると4期ではなく3期に属する。8期は皇龍寺の③短脚高杯出現以前ということで、569年あるいは第2次伽藍と建物が重なっていることを考慮して584年を下限年代としたため幅をもたせた結果、7期との重なりが出ているようであるが、5期の終わりをやや早めて6期、7期の始まりをやや早くすることにより調整も可能である。土器の連続的に変化する流れに境を入れて四半世紀ごとに区切ったのは、新しい要素の出現をもとに分けたグループの古墳のうち、土器以外の共伴遺物や文献資料から知られる暦年代をもとにしており、その境は1年という正確な幅で区切れるものではない。6期、7期については暦年代がわかる資料がなく、5期と8期の間に入る二つの期間という程度である。

註
(1) 韓国では現在、쪽샘（チョクセム）地区と呼んでおり、ここは金冠塚の報告書図

版第三（朝鮮総督府1924b）に、皇吾里第54号墳があると想定される位置の左隣に括弧をつけて籃泉（チョクソン）と書かれており、本稿では籃泉の漢字を用いた。

(2) 『三国史記』巻第一新羅本紀 第一赫居世「始祖姓朴氏諱赫居世前漢孝宣帝五鳳元年甲子四月丙辰一日正月即位号徐那伐」
十五日

(3) 『三国史記』巻第一新羅本紀 第一赫居世「二十一年築京城号曰金城」

(4) 『三国史記巻第一新羅本紀 第一赫居世「二十六年春正月営宮室於金城」

(5) 『晋書』列伝第六十七巻 四夷辰韓「太康元年其王遣使献方物二年復来朝貢七年又来」

(6) 『太平御覧』巻七八一 四夷部二新羅「秦書曰符堅建元十八年新羅国王楼寒遣使衛頭」。

(7) 『三国史記』巻第三新羅本紀 第三奈勿尼師今「遣衛頭入符秦貢方物」

(8) 味鄒1区21号では、台と口縁部が欠失した胴体球形の台付壺1点（現高20cm）が報告されているが、これが脚付長頸壺とすれば2期での唯一の脚付き例である（藤井和夫1979、164頁註（7））。

(9) 『晋書』載記第二十五 乞伏國仁・乞伏乾歸・乞伏熾磐・馮跋・馮素弗「馮跋字丈起長楽信都人也… 跋曰范陽公素弗才略… 以太元二十年乃僭称天王于昌黎而不従旧号即国曰燕… 弟素弗為侍中車騎大将軍録尚書事… 是夜乳陳果遣壮士千餘人来所営衆火倶起伏兵邀撃俘斬無遺乳陳等懼而出降弘皆斬之署素弗為大司馬改封遼西公」

(10) 『晋書』載記第二十五 乞伏國仁・乞伏乾歸・乞伏熾磐・馮跋・馮素弗「馮素弗跋之長弟也… 跋之七年死」

(11) 『三国遺事』巻一王暦第二十 慈悲麻立干に「父訥祇王母阿老夫人一作次老夫人」とあり、訥祇王の王妃が阿老夫人あるいは次老夫人と呼ばれていたことがわかる。他の王の王妃も夫人と呼んでいた。ただし、いつからこのように王妃を夫人と呼び始めたかは確実な資料がない。むしろ、皇南大塚北墳の腰佩の銘文から、この段階まで遡るといえよう。

(12) 『三国史記』巻四新羅本紀 第四真興王「十四年春二月王命所司築新宮於月城東黄龍見其地王疑之故為佛寺賜號曰皇龍」

(13) 『三国史記』巻四新羅本紀 第四真興王「二十七年皇龍寺畢功」

(14) 『三国遺事』塔像第四 皇龍寺丈六「至己丑年周圍墻宇」

(15) 『三国遺事』塔像第四 皇龍寺丈六「真平五年甲辰金堂造成」

第2章　三国時代・江原道の古墳と土器
　　　　—関野貞資料土器とその歴史的意義—

　朝鮮半島の中央には太白山脈が背骨のように南北に走っている。山脈の西側には広い平野が形成されているが、それとは対照的に東側は山脈に連なる丘陵が海岸近くにまで迫っている。江原道は東側に属し、北緯37度から39度のほぼ半島中央にあり、北は咸鏡南道と南は慶尚北道と接し、東は東海（日本海）に臨む。この地は『三国志』魏書東夷伝にいう濊の居住地で、『三国史記』によると5世紀頃高句麗と新羅が濊をまきこんで領域争いをおこなった地域である。

　考古学的な調査も古くからおこなわれ、1912年に関野貞により溟州郡の古墳が調査され、その時採集された土器が東京大学に所蔵されている。そこで本章では、まず関野貞資料土器の紹介を起点として江原道東海岸の古墳やそこから出土する土器などの特徴について述べ、つぎに文献にみられる江原道をめぐる高句麗と新羅の動向をさぐり、最後に考古学的な成果から関野貞資料土器がもつ歴史的意義を探る。

1　江原道溟州下詩洞の古墳と土器

　江陵から海岸にそって約6km南下した江原道溟州郡江東面下詩洞に下詩洞古墳群は位置する。楓湖と東海岸にはさまれた細長い砂丘上に立地し、戦前から多くの古墳の存在が知られていた。その数は400基（江原道1981）とも500基（文化財管理局1977）ともいわれているが、早くから盗掘にあい、破壊された古墳も多い。この砂丘は、西北にある標高約40mの不下山から東南にある韓国火力発電所まで長さ約1kmに及び、古墳はおもに砂丘の稜線の内側の傾斜面にあり、そこは東海岸から300～500m離れている（図1-1）。古墳群の南半部は盗掘にあった古墳が多く、建築部材に利用された古墳の石材や付近の住民の話から推測すると、長さ2m、幅60～70cm、高さ70～80cmの石

槨墓で、床には石を敷いていたようだ（江原道1981）。内部構造については、後に述べるように発掘調査で石槨墓であることが確認されている。墳丘は殆どなく、石が露出しているものも多く、砂丘上には高杯や長頸壺などの土器片や鉄器片が散布している。

この古墳群に対する調査経歴は、次の通りである。

1912年　下詩洞　楓湖東北古墳

1970年　下詩洞三里　西1号、2号墳

1975年　下詩洞里山10-6　土器収集

1978年　下詩洞1号（民墓）、16号、17号墳

このほか、1919年にはこの古墳群の南に続く安仁里で古墳が調査され、丸玉、鉄刀、鉄器、壺破片、赤褐色土器把手片が出土した。[1]

次に、これらの調査された古墳と土器についてみていこう。

1970年に調査された古墳は、韓国火力発電所の北800mのところにあり、江原道溟州郡下詩洞三里林野131～136番地にあたる。この付近で石槨墓は100余基が確認されているが、発電所からこのあたりまでで232の盗掘坑があり、150個の土器類が採集された。古墳群は、東海岸から300m入り込んだ砂地に立地し、北側は楓湖から東海に注ぐチャグネ川をはさんで、封土の規模が大きい古墳群が分布している。調査は、1970年8月26日から31日までの期間で、破壊された古墳2基（西1号、西2号）に対する遺物の採集、内部調査、写真撮影がおこなわれた（金正基・李鍾哲1971）。

西1号墳

封土はほとんどなくなっており、盗掘坑には蓋石と思われる長さ1.35mの板石がななめに落ち込んでいた。調査は盗掘坑を中心に、東西4.5m、南北1.2mのトレンチを設定しておこなわれた。東半部では、地表から9cm下までは暗褐色の腐植土、35cm下までは明褐色細砂層で、47cm下よりはじめて天井石があらわれた。天井石と天井石の間の隙間には、精選された黄褐色の土が詰められていた。明褐色細砂層が盛土であるか、埋葬後の自然堆積層かは不明であるため、これをもって封土の有無を論ずることはできない。主体部は石槨で、長さ（東西）3.52m、幅（南北）66～60cmで東側が幅広くなっている。石槨内は、東側の主槨と西側の副槨とに分かれ、その境には2枚の板石が立て

第2章　三国時代・江原道の古墳と土器　161

られている。主槨の床は遺物の出土した東壁際を除いて拳大の平石をまばらに敷いており、この部分に棺を安置したと考えられる。天井石は、長さ125cm、幅35cm、厚さ16cmの石を3枚副槨の上にのせ、石と石の隙間に精選された赤褐色の土を詰めている。主槨の上には同様の大きさの石を4枚のせているが、盗掘坑と思われる中央の部分には約4枚の天井石がのる空間があるので、本来の天井石は11枚と推定される（図1-2）。

遺物は主槨の東壁際から長頸壺2個と有蓋高杯7個（図1-6）が、副槨から円底壺5個（図1-7）が出土した。長頸壺は、肩が張り、頸が外側に開き2段の文様帯と口縁部をもつ高さ32cmの大形品と、口縁が「く」字状に内傾する短い頸をもつ高さ23cmの小形品の2点がある。有蓋高坏は、蓋受部が直立し、脚は太く八字状に開き二段交互透窓をもつ高さ14～16cmのもので、蓋はともなっていない。脚の形態からみて3種類ある。A類は下段の透窓と脚端部が接近し、脚端部に突線をもつもの（図1-6下段右端）、B類は下段透窓と脚端部の間に間隔をもち、下段透窓のすぐ下に2条の突線をもつもの（図1-4、6下段中央2個）、C類はB類と似るが、下段透窓のすぐ下に1条の突線をもつもの（図1-5、6下段左端）である。

西2号墳

封土の痕跡がほとんどなく、盗掘の時に天井石の一部が移動させられていた。しかし、残った天井石と天井石との隙間は、西1号墳と同様に土が詰められていた。石槨の四壁は人頭大の石で積まれ、長さ（東西）2.47m、幅（東側）0.64m・（西側）0.49mで、副槨の仕切りはない。床面には東から56cm、西から96cmの中央部に手のひら大の河原石が敷かれていたので、その部分が棺を置いたところだろう。副槨の区画はないが、1号墳とほぼ同じ構造である。遺物は尖底直立口縁の赤色軟質土器と比較的短い頸の小形壺片が発見されたにすぎない。

この古墳群から出土した土器は、新羅の都であった慶州地区に類品がみられる。有蓋高杯A類とB類は、慶州市皇南里110号墳（図7-1、2)[(2)]にみられ、有蓋高杯B類は慶州市味鄒5区1号（図7-3）と同6号（図7-4）に類品がみられる。長頸壺の小形品も、口縁部が「く」字状に強く内傾はしないが、やや内傾ぎみに直立する短い長頸壺が味鄒5区1号（図7-5）と同6号で出土し

162　第2部　新羅の考古学

1　下詩洞古墳群位置図

2　下詩洞西1号墳

3　下詩洞楓湖東北古墳

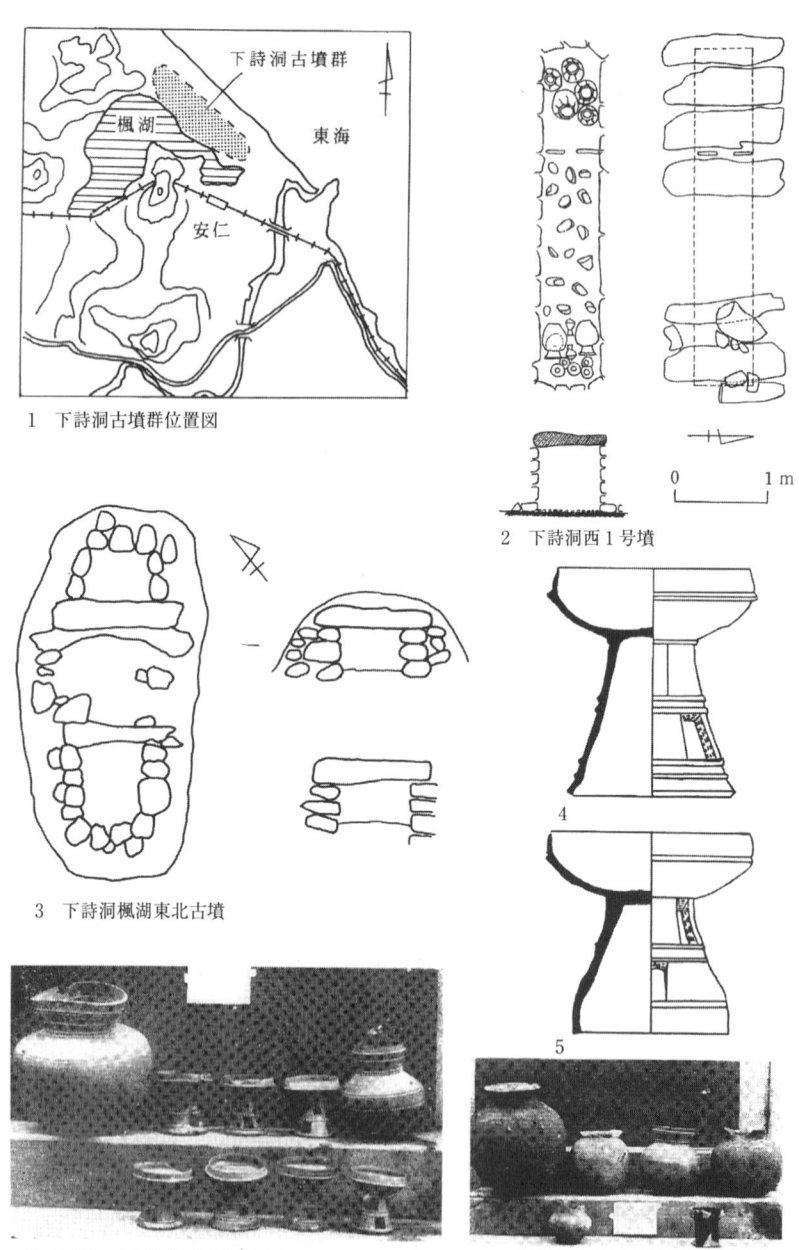

6　下詩洞西1号墳主槨出土遺物

7　下詩洞西1号墳副槨出土遺物

図1　下詩洞古墳群

ている。皇南里110号墳では、蓋をともなう種類の有蓋高杯も出土しているの
で、それをともなわない西1号墳はそれよりやや古い時期とみられる。
(3)

　1912年に調査された楓湖東北古墳群（下詩洞）は、『朝鮮古蹟図譜』第三冊
をみると江原道江陵郡資可谷面とあり（朝鮮総督府1916）、土器に書かれた注
記によると「……資可谷面下詩洞里」となっているので、『文化遺蹟総覧』に
みえる江原道溟州郡下詩洞三里にある下詩洞古墳群の一部であるとみてよい
（文化財管理局1977）。

　関野貞、谷井済一、栗山俊一らの一行は、大正元（1912）年9月16日に東
京を発ち、江原道・慶尚北道・忠清南道の遺跡を調査して、同年12月16日に
帰京した。その行程のなかで、江陵に滞在したのは10月29日から11月1日
の間で、その前後1日ずつが到着日・出発日となっている（谷井済一1912）。
江陵では、ほかに客館臨瀛館の正門、中門、烏竹軒、普賢寺、朗圓國師塔碑な
どを調査しているので、楓湖東北古墳の調査に費やした期間は1日あるいは長
くても2、3日であったと思われる。

　調査地点は江陵の街から東南に約2里、楓湖の東岸で、東海に臨む砂地であ
る。

　古墳は、長方形の石槨で、四壁は野石で築かれ、天井には細長い石材が横架
されている。さらにその上を粘土で覆うものもあるという（図1-3）（朝鮮総
督府1916）。1970年に調査された下詩洞古墳も盗掘にあっており、封土の痕跡
がほとんど認められないが、天井石を粘土で目張りしている。したがって、砂
丘という立地条件のため封土は風によりほとんど吹き飛ばされていたが、本来
は封土があったと考えるのがよいだろう。石槨の大きさは、大きいもので長さ
19尺（5.8m）以上、幅2尺6、7寸（約0.8m）以上あり、小さいもので長さ5
尺（1.5m）未満、幅1尺5、6寸（約0.48m）である。深さは不明であるが、
幅に近い数値をとるようである。また、土器のほか、鉄斧なども出土している
（谷井済一1913a）。

　ここで紹介する土器は関野貞一行が調査した時に採集したもので、現在は東
京大学大学院工学研究科建築学専攻の保管になっている。具体的にどの古墳か
ら出土したかは不明であるが、石槨が接近して営まれていることからみて、す
べての土器が同じ石槨から出土したと考える必要はない。完形の土器は、有蓋

高杯3個、長頸壺2個、脚付長頸壺3個で、ほかに土器片が多数ある。

有蓋高坏①（図2-1、図4-1）

口唇部は丸みをもち、口縁部はやや内傾して直立する。杯身部は深い。口縁部には自然釉が吹き出している。脚は杯身部とは別作りで、脚上端には1条の鋭い突線がみられる。脚は直線的に下へ向って八字形に開き下端部に1条の突線がみられる。透窓は、二段5個交互配置で、上段と下段の間は間隔があき、透窓との境には突線が1条ずつまわっている。灰黒色を呈し硬質である。高さ14.7cm、口径14cm、脚下端径11.1cmである。

有蓋高坏②（図2-2、図4-2）

杯身部は深く、内面底部に無方向のナデがみられ、蓋受部は鋭い突線を呈する。口縁部はやや内傾するものの高く、口唇部は丸味をもつ。脚は太く下に向かって直線的に八字状に開き、先端部は断面三角形である。透窓は二段4個交互配置で、上段の透窓は身と脚の接合部にくいこむように接近している。上段と中段の間には2条の突線が接してめぐり、中段と下段の間にも2条の突線がまわり三段目をつくって脚端部に至る。脚中段の透窓の間の1カ所に円圏文がみえる。色調は灰色を呈し、薄手で焼成はよい。高さ14.6cm、口径13.1cm。

有蓋高坏③（図2-3、図4-3）

杯身部は浅く、内面底部には無方向のナデがみられる。蓋受部は、ほぼ水平に4mm程張り出し、鋭い稜となっている。口縁部はやや内傾して直立し、口唇部は尖る。全体に薄手のつくりである。脚は、わずかに内弯して下に向かって直線的に開く。透窓は二段4個交互配置で、上段の透孔は杯身部に接する。透窓のあけ方に特徴がみられる。すなわち、透窓の下の線は左下がりになっており、とくに中段の透窓にその傾向が強くみられる。上段と中段の間には2条の突線が接してまわるが、上の方は丸味をもち、下の方は鋭い稜をなしている。この下の方と同様な形態を呈する突線が中段透窓直下にみられる。中段の透窓には、この1条の突線がまわった後に三段目をつくり脚端部に至る。脚端部は断面三角形であるが、外にやや張り出した稜をもち、突線のようになっている。脚のゆがみがひどく横断面は楕円形を呈す。色調は灰黒色で硬質。高さ13.6cm、口径12.7cm。

長頸壺①（図2-4、図4-4）

第2章 三国時代・江原道の古墳と土器 165

1 有蓋高坏 ① 　　　　　2 有蓋高坏 ②

3 有蓋高坏 ③ 　　　　　4 長頸壺 ①

図2　楓湖東北古墳（1）

口頸部は太く短くなっており、それほど外には開かない。体部最大径は中央よりやや上にある。口唇部は中央部がわずかに凹み、内側は鋭い稜となり、外側はそれに対して丸味をもっている。口縁部と頸部との境には2条の鋭い突線が接してめぐり、頸部の文様帯は一段で、12条の集線波状文が右から左へ施文されている。施文は、はじめは波長が短くきちんとしているが、終わりに近いところでは波長がくずれたり、長くなったりして乱れている。このような施文は、次の長頸壺②でもみられる。頸部と胴部との境にも1条の鋭い突線がみられ、その下の肩部には、8～9条よりなる集線波状文が施される。その施文方法は頸部と同じである。全体に横ナデがみられるが、外面底部（底から上に3.5cmまでの範囲）には、格子目打捺文がそのまま残っており消されていない。またこの部分の内面には、ヨコないしナナメ方向のナデがみられる。底は丸底である。色調は灰黒色を呈し硬質。高さ18.8cm、口径13.7cm、胴部最大径17.6cm。

長頸壺②（図3-1、図4-5）

口頸部は太く短く、外反がややきつくなっている。胴部最大径は中央よりやや上にあり、底は上げ底となっている。口唇部は、丸味をもつ。口縁部と頸部との境には2条の鋭い突線が接してめぐり、それをはさんだ上下はほぼ同じ幅をもつ。頸部文様帯は一段で、7本の集線波状文が右から左へ施されている。頸部と胴部との境には2条の突線が接してめぐるが、鋭い稜とはなっていない。また肩部の下、胴部最大径のあるところにも1条の突線がめぐる。全体に横ナデがみられるが、底部外面（底より2cmまでの範囲）には、平行打捺文が消されずに残っており、底中央には、径2cm程の孔があいている。意識的にあけられたのかどうかは不明である。色調は灰色で硬質、断面は淡い赤褐色、口頸部と肩部の一部に自然釉がみられる。高さ20.1cm、口径15.6cm、胴部最大径18.3cm。

脚付長頸壺①（図3-2、図4-6）

口頸部は細くなり短い。胴部最大径を中央よりやや上にもつが、球形に近い膨らみをもつ。口唇部は、中央が凹み、外側が内側よりやや高くなっている。口縁部はいくらか外弯するものの、頸部からほぼ直線的に開いている。その境には2条の突線がみられるが稜は鋭くない。頸部には一段の文様帯があり、4

第2章 三国時代・江原道の古墳と土器　167

1　長頸壺 ②

2　脚付長頸壺 ①

3　脚付長頸壺 ②

4　脚付長頸壺 ③

図3　楓湖東北古墳 (2)

168　第2部　新羅の考古学

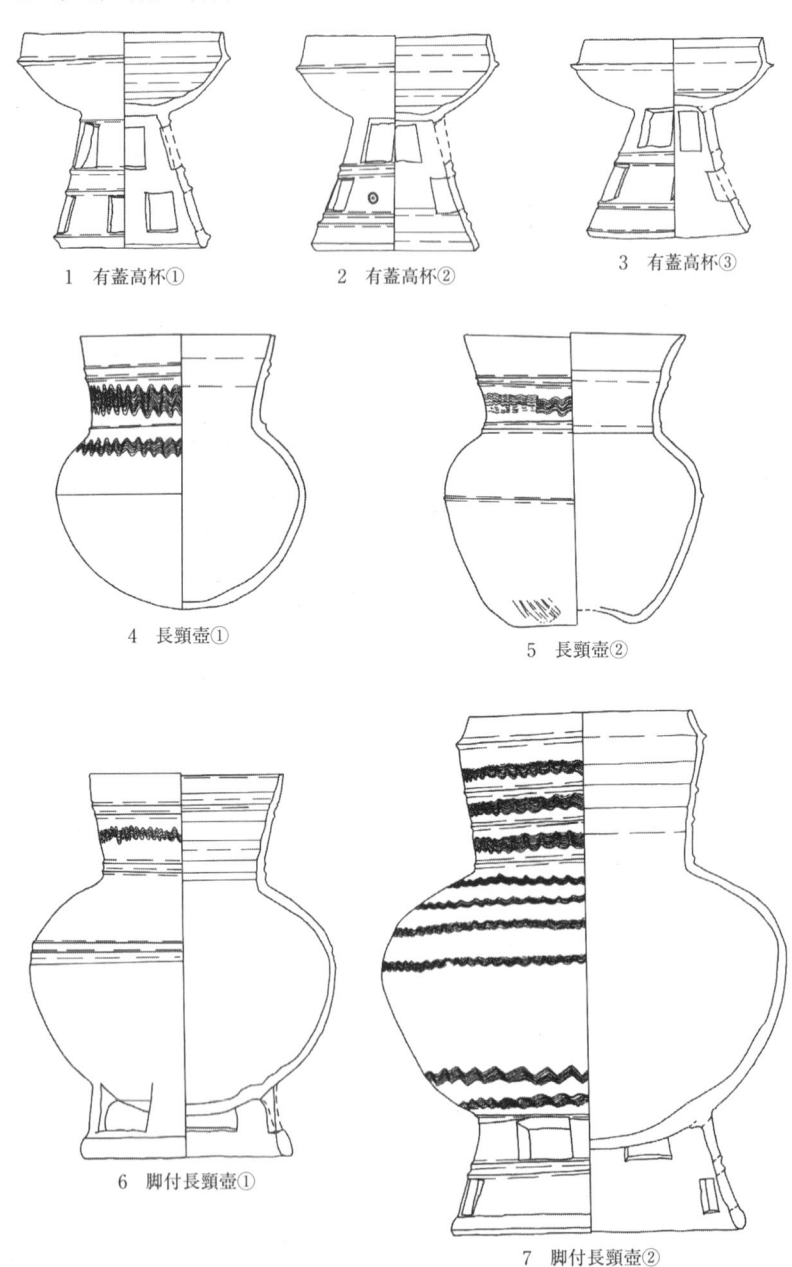

1　有蓋高杯①　　2　有蓋高杯②　　3　有蓋高杯③

4　長頸壺①　　5　長頸壺②

6　脚付長頸壺①

7　脚付長頸壺②

図4　楓湖東北古墳（3）

〜5条の集線波状文が右から左に施されている。はじめは、上下の振幅が狭く、波長も短いが、次第に広く、長くなっていく。このような施文のクセは、長頸壺にもみられる。頸部と胴部との境には、2条の突線がめぐるが、稜は鋭くない。体部は最大径を中央よりやや上にもつが、ほぼ球形に近い膨らみをもつ。最大径部の上にも2条の突線がまわる。脚は一段透窓で、5個の方形透窓をもつ。器外面は全面にわたり横ナデがみられる。内面底は、方向性のないナデである。色調は灰色で硬質。断面は赤褐色を呈する。肩部、頸部内面、内面底部には自然釉がみられる。高さ26.3cm、口径13.6cm、胴部最大径21.6cm。

脚付長頸壺②（図3-3、図4-7）

口頸部は長くなり外反し、口縁部との境には鋭く突出した稜をもつ。口縁部は大きく内傾する。頸部は、2条の鋭い突線で区画された三段文様帯をもつ。いずれも集線波状文が施され、第一段目は10条よりなり、波長は施文のはじめと終わりでほとんど同じでばらつきがない。第二段目は11条よりなり、波長は第一段目より長くなるが、ばらつきはみられない。第三段目は10条よりなり、振幅が大きいが、波長のみだれはない。頸部と胴部との境にも1条の突帯がめぐる。胴部は最大径を中央より上にもち、肩の張った形となる。肩部には4段の文様帯があり、それぞれ上から、10条、7条、7条、9条の集線波状文が施されている。各段で多少の条数のずれがみられるが、これは施文後に文様の間を再び横ナデで調整しているので、それによって集線波状文の上下が一部消されているものと思われる。したがって、頸部と肩部の施文具は同一とみてよい。施文の方向はいずれも右から左へである。胴部下半にも、二段の集線波状文がめぐるが、上段は集線鋸歯文といったほうがふさわしい。下段は、かなり雑な施文である。左から右に施文されているので、これは器体を倒立させて施文したのだろう。脚は、二段交互方形透窓で、上段と下段との間には2条の突線がめぐる。脚端部は鋭さがなく丸味をもつ。色調は灰黒色で硬質、肩部と頸部の一部に自然釉がみられる。高さ35.6cm、口径15.6cm、胴部最大径28.7cm。

脚付長頸壺③（図3-4、図5-1）

頸部は外反し、口縁部との境には2条の鋭い稜がある。口縁はやや内弯しながら内傾する。頸部の下には1条のわずかな稜が認められ胴部につづく。胴部

は最大径を中央より上にもち、肩の張った器形となる。脚は二段交互透窓配置で、それぞれに四つの透窓があく。脚端部は断面楕円形を示す。頸部には1条の鋭い稜をもつ突線により区画された二段の文様帯がある。文様は、8条の短集線文と円文を交互に配している。円文はコンパスにより破線状に、左ないし左上から時計回りに施文される。肩部にも同様の文様が二段まわった後、そのすぐ下部に円文がジグザグ状に配置される。全体に横ナデ調整で、底部には打捺文はみられない。色調は灰黒色で、焼成は硬質。頸の一部に自然釉がかかっている。高さ42.3cm、口径16.8cm、体部最大径31.4cm。

　有蓋高杯の①、②、③は、西1号墳の有蓋高杯A類、B類、C類にそれぞれ相当し、①、②の杯身部が深いのに比べ、③の杯身部は浅い特徴をもつ。3個ともほぼ同じ時期の有蓋高杯とみてよいだろう。長頸壺は、①が慶州市味鄒5区21号（図7-6）に、②が慶州市味鄒5区1号（図7-7）に類例があり、いずれも西1号墳と共通した内容をもつ。脚付長頸壺②は慶州市皇南洞83号墳の脚付長頸壺に類例があり、脚端部の形態や文様は異なるものの口縁部の内傾、頸部三段文様帯、胴部の膨らみなどが共通する（図7-8）。同③は慶州市天馬塚に類例があり（図7-9）、頸部と肩部にみられる円圏文と短集線文の組み合わせ文様は前出の皇南洞83号墳の長頸壺と共通する。長頸壺①②と脚付長頸壺②③は明らかに時期が異なるもので、前者を仮に下詩洞Ⅰ期、後者を下詩洞Ⅱ期と呼んでおく。有蓋高杯は西1号墳における長頸壺との組み合わせからみてⅠ期に属することは明らかである。脚付長頸壺①は、頸部文様帯が一段であり古い様相をみせているが、脚端部の断面が太いことから後出するとみることができるのでⅡ期に入れておく。

　1975年9月26日には、下詩洞里山10-6で、二段長方形透窓有蓋高杯、一段長方形透窓有蓋高杯、三耳付二段透窓無蓋高杯が各々1個ずつ出土し、現在は国立中央博物館の保管となっている（翰林大学校アジア文化研究所1986）。

　1978年11月1日～17日まで江原大学校により発掘調査された地域は、古墳群の北方にある。調査団では古墳群の外郭地帯という認識もあったが、墳丘がみられることから発掘することを決定した。1号墳は、作業の途中で住民の話から民墓と確認され調査は中止された。16号墳は、直径14m、高さ1.5mという、この付近では最も大きな墳丘をもつが、発掘の結果何の遺構も検出でき

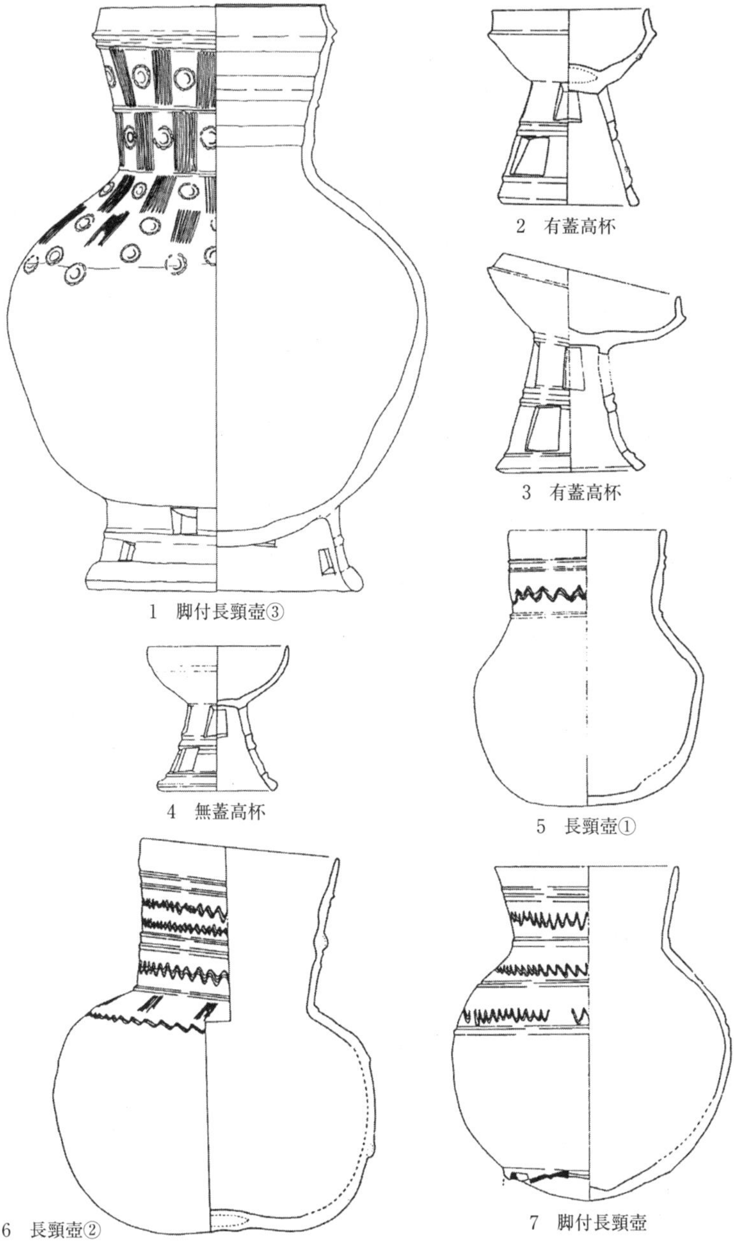

第2章 三国時代・江原道の古墳と土器　171

1　脚付長頸壺③

2　有蓋高杯

3　有蓋高杯

4　無蓋高杯

5　長頸壺①

6　長頸壺②

7　脚付長頸壺

図5　楓湖東北古墳（1）・葛夜山古墳群（2～7）

172　第2部　新羅の考古学

1　有蓋高杯・無蓋高杯

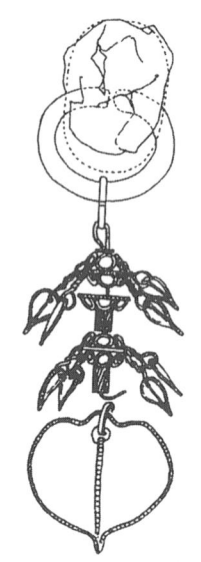

2　太環式垂飾付耳飾

3　有蓋高杯

4　有蓋高杯

5　長頸壺 　　　6　山字形金銅製冠 　　　7　太環式垂飾付耳飾

図6　葛夜山積石木槨墳（1、2）・草堂洞古墳群（3〜7）

第2章 三国時代・江原道の古墳と土器　173

1　有蓋高杯　　2　有蓋高杯　　3　有蓋高杯　　4　有蓋高杯

5　長頸壺　　6　長頸壺　　7　長頸壺

8　脚付長頸壺　　9　脚付長頸壺　　10　長頸壺

11　有蓋高杯

12　有蓋高杯　　　　　　　13　長頸壺

図7　慶州出土土器

なかったので、単純な砂丘の高まりと判断された。17号墳も発掘されたが、結果は16号墳と同じである（江原道1981）。砂丘の高まりだけで古墳と判断できないことを示している。

2　江原道三陟と江陵の古墳と土器

下詩洞古墳群と同じ時期の土器を出土する古墳が、三陟市の葛夜山古墳群と江陵市の草堂洞古墳群のなかにある。ここでは、この二つの古墳群についてみていこう。

(1) 葛夜山古墳群

三陟市城北洞にある標高111mの葛夜山一帯に分布する。今までの調査経歴は次の通りである。

- 1959年　葛夜山の東麓、悉直郡王陵北約100mの地点で、積石木槨墳1基を調査（崔淳雨1978）。
- 1987年　悉直郡王陵西約100mの地点で工事中に土器を採集（金馹起1988）。
- 1994年　葛夜山周辺で土器を採集（李相洙1995）。
- 1995年　葛夜山山頂部と東北部一帯で古墳9基を緊急発掘調査（李相洙1995）。

1987年に採集された土器は、上水道配水タンク保護のための鉄柵を設置する作業中に穴を掘っている時に発見されたが、この時に土器の出た遺構に対する調査はおこなわれなかったので、石槨墓であったかどうかは不明である。遺物は土器6個と鉄斧1個、鉄断片2個であるが、そのなかに葛夜山古墳群のなかで最も古い土器が含まれている。

有蓋高杯①（図5-2）は、口縁部はやや内傾するもののほぼ直立する。脚は太く下に向かって直線的に開き、透窓は二段4個交互配置で、上段と中段の間には2条の突線が接してまわり、中段のすぐ下にも1条の突線がまわり、下段を造って脚端部に至る。中段の下の突線が1条ではあるが、杯身の深さをはじめとする全体の形態は下詩洞有蓋高杯B類に類似する。有蓋高杯②（図5-3）

は、口縁部が内傾し杯身部が浅い。脚は下に向かって直線的に八字状に開き二段4個交互透窓があき、脚端部がさらに外反する。①より後出する要素をもつ。無蓋高杯①（図5-4）は、脚がラッパ状に開き脚端部が外反し太くなっている。これも後出の要素である。長頸壺①（図5-5）は頸部に一段の文様帯をもち、集線波状文を施す。長頸壺②（図5-6）は頸部に二段の文様帯をもち、それぞれに集線波状文を施し、肩部には短集線文と集線波状文を施す。脚付長頸壺（図5-7）は頸部一段の文様帯と肩部二段の文様帯に集線波状文を施す

土器6個のうち、有蓋高杯①と長頸壺②は下詩洞Ⅰ期の特徴をもち、脚付長頸壺は文様帯の数は異なるものの皇南里110号墳（図7-10）の長頸壺に類例があるので、下詩洞古墳出土土器を新古に分けたなかで古式に属するので、これもⅠ期に含める。有蓋高杯②、③と長頸壺②はそれより後出する。

1959年に畑を耕作中に発見された葛夜山積石墳は、山の麓の傾斜が30度をなす急なところに造られている。直径10～20cmの塊石が直径4m半ほどの範囲に散在していること、天井石がないこと、積石の底に川原石を敷いていることなどから、積石木槨墳とみてよい。調査の前に遺物が取り上げられていたので出土位置は不明であるが、金製太環式垂飾付耳飾1対、ガラス玉、頭部に2カ所の刻みがある硬玉勾玉、鏡板付轡と鉄地銀装心葉形杏葉などの馬具、二段交互透窓有蓋高杯・二段交互透窓無蓋高杯（図6-1）・鉢・赤褐色土器などの土器が発見された。耳飾は太環と横長の心葉形垂飾部は金製であるが、両者を連結する細環が金銅製である。慶州の耳飾との材質の違いをみせている。中間飾は、小環からなる華籠形球体を上下に、その間に半球体を連結し、華籠形球体は捩られた針金が4本ずつ放射状に突出し、その先に心葉形歩揺が付く（図6-2）。この形態は伊藤秋男の分類に照らし合わせるとB群第1型式に属する（伊藤秋男1972）。有蓋高杯は、慶州市皇南里109号墳第2槨に類例がある（図7-11）。

(2) 草堂洞古墳群

江原道江陵市草堂洞の標高3～12.5mの低い砂質の丘にあり、北西から南東に細くのびる長さ約1kmに及ぶ古墳群である。今までの調査経歴は次のとおりである。

1968 年　草堂洞 57-2 番地で江陵教育大学新築工事中に 2 基の古墳（2 号墳、3 号墳）が破壊され遺物を採集（白弘基 1975）。

1969 年　草堂洞 182 番地で公会堂建設のため 1 基（1 号墳）を調査（金秉模 1971）。

1971 年　草堂洞山 300-1 番地で有蓋高杯 5 個と杯蓋 3 個が出土（翰林大学校アジア文化研究所 1986）。

1974 年　丘陵の南に位置する盗掘された古墳（4 号墳）を調査（白弘基 1975）。

1983 年　草堂洞山 299-13 番地で短頸壺、脚付長頸壺、無蓋高杯、把手付杯、鉄斧、鉄剣破片、鉄矛破片が出土した（翰林大学校アジア文化研究所 1986）。

1993 年　草堂洞 129-5 番地林一帯で A 地区、B 地区に分けて調査、調査前に 24 基を確認（池賢柄・高東淳・金ジャンホン 1995）。

1995 年　A、B 地区の北、草堂洞 123-3 番地一帯を C 地区として、竪穴式石槨墓 1 基、土壙墓 2 基を調査（池賢柄・高東淳・金ジャンホン 1995）。

このうち、1、2、3、4 号墳は古墳群の北半部に、A、B、C 地区は南半部に位置し、両者は 500m 離れているので支群として設定できよう。北支群は長さ 500m、幅 130m、標高 5m の砂質の丘の上にあり、1945 年以前からすでに盗掘にあっていた。1 号墳のみは、それより西に 200m 離れたところにある。南支群は標高 12.5m の丘陵を中心に分布し、頂上部には盗掘にあった石槨墓が露出し土器が散布していた。

1 号墳は東西に主軸をもつ長方形の石槨墳であるが、東壁が崩れているので竪穴式か横穴式かは不明である。調査当時の様子では入口や羨道と思われる痕跡はみつかっていないので、竪穴式石槨墓の可能性が高い。石槨の残存長 450cm、床幅 140cm、上部の幅 97cm、床から天井までの高さ 150cm である。すなわち床から上にいくにつれて幅が狭くなり、石槨横断面が梯形を呈する。天井石は長さ 215cm、幅 130cm、厚さ 30cm の花崗岩が 1 個のみ原位置を留め横架されていた。床は拳大の川原石を敷く。

遺物は調査の時に出土したものが、脚付長頸壺 6 個、大甕 2 個、鉄製輪鐙 1

対・鏡板付鉄轡・楕円形ないし心葉形の杏葉・雲珠・辻金具などの馬具、鉄刀・鉄矛などの鉄器がある。ほかに調査前の工事中に発見されたものに土器24個がある。長頸壺、有蓋高杯、丸底壺、両耳付盌、小形壺、そして赤色土器には盌と杯があり、そのほかに土球、土製紡錘車、銅製馬鐸、ガラス玉が発見されている。有蓋高杯は脚が長くラッパ状に開き、二段交互透窓があき、杯身に粗い鋸歯文や格子文が刻まれる（図6-3）。類例が慶州皇吾里33号墳東槨から出土している（図7-12）。

報告書によると草堂洞1号墳の竪穴式石槨は、洛東江東海岸の慶州以外の地域と共通性があり、土器は慶州を中心とする洛東江東海岸と共通性がみられ、新羅の外郭地帯の伝統を保ちながら遺物は慶州中心の新羅文化に直結しているという。そして、実年代については草堂洞古墳群が遺物遺構からみて新羅文化圏に入っているので、新羅が江陵地方を支配した後、すなわち智證王六年（505）に三陟を中心に悉直州を置いた後で、下限は横穴式石室が出現する7世紀以前とみている。さらに土器の観察から古式にみられない華麗な装飾や異形土器がないことから、それほど古式には属さず、また有蓋高杯にみられる斜交線文や脚が長いこと、統一新羅の土器が発見されていないことから、それほど新しいものではなく6世紀の所産とみている。

草堂洞A、B地区では、調査前に露出していた遺構として竪穴式石槨墓24基、竪穴式石槨内合口式甕棺墓3基、合口式甕棺墓4基があった。そのうちB-16号墳は、長さ3.3m、幅1.5m、高さ1.8mの竪穴式石槨で、そのなかから有蓋高杯（図6-4）や長頸壺（図6-5）などの土器のほか山字形金銅製冠（図6-6）、金銅製環頭大刀、太環式垂飾付耳飾（図6-7）などの注目すべき遺物が出土した。太環式垂飾付耳飾は、小環を立方体に蝋付けした中間飾に横長の心葉形垂下飾が付くもので、伊藤秋男分類のB群第2型式に属する。また、長頸壺は慶州味鄒5区14号に類例があり（図7-13）、有蓋高杯は慶州皇吾里第33号墳東槨に類例がある。

3　文献からみた江原道

江原道は、『三国志』魏書東夷伝に「濊南與辰韓、北與高句麗沃沮、東窮大

海」と記された濊の地域にあたり、南は辰韓と接し、北は高句麗や沃沮と接し、東は大海（東海）に面している。また、同書に「言語法俗、大抵與勾麗同」とあるように、言語や法俗は高句麗とほぼ同じである。『三国志』撰者の陳寿は、元康七年（297）に65歳で亡くなっているので、上記の内容は3世紀頃の朝鮮半島の様子を示しているといってよい。さらに、1966年に慶尚北道迎日郡新光面馬助里で発見されたといわれる駝紐銅印には3行2字で「晋率善濊佰長」と記されており（梅原末治1967）、晋の時代すなわち3世紀から4世紀に率善佰長の称号を受けた濊人が迎日郡あたりに居住していたことを示している。したがって、3～4世紀の江原道の東海岸には濊族が居住し、その南限はある時は迎日郡にまで及んでいた。そして、高句麗との関係が深かったが、3世紀前半の魏による高句麗討伐でこの地域への高句麗の影響が薄れ、濊は魏に属することになった。魏が滅ぶとそのあとの晋に引き継がれたことは、銅印の出土から推測される（武田幸男1989）。

つぎに、4～5世紀の状況を『三国史記』新羅本紀によって見てみよう。

奈忽尼師今四十年（395）秋八月　靺鞨侵北辺出師大敗之於悉直之原
靺鞨が北辺を侵略したので兵を出して悉直之原で大敗させた。
（靺鞨は濊をさし、悉直は今の江原道三陟市をさす[4]）

同四十二年（397）秋七月　北辺何瑟羅旱蝗年荒民飢曲赦囚徒復一年租調
北辺の何瑟羅に旱害と蝗害があって、凶作となり民が飢えたので、囚徒を曲赦（恩赦）して1年分の租調を免除した。
（何瑟羅は、今の江原道江陵市と溟州郡をさす）

訥祇麻立干三十四年（450）秋七月　高句麗辺将猟於悉直之原何瑟羅城主三直出兵掩殺之…
高句麗の辺将が悉直之原で猟をしているのを、何瑟羅の城主である三直は兵を出して之を掩殺した…。

慈悲麻立干十一年（468）春　高句麗與靺鞨襲北辺悉直城
高句麗は靺鞨と北辺の悉直城を襲う。

同秋九月徵何瑟羅人年十五巳上築城泥河泥河一名泥川
何瑟羅の人で年15歳以上を徴して、泥河に築城した。

炤知麻立干三年（481）春二月　幸比列城存撫軍士賜征袍

比列城に行幸して軍士（兵士）を存撫して征袍（軍服）を賜った。
（比列は、今の咸鏡南道安辺郡をさす）

同三月　高句麗與靺鞨入北辺取狐鳴等七城又進軍於彌秋夫我軍與百済加耶援兵分道禦之賊敗退追撃破之泥河西斬首千餘級

　高句麗は靺鞨とともに北辺に侵入して狐鳴など7城を取り、さらに彌秋夫に進軍してきたので我軍は百済加耶の援兵とともに道を分かちて之を禦いだ。賊は敗退したので追撃して之を泥河の西で破り、千餘級を斬首した。
（狐鳴は、今の江原道金化郡あるいは竹嶺付近をさす。彌秋夫は、今の慶尚北道迎日郡をさす）

同六年（484）秋七月　高句麗侵北辺我軍與百済合撃於母山城下大破之
　高句麗が北辺を侵したので、我軍は百済とともに母山城の下で合撃し之を大破した。

同十一年（489）秋九月　高句麗襲北辺至戈峴冬十月陥戈峴城
　高句麗が北辺を襲い戈峴まで至ったが、冬十月に戈峴城を陥落させた。
（戈峴は、今の江原道淮陽郡をさす）

智證麻立干六年（505）春二月　王親定國内州郡縣置悉直州以異斯夫為軍主軍主之名始於此
　王は親ら國内の州郡縣を定め悉直州を置き、異斯夫を以って軍主と為した。軍主の名は此より始った。

同十三年（512）夏六月　伊湌異斯夫為何瑟羅州軍主
　伊湌異斯夫が何瑟羅州の軍主と為った。

以上の記事から、次のことが読み取れる。

　395年から486年までの間は、悉直（三陟）や何瑟羅（江陵、溟州）あたりで高句麗と新羅が争い、そこに居住していた靺鞨（ここでは濊をさす）は高句麗と組み新羅と戦った。この争いは一進一退のようで、紛争地は悉直、何瑟羅に限られている。ところが、481年から489年になると新羅は積極的な展開をみせ、咸鏡南道安辺郡あたりまで進出したり、それに対して高句麗は濊と組んで南下し慶尚北道迎日郡あたりまで攻め込んだりしている。また、江陵より北の淮陽郡で新羅と高句麗が戦ったというように、紛争地が南北に大きく移動し

ている。このような変化の背景には、新羅とくに新羅王権に対する高句麗の影響力が関係していたと思われる。

高句麗広開土王碑文の永楽九年（399）と同十年（400）には、新羅の救援依頼とそれに応じて出兵した高句麗五万の騎兵のことが記され、『三国史記』巻第三奈勿麻立干三十七年（402）の条には後に新羅王となる実聖を高句麗へ人質として送ったことが、同実聖麻立干十一年（412）の条には奈勿の子である卜好を人質として高句麗に送ったことが記されている。そして、『三国遺事』巻一第十八実聖王の条には、訥祇麻立干の即位（『三国史記』によると417年）に際し高句麗兵や高句麗人が関与していたことが記されているので、5世紀前半には新羅王権に対する高句麗の影響力が大きかったことが知られる。この影響力がいつまで続いたかについては次にあげる『日本書紀』の記事が参考になる。

『日本書紀』巻一四雄略紀八年（464）の条に、「……高麗王、遣精兵一百人守新羅」に続いて、しばらくして高句麗兵の一人が国に帰る時に新羅人を馬飼としたところ、馬飼は高句麗兵から、汝の国は吾が国のために破られることは久しくないだろうということを聞き、新羅に戻りその言葉を知らせた。すると新羅王は、「人殺家内所養鶏之雄者」と国人に告げ、国人はその意味を理解して、「鶏之雄者」の意味する高句麗人をことごとく殺した。

『日本書紀』に記された内容がすべて史実とは認めがたいが、広開土王碑文、訥祇麻立干の即位、雄略紀にみえる高句麗兵をはじめとする高句麗勢力は、一時的なものではなくその前後の一定期間、新羅に駐屯し、460年頃になって新羅から引き上げていったと理解できる。この時期の高句麗勢力の新羅への強い影響力は、新羅の王族に下賜された盃が慶州の壺杆塚[6]や瑞鳳塚[7]から出土していることからも知られる。ようやく高句麗から脱し新羅が自立していく5世紀後半になると、江原道東海岸における高句麗対新羅の争いも新たな展開をみせ、広い地域にわたる争いへと変わった。そして、505年に三陟に悉直州を置き、軍主として異斯夫を派遣したことで江原道南部における新羅の優位性が確立した。

さらに、6世紀代の様子を『三国史記』巻第四によってみると、
　真興王十七年（556）秋七月　置比列忽州以沙湌成宗為軍主

比列忽州を置き、沙湌成宗を以って軍主と為す。
　同二十九年（568）冬十月　廃北漢山州置南川州又廃比列忽州置達忽州
　　北漢山州を廃して南川州を置く。又比列忽州を廃して達忽州を置く。
　　（南川は、今の京畿道利川郡をさす。達忽は、今の江原道高城郡をさ
　　　す）
とあり、新羅勢力は東海岸を北上し咸鏡南道へも州を置き、軍主を派遣した。
真興王の巡狩管境碑のうち黄草嶺碑（568年）が咸鏡南道咸興郡岐川面真興里
で、磨雲嶺碑（568年）が咸鏡南道利原郡龍山里で発見されており（有光教一
1983）、この地域が6世紀中葉の新羅の最大北限域を示している。
　そこで、文献にみられる新羅の東海岸への進出という観点から時期区分する
と、つぎの4期に分けて考えてみることができる。
　東海岸Ⅰ期（395年〜464年）
　　高句麗の強い影響下にあり、三陟、江陵の限られた地域での争い。
　東海岸Ⅱ期（464年〜505年）
　　高句麗から自立し独自の展開をみせ、争いも広域化する。
　東海岸Ⅲ期（505年〜556年）
　　新羅の国内制度が整い始め、江原道南部への支配が確立しはじめる。
　東海岸Ⅳ期（556年以降）
　　地方支配が拡大し、最大域を咸鏡南道まで広げた。

4　結　　論

　下詩洞古墳群を中心に江原道南部の古墳から出土した比較的古い土器をとり
あげ、慶州出土の新羅土器との対比をおこなった。江原道出土の土器は、本来
その地域での相対編年をおこなったうえで他の地域との比較をおこなうべきで
あろうが、まだ資料が少ないことと新羅土器にたいへん近いこともあり、今回
は直接に慶州出土の土器と比較した。新羅土器についてはすでに第1章で編年
と暦年代の比定もおこなったので、その成果に基づき江原道出土土器について
考えていこう。
　対比された慶州の古墳出土の時期をみると、味鄒5区1号、同21号、同6

号は新羅土器編年2期に属し、皇南洞110号墳は3期に属するので、下詩洞Ⅰ期の年代を5世紀前半とみることができる。天馬塚は6期に属し、皇南洞83号墳は5期に属するので、下詩洞Ⅱ期の年代を5世紀第4四半期から6世紀第1四半期とみることができる。ところで、葛夜山積石木槨墳や草堂洞1号墳、同B-16号墳の土器は、皇南洞第109号墳第2槨、皇吾洞第33号墳東槨、味鄒5区第14号に対比でき、慶州4期に併行する時期で、5世紀第3四半期の年代があたえられる。葛夜山積石木槨墳の太環式垂飾付耳飾がB類Ⅰ型式、草堂洞B-16号墳の太環式垂飾付耳飾がB類Ⅱ型式であり、B類耳飾を出す第2期の年代を450年頃から520年頃と設定した伊藤秋男の編年観(伊藤秋男1972)とも矛盾しない。また、鏡板付轡、心葉形杏葉などの馬具の年代観とも矛盾しない。そこであらためて下詩洞Ⅰ期をさらに地域的範囲を広げて江原道Ⅰ期と置き換え、下詩洞Ⅱ期と葛夜山積石木槨墳、草堂洞1号墳、同B-16号墳を含めて江原道Ⅱ期と置き換えて整理すると、次のようになる。

江原道Ⅰ期　5世紀第1四半期(下詩洞西1号、下詩洞Ⅰ期の楓湖東北古墳、葛夜山古墳群1987年採集土器)

竪穴式石槨で、副葬品は有蓋高杯、長頸壺などの青灰色硬質土器。文献による東海岸Ⅰ期に相当し、新羅は政治的には高句麗勢力の強い影響下にあったが、この地域で高句麗・濊と争っていた。濊は言語・法俗が高句麗と同じとあることから文化的にも高句麗に属していたとみられる。しかし、ここで紹介した土器は、濊の土器が不明であるものの高句麗土器でないことは明らかであり、むしろ慶州の新羅土器とたいへんよく似ている。この時期、慶尚道東半部では土器の地域色があまりみられず、各地域独自にそれぞれ共通した土器をつくっており、ここにあげた土器をもって濊の土器と考えることもできるが、むしろ文献にみられる高句麗との関係を考えると新羅文化の影響によってつくられたとみたほうがよい。下限年代は5世紀第2四半期の始めまでとしておく。

江原道Ⅱ期　5世紀第3四半期から6世紀第1四半期(下詩洞Ⅱ期の楓湖東北古墳、葛夜山古墳群1987年採集の後出タイプの土器、葛夜山積石木槨墳、草堂洞1号墳、同B-16号墳)

竪穴式石槨、積石木槨で、副葬品は有蓋高杯、無蓋高杯、長頸壺などの青灰色硬質土器と馬具、金製装身具、玉類、鉄刀・鉄斧などの鉄製品がある。文献

による東海岸Ⅱ期に相当し、新羅は高句麗の影響力から脱する。土器には江原道の地域性を示す有蓋高杯が出現するものの、慶州の新羅土器の影響を受けた有蓋高杯や長頸壺がみられる。特に楓湖東北古墳出土脚付長頸壺③は、他の地域ではなく慶州の天馬塚と比較できる。積石木槨墳は慶州の平地に多くみられる新羅の墓制であり、葛夜山古墳群の積石木槨墳も慶州とは立地が異なるものの新羅からの影響とみられる。さらに、山字形金銅製冠、硬玉勾玉や太環式垂飾付耳飾も新羅王権との関係でこの地域に出現したものである。東海岸Ⅰ期に比べより強い新羅の政治的な影響がみられる。

さて、文献でみた東海岸Ⅲ期についてはまだ考古学的資料が少なく、ここでは述べることができないが、東海岸Ⅳ期については草堂洞2号あるいは3号墳、東海市湫岩洞B地区（辛虎雄・李相洙1994）から出土した短脚高杯により、ある程度の見通しが得られる。短脚高杯は、慶州市にある皇龍寺の第1次伽藍建物基礎のなかから出土しており、『三国史記』『三国遺事』に記された皇龍寺の創建年代から569年（第1次伽藍の完成）あるいは584年（第2次伽藍）頃には出現していたと考えられる。短脚高杯は江原道南部のみでなく江原道に北接する咸鏡南道安辺郡龍城里古墳群（リャンイクリョン1958）やそれより北部の同定平郡多湖里古墳群（ハンソクジョン1960）、同洪原郡富民洞古墳群（ハンソクジョン1960）からも出土し、新羅系の土器を出土する古墳は江原道から咸鏡南道にわたって広く分布する。その北限は真興王の黄草嶺碑や磨雲嶺碑の位置とほぼ一致する。そこで、短脚高杯を東海岸Ⅳ期の指標とすると、その分布は真興王の北上と密接に関わっているとみることができる。

以上、江原道から出土する土器を中心にして新羅の東海岸への進出の様相を概観した。

註
(1) 翰林大学校アジア文化研究所1986、129頁によると原田淑人によって調査され、遺物は現在国立中央博物館で保管している。
(2) A類は図7-1、B類は図7-2。
(3) ここでいう有蓋高杯とは蓋受の付く高杯をいい、実際に蓋がともなうかどうかは問わない。

(4) 以下の地名比定は、井上秀雄訳注 1980 による。
(5) 末松保和 1954 の 139-146 頁、末松保和 1949 の 79-86 頁。
(6) 慶州市路西洞にある直径約 16m の古墳で、直径 20m の銀鈴塚とつながって双円墳をなす。1946 年に発掘調査され、山字形金銅製冠や単龍文環頭大刀などが出土し王族の墓と推定される。出土した銅製盒の身底外面に「乙卯年国岡上広開土地好太王壺杅十」と陽刻され、乙卯の年号から 415 年の製作と考えられている。なお、古墳の名称は銘文にある「壺杅」より付けられた（金載元 1948）。

　金元龍は、この盒を高句麗への人質であった卜好が、418 年に新羅に帰るときにもってきたものとみている（金元龍 1977a）。

(7) 慶州市路西洞にある護石の直径 36.3m の古墳で、となりのデビット墓とつながって双円墳をなす。1926 年に発掘調査され、頭部に鳳凰が付いた山字形金製冠が出土しており、この古墳も王族の墓と推定される。出土した銀製盒の蓋裏と身底外面にそれぞれ「□寿元年太歳在辛三月□太王敬造合杅三斤」「延太歳在卯三月中太王敬造合杅用三斤六両」と陰刻され、延寿元年すなわち辛卯の年に作られたことがわかる。「延寿」は高句麗の逸年号で、「辛卯」は李弘植の 451 年とする意見が有力である（李弘植 1954）。

　なお、瑞鳳塚という名称は、見学に来られたスウェーデン（瑞典）の皇太子殿下にちなんで命名されたという（小泉顕夫 1986）。

第3章　装身具からみた日韓の暦年代

　日本列島では古墳時代の5世紀に入ると、騎馬の文化と金銀の文化が朝鮮半島から伝わり、これまでにない新しい武具、武器、馬具や金銀の装身具が出現した。その多くは4～5世紀前半の中国遼寧省の三燕文化（前燕・後燕・北燕）に起源をもち、朝鮮半島でも出土例が多い。しかし、日韓あわせて、墓誌の出土により古墳の年代が確定できるのは、南朝の影響を強く受けた百済の武寧王陵しかない。そのほかに少数の紀年銘の遺物があるが、その年代をそのまま出土古墳の年代とすることはできない。冠、垂飾付耳飾、帯金具、飾履という金属製装身具を出土した数多くの古墳をみても、武寧王陵（墓誌、523年没）と埼玉県稲荷山古墳（鉄剣銘、471年か）以外は紀年銘がなく年代を決めがたい。そこで、日韓の古墳出土品のなかで具体的に比較できる装身具をあげて、古墳の時間的併行および前後関係を明らかにする。そして、慶州出土土器の編年観をもとに日韓の古墳の暦年代を考える。

1　冠

　朝鮮半島と日本列島の古墳から出土する冠をみると、それぞれに特徴ある形態をもつ。高句麗では立飾を細く捻った羽状冠があり、新羅では細い台輪の上に漢字の「山」の形をした立飾をもつ山字形冠があり、加耶では細い台輪の上にさまざまな立飾をもつ草葉系冠があり、百済では公州市武寧王陵から忍冬文立飾、益山市笠店里1号墳から台輪が二山形に復元された広帯式冠が出土している。倭では二山形広帯式冠が多く、ほかに細い台輪の上にさまざまな立飾が立つ冠がある。細い台輪の上に立飾がたつ冠を広帯式と区別して狭帯式冠と呼ぶ。この両者に属しない冠として、正面に大きな板を立て、台輪が頭部を一周しない額当式冠がある。朝鮮半島では高霊郡池山洞32号墳出土の冠と東京国立博物館所蔵の小倉コレクションの冠（東京国立博物館1982）があり、日本

列島では福井県二本松山古墳出土の冠が知られる。冠のなかでは特異な形をしており、しかも両者の形が非常に類似しているので関係があることは明らかである。ここでは池山洞32号墳出土金銅冠（図1）と二本松山古墳出土銀銅冠（図2）の比較により古墳の年代を考えてみよう。

　池山洞32号墳の石槨内の南短壁際から金銅冠は出土し、被葬者に装着されず土器などの副葬品とともに置かれていた。台輪の両端が欠損した状態で出土したが、付近からも破片が発見されていないので、頭部を1周しない台輪と推定される。報告書に「光背形」と書かれたように、高さ2.7cmの台輪の正面に高さ16.9cm、幅11.7cmの半円形の立飾が立ち、その左右にL字形の対生樹枝飾を付ける。半円形立飾の表面には平行波状列点文で装飾し、瓔珞を針金で付ける。対生樹枝飾は直角に上に曲がった枝の先端に宝珠形をつくり、半円形立飾と同じ蹴彫文様で装飾され、台輪には2カ所で鋲留される。この対生樹枝飾は慶州や大邱周辺にみられる山字形冠の対生樹枝飾と同じ形であるが、枝の周縁に装飾された平行波状列点文は、山字形冠では1条の点列文となっていて違いもみられる。しかし、意匠（デザイン）を比較すると何らかの影響関係があったと考えられる。32号墳からは、ほかに横矧板鋲留衝角付冑、横矧板鋲留短甲、弯曲細縦長板冑、木芯鉄装輪鐙、f字棒状鏡轡が出土している（金鍾徹1981）。

　さて、池山洞古墳群では他の古墳からも冠が出土しているので、それについてみていこう。池山洞30号墳は主石槨と副槨のまわりに3基の殉葬石槨をもつ古墳で、主石槨に平行した南東側に2号殉葬石槨がある。2号石槨の年代は主石槨とほぼ同じ年代とみてよい。金銅冠は2号石槨内より出土し、3〜11歳の頭蓋骨とともに出土したことから、小児、幼児用の金銅冠と推定された。幅3.6m長さ14.7cmの幅広い台輪に、直線的に延びる細い枝の先端に宝珠形が付く長さ4.7〜5.2cmの立飾が3本立つ（図3）。台輪は頭部を1周せず、立飾の接合には1カ所で鋲留される。3本のうち中央の立飾が大きく、台輪の中央を意識している（嶺南埋蔵文化財研究院・高霊郡1998）。宝珠形立飾は池山洞32号墳の金銅冠と同じで、周縁にも平行波状列点文が施される。2号石槨内より出土した有蓋高杯は池山洞33号墳出土と類似する。

　池山洞45号墳1号石室では短壁際から鞍橋とともに出土した。「金銅製冠形

装飾」と報告され、幅 3.4cm の鉄地金銅装台輪に二段草葉形立飾が立つ（図4）。立飾は形のわかる2本と破片が1個体分あるので、少なくとも3本と想定された。高さ 8.7cm の二段草葉形立飾は金銅板のまわりに銀板縁金を鋲留したものであるが、台輪との接合部がみられず冠であるか疑わしいところもある（金鍾徹 1979）。この段階では宝珠形が採用されなくなったことを示している。

30 号墳と 45 号墳では台輪の上に3本の立飾が立つ共通性がみられる。32 号墳でも半円形立飾に三つの立飾が付き、これを高霊地域の冠の特徴とみることができる。30 号墳と 32 号墳では宝珠形立飾に平行波状列点文が施される共通性があり同じ系譜と理解することができ、32 号墳の金銅冠は高霊で製作されたと考える。

32 号墳と比較できる倭の冠は、福井県吉田郡松岡町の二本松山古墳から出土している。全長 90m の前方後円墳で、2 号石棺から眉庇付冑、三角板鋲留短甲とともに出土した（斎藤優 1979）。金銅冠と銀銅冠（図2）の2種の額当式があり、半円形立飾が付くのは後者である。台輪が額当立飾下部の左右から始まること、平行波状列点文がないこと、対生樹枝立飾が直線的であり、5本が想定されることなどの違いが認められるものの、その意匠からみて明らかに池山洞 32 号墳金銅冠を模倣してつくられた。形や技術の稚拙さから、高霊ではなく倭での製作と考えられる

慶州や大邱周辺の山字形冠の影響を受けたと考えられる 32 号墳の冠の対生樹枝立飾は枝が直角に曲がって立ち上がる特徴をもつ。この特徴を慶州出土冠と比較すると皇南大塚北墳（図5）や金冠塚の金冠に類例がある。それより古い時期の皇南大塚南墳の被葬者が生前に使用した木棺外の副葬品収蔵部内の金銅冠（図6）は、枝が直角ではなく鈍角に外に開いて曲がるので、32 号墳の冠はそれ以降の年代である。土器についてみると、32 号墳の石室と石槨内からは、高霊土器ではない二段交互透窓高杯が4点出土した（図7）。これを慶州土器と比較すると月城路가4号、나12号出土の高杯（図8、図9）に類似する。月城路가4号は長頸壺（図10）の形から皇南大塚北墳の長頸壺（図11）と類似するが、口唇部内面の形からはそれよりやや遅れる可能性がある。

以上より、32 号墳の金銅冠は高霊で製作されたもので、その年代は月城路가4号、나12号や皇南大塚北墳を上限とした年代が考えられる。それを模倣

188　第2部　新羅の考古学

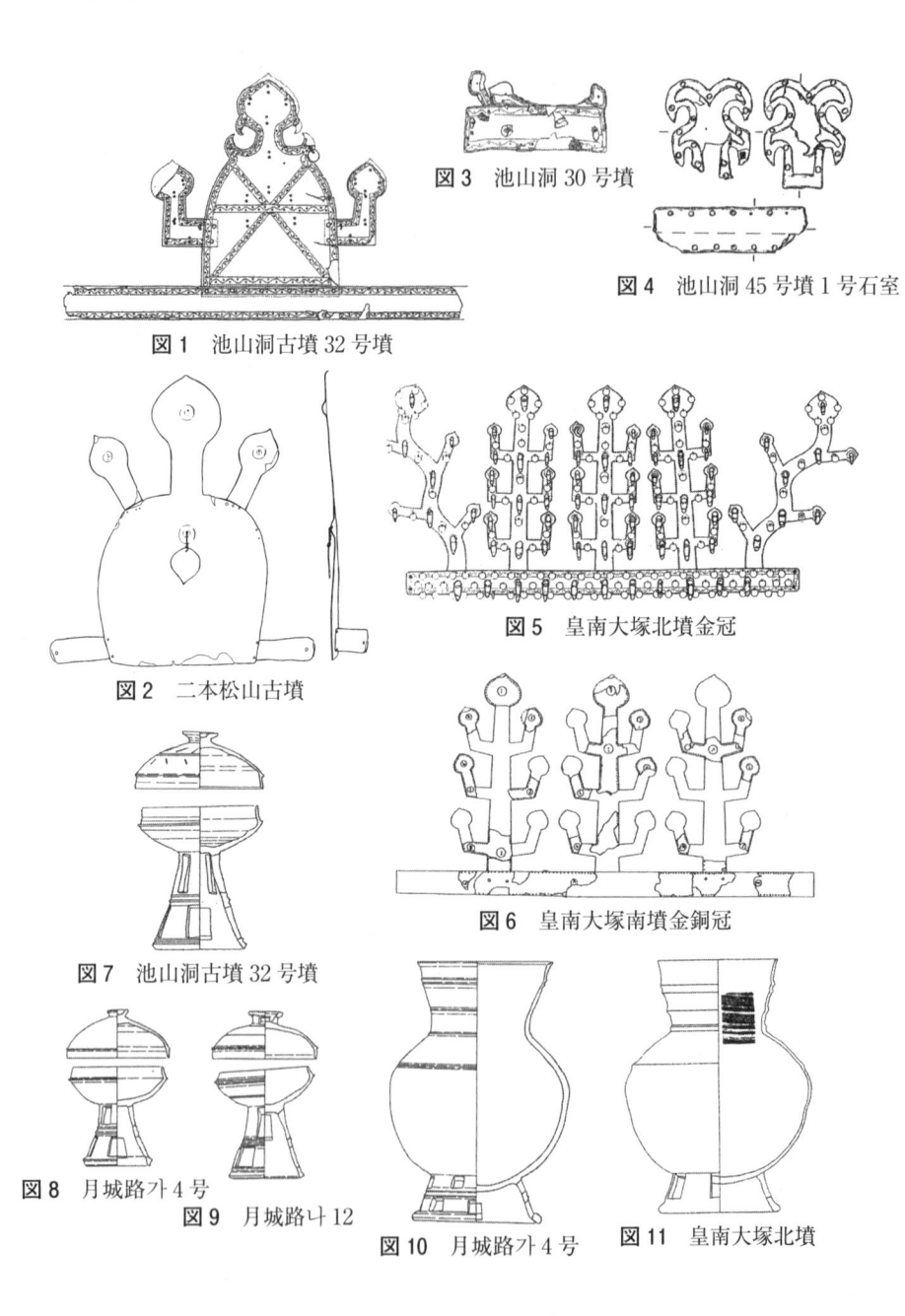

図1　池山洞古墳32号墳

図3　池山洞30号墳

図4　池山洞45号墳1号石室

図2　二本松山古墳

図5　皇南大塚北墳金冠

図6　皇南大塚南墳金銅冠

図7　池山洞古墳32号墳

図8　月城路가4号

図9　月城路나12

図10　月城路가4号

図11　皇南大塚北墳

して製作された二本松山古墳の銀銅冠はさらに遅れた年代であるが、池山洞45号墳以前である。

2 龍文帯金具

帯金具は、鉸具、銙、鉈尾の三部分で構成され、銙は革帯に付く銙板とそこから下がる垂飾よりなる。日本の古墳時代の帯金具は、銙板の文様をもとに龍文、双葉文、唐草文、無文、心葉形に分類されるが、ここでは比較的資料の多い龍文についてみていこう。

龍文帯金具は龍の表現方法からⅠ式、Ⅱ式、Ⅲ式と分けられる。町田章の帯金具全体の分類では、それぞれⅠ、Ⅱa、Ⅱbにあたる（町田章1970）。Ⅰ式は奈良県新山古墳、兵庫県行者塚古墳から出土しており、Ⅱ式は奈良県五条猫塚古墳、福岡県月ノ岡古墳などから出土し、Ⅲ式は埼玉県稲荷山古墳、熊本県江田船山古墳などから出土する。日本ではⅢ式が最も数が多いが、韓国ではまだ比較できる資料が限られている。日韓で比較可能なのはⅡ式である。その源流は高句麗あるいは三燕文化にあると考えるが、日本と韓国から出土するⅡ式と具体的に比較できる帯金具はまだ三燕文化にない。ここでは皇南大塚南墳出土の帯金具を中心として、日本と韓国の資料を取り上げて日韓の年代を比較する。

日本で出土した龍文帯金具Ⅱ式は以下のとおりである。数値は銙板の大きさである。

　奈良県五条猫塚古墳（図12）　金銅製龍文透彫　横5.7cm×縦4.15cm　龍の顔は左向き

　大阪府七観古墳（図13）　金銅製龍文透彫　5cm×3.8cm　左向き

　福岡県月ノ岡古墳（図14）　金銅製龍文透彫　5cm×4cm　左向き

　（参考資料）新開1号墳（図15）　鉄地金銅装龍文透彫鏡板・吊金具　右向き

　韓国で出土した龍文帯金具Ⅱ式は以下のとおりである。

　慶州市皇南大塚南墳　銀製龍文透彫（図16）　横6cm×縦5cm　龍の顔は左向き

190　第2部　新羅の考古学

図12　五条猫塚古墳

図13　七観古墳

図14　月ノ岡古墳

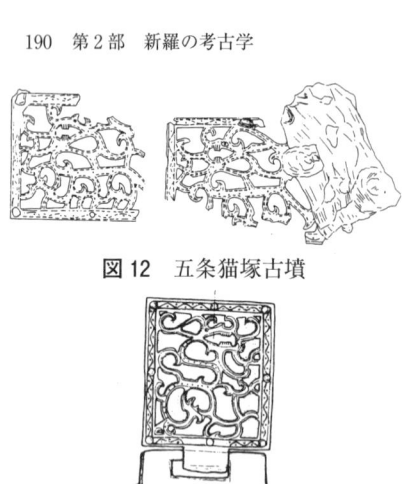

図15　新開1号墳

図16　皇南大塚南墳

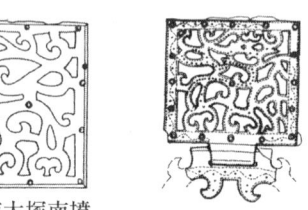

図17　皇南大塚南墳

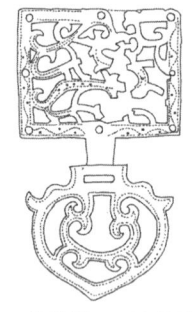

図18　草堂洞B-16号墳

図19　林堂洞7B号墳

図22　喇嘛洞ⅡM16号墓

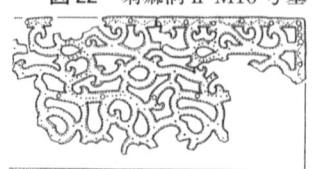

図20　皇南大塚南墳

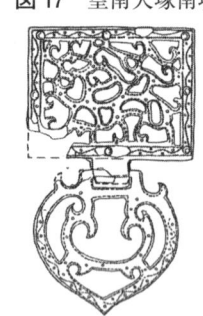

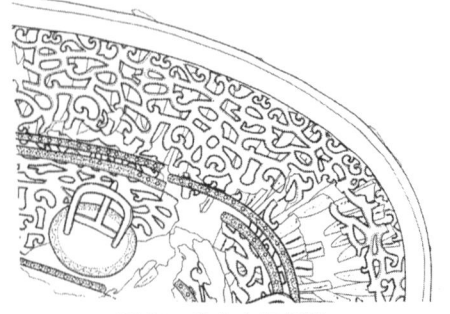

図21　皇南大塚南墳

　　　　　玉虫装金銅製龍文透彫（図17）　4.0cm×3.7cm　右向き
江陵市草堂洞B-16号墳（図18）　金銅製龍文透彫　大きさ不詳　右向き
慶山市林堂洞7B号墳（図19）　金銅製龍文透彫　5cm×4.6cm　左向き
（参考資料）皇南大塚南墳　龍文透彫長方形金銅板具（図20）　2枚あり左向きと右向き
　　　　　透彫金銅板被玉虫装鞍橋後輪（図21）　左向き

　皇南大塚南墳は長径120mの双円墳で、慶州中心部古墳群のなかでは最大の規模である。しかし、南墳と北墳のそれぞれの大きさは直径82mで、これとほぼ同じ大きさの古墳に鳳凰台古墳と西鳳凰台古墳がある。南墳は人骨の鑑定で60歳位の男性、北墳は「夫人帯」と刻銘された銀製帯金具から女性の被葬者が推定された。古墳の規模からみれば最大級であり新羅王陵の可能性が高い（文化財管理局文化財研究所1994）。帯金具には細部でみると2種の龍文がある。一つは銀製帯金具に表されたもので、龍の尾の先端が反転して頸に接する特徴をもつ。長方形金銅板具や金銅板被玉虫装鞍橋後輪にも、この種の龍文が連続して表現される。他の一つは金銅製帯金具で尾の表現に多少の違いはあるが、それは銙板が正方形に近いという形に影響されたと考えられ、同一の意匠と考えてよい。

　銙板に透彫された龍文は、全体が細い線で唐草文化しているが、3本爪、胴体の列点文、口の中の歯の有無などを基準にして、龍文の変化を追うことができる。帯金具Ⅱ式と同系統でそれに先行する龍文として新開1号墳の鉄地金銅装龍文透彫鏡板があり、この龍文の変化として帯金具Ⅱ式の龍文を理解することができる。新開1号墳の円形鏡板には、龍文が左右対称に向き合って、顔は上向きに配置される。口をあけ、歯は4本あり、頭の上から後方に角が延び、後頭部に小さな耳が付く。胴体は脚と同じ太さで表現されるが、首から尾の先端まで列点文が施されて脚と区別される。後ろ脚は胴体の線の延長として表されるのに対して、尾は後ろ脚の付け根から直角に上に曲がってS字にカーブする。四つの脚の先端にはそれぞれ3本爪が線刻で表される。方形吊金具の龍文も同じ表現であるが、龍体はS字にカーブする（図15）。

　五条猫塚古墳の龍文は歯、逆S字形の胴体に列点文、四つの脚にそれぞれ3本爪、尾が直角に上がる、という特徴から新開1号墳の龍文に最も近い。前脚

一つが胸から前方に伸び、他の三つの脚は胴体から下方に伸びる構図がここでできあがる。七観古墳は、前脚二つの3本爪はあるが、後脚の爪は表現されない。月ノ岡古墳は、歯が無く、後脚の爪は表現されるが前脚の爪は線刻されない。胴体は簡略化され列点の数が少なくなり、尾も退化している。七観古墳と月ノ岡古墳では、同じ形の垂飾が付く。

皇南大塚南墳の銀製帯金具（図16）は 6cm × 5cm と他に比べてやや大きいが、龍文の胴体には列点文や線刻が全くない。銀製ということもあり、金銅製とは異なる表現をとったと考えられる。これに対して金銅製帯金具（図17）をみると、歯は無く、3本爪も無いので、七観古墳より遅れて出現した龍文である。月ノ岡古墳と比べると口が小さいのは似るが、角の長さ、胴体、尾は七観古墳に似る。

林堂洞7B号墳の龍文は、歯は痕跡のように三角形で現され、脚の3本爪も線刻で表されず、前脚のみ形から3本爪とわかる。角と脚の一部を除けば、七観古墳と同じ龍である。林堂洞7B号墳と同じ形の垂飾をもつ龍文帯金具が草堂洞B-16号墳から出土している。後者は写真から図化したもので詳細はわからないが、歯はあるようだ。この古墳からは鋸歯形台輪に3本の山字形立飾が立つ金銅冠が出土している。山字形をみると枝の角度が直角に立ち上がり、皇南大塚北墳出土の金銅冠に類似する。

以上、龍文の系譜を整理すると次のようになり、皇南大塚南墳は七観古墳と月ノ岡古墳の間に位置づけられる。

```
                                    林堂洞7B号墳(-草堂洞B-16号墳)
                                              ↑
新開1号墳→五条猫塚古墳→七観古墳 ─────────┼─────────→月ノ岡古墳
                                              ↓
                                         皇南大塚南墳
```

新開1号墳出土の鉄地金銅装龍文透彫鏡板・吊金具と形が類似した龍文透彫鏡板が遼寧省喇嘛洞ⅡM16号墓（図22）から出土しており、帯金具Ⅱ式の龍文の系譜を三燕文化に求めることができる。

3 垂飾付耳飾

垂飾付耳飾は主環と垂下飾を繋ぐ連繋金具の種類により、大きく3種に分け

られる。連繋金具に長い兵庫鎖を用いる長鎖型、短い兵庫鎖を用いる短鎖型、兵庫鎖が付かず針金や細長い板で繋ぐ無鎖型に分けられる。そして、連繋金具にさまざまな中間飾りが付き、さらに細分される。三燕文化でも垂飾付耳飾があるが、それは単環を繋げた鎖や金針金を連繋金具としたもので、新羅、百済、加耶への直接的影響はない。

朝鮮半島での初期の垂飾付耳飾は、月城路가13号、仁旺洞668-2古墳群10号、仁旺洞668-2古墳群9号、慶山市造永洞EⅢ-8号墳（嶺南大学校博物館・韓国土地開発公社慶北支社1994）、天安市龍院里9号石槨墓（李南奭2000）などにみられる。その耳飾の構成は、以下のとおりである。

月城路가13号（新羅土器編年1期古式）　南3号人（図23）
　主環＋遊環＋兵庫鎖＋歩瑶付傘中間飾＋兵庫鎖＋歩瑶付傘形中間飾＋兵庫鎖＋金空玉中間飾＋兵庫鎖＋宝珠形垂下飾：全長11.5cm

月城路가13号　北4号人（図24）
　主環＋遊環＋兵庫鎖＋歩瑶付傘中間飾＋兵庫鎖＋歩瑶付傘形中間飾＋兵庫鎖＋宝珠形垂下飾：全長5.4cm

仁旺洞668-2古墳群10号積石木槨墳（新羅土器1期新式）（図25）
　環＋遊環＋金針金具＋花籠形中間飾＋宝珠形垂下飾

仁旺洞668-2古墳群9号積石木槨墳（新羅土器2期新式）（図26）
　金針金＋金空玉中間飾（接合部に刻目突帯）＋宝珠形垂下飾（主環＋遊環は不明）

（参考資料）造永洞EⅢ-8号墳（図27）　金銅冠の垂下飾と報告される。
　主環（太環）＋遊環＋金針金＋金空玉中間飾（接合部に刻目突帯無し）＋円形垂下飾

龍院里9号石槨墓（東晋　黒釉鶏頸壺出土）（図28）
　主環＋遊環＋金針金＋円板形（太鼓）中間飾＋宝珠形垂下飾

龍院里9号石槨墓と同じ円板形（太鼓）中間飾は陜川郡玉田23号墳の垂飾付耳飾にもあり、主環＋三つの遊環＋円板形（太鼓）中間飾＋23連の兵庫鎖＋小形金空玉垂下飾の構成からなる。この兵庫鎖は長さ17mmであり、きわめて小形の鎖を使用している（図29）。

皇南洞109号墳第3、4槨からも主環と遊環が発見され、これを平壤駅構内

墓（「永和九年」銘塼出土：353年）出土の遊環付耳飾と比較して、この段階は連繋金具も含めた垂飾が有機質のものであるという見解があるが（伊藤秋男1972）、上記の月城路가13号の例からすでに金製の垂飾が出現している。初期の垂飾付耳飾は短い兵庫鎖や金針金を連繋金具とし、垂下飾に宝珠形、円形がみられるが、これと形と構造が似る耳飾は日本ではまだ発見されていない。新羅土器1期と2期の段階には日本にまだ伝わらなかったと考えられる。宇野慎敏は垂飾付耳飾の細金細工技術は他の装身具のなかでも高度の技術を要するとして、渡来人の直接的な関わりを指摘している。宝珠形垂下飾の特徴から国産化（列島化）への段階をみると、第1段階は宝珠形小形金板で、洛東江西岸からの渡来工人により半島とは異なる耳飾が倭で製作された。「異なる」内容は、長鎖化と宝珠形への半球形打出であり、この点から朝鮮半島ではなく列島での製作を考えている。第2段階は宝珠形大形金板で、渡来工人の第2、3世代やその技術を学んだ倭人、第3段階は材質が金銅製へと変わり国産化への時期とした（宇野慎敏1999）。

　この第1段階にあたるものとして宮崎県下北方5号地下式横穴墓出土の鎖型がある（図30）。主環＋遊環＋金空玉＋兵庫鎖＋金空玉＋兵庫鎖＋金空玉＋兵庫鎖＋金空玉＋宝珠形垂下飾の構成からなり、金製小形空玉を4個付けている。垂下飾の縁には刻目縁金をまわすが、中央には半球形の打ち出しはない。これと類似したものが洛東江西岸の陝川郡玉田28号墳から出土している（図31）。主環と遊環に続いて、小遊環を介して三つの垂飾が付くが、最も長い垂飾が下北方5号と同じである。主環と他の二つの垂飾を取り除けば、下北方5号と全く同じとみてもよい。したがって、下北方5号の場合は渡来工人の製作ではなく、洛東江西岸からの輸入と考えてもよい。時期は玉田28号墳と同じである。

　第2段階にあたる垂飾付耳飾に大阪府郡川西塚古墳出土品がある（図32）。無鎖型で主環を欠き、遊環＋板金＋筒形中間飾＋宝珠形垂飾の構成をなす。筒形中間飾は新羅の耳飾に多くみられるが、この場合は横長の心葉形垂下飾が付くことが多い。類例が陝川郡玉田M3号墳（図33）や梁山夫婦塚古墳（小川敬吉1927）から出土しており、その影響が考えられる。郡川西塚古墳からはTK47期の須恵器が出土しているので、玉田M3号墳や梁山夫婦塚古墳はそれ

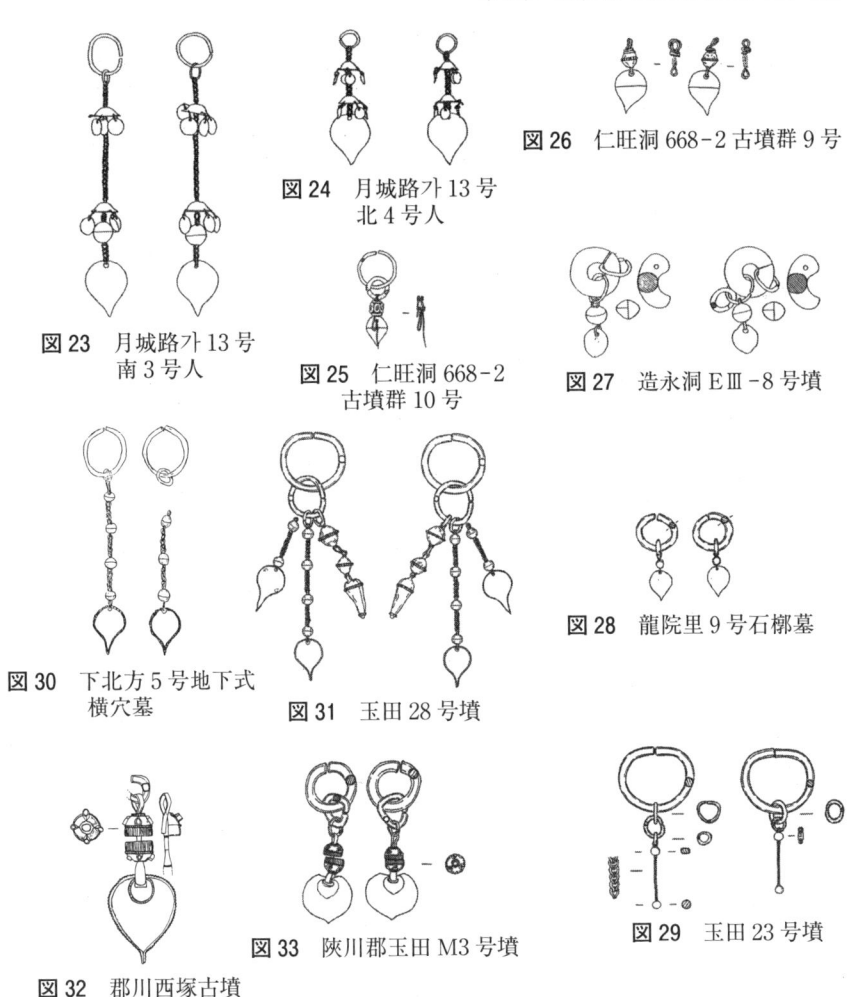

図23　月城路가13号
　　　南3号人

図24　月城路가13号
　　　北4号人

図25　仁旺洞668-2
　　　古墳群10号

図26　仁旺洞668-2古墳群9号

図27　造永洞EⅢ-8号墳

図28　龍院里9号石槨墓

図29　玉田23号墳

図30　下北方5号地下式
　　　横穴墓

図31　玉田28号墳

図32　郡川西塚古墳

図33　陝川郡玉田M3号墳

以前の時期である。

4　年代の比較

以上のように慶州中心部古墳出土土器の変遷を細かくみていくと、月城路가13号→皇南洞109号墳第3、4槨、仁旺洞668-2古墳群10号、味鄒王陵5区1

号、21号→仁旺洞668-2古墳群9号、味鄒王陵5地区6号→皇南洞110号墳、仁旺洞668-2番地3B号→皇南大塚南墳という前後関係を、筆者は考えている。皇南大塚北墳は南墳の被葬者の夫人であるので、南墳からそう遠くない時期である。一方、これまで発掘された古墳のなかで新羅の王陵候補としては、墳丘の規模や金製装身具の組み合わせなどから、皇南大塚と天馬塚をあげることができる。新羅土器編年の2期に位置づけられる皇南里109号墳第4槨や釜山市福泉洞22号墳から出土した1対の短柄木芯鉄装輪鐙は、中国遼寧省馮素弗墓から出土した1対の短柄木芯金銅装輪鐙と類似する（穴沢咊光1973）。馮素弗は、409年に後燕の慕容熙を倒して北燕を建てた馮跋の弟で415年に没している。金銅装輪鐙のほか轡も出土しているので、これらを実用の馬具と考えれば、その入手年代は兄の跋が慕容宝に仕えてから素弗の没するまでの期間が想定される。そうすると、皇南里109号墳第4槨の年代を4世紀末から5世紀初頭にみることができる。この土器編年と『三国史記』の即位記事をもとにして王陵候補古墳の被葬者を考えると、皇南大塚南墳は訥祇麻立干（在位417〜458年）に、天馬塚は炤知麻立干（在位479〜500年）か智證麻立干（在位500〜514年）に比定できる。

福井県二本松山古墳の年代は、その冠が池山洞32号墳の金銅冠を模倣したものであるから、32号墳の年代を上限年代とすることができる。32号墳は土器からみて皇南大塚北墳と近い年代である。北墳は南墳の夫人の墓で、南墳の後に造営されたことが層位から確認されているので、その年代は5世紀第3四半期におくことができる。したがって、二本松山古墳の年代もその頃と考えられる。

龍文帯金具Ⅱ式をみると、皇南大塚南墳の金銅製帯金具は大阪府七観古墳より遅れて出現した龍文である。その源流は三燕文化にあり、三燕文化の馬具や装身具（唐草文透彫帯金具など）は日本列島に直接入ってくるのではなく半島を経由しているので、皇南大塚南墳より古い龍文帯金具Ⅱ式が半島に存在し、そこから変化したものと考える。七観古墳の帯金具は、奈良県五条猫塚古墳からの変化か半島からの移入品かはわからないが、皇南大塚南墳より古い。したがって、七観古墳の下限年代を5世紀中葉におくことができる。

垂飾付耳飾については、宮崎県下北方5号が洛東江西岸からの輸入、大阪府

郡川西塚古墳が日本列島での製作としても明らかに半島の強い影響を受けているので、それぞれの上限年代を玉田28号墳と玉田M3号墳の年代におくことができる。趙栄済の見解によれば、玉田28号墳は5世紀第3四半期の遅い方（慶尚大学校博物館1997）、玉田M3号墳は5世紀第4四半期（慶尚大学校博物館1990）に比定される。

第３部　古代東アジアと朝鮮半島

第1章　古代東アジアの盛矢具

1　盛矢具と胡禄

　弓矢の使用は石器時代に始まり、現代まで延々と続いている。はじめは狩猟などに利用されたから、手でもったり束ねて腰に差すだけで十分にその用は足りたが、やがてそれを携帯するのに便利な器具が生まれてきた。
　わが国におけるそのような器具は、古墳時代よりみられ、古墳出土の金銅製金具や武人埴輪によって、その存在を知ることができる。末永雅雄によると、矢を盛る器には矢の大部分をその器具の中に収納する「矢筒式」と、矢の一部だけが容器の中で支持せられて、矢の他の部分が暴露した「方立式」の2種があり、この区別は古墳時代からみられ、矢立式の古い姿においては、大陸的な要素を認めざるをえないという（末永雅雄 1936）。
　したがって古墳時代においては、鏃を上に向けて矢の大部分を収納する矢筒式と鏃を下に向けて矢の一部を収納する方立式があり、一般に前者を「靫」（ゆき）、後者を「胡禄」（ころく）と呼んで区別している。
　『東大寺献物張』には、「白阿蘇胡禄」、「柒阿蘇胡禄」をはじめとして胡禄という文字が数多くみられ、正倉院文書の美濃国の戸籍にも「胡禄作」という文字がみられることから、奈良時代には胡禄という言葉がすでに使用されていたことがわかる。[1]一方、正倉院の中倉には葛製胡禄が33具伝存し、法隆寺献納宝物のなかにも背板のみであるが彩絵胡籙がみられる。これらは、長方形の背板の下方に方立をもつ「方立式」である。
　中国では、矢を盛る器具を箙、箭あるいは韣、韣丸と呼んでいて、胡禄という言葉が出てくるのは唐代になってからである。唐代の胡禄は、李賢墓（陝西省博物館・陝西省文物管理委員会 1974a）や李重潤墓（陝西省博物館・陝西省文物管理委員会 1974b）の壁画にみられるように、やや裾広がりになる長筒形

で頂部に半筒形の蓋が付く「矢筒式」である。

　日本と中国において同じ胡籙という言葉を使用しつつも、その実態は「矢立式」と「矢筒式」というように異なっている。日本にのみしかみられない形態ならば、正倉院の例を参考にして「矢立式」を胡籙と呼んでもよいが、朝鮮半島でも三国時代の墓から発掘され、また中国においても「矢立式」があるので、東アジアのなかで論じる場合には胡籙という言葉は混乱を招きふさわしくない。そこで、ここでは矢を盛る器具という一般的な名称で崔鍾圭が用いた盛矢具という言葉を使用することにする（崔鍾圭1987）。したがって、盛矢具には、箙、籣、韇、韇丸、胡籙、靭とよばれるものすべてが含まれる。

　わが国の古墳から出土する盛矢具は、有機質よりなる部分は腐食してほとんど残らないが、金具が付属していたり漆塗りの場合には、その痕跡を知ることができる。鏃が下向きに収容されているものと、上向きに収容されているものがあり、埴輪を参考にすると前者を矢立式、後者を矢筒式と区別できる。

　さて、末永雅雄の指摘にもあるとおり、わが国の方立式盛矢具には大陸的な要素が認められ、すでに大陸や朝鮮半島でもそのような例が知られている。そこで、本論では古代東アジアにおける鏃を下向きに収容する盛矢具の金具を集成して、形態のよくわからなかった奈良時代以前の盛矢具を復元し、その系譜について論じる。ただし、靭についてはいまだ大陸ではわが国のような形態、装着のものがみつかっていないので、ここでは省略する。

2　研究小史

　中国の唐以前の盛矢具については、林巳奈夫が要領よくまとめている（林巳奈夫1972）。それによると、箙の最も古い証拠は石璋如のいうように殷代の甲骨文字にみられ、「その形は長方形の架の形をなし、矢は鏃を下に向けて置かれ、矢は一ならびで羽根が箙の外にはみ出す」と考え、石璋如の箙の想像復元に賛成している。また、出土遺物としては江陵沙塚1号墳出土の方立と考えられる木彫製品があり、その時代を春秋後期後半頃と考えている。戦国時代の中期末頃の長沙左家公山15号墳出土品は、高さ77cmの木製品で下部に絹が貼られている。

一方、『後漢書』巻八十九南匈奴列伝には「弓鞬韇丸一」の注に「方立云、蔵弓為鞬、蔵箭為韇」とあるので、韇という名称の盛矢具が知られる。また、『漢書』巻七十六趙尹韓張両王伝に「抱弩負籣」とあり、顔師古注に「籣、盛弩矢者也、其形如木桶」とあることから、箙のほかに韇や籣があり、籣は矢筒式の盛矢具と推定される。すなわち、唐以前の中国では方立式の箙と矢筒形の籣の少なくとも2種の盛矢具があったことが明らかである。

唐代の胡禄について述べた駒井和愛は、「唐代の胡禄は唐初に於ける西域計画略に依って、西域地方流行の箙筒が伝来したもの」とみており、言語学上からみても類似の外国名から音訳したものと考えている（駒井和愛1934）。そして、水野清一・駒井和愛は、西域の一つとして、ペルシャのターク・イ・ブスターン石刻のコスロウ二世の像との類似を指摘している（水野清一・駒井和愛1932）。また、『史記』巻七十七信陵君列伝にみられる「韇」について、唐の司馬貞が「韇音籣、謂以盛矢、如今之胡籙而短也」と注記しているとの指摘があり、これよりみれば唐以前にも胡禄と似た韇と呼ばれる盛矢具があったことになる。駒井は、日本の正倉院および法隆寺の「胡籙」との比較もおこない、これらは唐代の胡禄ではなく、日本の古墳出土の遺品によって徴される箭筒に類似するという重要な指摘をした。

次に、日本や朝鮮半島で出土する遺物の研究についてみていこう。

盛矢具の金具はすでに江戸時代、筑後国（福岡県）の月ノ岡古墳より出土していたが、当時はそれとは気づかなかったようだ（矢野一貞1867）。三輪玉形の上下に帯状金具が延びるものを箙の金具らしいと推定した最初は、芝公園古墳群を発掘した坪井正五郎であった（坪井正五郎1903）。

その後、備中国（岡山県）の天狗山古墳よりU字形金具が発見され、その裏面に鉄鏃が斜めに鋳着していたことから、末永雅雄は「もしこの奇跡がなければ古墳時代の胡禄の存在を未だ知ることができないが……」と述べ、このU字形金具が盛矢具の金具であることを明らかにした（末永雅雄1934・1941）。そして、「矢を受ける部分が浅くいはゆる矢立式の構造」と推定した。この天狗山古墳とその出土遺物を研究した村井嵓雄は、今までに発見されたU字形金具を集成するとともに、それといっしょに出土した中央に円板をはさんだ金銅製の帯状金具に対して、「用途については明確ではなく……福岡県月ノ岡古

墳出土品などでも胡籙金具と考えられているが、本墳でも胡籙の出土が伝えられてはいるものの、胡籙と関係のある金具かどうか断定できない」と慎重な態度をとっている。しかし、「帯状の先につけられた装飾的な留金具の一種であることは間違いないであろう」と述べた（村井嵓雄1972）。そして、この時点では他に岡山県四ツ塚1号墳、13号墳出土の鉄地金銅装連弧状帯金具が、その出土状態と弓状に曲がっていることから、鞆あるいは胡籙の縁金具として使われたものと推定した。このようにして、U字形金具以外にいくつかの金具が注目されてきたが、積極的に認めようという姿勢はまだなかった。

　兵庫県加古川市にあるカンス塚古墳からは、1966年の調査で第3群の鉄鏃を挟むように中央に円板形を挟んだ帯状金具2個とコ字形金具が2個出土した。野上丈助はこの金具をもとに盛矢具を推定復元し、出土した金具を方立の側面金具と位置づけた（野上丈助1977）。その後、このような金具が盛矢具の金具であることがわかってくると、今まで帯状金具あるいは単に飾金具と報告されてきた資料を再検討することにより類例は増え、また新たな発掘調査によりその資料も増えつつある。

　1963年に発掘調査した千葉県山王山古墳は、その後17年経って正式報告書が刊行された。この古墳から出土した帯状の飾金具は、出土状態が鉄鏃群とともに原位置を保ち、鉄鏃の向きとほぼ直交することから、胡籙の方立部を表装する飾金具と認定された。この報告のなかで、千家和比古は古墳時代の盛矢具を次の3形式に分類し、形式ごとの年代を考察した（千家和比古1980）。

　第Ⅰ形式　鏃先形ないしはU字形を呈する鉄地金銅張り製の金具、5世紀中
　　　　　葉〜後半ないし6世紀初頭。
　第Ⅱ形式　双方中円形を呈する鉄地金銅張り製の金具。
　　　第Ⅰ類　中円部が独立し上下両側に短冊形の金具を接続したもの、5世
　　　　　　紀後半。
　　　第Ⅱ類　中円部と短冊形の金具が一連の1個として作られるもの、6世
　　　　　　紀前半〜後半。
　第Ⅲ形式　長方帯形を呈する鉄地金銅張り製の金具で、出土状況は鉄鏃と直
　　　　　交する。
　　　第Ⅰ類　方立部前面上縁ないし下縁を飾るもの、6世紀前半。

第Ⅱ類　半円形の方立部の上下段を飾るもの、6世紀前半。
　第Ⅲ形式については、その出土位置から鞁と推定されるものもあることに注意している。
　これとほぼ同じ分類をしたのが、宮崎県島内地下式横穴10号出土の盛矢具と考えられる金銅製金具を紹介した北郷泰道である（北郷泰道1980）。今までに発見された胡籙金具を次の3種に分類し、各類ごとの古墳の例をあげ、そこから年代を考えた。
Ⅰ　U字形胡籙金具を前立の飾金具とする。
　　天狗山古墳・月ノ岡古墳、5世紀中頃～6世紀初頭。
Ⅱ　中円板状金具（中央に円形を挟んだ帯状金具）を側面金具とする。
　　カンス塚古墳、5世紀後半～6世紀後半。
Ⅲ　帯状金具が円形あるいは楕円形に結ばれる。
　　四ツ塚1号墳・13号墳、5世紀後半～6世紀後半。
　千家の第Ⅲ形式、北郷のⅢをさらに細かく分けたのが、八賀晋で、兵庫県西宮山古墳出土の盛矢具を報告したなかで、帯状金具を次の3種に分けた（八賀晋1982）。
1類　帯状の金具の上部に、剣先状の突起の左右に葉形の飾りを付けた一連の金具。
2類　帯状部に山形の突起をもち弧状となったもの。1類の金具の両側にそれぞれ接した一連の金具と考えられる。
3類　幅2.5cmほどで幅広く扁平で、中間に楕円形の飾りの部分をもつもの。これはさらに端部の末端が直線状となるものと弧状になるものに分けられる。
　おおよそ今までの分類と同じであるが、今まで一つにまとめられていた帯状金具を、剣先状突起＋葉形飾をもつものと山形突起をもつものの2種に分けた。
　このように、日本ではもっぱら盛矢具本体に言及しているが、韓国では遺物の良好な出土状態から付属金具についても明らかになってきた。釜山大学校博物館が発掘調査をした福泉洞古墳群では、11号墳と22号墳から盛矢具が出土した。11号墳の鉄鏃B群付近より出土した金具からの復元では、1対の帯状

金具を方立側面に付ける案と方立上面の側面に付ける案の二つが出された。そして、身体への装着では、肩から負うように復元された（鄭澄元・申敬澈 1983b）。全玉年は 11 号墳よりも多くの金具が出土した 22 号墳の盛矢具を復元した。出土状況から各種の付属金具の位置関係を明らかにし、盛矢具本体の復元では 11 号墳で提示された後者の復元案と同じになっている（全玉年 1985）。

　復元をさらに進めたのが崔鍾圭である。U字形金具にはU字形の両端が外側に開くものと、両端が平行になっているものの2種があることを指摘し、前者を平胡籙系統、後者を縦長の形態と考えた（崔鍾圭 1983d）。その後、U字形金具をともなうもの以外の盛矢具の金具を集成し、盛矢具を次のように分類した。

　Ⅰ類　方立に山字形立飾を付けるもの、中国の箙に相当する。
　　　　a 方立飾の軸部が外傾するもの。
　　　　b 方立飾の軸部が垂直かそれに近いもの。
　Ⅱ類　円形ないし半円形の筒状物、中国の韇丸に相当する。
　Ⅲ類　方形ないし長方形の筒、中国の籣に相当する。

　そして、Ⅰ類の矢箙の復元に際しては、中国南北朝時代の陶俑や唐代の壁画、石刻俑さらにはターク・イ・ブスターン大洞の帝王騎士像から、中円板帯状金具に対して新しい見解を出した。これは、肩に負う帯に付く金具ではなく、腰帯から矢箙を垂下するために用いる2本の帯に付く金具とみた。したがって、盛矢具本体以外の付属金具についても腰帯や垂下帯の部品として理解した（崔鍾圭 1987）。

3　盛矢具の金具

　研究小史を通じて、日本と朝鮮半島における盛矢具の金具にはどのような種類があるのかがわかった。そこで、出土状況や使用部位をも考慮して次の 12 種に分類する（図1）。

　Ⅰ類　韓国では山字形金具、日本では鍬形金具あるいはU字形金具と呼ばれているもので、平面がU字形を呈する金銅板あるいは鉄板の内縁と

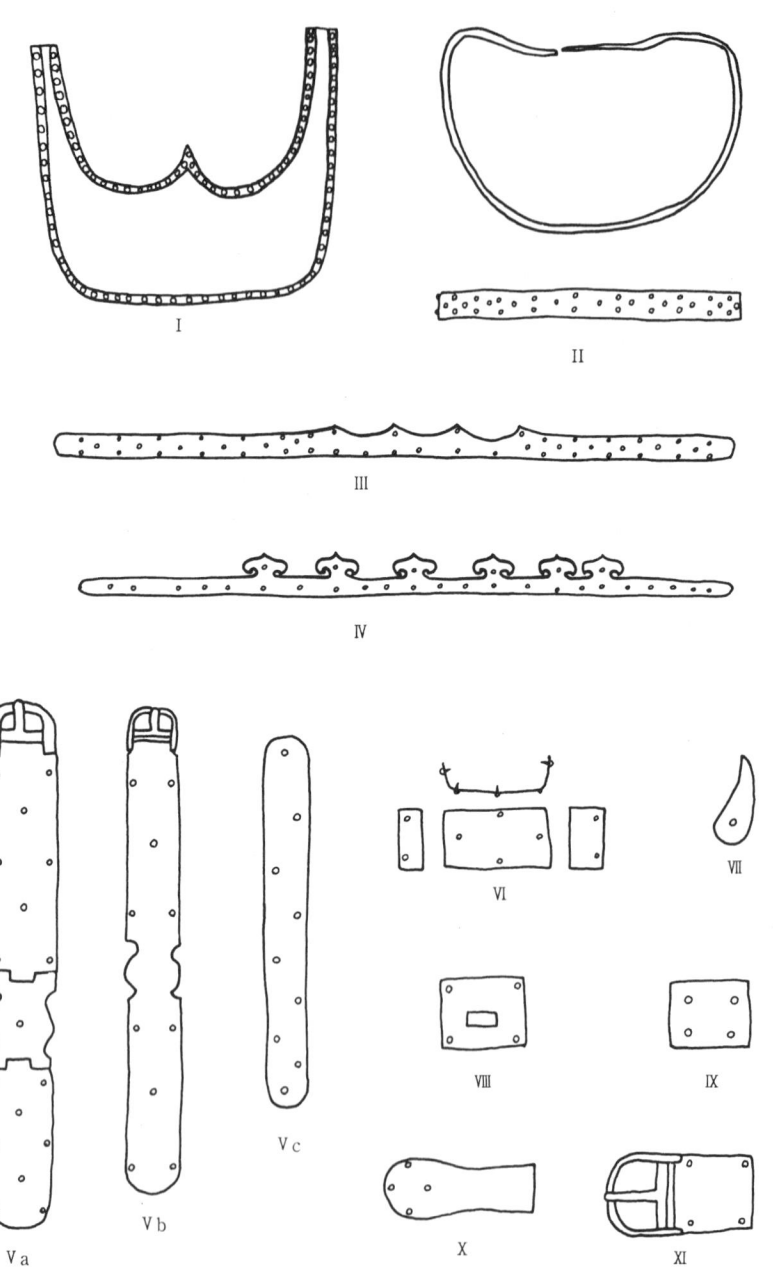

206　第3部　古代東アジアと朝鮮半島

図1　盛矢具金具分類

外縁に、それぞれ細長い帯状金具が鋲留めされる。内縁の中央が山形に突起するのを特徴とする。

Ⅱ類　幅1〜3cmの鉄地金銅装あるいは鉄の帯状金具で、鋲が1列あるいは2列に打たれる。長さは20cm以上あるものが多く、円形ないし楕円形に曲がる。

Ⅲ類　Ⅱ類と似るが、金具中央部の片側縁に1カ所〜数カ所の山形突起をもち、金具両端部は幅が狭くなって終わる。円形にまわるものが多いが、端部が合わさって1周するものは少ない。

Ⅳ類　Ⅱ類と似るが、片側縁に三葉形の立飾りが数カ所に付く。円形にまわるものと長方形にまわるものがある。かつて、冠飾と解釈されたこともあった。

Ⅴ類　中円板帯状金具と称するもので、中央に三輪玉形の中円板を配し、その上下に帯状金具（韓国では圭形金具と呼んでいる）を配したもので、その一端に鉸具が付くものと付かないものがある。中円板部のありかたで次の三つに細分される。

　Ⅴa類　中円板部の両端に長方形孔があき、そこに短冊状の帯状部が連結するもので、連結部は可動性をもっている。

　Ⅴb類　中円板部と帯状部が一体構造となっているもの。

　Ⅴc類　中円板部が省略されて、全体が一つの帯状金具となっているもので鉄製が多い。

Ⅵ類　コ字形金具と称されるもので、両側が直角に曲がるものや片側が鈍角を描いて緩く曲がるものがある。対になって出土する例が多い。

Ⅶ類　勾玉形金具と称されるもので、中央部が膨らんでいる。頭部は丸いものと突起をもつものがある。Ⅵ類と同様に対になって出土する例が多い。

Ⅷ類　方形あるいはそれに近い長方形の金具で、四隅に鋲が打たれ長辺に片寄って長方形の孔があく。また、四隅のうち2カ所の角が斜めに切られているものもある。

Ⅸ類　方形の金具で四隅に鋲が打たれる。短甲の開閉装置にもこれと同様の金具が使用されているので注意を要する。

Ⅹ類　鉈尾で、帯の先端に付く金具。
Ⅺ類　鉸具で、Ⅴ類金具につく鉸具とは異なりそれより大きい。
Ⅻ類　Ⅰ～Ⅺ類の分類に属さないが、出土状況からみて盛矢具に伴う金具と考えられるもの。現状ではまだ例が少なく、分類項目を立てるのが困難なものを一括してここに入れておく。

以上の分類のなかで、盛矢具本体あるいはそれに固有の金具はⅠ～Ⅶ類までで、Ⅷ～Ⅺ類は盛矢具以外にも使用されるものである。すなわち、盛矢具を身体に取り付ける帯金具の金具と考えられ、それは盛矢具に固有のものではない。したがって、Ⅷ～Ⅺ類のみの出土の場合は確実に盛矢具があったとはいえないので、今回はそのような例を除外した。

4　日本列島出土の盛矢具

Ⅰ～Ⅶ類の金具を中心に古墳時代の盛矢具をみていくと、39古墳1遺跡からの金具が知られる。いずれも有機質は腐食して失われ、金具のみが残った例がほとんどである。また、金具も出土していないが、鏃の刃先が一直線に揃って検出されたり、有機質の膜が鏃の上にかぶっていた例もあることから、金具を使用しない盛矢具もあった。

以下、日本列島の古墳出土の盛矢具を南からみていこう。なお、古墳に関する文献は表1（248・249頁）を参照されたい。

石舟塚古墳（新田原第45号墳）　宮崎県児湯郡新田村
墳形；前方後円墳
主体部；横穴式石室、家形石棺
遺物；ほとんど盗掘されていた。鉄鏃11本、石突、雲珠、鉸具、須恵器
盛矢具；石室奥から手前11～15尺にわたって、右壁際より出土した遺物群のなかに含まれる。破片からの復元形をみるとⅤb類と考えられ一端が丸く終わる（図2）。「現存片から少なくとも同形品の三個あったことが分る。」とあ

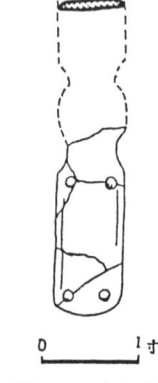

図2　石舟塚古墳

ることから、1対以上のVb類の存在が想定される。他に幅の狭い鉄地金銅装の帯状金具片がある。細片であるため山形の有無は不明であるがⅢ類に近い金具と考えられる（図版1-①、以下、本章末尾の写真図版は本文挿図と別番号とする）。

島内地下式横穴10号（平松地下式横穴昭和54-2号）　宮崎県えびの市大字島内字平松
主体部；地下式横穴、長軸231cm、短軸215cm
遺物；鉄剣、刀子、鉇、鉄鏃16本
盛矢具；鉄地金銅装のVb類が2個ある。表の周縁には平行線文と列点波状文が蹴彫りされ、帯状部には5ヵ所、隅丸帯状部には4ヵ所に鋲が打たれ皮革質

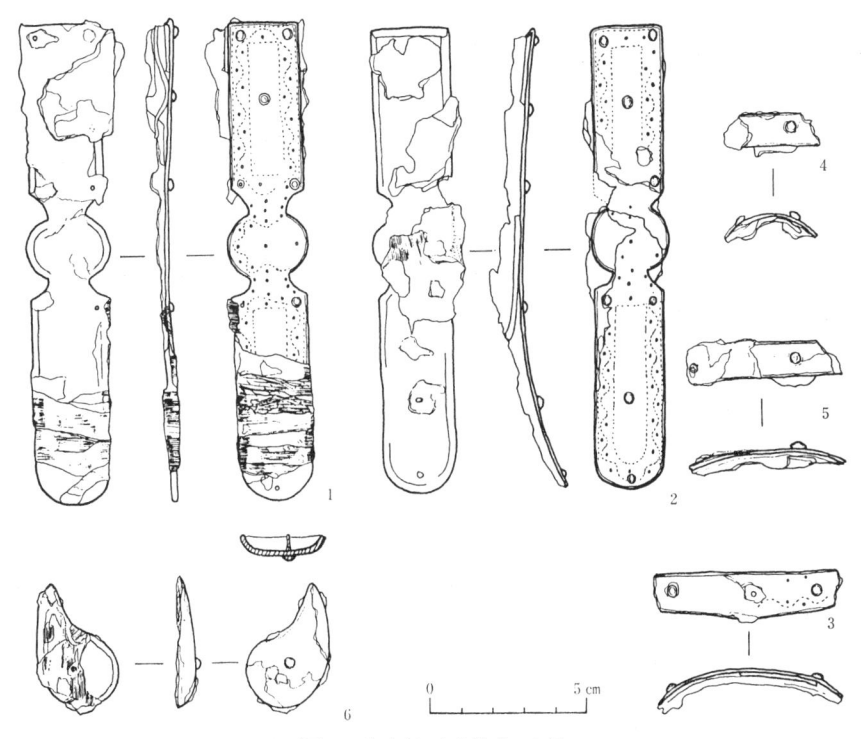

図3　島内地下式横穴10号

のものに留められたと思われる。全長14.3cm、幅2.3cmをはかる（図3-1、2）。Ⅱ類と考えられるものは、現存長6cm、幅1.5〜1.2cmの断片で、側縁に列点波状文があらわされる。3カ所に鋲が打たれ、やはり裏に皮革質のものが付着している（図3-3）。幅1cm、長さ4.8cmと3cmの二つの断片は、表に文様がないがⅡ類と似た用途が考えられる（図3-4、5）。Ⅶ類の勾玉形金具は長さ3.9cmで断面は弧状を呈する（図3-6）。

　この地下式横穴からは人骨が出土しており、その位置からみて、盛矢具は遺骸の足元に副葬されたことがわかる。

飛山横穴群23号横穴　大分県大分市大字東上野字百合野
主体部；地下式横穴、横幅273cm（玄室の3分の2が残存）、複数体の埋葬
遺物；玉類、刀子、鉄鏃30本前後、轡、辻金具、尾錠、須恵器
盛矢具；金具はいずれも鉄地金銅装で、裏に布および革が付着し、一部に漆を思わせる皮膜もみられるが、漆かどうかは明らかではない。中円板部をもたないⅤc類は、玄室の右奥隅すなわち遺骸の足元寄りから鉄鏃群とともに出土し、周縁に平行線文と列点波状文があらわされる。また、金具中央には円形の中に列点が打たれた文様が4カ所以上に施されている。23cmの間隔をあけて一対出土しており、そのうちの一つは長さ16.5cmをはかる（図4-1）。Ⅲ類は、周縁に平行線文と列点波状文があらわされ、金具はほぼ円形にまわることが断片のカーブから確認できる。山形部は表側（金具中央部）に5カ所、後側面（金具の端部近く）に1対あったことが推測される。推定径約14.5cm（図4-3）。Ⅱ類は一端を欠失しているがほぼ全形を知ることができる。中央は緩いカーブを描き、両端が急に内傾して終わるもので、盛矢具の表側にのみ付く金具であろう（図4-4）。現存長15.5cm、幅2cmをはかり、Ⅲ類とは37cm離れて出土した。6世紀中葉〜7世紀初頭。

龍王崎1号墳　佐賀県杵島郡有明町
墳形；円墳、径14m
主体部；横穴式石室、奥壁に平行に二つの屍床
遺物；耳飾垂飾部、玉類、銅釧、鉄刀片、鉄鏃（平根式16本、尖根式11本、

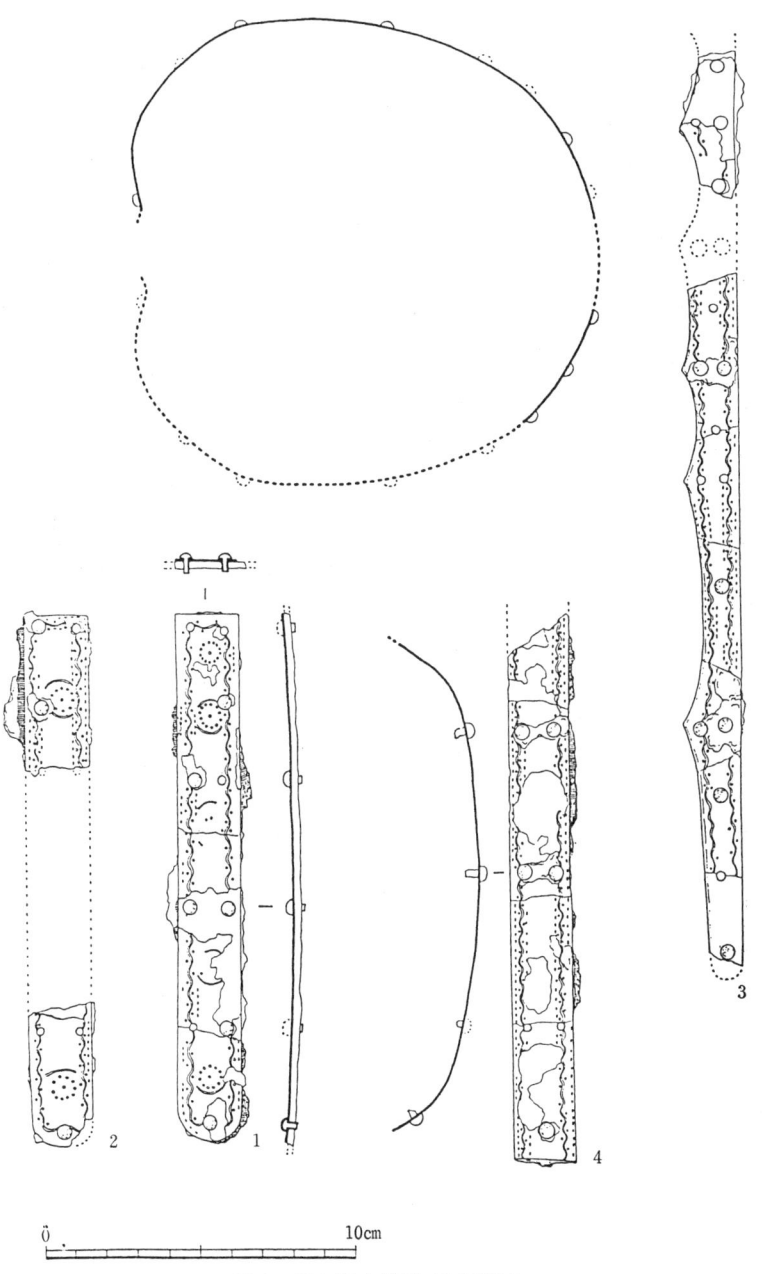

第1章　古代東アジアの盛矢具　211

0　　　　　　10cm

図4　飛山横穴群第23号横穴

他に破片多数）

盛矢具：玄室の奥壁寄りの屍床内から鉄鏃とともに発見された。同じ屍床内の反対側からは勾玉、管玉、水晶玉などが出土しているので、盛矢具は足元に副葬されたと考えられる。盛矢具の金具は、「第一号墳の屍床内から金銅製の冠が二箇…」と報告されているもので、4本の立ち飾りをもつ冠帯2個体に復元されていた（図版1-②、③）。この立ち飾りは「ともに長方形であって、その上端は宝珠形となっている」と報告されている。しかし、観察したところでは、二つに折れたⅤb類の中円板部を宝珠形とみなしたらしい。図上で復元すると、立ち飾りはⅤb類2対となる。1対は幅2.2～2.4cmで、中円板部のくびれかたが急となり、周縁に施された平行線文と列点波状文は大変丁寧である（図5-1、2）。他の1対は幅2cm前後で、中円板部のくびれ部は前者に比べて緩やかである（図5-3、4）。そして、対になるもの同士で長さが異なる。冠帯とされているものの一つは、4ないし5個の山形突起が付く全長53.5cm、幅（山形部）2.5cm、（帯状部）2cmのⅢ類で、側縁には平行線文と列点波状文が施され、全体が円形にまわる（図5-5）（図版1-②）。他の一つは、7個の三葉形をもつ全長48cm、幅1.1～1.4cmのⅣ類で、両端は次第に細くなって終わる（図5-6）（図版1-③）。また、Ⅲ類、Ⅳ類の金具の裏には布が二重に付いているのが観察されるという。

月ノ岡古墳　福岡県浮羽郡吉井町大字若宮

墳形：前方後円墳、全長約95cm
主体部：竪穴式石室、長持形石棺、石棺内に朱を塗る。
遺物：二神二獣鏡、変形獣形鏡、珠文鏡、小札鋲留眉庇付冑、三角板革綴短甲、三角板鋲留短甲、横矧板鋲留短甲、頸甲、脛甲、鹿角製刀剣装具、鉄鏃、鞍橋、木心鉄装輪鐙、馬鐸、鉄斧、鉄鎌
盛矢具：金銅製のⅠ類は両側が直立し底辺が直線状になっており、現状長さ14.3cm、幅17.8cmをはかる。金銅板は平らで内外縁には細い縁金具が付き、密に打たれた鋲の鋲足は3mmと短い（図6）。Ⅴa類は現在中円板部が分離した状態となっているが、中円板部の大きさ、形態および数量からみて2対4個あったと推定できる。周縁には平行線文と列点波状文があらわされ、そのうち

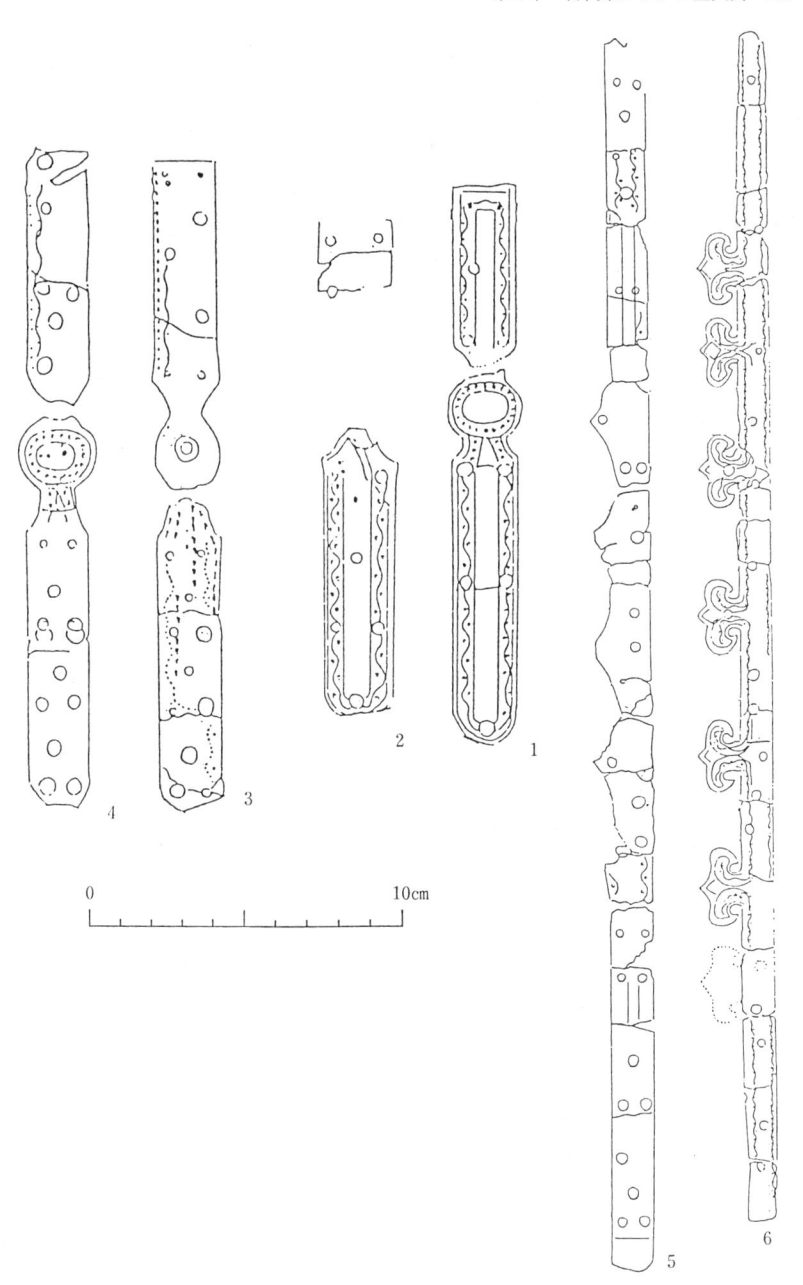

第1章 古代東アジアの盛矢具 213

図5 龍王崎1号墳

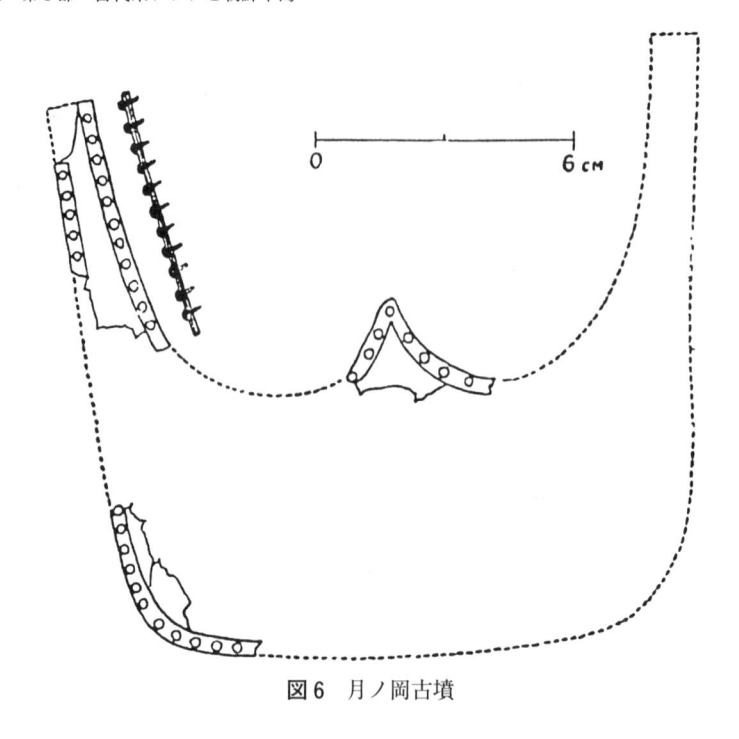

214　第3部　古代東アジアと朝鮮半島

図6　月ノ岡古墳

図7　塚堂古墳（後円部）

の一つは長さ約22cmをはかる。ほかにⅧ類2個とⅨ類1個、Ⅹ類1個そしてⅪ類2個が出土している。Ⅴa類の組み合わせからみて、2個の盛矢具が考えられる。

塚堂古墳後円部　福岡県浮羽郡吉井町大字宮田
墳形；前方後円墳、全長約91m
主体部；横穴式石室
遺物；鏡、鈴鏡、挂甲、直刀、鉄剣、鉄鉾、鉄鏃、鞍金具、木心鉄装輪鐙、剣菱形杏葉、三環鈴、銅製熨斗（？）、螺旋状鉄製針金
盛矢具；寛文3年（1663）に石が持ち去られたという地元での所伝があるように、現在は石室の基部の2ないし3段しか石室壁が残らず、西側は大きな石を残していない。遺物も踏み荒らされて破壊散乱したようで、盛矢具の金具、鉄剣、鉄刀、鉄鏃類は床面各所にみられた。盛矢具の金具は断片なので全体を復元することはできないが、推定では幅18～20cm、高さ13～14cmのⅠ類が1個体分である。金銅製で底辺が直線状になり、両側はやや外傾する。裏には皮革様のものが付き、さらに漆膜が付いているようで全体の厚さは4.5mmをはかる（図7）（図版2-①）。5世紀後半。

塚堂古墳前方部
主体部；横穴式石室
遺物；神獣鏡、横剥板鋲留冑、横剥板革綴短甲、横剥板鋲留短甲、三角板鋲留短甲、挂甲、頸甲、肩甲、直刀、鉄鏃、（閉塞石前面より轡、鉄製鞍、木心鉄装輪鐙、雲珠）
盛矢具；昭和9年に前方部石室を調査した際に遺物を取り上げたのちの整理中に発見されたもので、宮崎勇造報告に「鉸具金具三個」とあるもののうちの一つである。長さ14cm、幅2cmの中円板帯状金具でⅤb類に属する（図8）。吉井町歴史民俗資料館にある鉄地金銅装勾玉形金具2個は「塚堂出土、短甲に附着されたもの」とあるので、塚堂古墳出土と考えられる。後円部石室からは短甲の出土が報告されていないので前方部石室出土とみてよいだろう。

　前方部石室内の遺物出土状態をみると、奥壁に接して石床があり、その上に

短甲2領と鉄鏃百数十本、直刀が置かれていた。短甲に付着されたものというが、出土状態からみて鉄鏃群にともなった可能性がある。5世紀後半。

山ノ神古墳　福岡県嘉穂郡穂波町大字枝国字石ヶ坪
墳形；前方後円墳、全長約80m
主体部；横穴式石室
遺物；盤龍鏡、画文帯神獣鏡、金銅三輪玉、横矧板衝角付冑、挂甲、f字形鏡板、剣菱形杏葉、鞍覆輪、鐙、鋳造鉄斧、鍛造鉄斧、U字形鍬先
盛矢具；金銅製の両側が外傾するⅠ類が1個体分出土している。17個の破片から復元しても完全な形を知ることはできないが、これまでの例から推定して高さ13cm以上、幅20cmをはかる。金銅板はゆるやかな凸面を呈し、内縁金具はみあたらない（図9）（図版2-②）。5世紀後半。

番塚古墳　福岡県京都郡苅田町与原4335番地
墳形；前方後円墳、全長約50m
主体部；横穴式石室、朱が塗られる
遺物；神人歌舞画像鏡、金環、玉類、帯金具、挂甲、直弧文柄直刀、鉄槍、石突、鉄鏃（3束）、f字形鏡板付轡、剣菱形杏葉、木芯鉄装輪鐙、須恵器
盛矢具；奥壁付近から馬具類、挂甲、帯金具、鉄鏃2束とともに出土したという。鉄地金銅装のⅣ類が完形で2個ある。一つはほぼ全形をとどめており、長方形に金具がまわるが全周しない。幅1.5cmの帯状金具に三つの三葉形が立ち、三葉形を含めた周縁には平行線文と列点波状文があらわれる。そして、帯状部外縁には紐状の繊維が付いている。鋲は2〜3cm間隔に表から打たれるが、これとは別に表に鋲を打った痕跡がないのに裏に鋲足のみ残っている箇所が五つある。この鋲は左右対称になっているので意識的に打たれたものと考えられる。おそらくこのⅣ類を取り付ける段階で、有機質のもので盛矢具の形を作った時に打った鋲であろう。金具の裏には薄い布が2枚以上貼られ、さらにその裏に漆が塗られ、漆膜には皮革様のものが認められ、その厚さは3mmに近い。このような付着構造は三葉形の裏にも認められる。現状での横幅約14.5cm、奥行4.7cmをはかる（図10-1）（図版3-①）。他の一つも短辺の一

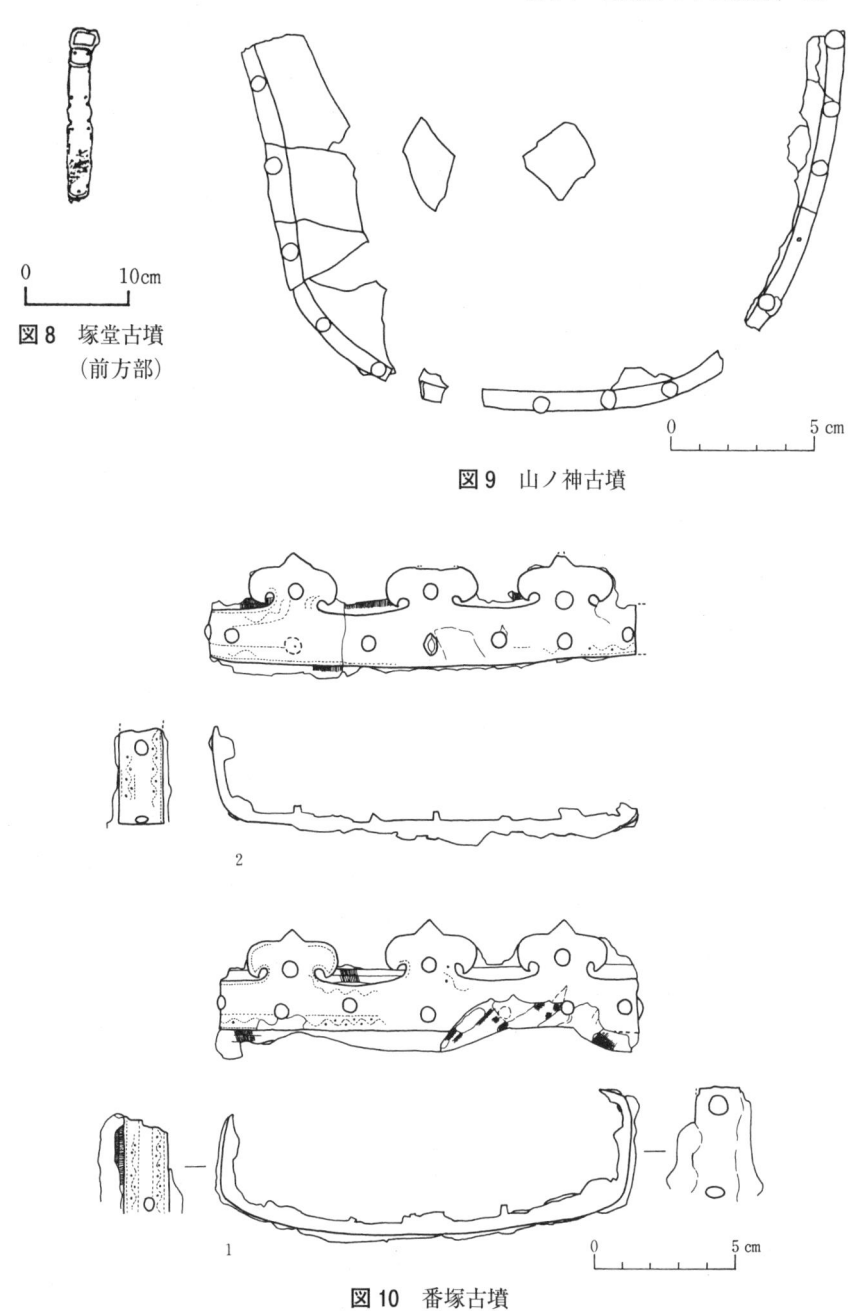

第1章 古代東アジアの盛矢具 217

図8 塚堂古墳
（前方部）

図9 山ノ神古墳

図10 番塚古墳

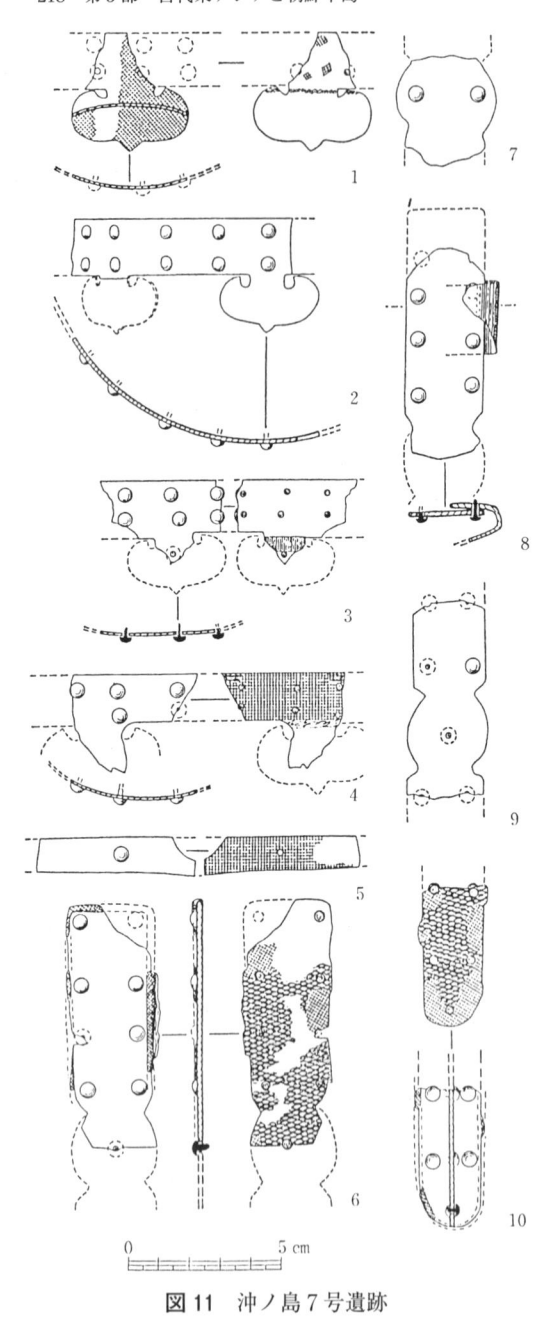

つが欠失しているものの前者と同様の形態、文様がみられる。しかし、金具の内側にみえた五つの鋲はこれにはみられない。裏には粗い布、細かい布、漆、皮革が付いており、これも前者と同様である。現状での横幅15.3cm、奥行3.5cm（図10-2）（図版3-②）。

沖ノ島7号遺跡　福岡県宗像郡大島町
遺跡；D号巨岩の南側にある岩陰祭祀
遺物；珠文鏡、帯金具、金釧、銀釧、玉類、三輪玉、挂甲、盾中央鉄板、鉄鉾、鉄剣、鉄刀、鉄鏃、金銅製杏葉、雲珠、鞍、鈴、三彩片
盛矢具：数え切れないほど多くの金具片が出土している。そのうち主なものだけを整理してみると次の四つに大別できる。
　一、立飾付帯状金具
　二、中円板帯状金具
　三、隅丸帯状金具
　四、帯状金具

図11　沖ノ島7号遺跡

一はさらに、①三葉形立飾付帯状金具a（三葉形幅3.9cmで三葉形に鋲無し）（図11-1）、②三葉形立飾付帯状金具b（三葉形幅3.3cmで三葉形には鋲無し）（図11-2）、③三葉形立飾（帯状金具は欠損、三葉形には鋲あり）、④立飾付帯状金具a（立飾、帯状金具ともに鋲あり）（図11-3）、⑤立飾付帯状金具b（立飾には鋲なく、帯状金具に2列の鋲あり）（図11-4）、⑥立飾付帯状金具c（立飾、帯状金具ともに残存部には鋲なし）の6種類に分けることができる。これらは、Ⅳ類に属するが、④～⑥の様相は全く不明である。また②は円形にカーブしており、径15cm位に復元できる。③、④は同一個体である可能性を残している。

二はさらに⑦中円板帯状金具a（中円板部幅3.3cm、くびれ部幅2.1cm）（図11-7）、⑧中円板帯状金具b（くびれ部幅1.9cm、帯状金具幅3.0cm）（図11-8）、⑨中円板帯状金具c（中円板部幅2.6cm、くびれ部幅1.6cm、帯状金具幅2.5cm）（図11-6、9）の3種類に分けられる。⑧の金具の裏には幅3.5cmの別の鉄板が交差するように付けられているが、その鉄板の役割は不明である。

三はさらに⑩隅丸帯状金具a（幅3.0cm、2列の鋲）、⑪隅丸帯状金具b（幅2.6cm、2列の鋲）、⑫隅丸帯状金具c（幅2.0cm、2列の鋲があるが端部のみ1カ所）（図11-10）の3種類に分けられる。これらは二と接合してⅤb類に属するものであろう。帯状金具幅で対応関係をみると、⑫のみ小さくて二と合わず問題が残る。

四はさらに⑬帯状金具a（幅2.0cm、鋲列は2個と1個が交互に配列される）、⑭帯状金具b（幅1.4cm、鋲は2列、直角に近く曲がる破片）、⑮帯状金具c（幅1.1cm、鋲は1列）（図11-5）の3種類に分けられる。これらはⅡ類に属すると考えられるが、⑭はⅥ類に属する可能性も残している。以上が7号遺跡出土の盛矢具と思われる破片であるが、これらはすべて鉄製で鍍金はされていない。また裏面には布痕がみられ、錦と平織りが観察される。

吉井町屋形　福岡県浮羽郡吉井町屋形
盛矢具；鉄地金銅装のⅤb類で、中円板部と片側の帯状金具が残る。中円板には縁に沿って珠文がめぐり、中央にも1点とそのまわりに5点の珠文がみられる。帯状金具は端部が三角形に尖る。

経ヶ岡古墳　愛媛県伊予三島市下柏町字経ノ奥乙66、堂ノ奥乙67、68-1、2
墳形；前方後円墳、全長30m
主体部；後円部　横穴式石室、前方部　石棺
遺物；後円部玄室奥より金銅環、玉類、歩揺付冠状金具、鉄剣、鉄鉾、鉄鏃（33本）、須恵器、玄室中央から前部より素環鏡板付轡、f字形鏡板付轡、鐘形杏葉、三葉文楕円形杏葉、雲珠、辻金具、須恵器、羨道部より須恵器
盛矢具；すべて鉄地金銅装で裏には布が付着している。Ⅲ類は幅2～1.3cmで山形の形は小さく、側縁に平行線文と列点波状文があらわされる。小片となっているが山形は4個以上あり隅丸長方形にまわるようだ（図12-18～20、25）。Ⅳ類は幅1.5cm（三葉形のところで3.5cm）で三葉形が5ないし6個（図12-11、12、17、24、27）みられ、そのうちの2個は6cmの間隔があく。これも側縁の文様はⅢ類と同じで、端部の破片がみられないので1周するかどうか不明であるが、全体が隅丸長方形にまわるようだ。尖根鏃の茎がこの金具の裏に銹着しているので、Ⅳ類は方立の上縁金具であろう。

　他に幅2cmの帯状金具がある。最も長い破片で長さ約17.5cmあり、これはⅤc類に属する（図12-1、2）。またカーブを描くものもあり、これはⅡ類の可能性がある（図12-5、6）。いずれも周縁にⅢ類と同じ文様があらわされる。

　石室内には3次の埋葬があり、第1次が玄室奥である。ここには装身具と武器が置かれ、盛矢具も鉄鏃33本を収容して副葬された。6世紀初頭。

天狗山古墳　岡山県吉備郡真備町川辺東山、下二万矢形
墳形；帆立貝式古墳、全長50～60m
主体部；竪穴式石室
遺物；変形文鏡、挂甲、籠手、直刀、鹿角装刀子、鉄剣、鉄鏃、f字形鏡板、剣菱形杏葉、木芯鉄装輪鐙、雲珠、鞍、鋤先、鉇
盛矢具；金銅製のⅠ類は、現在写真が残るのみで実物の所在は不明である。この金具を観察した末永雅雄は、「この胡禄の前板は、左右の広さ五寸余、高さ四寸三分の心葉形をなすこと図版第六五の如く、しかしてその周辺には鋲を細かく打って裏面で足先が曲げてあり、その間のは腐朽した有機質の物体が繍着遺存しているのは、本品を方立の前板として打ちつけてあった胡禄の主体部と

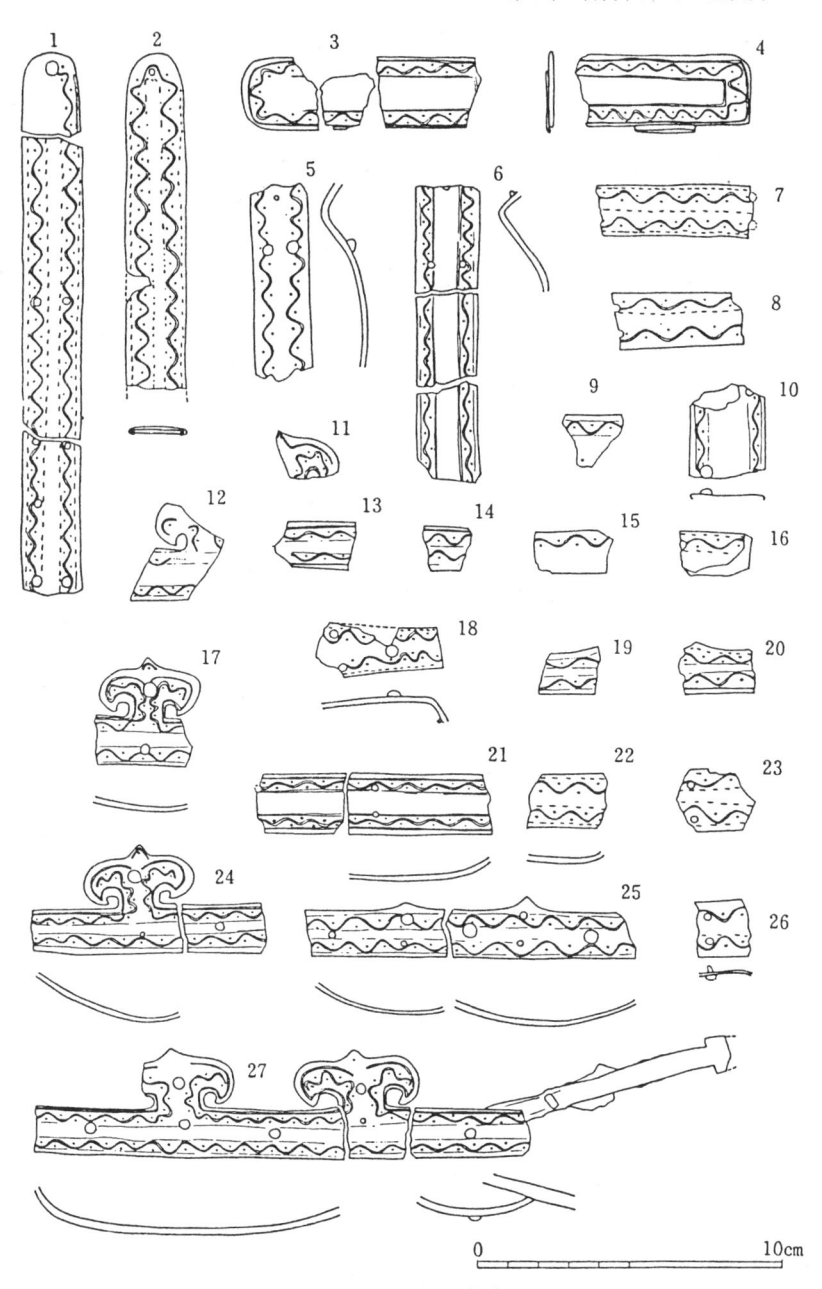

第1章　古代東アジアの盛矢具　221

図12　経ヶ岡古墳

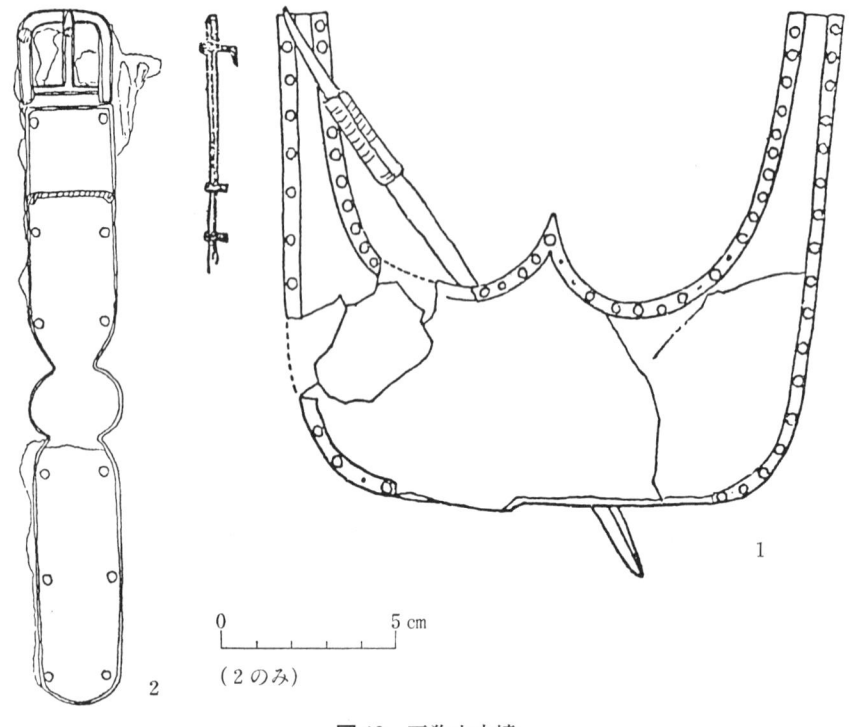

図13 天狗山古墳

の関係を推知される」と述べられた。写真をみると、側面はやや外傾するものの直立に近く、底辺は直線状となっている（図13-1）（図版4-①）。Ⅴb類は村井嵓雄によると、「中央に円形をはさんで一方には長方形、他方は隅丸長方形にきった金銅製板金具で、長方形の先端には鉸具がつけられている。円形をはさんだ左右の長方形板には縁に三組の鋲のあることから、裏側に鉄板をそえたことがうかがわれる。板の長さは16.4cm、幅2.5cm、鉸具は鉄製で長さ2.6cm、幅は方形板と同じ2.5cmを測り、中央円形部と隅丸長方形との接部で折損している」という（図13-2）（図版4-②）。写真でみる限り、他にⅦ類1個とⅥ類1個が知られる。

　これらの金具は石室内北西隅、すなわち遺骸の足先より出土しており、その内側には鉄鏃が置かれてあった（図14）。特に、Ⅰ類の裏面には刃先を下に向

けた鉄鏃が斜めに銹着しており、末永雅雄が盛矢具と考えるきっかけとなったことは研究史で述べたとおりである。5世紀後半。

八幡大塚2号墳　岡山県岡山市北浦大塚63番地
墳形；円墳、径約35m
主体部；横穴式石室、家形石棺、石室内は全面に赤色顔料が塗られる。
遺物；金製垂飾付耳飾、鍍金銀空玉、直刀、鹿角装刀子、鉄鏃群2（以上石棺内）、甲、馬具、須恵器
盛矢具；耳飾の出土位置を頭部と考えると遺骸の足元から平根鉄鏃群（約25本）と尖根鉄鏃群（約30本）が出土している。鉄製のⅡ類はこれら鉄鏃群から約50cm離れた位置より、ちょうど直刀の切先あたりから出土した（図15）。未盗掘の古墳で石棺内への土砂の混入がほとんどないので、位置関係からみると尖根鉄鏃群にともなうと考えられる。
　Ⅱ類は長径12.4cm、短径9.9cmで飯盒形にまわるが、金具両端は6mmの間隔があき連結しない。金具の幅は2.8cmで、端部は1.5cmと狭くなる。鉄鋲は2列で鋲足には板が付着しており、その厚さは端部で1.1cmをはかる。金具の裏には2層の粗い布痕と2層の細かい布痕が付着し、縁には綾杉の紐状のものがめぐる（図16）（図版5-①）。

法連40号墳　岡山県総社市下林1027番地他
墳形；円墳、径10～11m
主体部；箱式石棺
遺物；横矧板鋲留短甲、直刀、鉄鏃（16＋13本）
盛矢具；箱式石棺の外の平坦面、すなわち遺骸の左側にあたるところからA・B二群の鉄鏃が出土し、盛矢具はそのうちのB群鉄鏃（13本）にともなって出土した。ほぼ原位置をとどめているのはD環金具2個と鉄製帯状金具1個である。B群鉄鏃の一直線にそろった刃先を盛矢具の底部と考えると、帯状金具は底より17cmほど上に鉄鏃と同じ方向に置かれて出土した。D環金具は帯状金具のすぐ上にあった。A群鉄鏃には金具がともなっていないが、刃先をそろえている点からみて何らかの容器に収めて副葬されたと考えられる（図

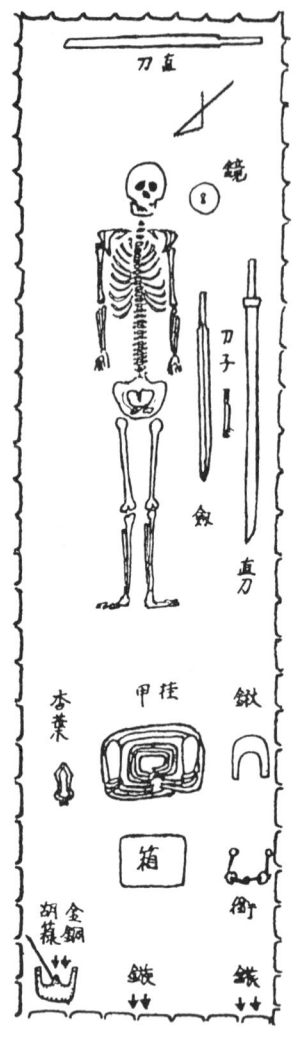

224　第3部　古代東アジアと朝鮮半島

図14　天狗山古墳出土状況図

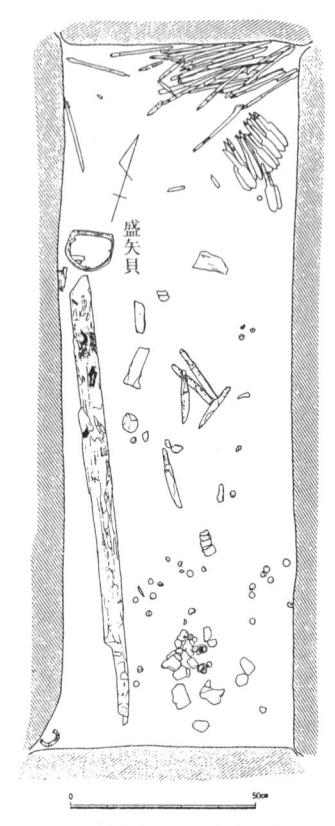

図15　八幡大塚2号墳出土状況図

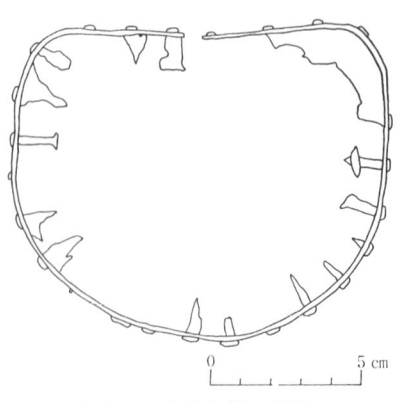

図16　八幡大塚2号墳

17)。帯状金具は2個ありいずれも一端を欠失しているが、出土位置と形状からからみてⅤc類に分類できる。錆がひどいものの裏には皮革様のものが観察される。残存長9.5cm、幅2.2cm（図18-6、7）。D環金具はこのⅤc類とセットになり鉸具の役割をはたしたと考えられる（図18-4、5）。鉄地金銅装のⅢ類は7cmほどしか残っていないが、円形あるいは楕円形にまわる。側縁には平行線文と列点波状文があらわされ、裏には鉄の上に布が付きその上に皮革様のものが付いている（図18-1）。他に幅1.5cmくらいの細い鉄製帯状金具片と幅1.7cmくらいの帯状金具片が出土しているが細片であるため詳しいことはわからない（図18-2、3）（図版5-②）。6世紀前半。

四ツ塚1号墳　岡山県真庭郡八束村上長田
墳形；円墳、径約24m
主体部；横穴式石室、発掘当時は朱が全面に塗られていたという。
遺物；筒型銅器、短甲、鉄槍、鉄鏃（25本）、f字形鏡板、剣菱形杏葉、鉄製輪鐙、鉄鎌、鉄鎚
盛矢具；石室は南に開口する東片袖式で、西南隅より鉄鏃が出土したと報告されているので、盛矢具もそのあたりから出土したと推定される。近藤義郎報告に「胡籙又は靭の附属金具と推定される鉄地塗金製の金具」とあるもので、それは「波形とその間に配された点の凹文様が施され、ところどころに鉄鋲が打ちこまれている。裏面には2種の布の付着が認められる。そのうち目の細かい布が直接金具に接しており、これはく金具（図19上）の下縁を走る1本の径約0.5mmほどの撚糸にかけられているが、その上方が金具の上縁とどういう関係になっているかは、部分的に金具の表面上縁附近にまでこの布がつづいて見られるということを除いて、ほとんど判らない。この細目の布についで、荒い目の布（というより網の感じである）が見られるが、その形態の詳細は判らない」という。このⅢ類は円形ないし楕円形にまわり、径約13.5cmと推定される。山形金具のほかに側縁に平行線文と列点波状文をあらわした帯状金具がある。Ⅲ類とは別個であり、鋲がみられないことからⅤ類ではなくⅡ類と考えておく（図19）。6世紀前半。

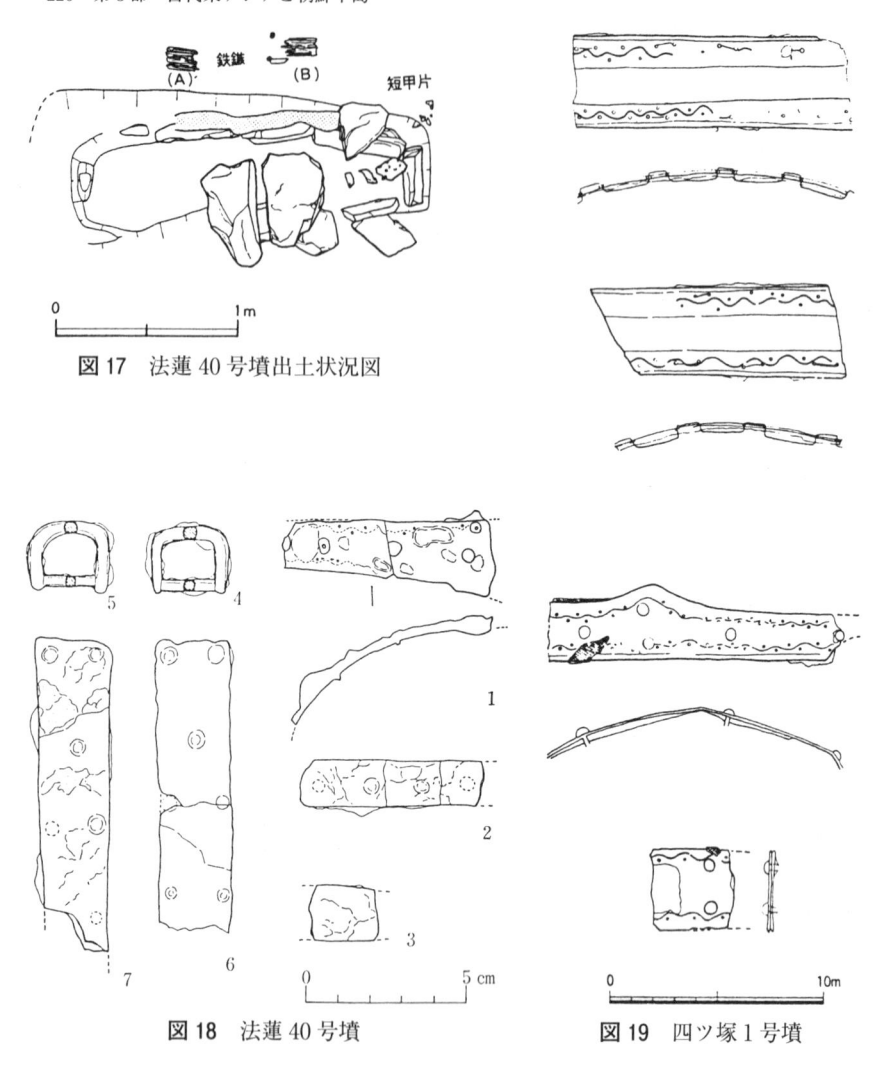

226 第3部 古代東アジアと朝鮮半島

図17 法蓮40号墳出土状況図

図18 法蓮40号墳

図19 四ツ塚1号墳

四ツ塚13号墳 中央主体 岡山県真庭郡八束村上長田
墳形；帆立貝式古墳、後円部径約19.0m
主体部；中央主体—木棺直葬、南主体—木棺直葬
遺物；(中央主体) 変形五獣鏡、竪櫛、直刀、鉄鏃群 (30本＋20数本)、剣菱形杏葉、雲珠、轡

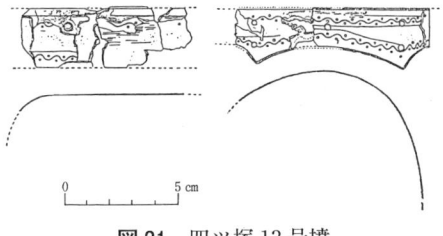

第1章 古代東アジアの盛矢具 227

図21 四ツ塚13号墳

盛矢具；木棺の西端、遺骸の足元右側より30本の鉄鏃群とともに発見された。鏃は刃先をそろえて西に向けており、茎端あたりから鏃に直交するようにⅢ類の金具片が出土した（図20-20）。それは、「鉄地に薄い金箔を附した優美なもので、波形とその間に配された小点の凹み文様が施されているほか、縦に併行となる直線が引かれている。表正面部分と推定された部分には、その中央に1つ、両側に2つずつ、鉄鋲が打ちこまれている」もので、ほぼ円形にまわる。Ⅲ類の金具から東に約18cm（鏃の刃先から約38cm）離れて側縁に平行線文と列点波状文のあるⅡ類の金具片が出土した。直線をなすが一端が急に曲がっている（図21左）。近藤義郎報告では「矢柄をあたかも抱くような状態に発見された」と述べられ、「上部の金具（B）の上縁は直線を示しているが、下縁は2個所において下方へ三角状に曲線を画いている」とあるので（図21右）、刃先を上に向けて収容する容器を想定しているようだ。し

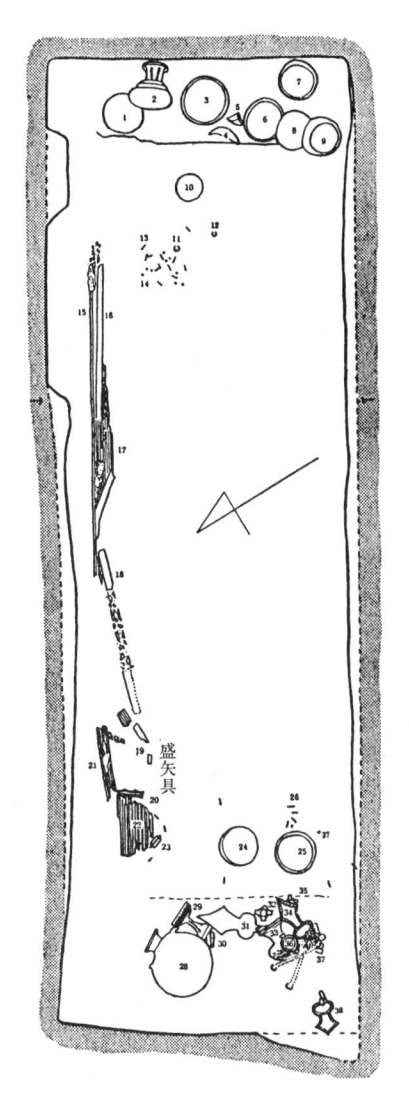

図20 四ツ塚13号墳出土状況図

かし、そうだとすると矢の全体の長さは38cmという短いものになり、復元に無理がある。これはやはり鏃を下に向けて収納する容器を考えた方がよい。復元形は、Ⅱ類の取り扱い方で二つが想定できる。一つはⅡ類を上縁金具とみるとⅢ類は中間金具となり矢筒式（壺胡籙）が想定され、他はⅢ類を上縁金具とみると方立式が想定される。

西宮山古墳　兵庫県竜野市日山西宮山
墳形；前方後円墳、全長34.6m
主体部；横穴式石室、床に朱がみられる。
遺物；金製垂飾付耳飾、銅製花形飾金具、鉄鏃、鞍金具、剣菱形杏葉、鉄製輪鐙、鉄製鋤先、須恵器
盛矢具；周縁に平行線文と列点波状文をあらわした鉄地金銅装金具片が21個出土した。Ⅲ類は山形部幅2.3cm、帯状部幅1.4cmで、前者に2個、後者に1個の鋲が打たれる。山形は6個ありその間隔は5.5cm前後と推定され、破片の一部を接合してみると円形ないし楕円形にまわるようだ（図22-1）。Ⅳ類は破片をつなぎ合わせた最も長いもので23.5cmをはかり、三葉形が三つ付いている。三葉形部幅3.7cm、帯状部幅1.7cmをはかり、副葬後の土圧で扁平となっているが、本来は曲線を描いていたらしい（図22-2）。Ⅴb類は幅2.5cmで、中円板部にも円形に平行線文と列点波状文がまわっている。帯状部は一端が丸く、他端が四角く終わるようで、中円板の破片からみて4個体分以上ある（図22-3〜8）。報文ではⅢ類とⅣ類を一連のものとみているが、他の古墳出土例やⅤb類の数から考えて、西宮山古墳には盛矢具が2個あり、Ⅲ類とⅣ類は別の個体に付くと考えることもできる。金具の裏には赤色を呈する布が付着し、下部の布は麻布とみられる粗い組織、上部の布は細かい織りで経錦と考えられている。遺物は後世に若干の撹乱を受けたものの原位置を保ったものがかなりあったようで、盛矢具の金具は南に開口する石室の南壁に沿って検出され、鉄鏃もその付近で発見された。6世紀中葉〜後葉、遺物からみて2時期の埋葬あり。

宮山古墳　第2主体　兵庫県姫路市四郷町坂元宮山

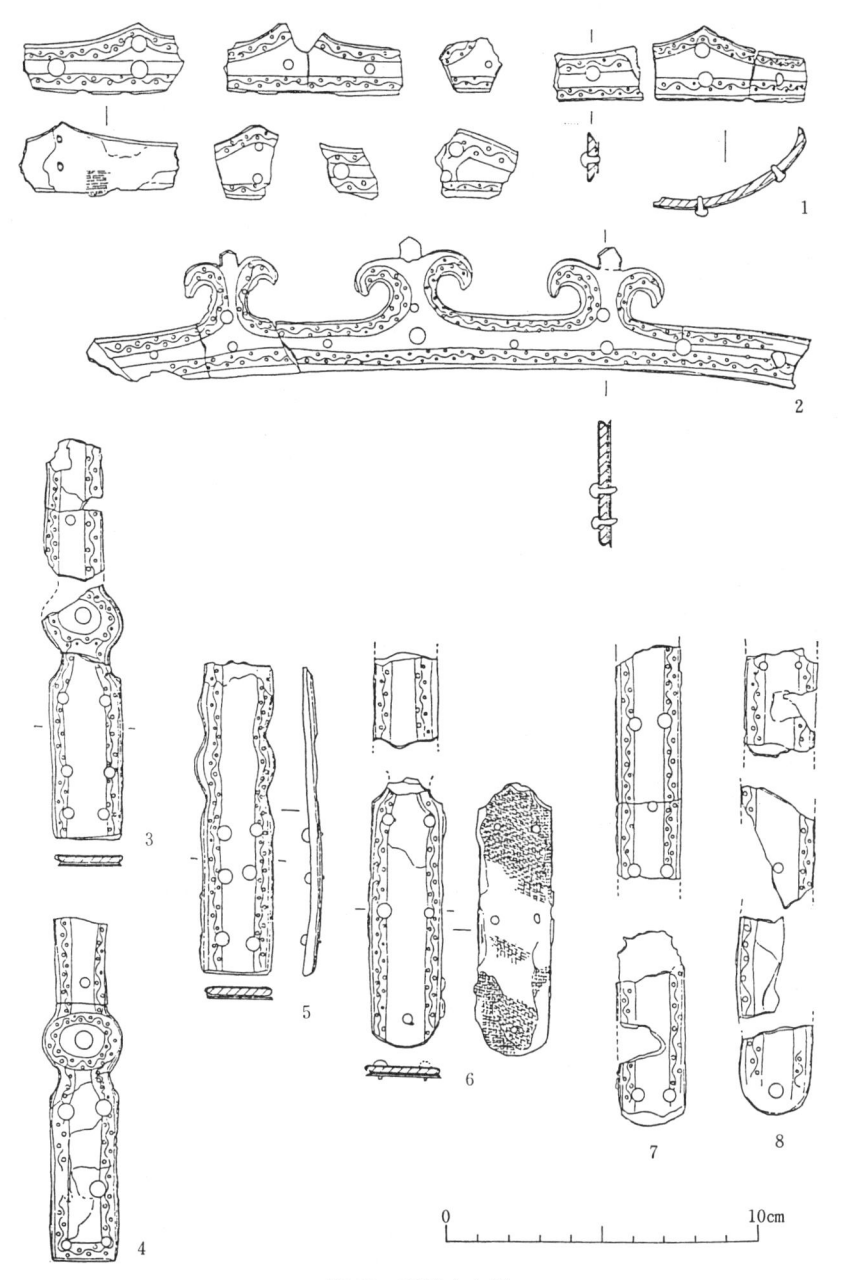

第1章　古代東アジアの盛矢具　229

図22　西宮山古墳

墳形；円墳、径22m
主体部；竪穴式石室
遺物；金製垂飾付耳飾、金銅製帯金具、虺龍鏡、玉類、挂甲小札、肩甲、頸甲、篠籠手、脛甲、直刀、鉄剣、鉄鏃（4群）、轡、辻金具、鐙、須恵器、土師器
盛矢具；「飾金具」と報告されているもので、Ⅴb類が2～3個体分あり、周縁に平行線文と列点波状文があらわされる。鉄地金銅装のⅦ類は1対あり、「木の板を裏側にあてて革紐に装着し、鋲でとめている」ということから、勾玉形の頭部に鋲が打たれていたようだ（図版6-①）。

　金具が第2主体の石室内のどこから出土したのかの記載はないが、西南隅から4群の鉄鏃が出土しているので、おそらくこの辺からの出土とみてよいだろう。そして、鏡や耳飾、刀の切先の向きからみて遺骸は東枕と考えられるので、鉄鏃群は左足先に置かれたことになる。5世紀後半。

カンス塚古墳　兵庫県加古川市東神吉町升田
墳形；帆立貝式古墳、径約40m
主体部；竪穴式石室
遺物；変形四獣鏡、金製垂飾付耳飾、玉類、短甲、頸甲、草摺、直刀、鉄剣、鉄鉾、鉄鏃（7群）、刀子、鉄鎌、鉄斧、小形鑿、鉄鉇、鉄鑿、鉄鉗、鉄鎚、砥石、須恵器、土師器
盛矢具；喜谷美宣の報告では「胡籙金具二対」とあり、野上丈助の復元図をみるとⅤa類2点とⅥ類2点があったことが知られる（図23）。5世紀後半。

毘沙門1号墳　兵庫県神戸市東灘区舞子
墳形；円墳、径約20m
主体部；横穴式石室
遺物；金環、銀製空玉、ガラス玉、鉄鏃、雲珠、鐙、須恵器
盛矢具；Ⅲ類の山形部の断片の一部が1個出土した。山形部の幅3.3cm、帯状部幅2.1cmを測り、長さ5cmほどが残る断片である。表には平行線文と列点波状文があらわされ、裏には布痕がみられる（図24）。石室は壁材が抜き取ら

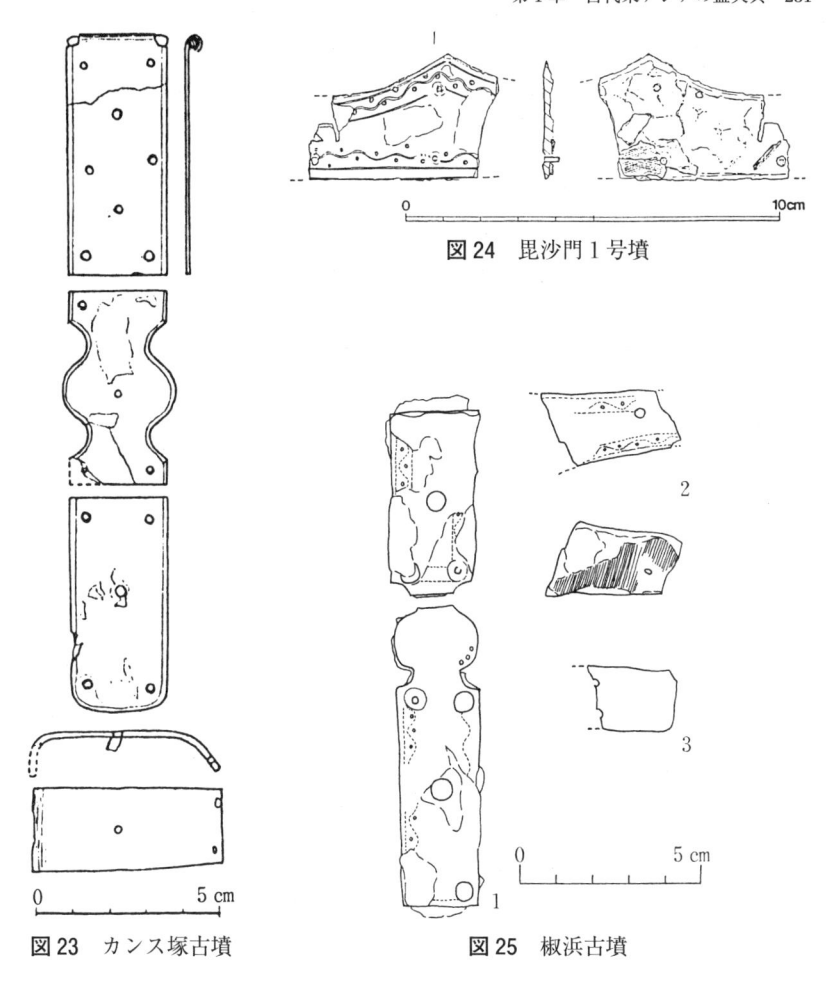

第1章 古代東アジアの盛矢具　231

図24　毘沙門1号墳

図23　カンス塚古墳　　　図25　椒浜古墳

れてかなりの撹乱を受けたと思われるが、金環の出土位置を遺骸の頭部と推定すると、Ⅲ類は右足元より出土したことになる。6世紀中葉。

椒浜古墳　和歌山県海草郡椒村
墳形；前方後円墳
主体部；箱式石棺（？）
遺物；四乳花文鏡、金銅装飾金具、管玉、蒙古鉢形冑、挂甲、脇当、直刀、鉄

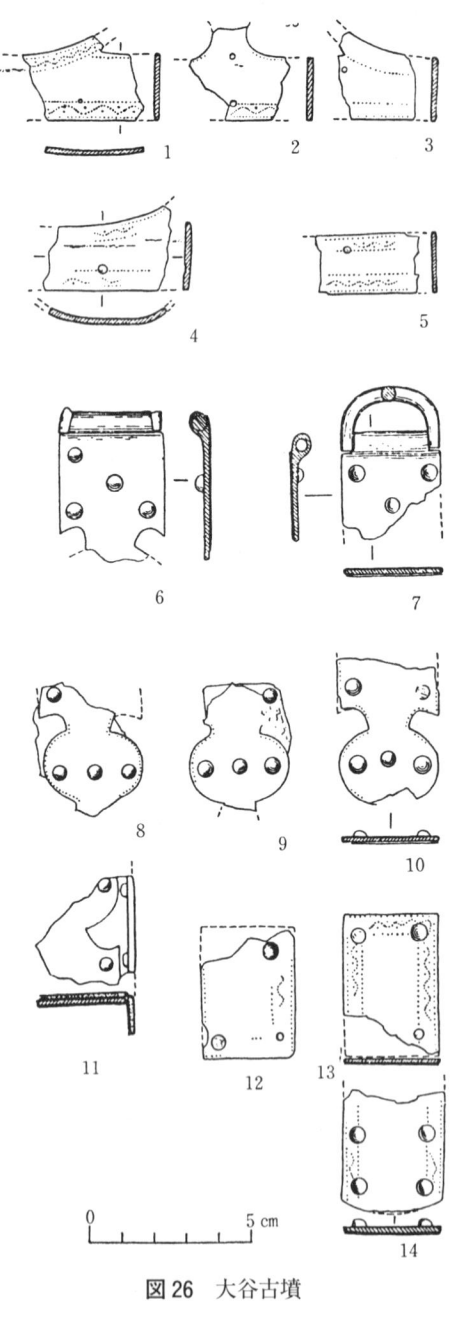

槍、鉄斧、土師器

盛矢具；鉄地金銅装のⅤb類が2個体分ある。周縁に平行線文と列点波状文があらわれて、一端にD環金具が付く。一つは長さ12.9cm、幅2.3cm（図25-1）、他は幅2.1cmを測る。ほかにⅢ類と思われる破片があり、側縁には平行線文と列点波状文があらわされ、裏に木目痕と皮革痕が残っている（図25-2）。金具のカーブからみると円形にまわるようだ（図版6-②）。

大谷古墳　和歌山県和歌山市大谷824番地
墳形；前方後円墳、全長約70m
主体部；組合式石棺
遺物；棺内より垂飾付耳飾、素文鏡、玉類、帯金具、四葉形飾金具、衝角付冑、挂甲小札、鉄鏃（多数）、棺外より馬冑、馬甲、f字形鏡板付轡、鈴付剣菱形杏葉、龍文透彫雲珠、輪鐙、壺鐙
盛矢具；「金銅製板金具」と報告されているもので、いずれも鉄地金銅装である。Ⅴb類には中円板部の破片5個、中円板部の裏にL字形の金具が鋲で付く破片2個、帯状金具破片数個がある。中円板

図26　大谷古墳

部には鋲が三つ1列に打たれ、帯状金具の周縁には平行線文と列点波状文があらわされる。どちらにも裏に布が付着しており、幅も同じであることから同一個体の金具とみたが、文様や鋲の打ち方からみて別個体とする考えもある（図29-6〜14）。Ⅲ類は山形部に透孔をあける珍しい例である。周縁にはⅤb類と同じ文様がつき、帯状部の幅1.9cmを測る。また、三葉形の基部あるいは透穴をもつ山形の中央とみられる破片もあり、その裏には木目が観察される（図26-1〜5）。石棺内は撹乱されていたが、人骨と遺物の出土状況からみて遺骸は東枕であったことがわかり、Ⅴb類は胸から腰にかけての位置で発見された。5世紀。

珠城山1号墳　奈良県磯城郡大三輪町穴師1067-1番地
墳形；円墳、径約21m
主体部；横穴式石室、組合式石棺
遺物；金銅製勾玉、銀製空玉、金環、挂甲小札、三葉文環頭大刀、刀子、鉄槍、鞍金具、素環鏡板付轡、剣菱形杏葉、三葉文杏葉、雲珠、辻金具、輪鐙、鉄地金銅装円形金物、鉄斧、鉄鋏、須恵器、土師器
盛矢具；「用途の明らかに知ることのできない鉄地に金銅の薄板を張った金具」と報告されているもので5種類みられる。①は長さ18cm前後、幅2.5cm、厚さ3.4mmのⅤb類で4個出土している。裏に布が付着し、うち2個は周縁に綾杉の織りの紐状のものが付いている（図27-5）。②は残存長41cm、幅約2.3cm、厚さ3mm前後のⅡ類で、鋲が2列に打たれる（図27-1）。③は残存長23cm以上、幅約1.2cmのⅡ類で、鋲が1列に打たれる（図27-2）。Ⅱ類でも幅の広いものと狭いものがあることがわかる。④はⅢ類で破片が8個出土しているが、そのうちの山形部は4カ所で確認される（図27-3）。⑤はⅣ類で三葉形のついた破片が4個ある（図27-4）。Ⅲ、Ⅳ類はいずれも緩い曲線を描き、円形あるいは楕円形にまわるようだ。金具の組み合わせからみて、この古墳には2個の盛矢具が副葬されていたと考えられる。6世紀後葉〜7世紀初。

新沢千塚50号墳　奈良県橿原市
墳形；長形墳、23.5×16m

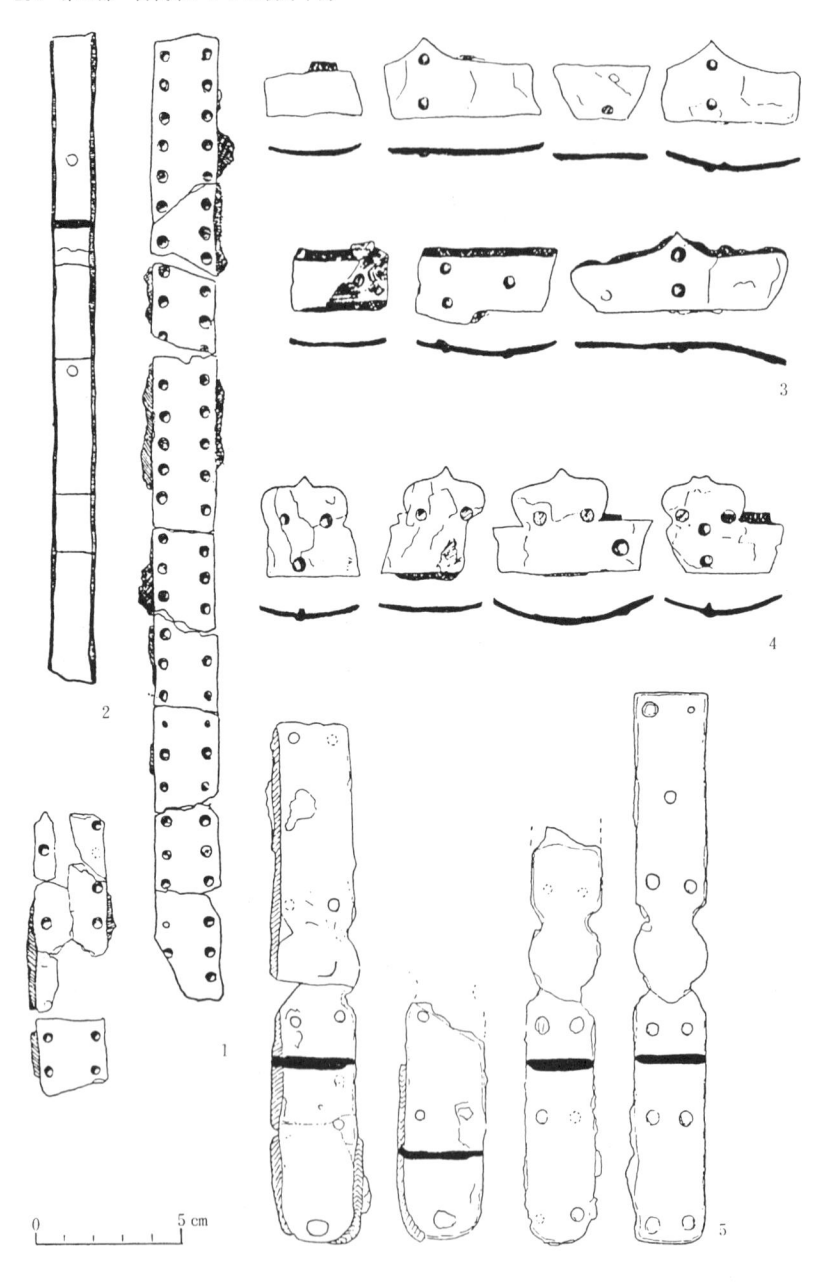

234 第3部 古代東アジアと朝鮮半島

図27 珠城山1号墳

第1章 古代東アジアの盛矢具 235

主体部；木棺直葬
遺物；銅環、短刀、刀子、鉄鏃群、砥石
盛矢具；鉄製のⅡ類、Ⅳ類、Ⅴb類そしてD環金具がある。実測図よりみるとⅡ類は幅1.1cmの細いものと幅1.8cmの広いものがあり、どちらも円形にまわるようだ。Ⅳ類は帯状部幅1.3cm、三葉形部幅2.5cmあり、これもやはり円形にまわる。Ⅴb類は幅2.4cm（一方の帯状金具と中円板部の一部を欠失）あり、L字状に曲がる別の鉄板をここに留めている（図28）。これらの金具は木棺内北隅より須恵器などと一緒に出土した。一方、鉄鏃15本は木棺内南方東側から鏃の刃先を東（側板の方向）へ向けて一括出土した。したがって、盛矢具は遺骸頭の先に、鉄鏃は足元に別々に置かれたことになる。6世紀後半〜末。

墓山古墳 奈良県高市郡高取町
墳形；前方後円墳、全長

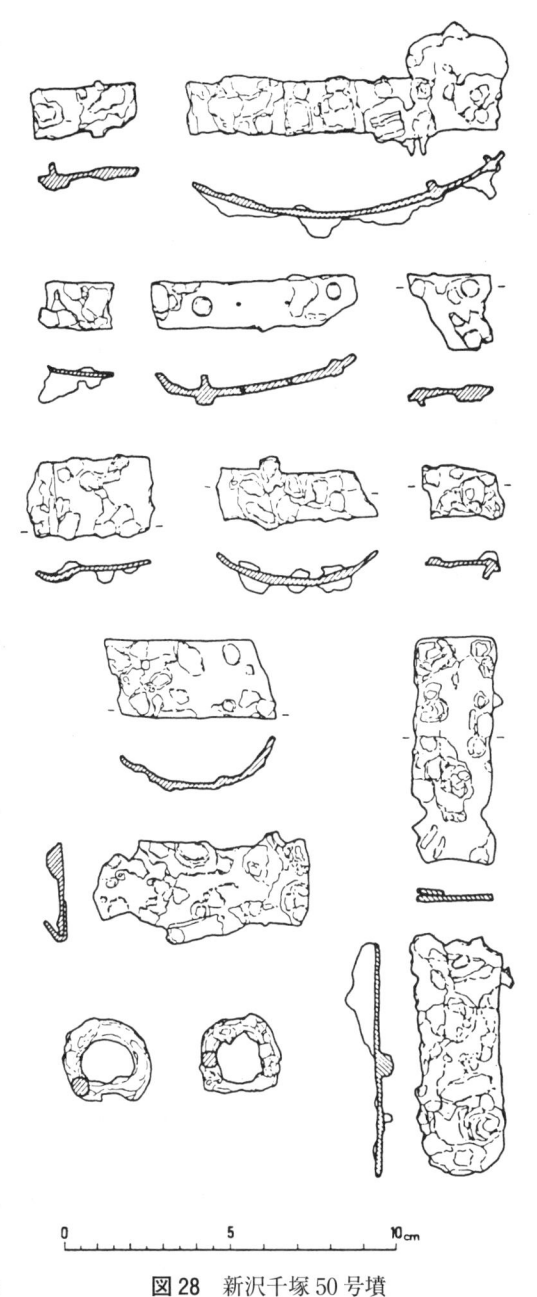

図28 新沢千塚50号墳

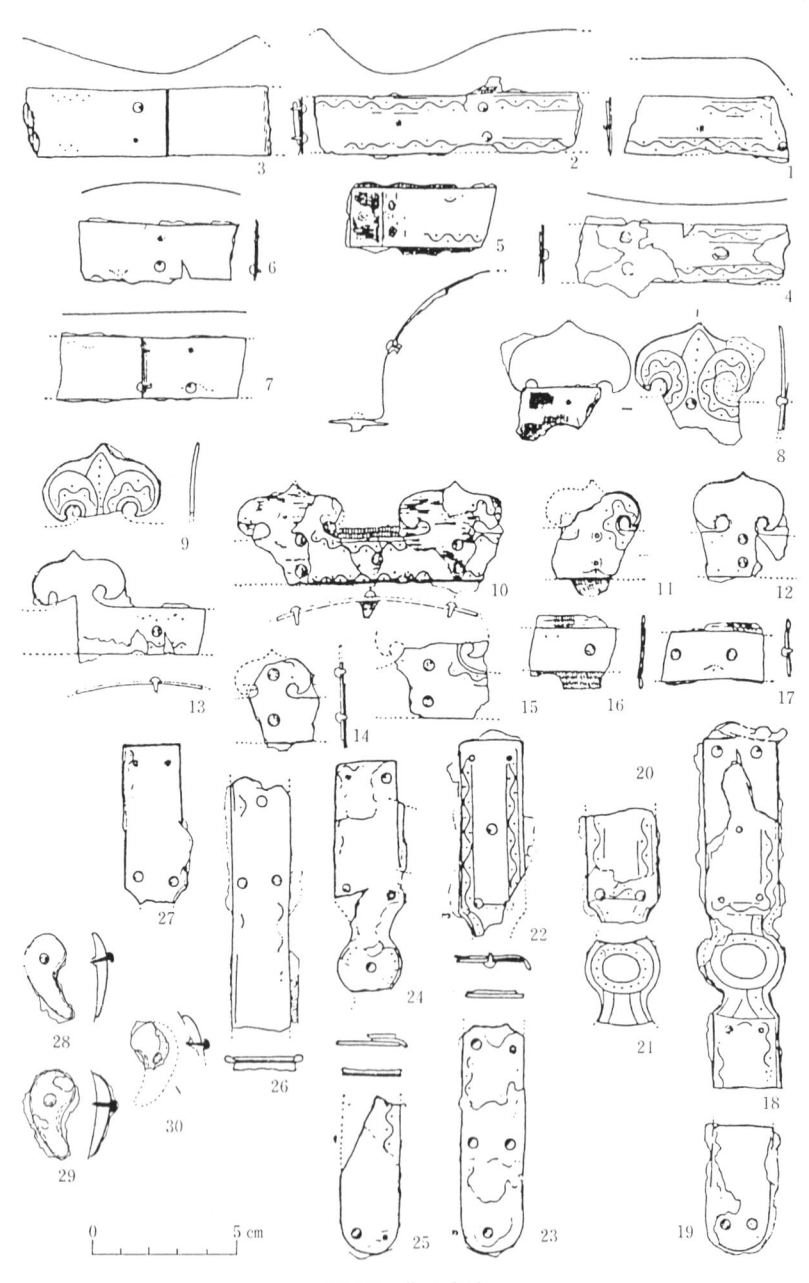

236　第3部　古代東アジアと朝鮮半島

図29　墓山古墳

66m
主体部；横穴式石室、家形石棺
遺物；玉類、直刀、刀子、鉄鏃（約200本）、鞍金具、居木飾金具、鞍、剣菱形杏葉、花弁形杏葉、雲珠、辻金具、須恵器、土師器
盛矢具；盗掘で完全に攪乱されているので出土状況はわからないが、盛矢具の金具は石室内石棺外より出土した。「鉄地金銅張胡籙金具」と報告された金具には、Ⅱ、Ⅳ、Ⅴb類が含まれる。Ⅱ類は側縁に平行線文と列点波状文があらわされ、裏には布が付着し、各破片は不規則に曲がっている（図29-1～7）。そのうちの一つは半円形に曲がり、一端をL字状に表側に曲げて、これを鋲で木質のものに留めており、幅1.9cmを測る（図29-5）。一つは裏の布の上に皮がみられ、一つは幅2.2cmを測るというように、同一個体の金具とは考えにくい。Ⅳ類は、「帯状の金具の上に葉状の飾りを付けたもの」で、側縁には平行線文と列点波状文があらわされ、裏には布が付着しさらにその上に木質が付いている。金具破片のカーブからみて円形ないし楕円形にまわるようだ。葉形は大きいものと小さいものがあり、葉形立飾はそれぞれに数箇所ずつ付く。大きい方は葉形部幅4cm、帯状金具幅1.5cmを測る（図29-8～17）。Ⅴb類は5、6個体分あり、いずれも大きさが異なる。帯状部の一端はまるく終わり、他端は四角に終わる。周縁には平行線文と列点波状文があらわされ、裏に布と皮が付着する。中円板部の大きさからみて2対あり、大きい方は幅2.4cmを測る（図29-18～27）。「勾玉形銀製飾金具」と報告された金具はⅦ類に属する。頭部の中央に鋲が打たれ、裏に皮あるいは漆の薄膜が付く。3個あり、うち一つは長さ2.8cmを測る（図29-28～30）。6世紀初。

白山古墳　京都府相楽郡木津町吐師
墳形；造出付円墳、径15～16m
主体部；横穴式石室か横口式石室
遺物；鉄鏃群
盛矢具；Ⅲ類の断片と隅丸長方形にまわる帯状金具、そしてⅤb類が1対出土している（図版6-③）。6世紀中頃。

十善ノ森古墳　福井県遠敷郡上中町大字天徳寺小字森ノ下
墳形；前方後円墳、全長67m
主体部；横穴式石室（前方部と後円部に1基ずつ）、壁面に赤色顔料が塗られる
遺物；流雲文方格規矩四神鏡、金銅冠、帯金具、蜻蛉玉、鞍金具、双龍文透付鏡板、杏葉、雲珠、木芯鉄装輪鐙

図30
十善ノ森古墳

盛矢具；鉄地金銅装のⅦ類は1点あり、長さ3.2cm、幅1.4cmを測る（図30）（図版6-④）。他にⅨ類があるが、それ以外の金具が出土していないことと鉄鏃が発見されていないことから、あるいは他の飾金具であるかもしれない。5世紀末〜6世紀初。

天神山7号墳　福井県福井市篠尾町
墳形；円墳、径約40m
主体部；割竹形木棺（第1主体部と第2主体部あり）
遺物；第1主体部から鏡、櫛、玉類、金製垂飾付耳飾、短甲、肩甲、頸甲、草摺、衝角付冑、盾、鉄矛、直刀、鉄剣、鉄鏃（3束）、ピン状鉄器、鉄斧、弓、弓袋
盛矢具；Ⅴb類1対とⅥ類が鉄鏃群とともに出土した。Ⅴb類は長さ約23cm、Ⅵ類は直線部で長さ約5cmを測る。出土状況をみると、原状をたいへんよく残していることがわかる。まず鉄鏃が数十本下向きに収容され、鏃の先端から約20cm上のところの左側にⅥ類があり、そのⅥ類に接するようにしてⅤb類が鉸具を上にして両脇に位置している。1対のⅤb類の間隔は外側で測って約20cmあり、鉄鏃の刃先からⅤb類の鉸具までの長さは約40cmを測る。5世紀後半。

永禅寺1号墳　石川県珠洲市飯田町
墳形；円墳、径約20m
主体部；箱式石棺
遺物；櫛、鹿角製刀装具、直刀、鉄剣、鉄鏃（15本＋15本）、鉄斧
盛矢具；金銅製のⅠ類は断片のため内縁中央の山形突起の破片が見当たらない

が、他の例からみて山形突起もあったのだろう。両側は外傾し底辺は直線に近く、推定復元長さ13.8cm、最大幅16～17cmを測る。縁金具には鋲が密に打たれ、外側底部の部分は内側に向かって外方へ傾斜していることから、地板も立体的に曲がっていることがわかる。鋲足は1.2mmほどで、その先は直角に曲がる（図31）（図版7-①、②、③）。石棺内には人骨が残っており、頭、上肢、下肢の位置がわかる。鉄鏃は15本ずつ束になって遺骸の左右の足元に置かれ、Ⅰ類は左の足元の鉄鏃群よりさらに十数cm先で二つに折損して発見された。5世紀末葉～6世紀初、珠洲実業高校所蔵。

朝日長山古墳　富山県氷見市朝日字長山708～710番地
墳形；前方後円墳（全長約43m）^(補2)
主体部；横穴式石室、ベンガラが塗られる。
遺物；金銅製冠帽、玉類、直刀、刀子、鉄鏃（約100本）、鉄環、剣菱形杏葉、須恵器、土師器
盛矢具；Ⅱ類は鉄地金銅装で金具幅23～18mm、両側にはみ出している布を含んだ幅は26mmを測る。鋲は2列平行に打たれ、金具の裏には二重の布と革が付着している（図版8-①）。Ⅲ類も鉄地金銅装で、山形部幅19～21mm、谷部幅14mmを測る。両側縁には平行線文と列点波状文があらわされ、裏は鉄地の上に細かい布、その上に粗い布が付く。破片のうちの一つは直角に近く曲がる（図版8-①、②）。Ⅴb類は一端がまるく、他端が四角に終わる金具で、破片からみて2対以上あるようだ。鉄地金銅装の周縁に平行線文と列点波状文があらわされ、裏に布と革が付着している（図版8-③、9-①）。出土状況をみると、二群に分かれた鉄鏃群の各々から出土しているので、盛矢具の金具とみて間違いない。6世紀前半。

おつくり山古墳　愛知県名古屋市瑞穂区井戸田町78番地
墳形；円墳、径約25m
主体部；粘土槨
遺物；変形獣形鏡、変形方格規矩鏡、鈴釧、環鈴、短甲、直刀、鉄鏃（50本余）

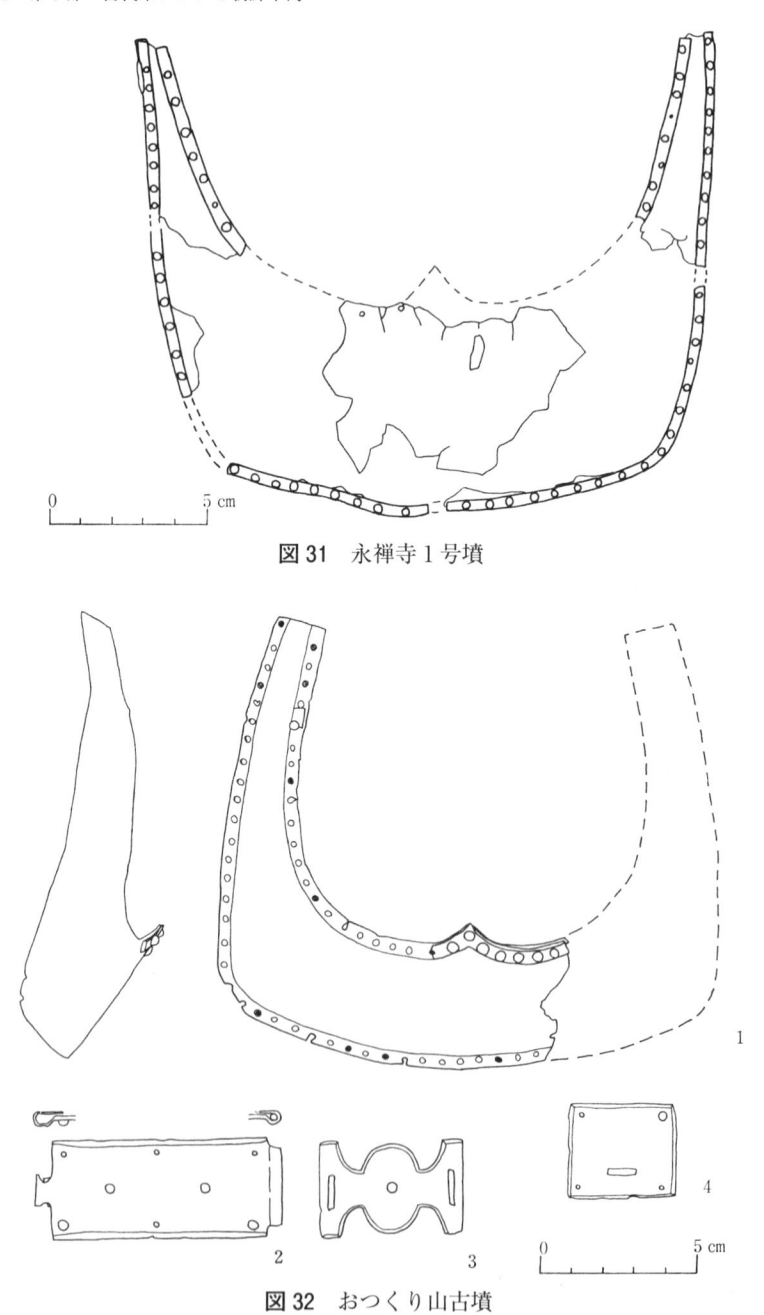

240　第3部　古代東アジアと朝鮮半島

図31　永禅寺1号墳

図32　おつくり山古墳

盛矢具：金銅製のⅠ類は全体の5分の3が残存する。両側は内傾し底辺は直線状になり、全体の形は立体感をもつ。推定幅15.8cm、長さ14cmを測り、内縁の山形突起が低い（図32-1）。Ⅴb類は金銅製の薄い板で中円板部と帯状金具の2点がある。前者は長さ4.5cm、幅2.8cmを測り、両端には長方形の孔があき、そこに帯状金具の舌が入るようになっている（図32-3）。後者は長さ7.9cmで、一端には鉸具を付けた痕跡があり他端には舌が付く。裏には布あるいは革の痕跡が認められる（図32-2）。Ⅷ類は横3.4cm、縦2.9cmで、文様はなく長方形の孔があく（図32-4）（図版9-②）。5世紀後半。

豊田大塚古墳　愛知県豊田市河合町1丁目10番地
墳形：円墳、径約30m
主体部：横穴式石室と小形竪穴式石室、棺台に朱が塗られる。
遺物：変形獣文鏡、耳環、直刀、鏡板、須恵器
盛矢具；「天冠と鉄地金張帯状金具」と報告されているもので3種類に分けられる。Ⅵ類は三葉形が5カ所にみられ、帯状金具の幅1.3～1.4cmを測る。周縁には平行線文と列点波状文があらわされ、三葉形の中央とその下方の帯状部の中央には径約4mmの半球形のガラス玉が嵌め込まれている。裏には皮革を付けたのちさらに布が付いている。金具は曲線を描いているので円形に復元される（図33-7～16）。三葉形をもたない帯状金具は幅2cmを測り、Ⅳ類（「天冠」）の後頭部の位置につくと推定されている（図33-1～6）。しかしⅣ類の端部は一般に幅が狭くなるので、この金具はそれとは別種でⅡ類と考える。これもやはり曲線を描いているので円形にまわるようだ。Ⅴb類は中円板部幅2.6cm、帯状部幅2.3cmを測り、一端がまるく他端が四角に終わる。周縁には平行線文と列点波状文があらわされ、裏には革そして布が付く。破片であるため全長は不明であるが、1対分あるようだ（図33-17～19）。横穴式石室は盗掘の痕跡が全く認められなかったが、天井石は一つもなかったので遺物は必ずしも原位置を留めていたとはいえない。鉄鏃は奥室の前面にわたって散在しており、Ⅴb類も奥壁近くや奥室の入口近くから発見された。しかしⅡ、Ⅳ類は奥壁から2.8～3.8m離れた南半の区域で発見されたことから、もとは棺台の遺骸の左足先に副葬されたと考えられる。6世紀前半、複次の埋葬あり。

242 第3部 古代東アジアと朝鮮半島

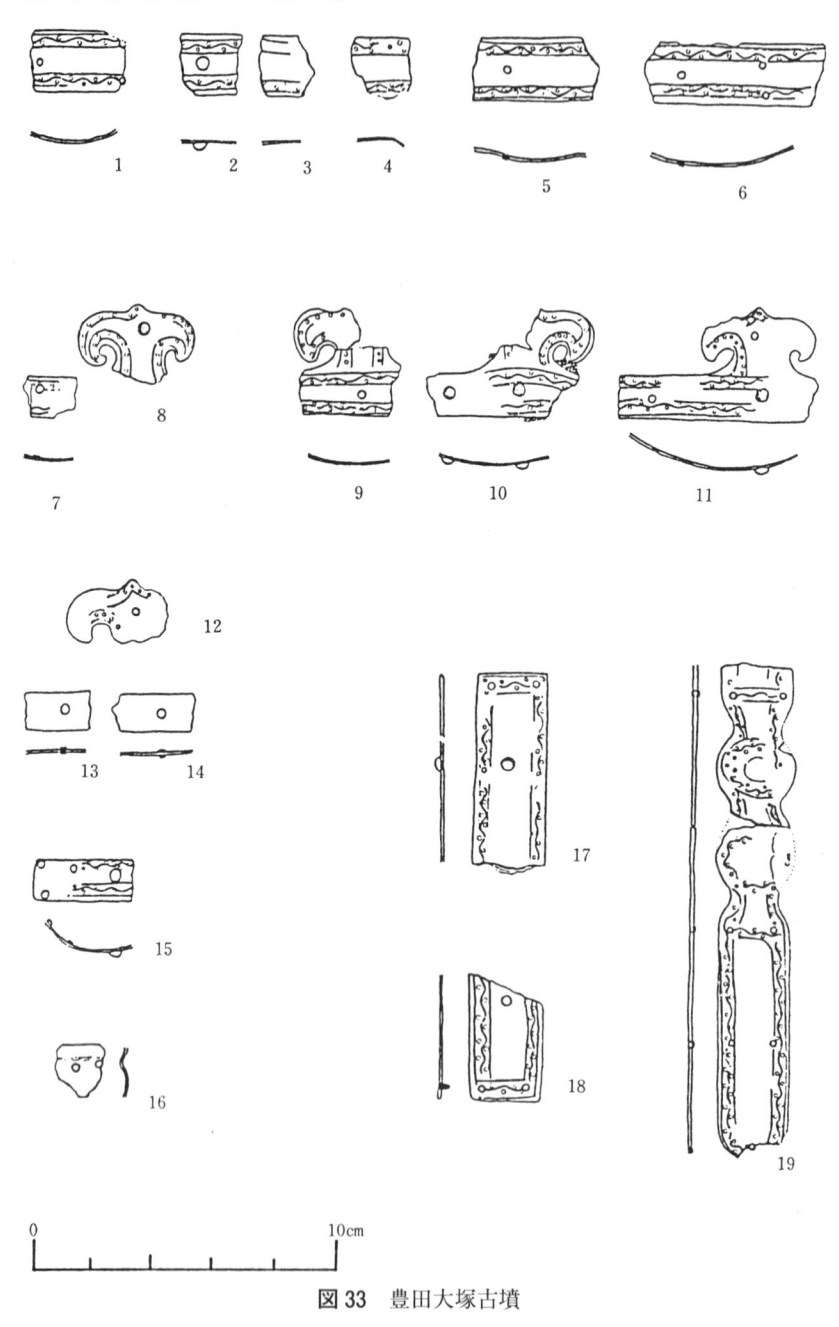

図33 豊田大塚古墳

第 1 章　古代東アジアの盛矢具　243

芝公園第 4 号墳　東京都港区芝公園 4 丁目
墳形；円墳
主体部；石槨
遺物；直刀、銅環、鉄鏃（20 ～ 30 本）
盛矢具；「箙の金具と覚しきもの二」と報告されているもので、図よりみると
Ⅴb 類が 2 点ある。一つは完形で長さ 17.6cm、幅 2.4cm、他は残存長 14cm ある。残存している上半部の長さでこの 2 個を比べると、前者の方がやや長いことがわかる（図 34）。

山王山古墳　千葉県市原市姉崎
墳形；前方後円墳、全長 69m
主体部；粘土槨
遺物；金銅冠、変形四獣鏡、腰佩、単龍文環頭大刀、直刀、刀子、鉄鏃（20 数本ずつ 2 群）、針状鉄器
盛矢具；「飾金具 A」は現存長 30.2cm（推定 34.5cm）、幅 5cm の細長い鉄板である。右端部をみると下辺に比べ上辺がやや短く、短側辺が垂直でなく左にやや傾いているので、長方形ではなく横長の台形を呈する。表には大きめの鋲が 3 列に打たれ、周辺には組紐状のものがまわっている。裏には布―皮革（ないし布）―木質（ヒノキ）―皮革が付き、それに裏金（現存長 29.8cm、幅 1.7cm）が当てられている。木質の木目は飾金具 A の長辺と平行する。木棺の崩落時に多少の移動があったと思われるが、幅 18.8cm の間に分布する 20 数本の鉄鏃群の刃先に、鏃と直交するようにⅡ類があった。
　「飾金具 B」は「飾金具 A」の下より発見された。現存長 30.4cm、幅 3cm の鉄地金銅装で鋲が 2 段に打たれ、周縁には平行線文と列点波状文があらわされる。裏には皮革（ないし布）が付き、裏金（残存長 27cm、幅 1.7cm）が縦にややずれて出土した。飾金具と裏金との間には厚さ 0.6cm の木質が残っているので、裏金が上縁金具、飾金具が下縁金具と考えられている。鉄鏃群は裏金のすぐ下より、幅 16.8cm の間に 22 ～ 23 本が平行に並んで飾金具と約 17 度東にずれて出土した。以上のことから、「飾金具 A、B」はほとんど曲線を描いていないがⅡ類に属し、方立部の上縁ないし下縁に付く金具で 2 個体分の

図34
芝公園第4号墳

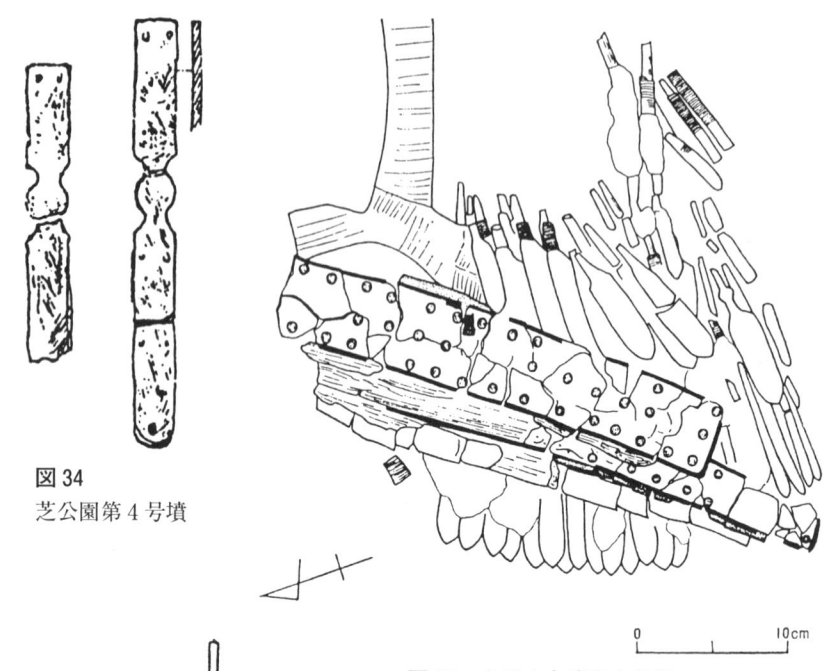

図35 山王山古墳出土状況

図36 富士見塚古墳
出土状況

盛矢具があったと考えてよい（図35）。出土位置は冠と反対方向にあるため、遺骸の足元に副葬されたと考えられる。6世紀前半。

富士見塚古墳　千葉県市原市姉崎
墳形：円墳、径約25m
主体部：木棺直葬
遺物：小形仿製鏡、直刀、鹿角装刀子、鉄鏃（20本）、鉄斧
盛矢具：東西に主軸をもつ棺床の西端より出土した。伴出した直刀が切先を西に向けていることから、ここは遺骸の足元にあたる。鉄鏃20本を束状に収容した状態で発見され、Ⅱ類が鏃の刃先に、Ⅲ

類が茎あたりにあり、その間約24cmを測る。Ⅲ類に接するように鏃と平行に1対のⅤb類が出土している（図36）。

　方立の下縁にあたるところから出土したⅡ類は側縁に平行線文と列点波状文があらわれ、裏には布と横に走る木目をもつ板が付いている。この板は底板であろう。金具は幅2.1cm、推定長軸12cm、推定短軸7cmの楕円形を呈するが、完全には一周しない。方立の上縁につく鉄地金銅装のⅢ類はⅡ類と同じ文様をもつ。破片は6個以上あり山形が7カ所にみられる。裏には布と革が付き木質はみられない。山形部の幅2.5cm、谷部の幅1.8cmで円形ないし楕円形にまわり、推定径10.5cmを測る。鉄地金銅装のⅤb類は2個あり、Ⅱ類と同じ文様をもつ。一つは長さ15cm（鉸具を除く）、帯状部の幅2.6cm、中円板部の幅3.1cmを測り、裏には一重の平織―革―二重の平織の布が観察される。

浅間山1号墳　千葉県長生郡睦沢町下之郷字根崎
墳形；円墳、径約26m
主体部；粘土床
遺物；変形獣形鏡、鉄剣、直刀、刀子、金銅製三輪玉、鉄鏃（11本＋22本）、円環状鉄器、鉸具
盛矢具；金具全体が他の古墳出土例に比べ小形であるが、いずれも鉄地金銅装である。棺外の粘土床の上場の平坦部より22本の鉄鏃と重なるように出土した。鏡のある方を頭位とすると、金具は遺骸の右腰の棺外出土となる。

　Ⅴb類は長さの異なる2個がある。いずれも側縁に平行線文と列点波状文をあらわし、裏には布や革が付着している。短い方は長さ13.4cm、幅1.4cm、厚さ1.5mm（図37-1）、長い方は完形でないため全長は不明であるが幅は1.4cmと同じである（図37-2）（図版10-①）。Ⅲ類は数個あるが山形部の破

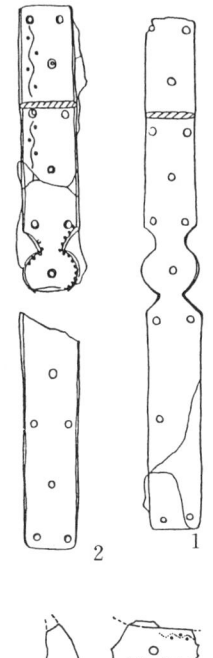

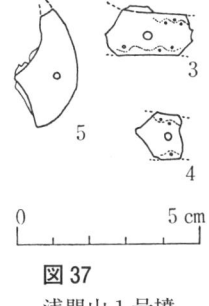

図37
浅間山1号墳

片はない。しかし側縁の形態からみて山形金具と推定でき、谷部の狭いところで幅1cmを測る。側縁には列点波状文が施され、中央に鋲が打たれる。裏には金具のすぐ上に布、布の上に革が付着する（図37-3、4）（図版10-②）。Ⅶ類は頭部が尖るもので、尾部が少し欠損しているが残存長3.2cmを測る。裏には革のみが付着する（図37-5）（図版10-③）。5世紀末～6世紀初。

内裏塚古墳　千葉県富津市二間塚
墳形；前方後円墳、全長144m
主体部；2基の竪穴式石室
遺物；鏡、直刀、鉄剣、鉄槍、刀子、鳴鏑、鉄鏃（数十本）、鉄鎌、鉄鉇、貝製雲珠
盛矢具；後円部には甲、乙の二つの竪穴式石室が東西に並んでいるが、金具は西側の乙石室中央部より鉄鏃、鏡とともに出土した。柴田常恵報告に「銅製の金具四」とあるもので、Ⅰ類、Ⅴb類、Ⅸ類が含まれる。

　Ⅰ類は両側が外傾し底辺が曲線となる長さ約15.8cmの金銅製の金具で、現在は断片しか残っていない。金銅製のⅤa類は鉸具の付く帯状金具、中円板部、一端が丸みをもつ帯状金具の三部分よりなる。周縁には平行線文と列点波状文があらわされるが中円板部は無文となっている。大きさはそれぞれ長さ8.6cm・幅2.8cm、長さ4cm・幅2.9cm、長さ8.1cm・幅2.8cmを測り、この三部分を連結した長さは17.8cmとなり、鉸具を含んだ全長は18.8cmとなる。裏には布や皮革が付着し、鋲足の長さからみて厚さ約5mmの有機質が付いていたと思われる（図38）。現在1個のみ残るが、鉸具が2個あることからもとは1対であったろう（図版11-①）。5世紀中葉。

花野井大塚古墳　千葉県柏市
遺物；横矧板鋲留短甲、鉄鏃
盛矢具；報告書が未刊のため詳しいことはわからない。出土状況をみると幅2.3cmのⅤc類が約12cmの間隔をあけて平行の位置で出土した。下端のまるく終わる端部の間の先には鉄鏃が刃先をⅤc類と反対方向に向けて一括出土している（図39）。また写真でみるとⅦ類も1個あるようだ（図版11-①）。

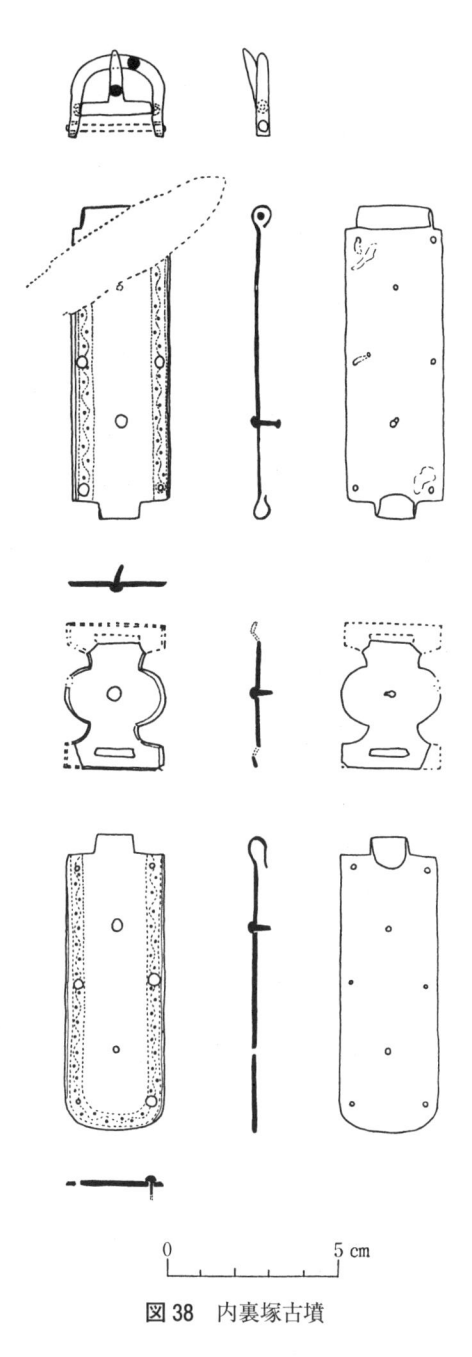

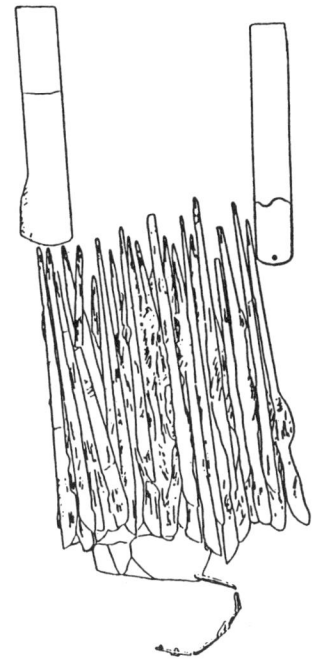

第1章 古代東アジアの盛矢具 247

図39 花野井大塚古墳出土状況

稲荷台1号墳 千葉県市原市山田橋字稲荷台49
墳形；円墳、径約27m
主体部；木棺直葬2基
遺物；中央施設より銀象嵌銘鉄剣、短甲、鉄剣、鉄鏃、刀子、北施設より鉄刀、鉄鏃（10本）、きさげ状工具、砥石、外表部より須恵器、土師器
盛矢具；D環金具1個とV類と思われる短い帯状金具2個があり、後者は一端がまるく終わる。Ⅲ類

0　　　　5 cm

図38 内裏塚古墳

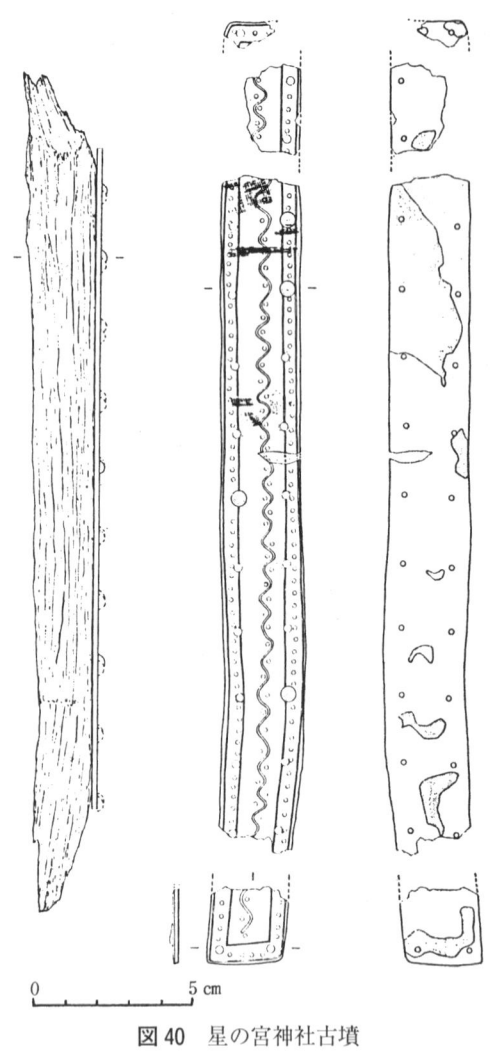

図41　星の宮神社古墳
　　　出土状況

は山形部が2個残る破片で、円形に曲がるようだ。Ⅷ類は鉄製で他の古墳出土例に比して大形である。

星の宮神社古墳　栃木県下都賀郡石橋町細谷732番地
墳形：円墳とすると径約46m
主体部：横穴式石室
遺物：耳環、銅釧、玉類、鉄矛、鹿角装大刀、刀子、鉄鏃（28本）、環状鏡板付轡、雲珠、辻金具、馬鐸、鞍、須恵器、土師器
盛矢具：鉄地金銅装の長さ30cm前後、幅2.5cmの飾金具には、周縁に平行線文と列点波状文があらわされ、中央にも列点波状文が配される。裏には布―皮革が付き、その上に厚さ約2cmの棒状の木（スギ）が鍍銀銅鋲で留められる。

図40　星の宮神社古墳

飾金具の短辺は長辺と直交せず、山王山古墳例のように斜めになっている（図40）。この金具は幅20cmの範囲内に左右に分かれた約21本の鉄鏃群の中央部から鏃と平行の位置で出土した（図41）。東側の鏃の刃先は揃っており、ちょうど飾金具の端部と位置が一致するため、報告では「長さ30cmほどの筒状ないし細長い箱状をした胡禄の外面を縦方向に飾っていたもの」とみなした。しかし飾金具が石室側壁の崩落に伴う衝撃で壊されているところからみて90度回転してしまったとすると、山王山古墳のような状況も考えられる。出土状況からの解釈が困難なのでⅫ類に入れておき今後の課題として残す。

出土位置は石室中央部西側壁、すなわち奥壁から約2.6m離れたところである。奥室東北隅から歯、装身具が発見されているので、盛矢具は遺骸の右足先に置かれたことがわかる。6世紀中葉～後葉。

以上あげたものをまとめたのが表1であるが、このほかに兵庫県尼崎市水堂古墳（西谷真治 1974）、京都府宇治市二子山古墳南墳（中村徹也 1970）、岐阜県各務原市大牧1号墳（名古屋市立博物館 1985）、千葉県山武郡僧経塚古墳[(2)]で盛矢具の金具の出土が報告されている。

5　朝鮮半島出土の盛矢具

Ⅰ～Ⅶ類の金具を中心に朝鮮半島の盛矢具をみていくと、22基の古墳からの出土が知られ、ほかに蒐集品も多い[(補3)]。以下に古墳ごとに盛矢具をみていこう。

鶏林路14号墳　慶尚北道慶州市
墳形；封土はほとんど無くなっていた。
主体部；石槨
遺物；金製耳飾、勾玉、鬼面金具、金製嵌玉宝剣、環頭大刀、輪鐙、鞍金具、銅盒
盛矢具；銀製のⅤa類が2個出土した。そのうちの一つは帯状金具に心葉形の透孔が中円板部を挟んで3カ所ずつあき、玉虫翅が埋め込まれている。また側

250　第3部　古代東アジアと朝鮮半島

表1　日本出土の盛矢具

県	古墳名	I	II	III	IV	Va	Vb	Vc	VI	VII	VIII	IX	X	XI	XII	盛矢具型式	文献
熊本	物見櫓*				1	○(aかb)										B	今田治代1999
宮崎	石舟塚		1	1			3									B	梅原末治1941
宮崎	島内地下式10号	1					2	2		1						B	北郷泰道1980
大分	飛山23号横穴	1	1	1												B	箕野和夫他1973、北郷泰道1981
佐賀	龍王崎1号			1	1		4									B	木下之治1968、西岡千絵2008
佐賀	一本松						○									E	佐賀県小城町教育委員会所蔵
福岡	月ノ岡	1				4				2		1	1	2		A	矢野一貞1867、若林勝邦1898、鳥田寅次郎1925、未永雅雄1934・1941、福尾正彦1982
福岡	古賀崎（西堂）*			1			2									E	前原市教育委員会1994
福岡	箕田丸山		2													D	小田富士雄・下原幸裕・山口裕平2004
福岡	苙平坂1号（後）	1														B	福岡県教育委員会1993
福岡	塚堂（後）															A	福尾正彦1982、金子文夫・石山勲1983
福岡	塚堂（前）	1					1			2						E	宮崎勇造1935、福尾正彦1982、金子文夫・石山勲1983
福岡	山ノ神	1														A	児島隆人1973、藤田等1973
福岡	番塚				2	2									2	C	渡辺正気・松岡史1959、九州大学文学部考古学研究室1993
福岡	竹並H-26号横穴*		1													B	西岡千絵2008
福岡	沖ノ島7号		○		○		○									E	原田大六1958
福岡	吉井町屋形		○	1	1		1			1						B	吉井町教育委員会所蔵
愛媛	経ヶ岡							2〜3								B	岡田敏彦1984
岡山	天狗山	1		1			1		1	1						A	未永雅雄1934・1941、村井富雄1972
岡山	四ツ塚1号			1											○	B	上田三平1932、近藤義郎1954・1986
岡山	四ツ塚13号			1				2								B	近藤義郎1954
岡山	法運40号			1					1							B	村上幸雄1987
岡山	八幡大塚2号						2			1						A	鎌木義昌・木村祐二1986
兵庫	長畝山北5号*			1	1		4									B	鎌木義昌・木村祐二1992
兵庫	宮山						2〜3									B	八賀晋1982
兵庫	カンス塚					2		2	2							E	松本正信・加藤史郎1970
兵庫	毘沙門1号			1											○	B	筈谷美官1966、野上丈助1977
大阪	長持山1号*															不明	神戸市教育委員会1986
大阪	井ノ内稲荷塚		1					2								B	京都大学総合博物館1997
大阪	峯ヶ塚*		1				2									B	大阪大学稲荷塚古墳発掘調査団2005
和歌山	椒浜															B	吉川則男1999
和歌山	大谷		○	○			4									B	未永雅雄1962
奈良	新沢千塚50号*	1		1	1		2									B	樋口隆康・西谷真治・小野山節1959
奈良	寺口千塚3号*						2									E	坂靖1990

第1章　古代東アジアの盛矢具　251

県	遺跡名	c1	c2	c3	c4	c5	c6	c7	分類	出典
奈良	星塚		1			○(abc不明)			B	小島俊次 1955
奈良	イケン谷*			○					D	国学院大学資料館所蔵
奈良	塞山					5～6		3	B	河上邦彦 1984
奈良	高山1号*	2	1				2		E	奈良県立橿原考古学研究所 1988
奈良	珠城山*					4			B	伊達宗泰・小島俊次 1956
奈良	私市丸山*			2			2		E	鍋田勇・石崎善久 1989
京都	宇治二子塚南*	1				2			D	宇治市教育委員会 1991
京都	白山					2			C	京都府埋蔵文化財調査研究センター・京都府立山城郷土資料館編 1987
京都	荒神塚					○(abc不明)			E	河野一隆・野島永 1993
福井	西塚*	1							D	清家裕二 1997
福井	法土寺遺跡5号墳*								不明	古川登 1997
福井	十善ノ森					2	1		F	斎藤優 1970、入江文敏・森川昌和 1975
福井	天神山7号						1		E	福井県立博物館 1984、樟本立美 1990
石川	永禅寺1号	1							A	和嶋俊二 1951、吉岡康暢 1976
富山	朝日長山		○○			4以上			B	氷見高校歴史クラブ 1964、古岡英明 1972、氷見市教育委員会 1973、藤田富士夫 1983・1984
岐阜	牧1号*								不明	各務原市教育委員会 1990
愛知	おっくり山	1			1				A	小栗鉄次郎 1929、名古屋市立博物館 1980
愛知	豊田大塚		1			2			B	久永春夫 1966、名古屋市立博物館 1980
長野	月の木1号*					2			E	片山裕介 2002
長野	宮垣外土壙*	1				2			B	飯田市教育委員会 1994
長野	溶洞	1							不明	松尾昌也 1994
静岡	平沢1号*	1				2			B	滝沢誠 2000
東京	御嶽山*			2		2			E	松崎元爾 1997
東京	芝公園第4号					2			E	坪井正五郎 1903
千葉	内裏塚	1				1		2	A	柴田常恵 1906、杉山晋作・沼沢豊・豊加佳伸・田博・相京邦彦 1979、小沢洋 1983
千葉	浅間山1号	1	1			2			B	山田友治 1975、杉山晋作・沼沢豊・豊加佳伸・田博・相京邦彦 1979
千葉	富士見塚	1	1			2			B	中村恵次 1978
千葉	山王山	2							D	千家和比古 1980
千葉	花輪井大塚				1	2	1		E	千葉県房総風土記の丘 1983
千葉	稲荷台1号		○						B	1988年国立歴史民俗博物館で陳列
千葉	九条塚*					○(推定)			E(推定)	小沢洋 1991
栃木	星の宮神社							1	不明	大金宣亮他 1986
群馬	井出二子山古墳*			○		2			B	若狭徹 2009

・本文ではふれていない1988年以降新しく報告された盛矢具も含む（*印）
・本文でふれた古墳も1988年以後の文献を適宜追加した
・項目内の○印は数が不明、項目内に記入がないのは盛矢具出土の報告のみ

縁には鋲頭が鍍金された菱形銀鋲が打たれる。中円板部は金あるいは鍍金銀製で心葉形の透孔があき、裏には細かい布と粗い布がみられる。他の一つはやや長く、中円板部を挟んで4カ所ずつ心葉形の透孔があくほかは、前者と同じである。いずれもまるく終わる端部に抉入がみられるのを特徴とする。

Ⅵ類もⅤa類と同様の構造であるが裏に布痕はない。一端はL字状に直角に曲がるが、他端はゆるく鈍角を描く。方立の両側縁から前面にかけて付く金具で、Ⅱ類と似た用途である。6世紀。

仁旺洞149号墳　慶尚北道慶州市仁旺洞680番地
墳形；東西、南北各8mの護石、封土は削平されてない。
主体部；積石木槨
遺物；金製耳飾、銀製銙帯、金環、玉類、三葉文環頭大刀、鉄矛、鉄鏃（10本）、刀子、有刺利器、鉄釜、陶蓋、鉄鋌、鉄斧、鉄鑿
盛矢具；報告に「鉄製鞍褥金具」とあるものでいずれも鍍銀されている。Ⅴc類は1個あり帯状金具の端部に抉入する（図42-1）。またⅡ類とみられる鋲の打たれた細長い鉄板や、2個のⅧ類がある（図42-2）。馬具が出土していないので盛矢具の金具とみてよいだろう。

　木槨内には遺骸が東枕で安置され、東壁から約1.8mの間は鉄釜を中心に土器が多数副葬され、盛矢具もこの土器群の中より出土した。また土器群の下からは黒漆あるいは朱漆の金箔木片が発見されているが、形態や用途は確認できないという。出土位置からみて盛矢具に伴う可能性もある。鉄鏃は10本すべて遺骸の足の下から鉄製利器類とともに出土していることから、盛矢具に収容されずに副葬されたと考えられる。5世紀中葉～後半。

林堂洞7B号墳　慶尚北道慶山郡慶山邑林堂洞
墳形；円墳
主体部；石蓋岩壙木槨の主槨と木槨の副槨
遺物；木槨内より金銅冠、金銅龍文透彫帯金具、腰佩、耳飾、直刀、木槨上より鉄矛、鉄鏃
盛矢具；7号墳のB号主槨内の被葬者は東枕で、西側の足元には1人以上の殉

葬者が埋葬された。金銅製のⅠ類は殉葬者の頭部の上から出土し、その西側には鉄鏃の塊が発見され、さらにその周囲からは鉄矛と土器群が群集していた。それから判断すると盛矢具、鉄鏃、鉄矛、土器群は木槨の上に副葬され、木槨の陥没の際に殉葬者の頭の上に落ち込んだという。Ⅰ類の両側は外傾し内縁中央の山形突起が高く、全体に大形であり地板には見事な龍文透彫がみられる。長さ15.4cm、幅24.1cm。この金具の先端部からは同じような透彫のみられる金銅製のⅥ類1対と長さ3.7cmのⅦ類が2個出土し、その近くからはⅧ類と小円板を連結したⅤc類1対も発見された（図版11-③）。鉄鏃塊がこれらの金具のすぐ近くから出土しているので盛矢具とみて間違いない。(補4)

星山洞第1号墳　慶尚北道星州郡星州邑
墳形；円墳、径約13.08m
主体部；竪穴系横口式石室
遺物；銀製冠前立飾、金製耳飾、銀製帯金具、銅環、鉄矛、刀子、三葉文環頭大刀、鉄槍、直刀
盛矢具；「不明金具」として報告されているもので、Ⅷ類は「其ノ二箇ハ長方形ノ鉄器ニシテ中央ニ孔アリ。両端ノ角ニ面取リヲ加へ、薄キ銀板ヲ張リ、三ヶ處ヲ鋲留トセリ」と述べられ、Ⅶ類は「他ノ一箇ハ長サ一寸許ノ勾玉形ニ近キ銀被セノ金物ナリ」と述べられている（図版11-④）。この金具のみからでは盛矢具の形を想定することはむずかしいが、Ⅶ類が矢立の表飾になろう。

　東に開口する石室は内部に土砂の流入をみず、遺物はほとんど原位置を留めていたというから、他の盛矢具の金具はないとみてよい。遺物配置図をみると、入口のすぐそば中央部に置かれていたらしく、そこは遺骸の足元から最も離れたところにあたる。鉄鏃の出土は報告されていないが、鉄器残欠3個のなかに鉄鏃らしいものがある。

陽川洞古墳　慶尚北道金陵郡開寧面陽川洞644番地(3)
盛矢具；埋蔵文化財として申告された一括遺物のうちで、金銅製のⅦ類1対（図43-2, 3）とⅤa類の中円板部1個がある（図43-1）。Ⅶ類は中央に銅鋲が打たれ、裏には有機物が付着していたがその材質は不明である。Ⅴa類の中

図42　仁旺洞149号墳

図43　陽川洞古墳

図44　池山洞33号墳石室

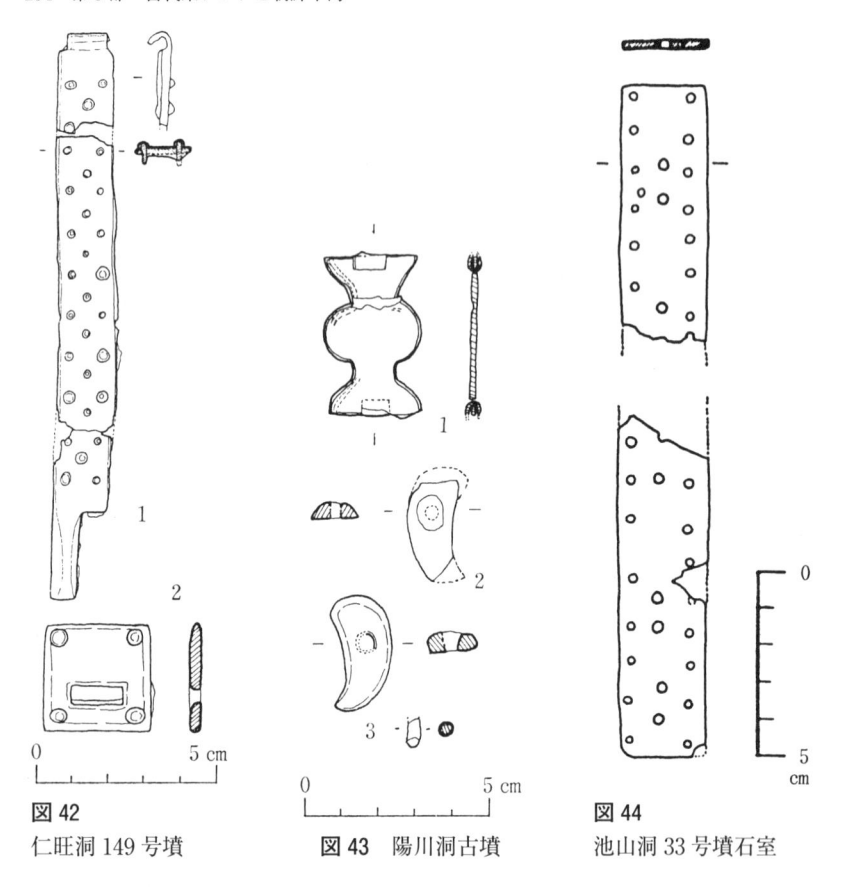

円板部は両側に細長い孔があき、そこに帯状金具の舌とみられる環が錆着していた。5世紀。

池山洞33号墳　慶尚北道高霊郡池山洞
墳形；円墳、径 8.8 × 7.4m
主体部；石槨
遺物；銀製耳飾、玉類、素環頭大刀、刀子、鉄鏃、木芯鉄装輪鐙、鉸具、鉄斧、鉄鎌、紡錘車
盛矢具；南北に主軸をもつ石槨の北端より鉄鏃群とともに出土した。遺骸は刀

子の方向や耳飾と首飾の位置からみて北枕と考えられるので、盛矢具は頭の先より出土したことになる。周辺には副葬用の土器も多数置かれていた。「長方形鉄帯」と報告された幅2.6cm、長さ9.3cmと7.1cmの2個の鉄板片は端部に鉸具が付いていた痕跡がみられないので、II類としておく。鋲は両側縁に1列ずつと中央に2個1組が間隔をあけて打たれる（図44）。5世紀。

池山洞34号墳 SE-3号　慶尚北道高霊郡池山洞
墳形；護石が残り、それより推定すると径数メートル
主体部；石槨
遺物；鉄鎌、鉄鏃（3本）
盛矢具；金銅製の薄いU字形を呈するI類は、長さ10.5cm、幅（上端）13.0cm、（下端）14.5cmを測る。底辺は直線的で両側は内傾し、横からみると底から上に向かって表へ開く形となる。金具の裏には有機質が付着しており、それから推定すると厚さ2～3mmの革であるらしい（図45-1）。Vb類は長さ15.6cm（図45-2）と17.0cm（図45-3）の、長さの異なる2個で1組となる。中円板部の上下には突帯があり、これはVa類の中円板部と帯状金具の連結をあらわした痕跡であろう。裏には革と太い織りの麻布片が鉄錆とともに付着している。報告によるとVb類は盛矢具を身体に着装するための肩紐あるいは腰帯の連結用具に使ったと推定している。

　出土位置をみるとVb類は主槨と副槨とを区切る仕切り板に近い副槨から、I類は主槨の南端から、鉄鏃は南西端よりかたまって出土した。したがって、本来は鉄鏃が盛矢具に収容されて仕切り板に立てかけられて副葬されたか、仕切り板の上にまたがって置かれたと推定できる。5世紀後半。

池山洞連結石槨　慶尚北道高霊郡池山洞
墳形；円墳、東西径4.73×南北径3.2m
主体部；石槨
遺物；金製耳飾、玉類、鉄剣、小刀、鉄鏃（15本）、石球
盛矢具；鉄製で鋲頭のみ鍍銀されたVb類と半円形に曲がる鉄製のII類が出土している。Vb類は完存しないのでよくわからないが、長さ約20cmと図より

256　第3部　古代東アジアと朝鮮半島

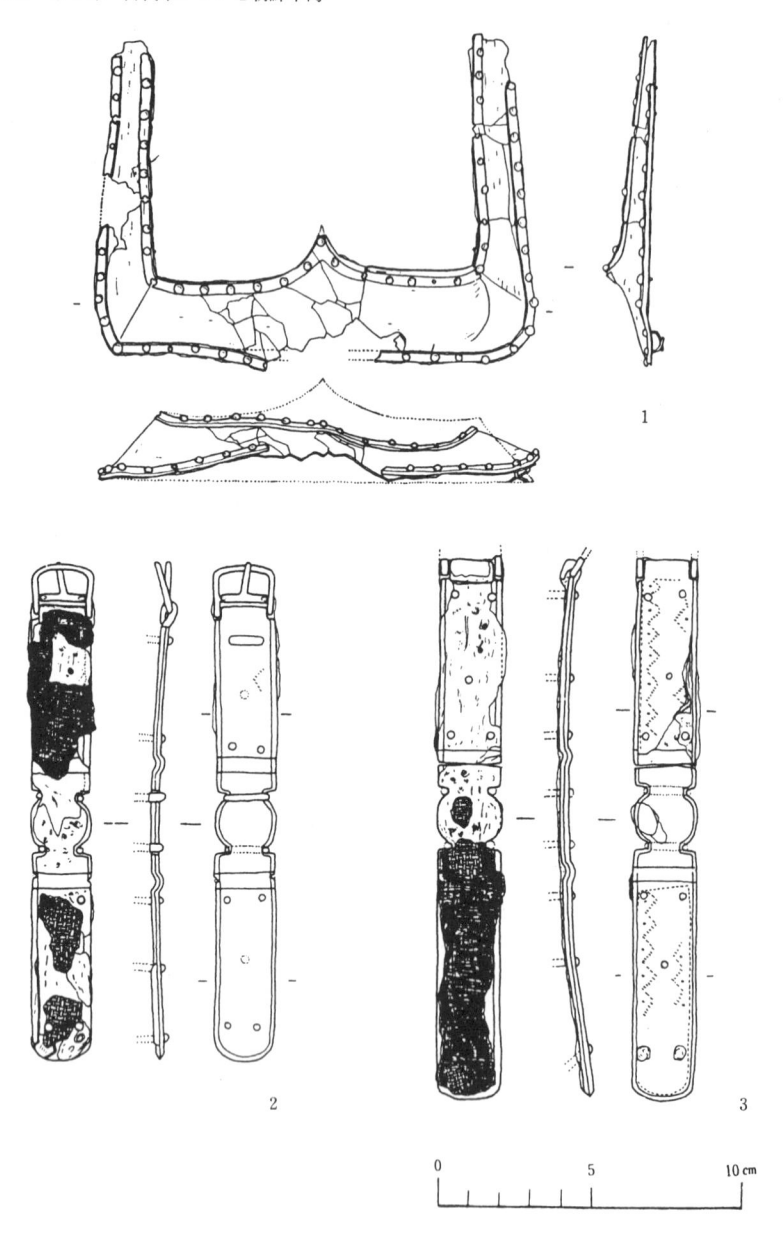

図45　池山洞34号墳 SE-3号石槨

第1章 古代東アジアの盛矢具 257

図46 池山洞連結石槨

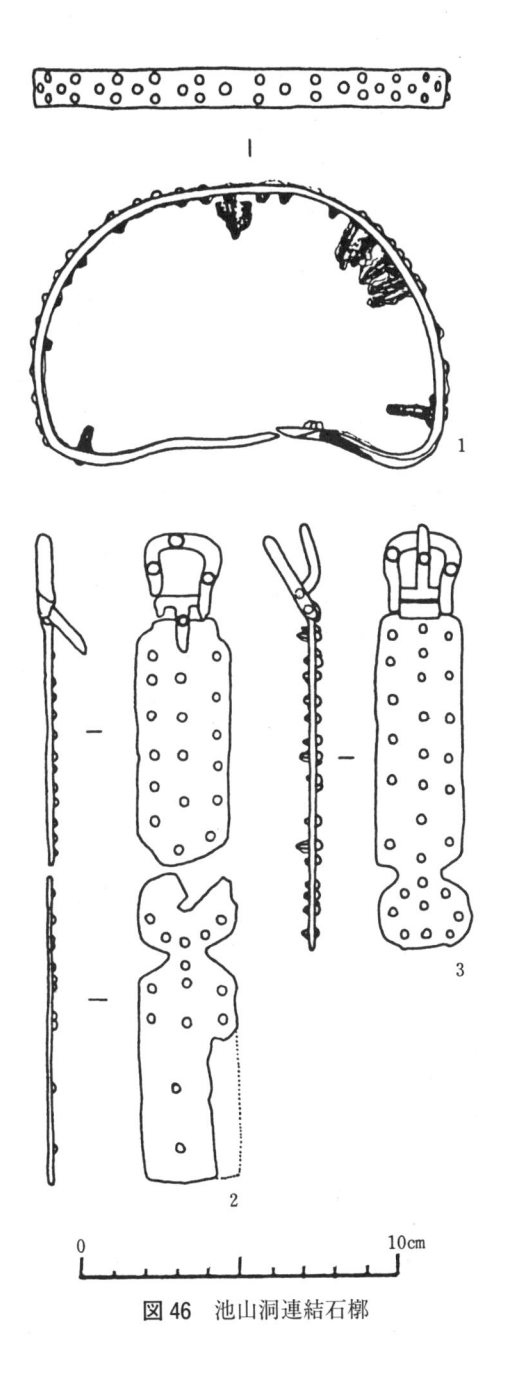

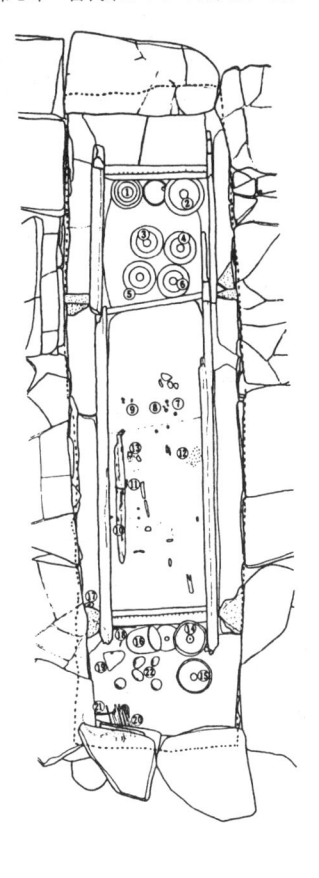

図47 池山洞連結石槨
出土状況図

推定される。鋲は3列に打たれ、裏には布痕がみられない（図46-2、3）。Ⅱ類は長径12.8cm、短径8.0cmにまわり、金具の幅1.2cmの飯盒形である。鉄鋲が1列に打たれ、その鋲足には底板に使用された板の木目痕が残る。木目は金具の長軸方向を向いているので、1枚の板を半円形に切り抜いて底に使用したと思われる。金具と板とは直に接しないで、その間に3mmの間があき、そこに皮革のような有機質が付着しているので、鏃を入れる部分は革袋状になっていたらしい（図46-1）。

　連結石槨は東西に主軸をもつ石槨で、やや東よりに石槨が造られる。盛矢具は槨内棺外より出土し、Ⅱ類は西北隅より6本の鉄鏃とともに発見され、Ⅴb類はそれより東に30cmほど離れて発見された。出土状況をみると、石棺内に東枕された遺骸の足先の槨の西壁に立てかけるようにして副葬されたと考えられる（図47）。なお、人骨や歯牙よりみて被葬者は身長100cm前後の5歳未満の小児と推定されている。

池山洞39号墳　慶尚北道高霊郡池山洞

墳形；円墳、径49m
主体部；竪穴式石室
遺物；銀製冠帽前立、金銅製獣面文帯金具、銀釧、単龍文環頭大刀、弓筈、鉄鏃（約30本）、銅鐙
盛矢具；高さ16.6cm、幅約17cmの半円筒形の容器である。表飾下縁には山形を一つ上向きにもつⅢ類がまわり、そこに平行線文と列点波状文があらわされる。上縁は幅の狭いⅡ類がめぐる。Ⅲ類とⅡ類の金具の間は金銅製龍文透彫板がはめられ、その中に1対のⅦ類が付く。Ⅶ類は頭部に金銅鋲が打たれた銀装の勾玉形で、頭部は尖り下を向く（図版11-⑥）。容器の底もやはり金銅製龍文透彫半円形板で飾られる（図48）（図版11-⑤）。

　石室の南寄りから鉄鏃約30本が収容されたままで発見されており、背板こそみられないが盛矢具の形態がわかる貴重な資料である。6世紀前半。

伝梁山　慶尚南道梁山郡梁山邑

盛矢具；李養璿コレクションの中にあり、金銅製Ⅶ類1個、金銅製Ⅸ類1個、

図48 池山洞39号墳

Ⅷ類2個、Ⅹ類1個がある(図版12-①)。国立慶州博物館所蔵。

白川里1号墳 慶尚南道咸陽郡咸陽邑白川里尺旨部落
墳形；円墳、径約15.5m
主体部；石槨
遺物；垂飾付耳飾、環頭大刀、鉄鏃(29本)、楕円形鏡板付轡、木芯鉄装輪

図49　白川里1号墳

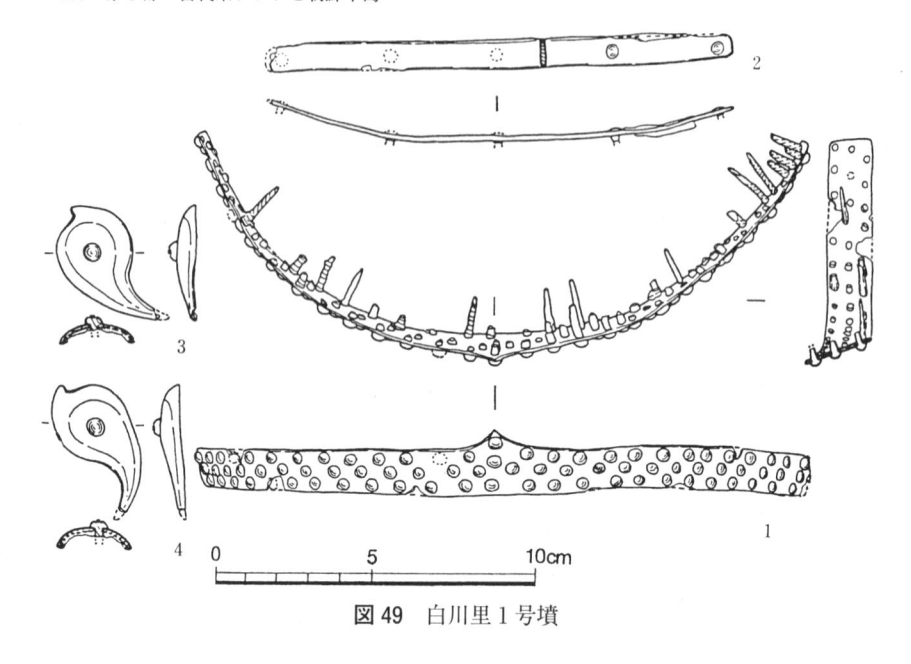

鐙、鞍金具、棺金具

盛矢具；1号墳には三つの主体部があり、それぞれ1-1号、1-2号、1-3号と名づけられている。そのうち墳丘の中央にある最も大きい1-3号より出土した。この石槨は盗掘を受けておらず遺物の出土状態も良好である。石槨中央に遺骸が北枕で安置され、北隅に土器が一括して副葬された南側から馬具と重なるようにして盛矢具が出土した。そこは頭骨より北に約1.6m離れている。

　緩い曲線を描き、中央に一つの山形をもつ鉄製帯状金具は、幅約1.4cm、金具先端間の距離約19cmを測る。鋲は3列に打たれ、最も長い鋲足は1.6cmあり、そこには革らしい痕跡がみられる（図49-1）。この金具のすぐ近くより出土した長さ15.5cm、幅0.8cmの細帯状金具は、両端が若干外側に曲がっている（図49-2）。出土状態からみて前者が盛矢具の前面に、後者が後面に付く金具と考えられる。すなわち、池山洞連結石槨出土のⅡ類と同じ用途である。したがって、ここでは二つの金具を合わせてⅢ類とみておく。Ⅶ類は2個あり、細帯状金具から約17cm離れて出土した。鉄地銀装で長さ4.5cm、幅2.5cmで裏に革の付着がみられる（図49-3、4）。5世紀後葉。

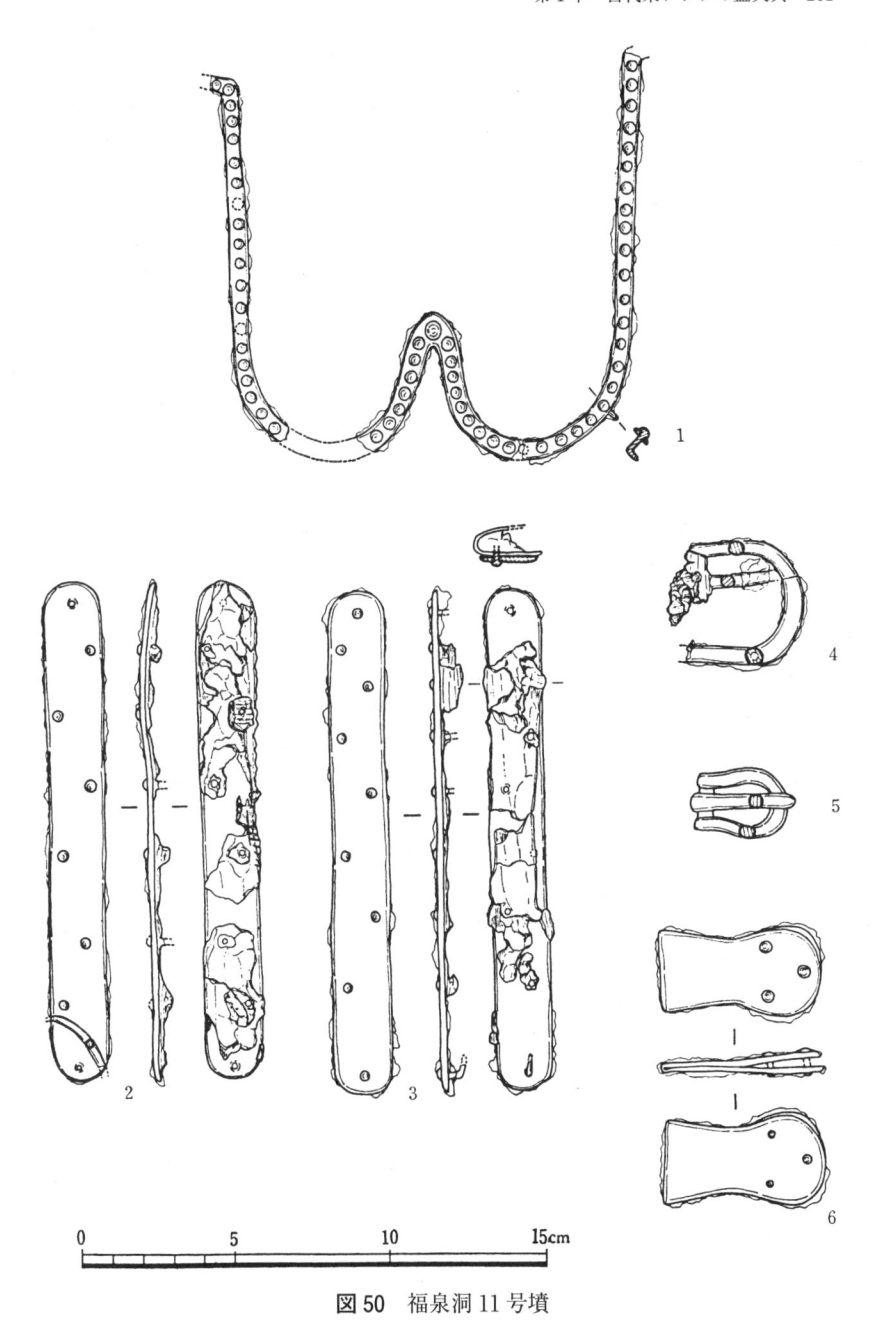

第1章 古代東アジアの盛矢具 261

図 50 福泉洞 11 号墳

福泉洞 11 号墳　釜山直轄市東莱区福泉洞山 50 番地
墳形；長楕円形
主体部；竪穴式石室、副槨に木槨土壙（10 号墳）をもつ
遺物；金銅製冠、金製耳飾、縦細長板革綴冑、挂甲、頸甲、脛甲、三葉文環頭大刀、三累環頭大刀、鉄鏃、鉄鋌
盛矢具；A〜Eまでの5群の鉄鏃が石室内の木槨の内壁に立てかけられるように出土しており、そのうち鉄鏃群B（13本）に伴って出土した。Ⅰ類は鉄鏃群Bの上部より出土し、その出土状況と高句麗古墳壁画にみられることから、方立正面の飾金具とみられている。幅6mm、厚さ1.5mmの鉄帯をU字形に曲げたもので、その両端は欠失しているものの斜め上方へ屈曲するらしい。中央は上方に突起し、典型的なⅠ類の内縁金具に相当する。密に打たれた円頭鋲の鋲足はL字に曲がっており、金具裏面と鋲の屈曲部との間は4mmを測り、これが方立前面の有機質の厚さを示している。残存長さ12.5cm、推定高13.5cm（図50-1）。Ⅴc類は2個あり、その出土位置からみて両側に付く金具とみられている。裏には革と布が残存しているので、両側に付く金具のみならず帯金具の役目も果たしていたと考えられる。2個とも全長15.4cm、幅1.8cm、厚さ0.2cm（図50-2、3）。Ⅺ類は大小2個がU字形金具とともに鉄鏃群Bの上部から発見された。大形は革帯の残痕が付いており、残存長3.9cm、幅3.9cm（図50-4）。小形は全長3.4cm、幅2.3cmで（図50-5）、盛矢具のどの部位に当たるか不明であるが、幅よりみて小形はⅤc類とセットで使用されたようだ。Ⅹ類は鉄鏃群Bの下から発見されたもので、鉄板を折り重ねて作られている。偏円部では革帯を挟んで留めた3個の鋲が残っている。全長4.2cm、幅2.7cm（図50-6）。5世紀前葉〜中葉。

福泉洞 22 号墳　釜山直轄市東莱区福泉洞山 50 番地
主体部；竪穴式石室、副槨に木槨土壙（21号墳）をもつ。
遺物；頸甲、素環頭大刀、鉄矛、七頭鈴、鉄鏃（多数）、鉄鋌
盛矢具；22号墳は、この古墳群がある丘陵の最高位のほぼ中央の位置を占めている。石室は南北に主軸をもち、遺骸は南枕に葬られた。盛矢具は南短壁近くの西南隅に置かれ、土砂が流入してきた時に受けた衝撃で西側の半分くらい

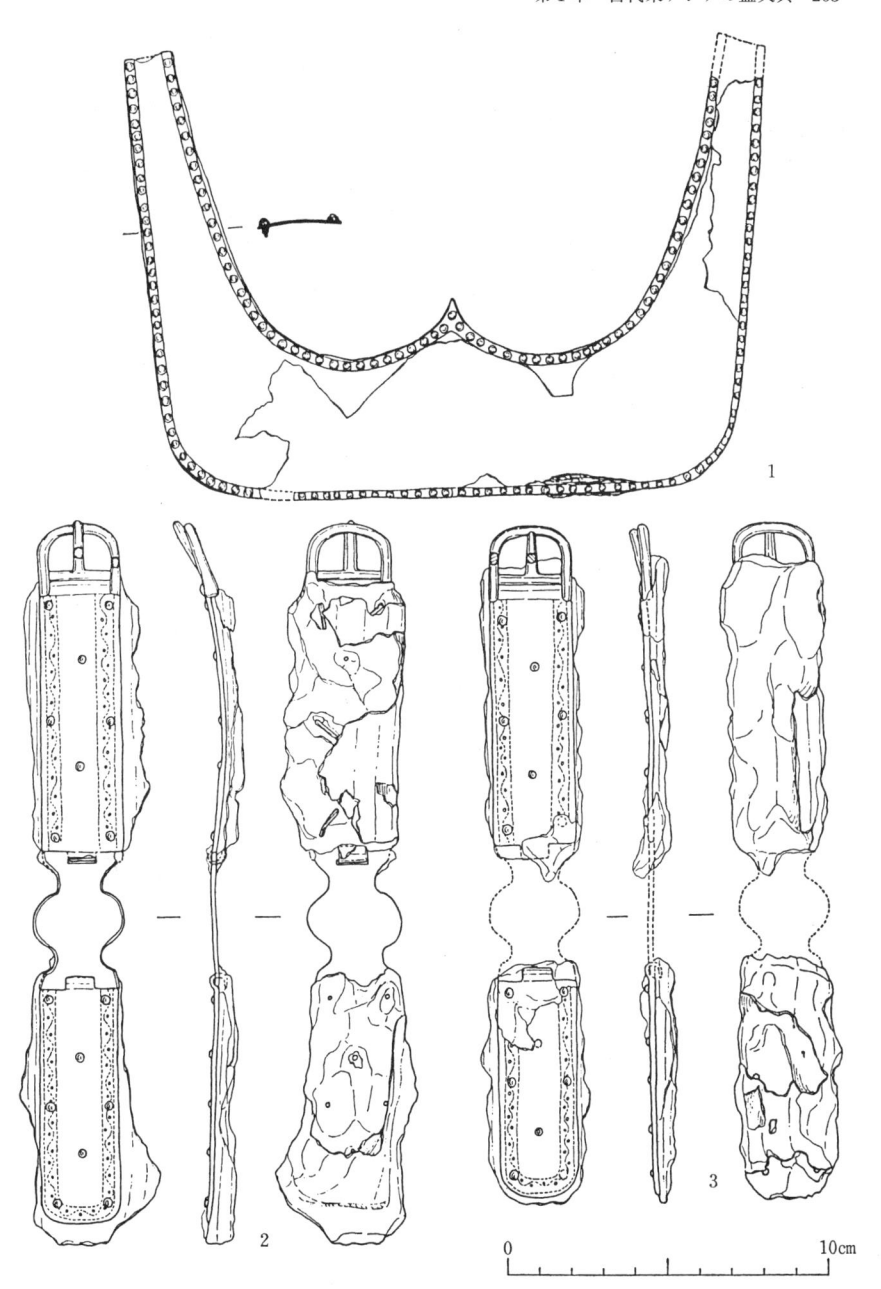

第1章 古代東アジアの盛矢具　263

図51　福泉洞22号墳

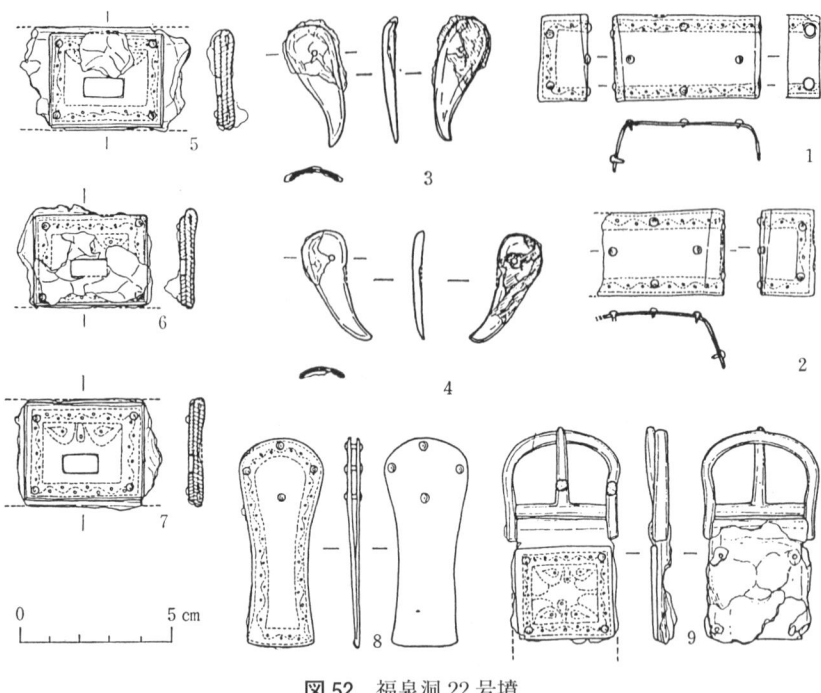

264　第3部　古代東アジアと朝鮮半島

図 52　福泉洞 22 号墳

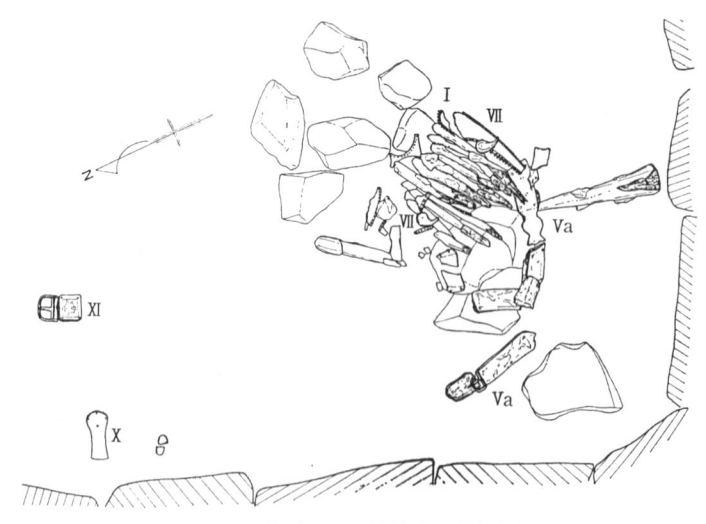

図 53　福泉洞 22 号墳出土状況図

が破損流失していたが、比較的原状をよく残していた。

　I類は内外縁金具と左側のU字形金銅板が残り、底辺は直線状、両側はやや外傾し、全体的に平らである。長さ13.9cm、幅18.3cm。底縁裏面にごくわずかの有機質が付着し、その端部が金具の底辺と一致し、この部分で内側にL字状に曲がっているので、盛矢具の底と金具の底辺が一致することがわかる（図51-1）。Va類は鉸具の付く帯状金具・中円板部・一端がまるく終わる帯状金具の3部よりなり、1対出土している。中円板部の両端には長さ9.5mmの長方形孔をあけ、ここに帯状金具の舌を差し込み折り返して留める。東側の金具は全長21.6cm、幅2.6cm（図51-2）、西側の金具は全長20.6cm、幅2.6cmで（図51-3）、中円板部の幅は2.9cmを測る。表には周縁に平行線文と列点波状文をあらわすが、中円板部は無文となっている。Ⅵ類はコ字形に曲がった金具で、一つは長さ4.7cm、幅2.6cm（図52-1）、他は残存長3.9cm、幅2.6cm（図52-2）を測る。三辺に平行線文と列点波状文があらわされ、鋲が打たれるが、文様のない短辺は径3mmの円孔が上下に2個あくのみである。曲がった両端部を除いた直線部をみると、上辺が下辺より長いので、方立は上に向かって広がる形となる。Ⅶ類は頭が小さい細長い勾玉形を呈し、金銅板を断面凸状に曲げて5〜7mmの高さがある。頭部には鋲が一つ打たれ、裏には草本類植物の茎とみられる脈をもつものが付着している。一つは長さ3.9cm、幅1.5cm（図52-3）、他は長さ3.6cm、幅1.4cmを測る（図52-4）。Ⅷ類は3個出土したが、うち1個は大壺内からの出土である。3.7cm×2.9cm、3.7cm×2.8cm、3.8cm×3.0cmの長方形金銅板の周縁に平行線文と列点波状文をあらわし、そのなかに鬼面のような文様もみられる。長方形孔はちょうど鬼面の口に当たるところにあく（図52-5〜7）。X類は長さ6.4cmの鉈尾で、周縁に平行線文と列点波状文があらわされる（図52-8）。XI類はⅧ類と同じ文様の付いた方形金銅板（3.0×2.9cm）をもつ鉸具である（図52-9）（図版12-②）[補5]。

　出土状況をみると、まず最下方にI類があり、その内側にⅦ類2個があり、I類の左右上方にⅥ類が1対、さらにその上方にVa類が鉸具を上に向けて1対みられた。鉄鏃は16個体分がI類の内側に1列に下向きに揃って検出された。金具の使用部位が知られる好資料である（図53）。

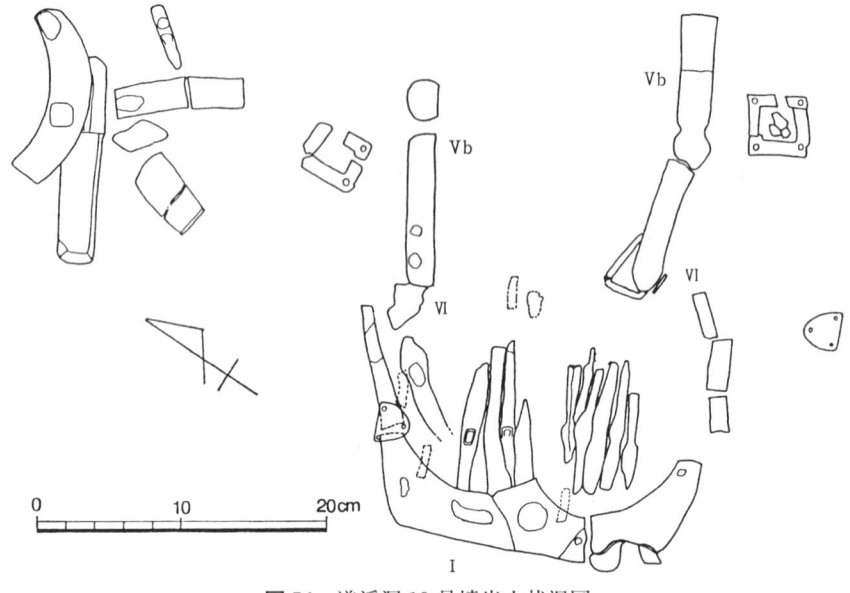

図54　道渓洞19号墳出土状況図

道渓洞19号墳　慶尚南道昌原市道渓洞788番地
主体部；土壙
遺物；鉄鏃（24本）、鉄鎌、砥石、轡、鉸具
盛矢具；土壙は長さ3.35mあり、遺骸は東枕と考えられる。盛矢具の金具は東壁より約1.15m離れたところから本来の位置関係をよく留めて出土した（図54）。Ⅰ類は底辺が西に、両側が東を向く。厚さ2mmの薄い鉄板でできており、内外縁に縁金具はないが鋲孔が密にあく。両側は外傾するが、断面は平らで長さ15.7cm、幅23.8cm（底辺幅16.5cm）を測る（図55-1）。Ⅴb類はⅠ類の両側板の先端から平行の位置で2点出土した。いずれも裏に皮革が付き、左側は全長20.7cm、帯状金具幅2.2cm、中円板部幅2.5cm（図55-2）、右側は全長18.1cm、帯状金具幅2.2cm、中円板部幅2.4cmを測る（図55-3）。鉸具は付いていないが、その痕跡を留めている。Ⅵ類はⅠ類とⅤb類の間より発見された。金銅装で、そのうちの1個は2.5cm四方の範囲に鋲がほとんど正方形をなすように4個打たれる。この鋲を境にして片側のみは鈍角に曲がり、鶏林

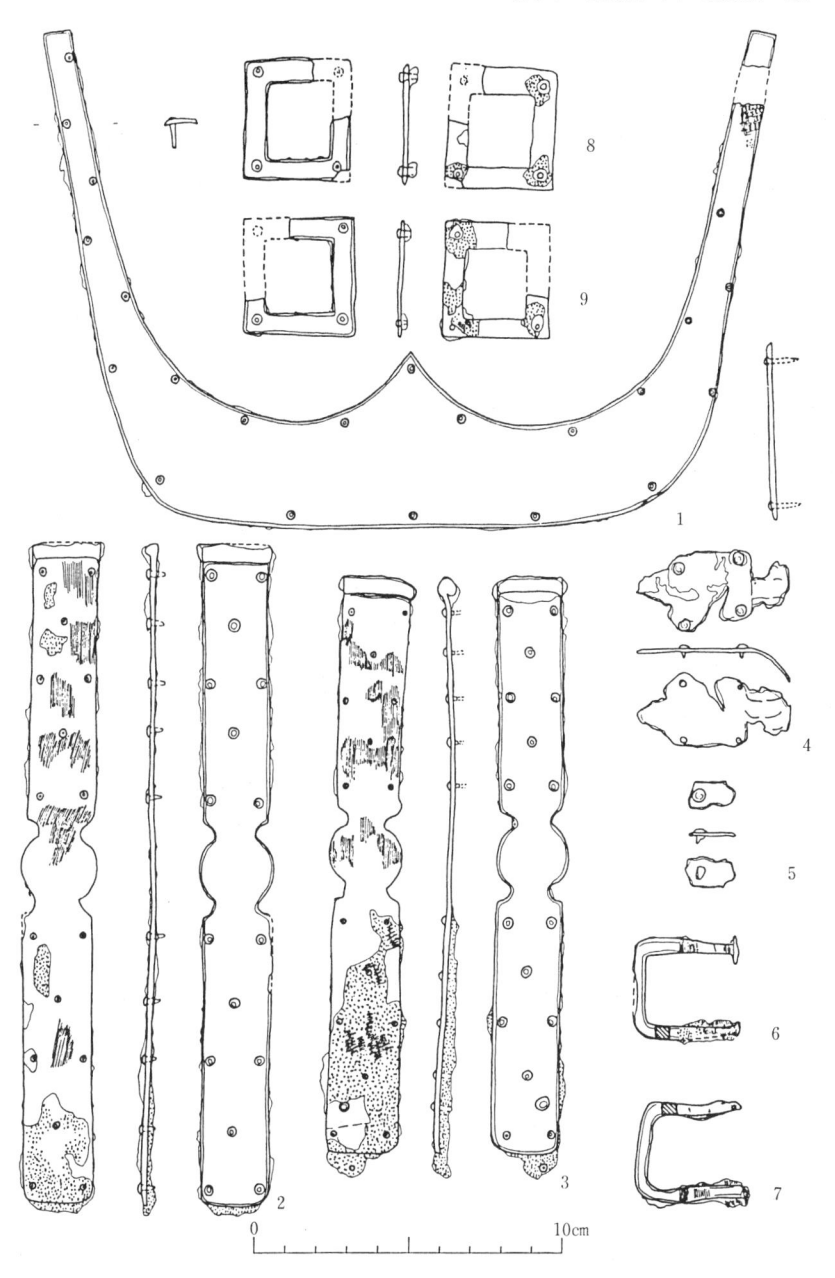

第1章　古代東アジアの盛矢具　267

図55　道渓洞19号墳

路14号のⅥ類と似る。残存長5cm、幅2.5cmを測る（図55-4）。他の1個は小破片となっている（図55-5）。報告書に「鎹形金具」とあるのは、鉄棒を曲げてコ字形につくる。右側のⅤb類の根元部から2個重なったままで出土した。長さ3.7cm、幅3.1cmと長さ3.4cm、幅3.1cmのものがあり、先端は木目痕が付いている（図55-6、7）。「ロ字形金具」は、左右のⅤb類の中円板部の横から1個ずつ出土した。一辺が3.6cmのほぼ方形で、内に2.1cm×2.4cmの大きな方孔があく（図55-8、9）。これらは今のところ分類不可能なのでとりあえずⅩⅡ類にいれておく。

玉田5号墳　慶尚南道陝川郡双冊面城山里玉田マウル山9番地
主体部：木槨
遺物：耳飾、挂甲、素環頭大刀、刀子、鉄鏃（15本）、鉄矛、輪鐙、雲珠
盛矢具：木槨内から帯状部にのみ列点波状文があらわされた鉄地金銅装のⅤb類が2個、列点波状文が上下の縁にあらわされたⅡ類が1個、遺骸の足元から出土した。Ⅴb類は長さが15.1cmと13.7cmの2個で裏に革が付着している。Ⅱ類は現存長12.4cm、幅1.6cmでまるくまわり、裏に革が付着している。[補6]

玉田8号墳　慶尚南道陝川郡双冊面城山里玉田マウル山9番地
主体部：木槨
遺物：縦細長板革綴冑、鉄鏃（15本）、鉄矛、素環頭大刀、刀子、有刺利器、金製耳環、木芯鉄装輪鐙、鉄轡
盛矢具：遺骸の足元から鉄鏃群と一緒に出土した。全長12.8cmと14.9cmの2個のⅤb類であり、周縁に平行線文と列点波状文があらわされる。鉸具の横軸を差し込む穴が金具先端に付いているので、鉸具が付属してないが元はあったと考えられる。[補7]

玉田23号墳　慶尚南道陝川郡双冊面城山里玉田マウル山9番地
主体部：木槨
遺物：素環頭大刀、鉄剣、鉄矛、鉄鑿、鉄鏃（A群15本、B群26本、C群50本）、金銅装冑、頸甲、馬甲、木芯鉄装輪鐙、鞍金具、鉄轡、杏葉、鉄鎹、

金銅製冠帽、金製耳飾
盛矢具；Ⅰ類の外縁帯金具と考えられる中央が突起した長さ 6.8cm、幅 6.9cm の金具が A 群鉄鏃とともに出土した。帯金具の内側に厚さ 0.1mm の薄い金銅板が付くので、内縁ではなく外縁に付くとみてよい。そうすると盛矢具の幅が 6.9cm となり、他のⅠ類金具の例に比べて半分以下の幅となってしまう。裏に有機質が付着していないが鉄鏃と一緒に出土したことから、1997 年の報告書で述べているように方立の表飾の一部を構成するとみて、方立の幅はもっと広いと判断するのがよいだろう。(補8)

玉田 31 号墳　慶尚南道陝川郡双冊面城山里玉田マウル山 9 番地
主体部；木槨
遺物；鉄矛、鉄斧、素環頭大刀、刀子、鉄鏃（14本）

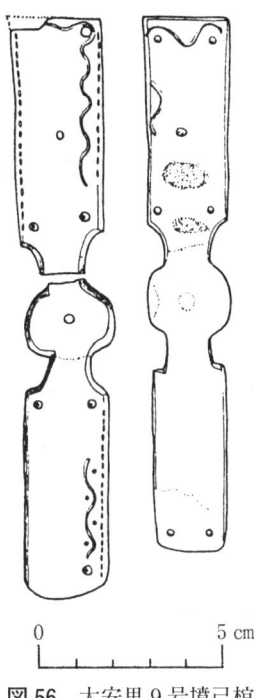

図 56　大安里 9 号墳己棺

盛矢具；遺骸の左足元から鉄鏃とともに出土した。鉄製Ⅴb 類は鉸具が付いた全長 14cm の中円板帯状金具と鉸具が欠落した残存長 8cm（推定全長 16.3cm）の 2 個があり、ほかに金銅製方形金具が出土した。後者は 1 個のみであるがⅨ類に属すると思われる。(補9)

大安里 9 号墳　全羅南道羅州郡潘南面大安里
墳形；長方台形の方墳、東西 39m、南北 31m
主体部；甕棺（墳丘に 9 基あり）
遺物；金製耳環、玉類、直刀、小刀、鉄鏃
盛矢具；長さ 15.1cm と 13.9cm の長さの異なるⅤb 類が 2 個出土した。いずれも鉄地金銅装で周縁に平行線文と列点波状文があらわされ、金具の一端はまるく終わる（図 56）（図版 12-④）。6 世紀前半。

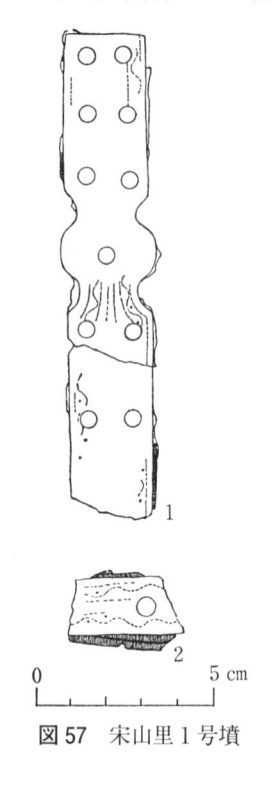

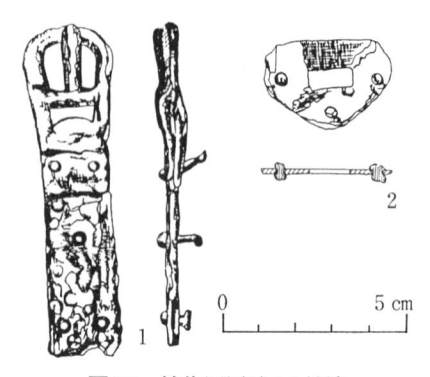

図58 植物園区域15号墳

笠店里1号墳　全羅北道益山郡熊浦面笠店里
墳形；円墳
主体部；横穴式石室
遺物；金銅製冠帽、金銅製飾履、楕円形鏡板、魚尾形杏葉、木芯鉄装輪鐙、鉄製輪鐙、鞍金具、青磁四耳壺
盛矢具；銅地銀装の勾玉形金具が1対出土している。Ⅶ類であろう（図版13-①）。

図57 宋山里1号墳

宋山里1号墳　忠清南道公州郡公州邑宋山里
墳形；円墳
主体部；横穴式石室
遺物；鉄鏃（43本）
盛矢具；盗掘を受けていたため出土位置は不明である。Ⅴb類は鉄地金銅装で幅2.3cm、残存長約13.6cmを測る。周縁に平行線文と列点波状文があらわされ、鋲が2列に打たれる。裏は布が付着し側縁に沿って蛇腹状にみえる紐が付くようだ（図57-1）。他に長さ約4.8cmの同形の断片がある。

　また、幅約1.5cmの金銅製金具もみられ、側縁には平行線文と列点波状文があらわされ、鋲が1列に打たれる。裏には布が付く。用途不明であるが、これも盛矢具の金具である可能性を指摘しておきたい（図57-2）。

植物園区域 15 号墳　平安南道大同郡林原面高山里[(4)]
主体部；複室構造の横穴式石室
盛矢具；「腰帯金具」と報告されている長さ 4.2cm、幅 2.1cm の鉸具の付く金具がⅤ類に属する可能性がある（図58-1）。また、真ん中に長方形孔をもつ逆おむすび状の金具がⅧ類に属するだろう（図58-2）。

麻線溝 1 号墳　吉林省集安県
墳形；封土周囲 50m 余
主体部；穹窿天井式横穴式石室、壁画あり
遺物；金製垂飾付耳飾、三葉文環頭大刀、心葉形杏葉、鞍、金銅製鎌形金具（居木の飾り金具か）、乙字形金具、鉸具
盛矢具；「不知明器」1 件とあるもので、一端が長方形に抉入した帯状金具と両側が半円形に抉入した中間部と鉸具付帯状金具が連結したⅤa類である。全長 23cm、幅 1.7cm を測る。帯状金具には鋲が 2 個と 1 個が交互に打たれ、鉸具は遊環を介して心葉形銙板と連結している（図59）。

不詳 1　東京国立博物館所蔵
盛矢具；鉄地金銅装のⅤb類2個とⅦ類1個がある。Ⅴb類は一端にD環金具が付き、他端はまるく終わる。表には周縁に平行線文と列点波状文があらわされ、裏は鉄地の上に平織りの布が二重に付き、その上に革が張られている。布の周囲には斜行目の紐状が付き、その部分は金具の外にはみ出している。全体の厚さ 7mm、金具の厚さ 2mm を測る。D環金具は紐が巻きつけられた痕跡があり、金具に対して斜上方向に紐がのびる。一つは 16.8cm（図60-1）、他は 17.8cm（図60-2）を測る。Ⅶ類は頭部が欠損するが、残存長 3.5cm で裏面に木目がよく残っている（図60-3）。断面は梯形を呈する（図版13-②）。

不詳 2　東京国立博物館所蔵
盛矢具；Ⅶ類3件5個とⅧ類1個がある。①銅地銀装のⅦ類1対で、頭部が大きく尾部が小さい。断面は弧状を呈し、頭に鋲が一つ打たれる。長さ 4.0cm（図61-1、2）（図版13-③）。②鉄地銀装のⅦ類1対で、頭部の側縁の1カ所

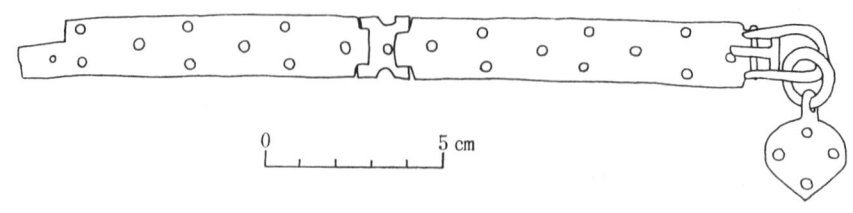

272　第3部　古代東アジアと朝鮮半島

図59　麻線溝1号墳

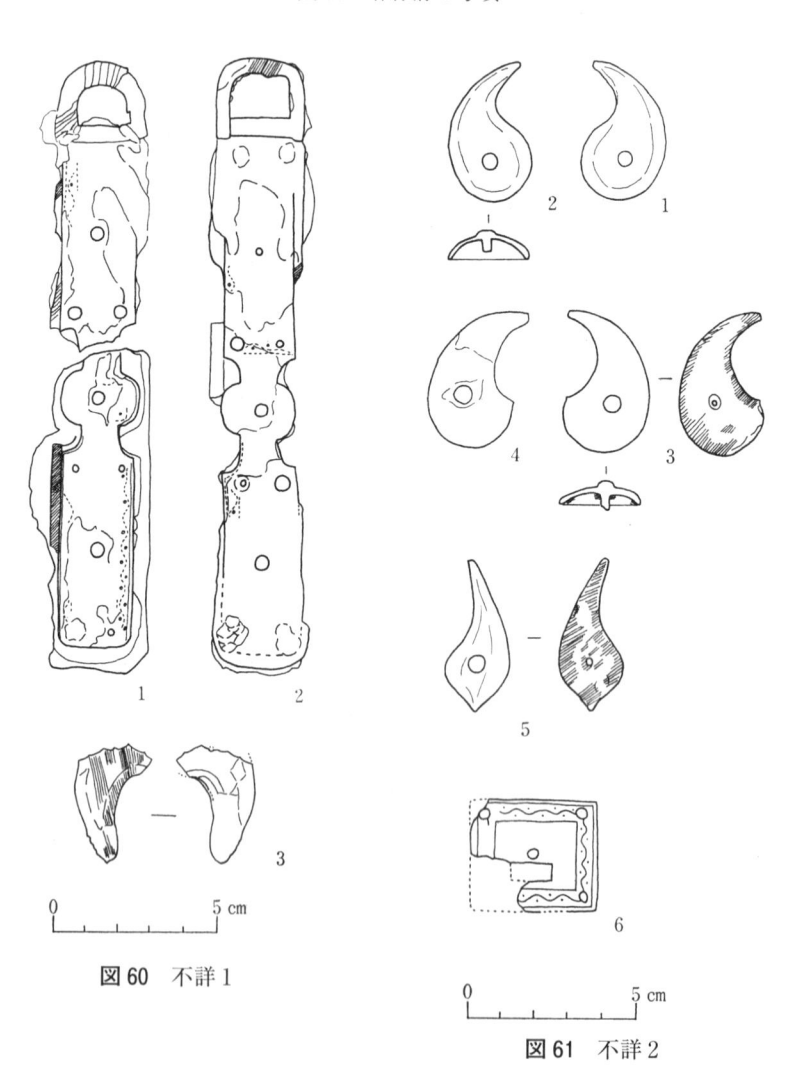

図60　不詳1

図61　不詳2

が尖り、裏には木質がよく残る。断面形、鋲ともに①に同じ。長さ4.1cm（図61-3、4）（図版13-④）。③鉄地銀装のⅦ類1個で、頭の頂部が尖り全体に細身である。鋲頭は鍍金され、裏には木質がよく残る。長さ4.4cm（図61-5）（図版13-⑤）。④金銅製のⅧ類1個で四隅と中央に鋲が打たれる。周縁には平行線文と列点波状文があらわされ、中央下半部に1.2×0.5cmの長方形孔があく（図61-6）。

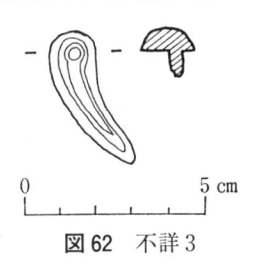

図62　不詳3

不詳3　釜山直轄市立博物館所蔵
盛矢具：金銅製のⅦ類が1個ある。細長く、くびれのほとんどみられないもので、表面に波状文があらわされている（図62）。

不詳4　東亜大学校博物館所蔵
盛矢具：鉄地銀装のⅦ類が1対ある。頭部はまるくなり鋭角に尖り、中央に円頭鋲が打たれる。鋲の打たれているところには金具本体にも半球の打ち出しがみられる。

　以上が朝鮮半島出土の盛矢具であるが、それをまとめたのが表2である。この他にも東萊福泉洞39号墳と陝川磻渓堤古墳群가A号墳から金銅製矢筒が出土したというが詳しいことはわからない。(5)

6　中国出土の盛矢具

　唐代以前の中国における盛矢具は、墓から出土する実物資料と陶俑の腰に下げたものとによって知ることができる。
　現在知られる最も古い例は、江陵沙塚1号墓出土の「箭箙」である。木製で鳥が透彫された長さ22.6cm、上幅19cm、下幅18cmの飾りで、方立部の前面に付くと思われる（湖北省文化局文物工作隊1966）（図63-1）。
　左家公山15号墓出土の「木製矢箭」は全長70cm、上幅13cm、下幅7.5cm

274　第3部　古代東アジアと朝鮮半島

表2　朝鮮半島出土の盛矢具

郡・市	古墳名	I	II	III	IV	Va	Vb	Vc	VI	VII	VIII	IX	X	XI	XII	盛矢具型式	文献
集安	麻線溝1号（中国）					1											方起東 1964
平壌	楨柏洞区域15号							1		1						B	金日成綜合大学考古学及民俗学講座 1973
慶州	月城路가13号*					2		2		2			1	1		E	国立慶州博物館・慶北大学校博物館 1990
慶州	月城路다6号*					2		2		2						E	国立慶州博物館・慶北大学校博物館 1990
慶州	鶏林路14号*															E	韓炳三（岡内三眞訳）1973, 穴沢咊光 1980
慶州	仁旺洞149号										2					E	秦弘燮・金和英 1975
慶州	仁旺洞668-2古墳群3-B号*							2	2							E	国立慶州文化財研究所 2002
慶州	仁旺洞668-2古墳群探集*	1						2	2							A	国立慶州文化財研究所 2002
慶州	皇南大塚南墳*																文化財管理局文化財研究所 1993・1994
慶州	皇南大塚北墳*							1									文化財管理局文化財研究所 1985
慶州	皇吾里16号第11槨*							2		2	3		1	1		E	有光教一・藤井和夫 2000a
慶州	隍城洞39号*							2		2	1		1	1			韓国文化財保護財団 2005
慶州	路東里4号*				○											E	国立中央博物館 2000
慶州	蘿杆塚*							2									国立中央博物館 2006
慶州	徳泉里1号副槨*							1			1						中央文化財研究院・慶州市 2005
慶州	徳泉里4号*							2									中央文化財研究院・慶州市 2005
慶州	奉吉里B-54号*							2				2				E	慶尚北道文化財研究院 2005a・2005b
浦項	鶴川里5号*							2			1					E	慶尚北道文化財研究院 2002a
浦項	鶴川里6号*							1		1						E	慶尚北道文化財研究院 2002a
浦項	鶴川里196-1号*							2		1	3					不明	慶尚北道文化財研究院 2002b
浦項	玉城里50号*							2								E	慶尚北道文化財研究院 2003
慶山	林堂洞5C号*							2	2	2	4		1	1		A	嶺南大学校博物館 1983・2005
慶山	林堂洞7B号	1														E	嶺南大学校博物館 2002
慶山	林堂2号北墳副槨*				I			2								B	嶺南大学校博物館 1999
慶山	造永洞CI-1号*												1			A	嶺南大学校博物館 1999
慶山	造永洞CII-2号主槨*	1														B	嶺南大学校博物館 2000
慶山	造永洞EI-1号a*				1			2			5					A	嶺南大学校博物館 2000
慶山	造永洞EI-1号b*						2										嶺南大学校博物館・大邱広域市都市開発公社 1999a
慶山	旭水洞IB-61号*							1					1	1		不明	嶺南大学校博物館・大邱広域市都市開発公社 1999a
慶山	旭水洞IB-63号*							2								不明	嶺南大学校博物館・大邱広域市都市開発公社 1999a

第1章　古代東アジアの盛矢具

地域	遺跡名									型式	文献
慶山	旭木洞 I B-70号*							1		不明	嶺南大学校博物館・大邱広域市都市開発公社 1999a
慶山	旭木洞 I C-19号*		1			2	1	1		B	嶺南大学校博物館・大邱広域市都市開発公社 1999b
安東	造塔里2-1号石室*			2						E	慶北大学校博物館 1992
義城	義城大里古墳第1墓槨					1				不明	金基雄 1968
義城	義城大里里3号墳第2槨副槨*		1			2	3	3	1	B	慶北大学校博物館 2006
尚州	新興里ナ地区39号*	1							1	A	韓国文化財保護財団 1998
達城	竹谷里古墳第1室			2		1				E	大邱大学校博物館 2002a・2000b
達城	汶山里 I 地区3号第2槨*		1	2			1			B	慶尚北道文化財研究院 2004a
達城	汶山里 I 地区4号第1槨*			1							慶尚北道文化財研究院 2004b
達城	汶山里 II 地区M2-1号墳*		1	1			1			不明	嶺南文化財研究院 2005
星州	星山洞1号					1	1			不明	浜田耕作・梅原末治 1922
星州	星山洞59号*		2	2		1	1		1	E	啓明大學校博物館 2006
金陵	陽川洞古墳				1	2				E	崔鍾圭 1987, 文化財研究所編 1977
昌寧	校洞1号*			3			4				東亜大學校博物館 1992
昌寧	校洞5号*		1	1		1				不明	東亜大學校博物館 1992
釜山	福泉洞11号		1	2				1		B	嶺南大学校博物館 1991
釜山	福泉洞22号		1	2	2	2	1	1		A	鄭澄元・申敬澈 1983a・1983b
釜山	福泉洞23号*				2		○	1		A	全玉年 1985, 釜山大学校博物館 1990a・1990b
釜山	福泉洞39号墳*		1			1		1		B	李尚律 1990
釜山	福泉洞47号墳*		1	2		2	1	1		A	全玉年 1992
釜山	福泉洞111号墳*				2		4	1		E	全玉年 1992
釜山	蓮山洞4号*		1			1				E	宋桂鉉・洪潽植・李海蓮 1995, 福泉博物館 2001
梁山	伝梁山					1	2			A	安春培 1989
高霊	池山洞30号A群*			2		2	IV	2		A	國立慶州博物館 1987, 崔鍾圭 1987
高霊	池山洞30号B群*			1		1	2	2			嶺南文化財研究院 1998
高霊	池山洞33号石室		1							E	嶺南埋蔵文化財研究院・高霊郡 1998
高霊	池山洞34号SE-3槨*		1	2			1			A	金鍾徹 1981
高霊	池山洞連結石槨			2						B	金鍾徹 1981
高霊	池山洞36号					2				不明	金鍾徹 1981
高霊	池山洞39号		1	2		2	1			B	有光教一・藤井和夫 2002

地域	古墳名									分類	出典
高霊	池山洞55号*			2						E	嶺南文化財研究院 2006a
高霊	池山洞97号*	○									嶺南文化財研究院 2006b
高霊	本館洞C号*			2						E	啓明大学校博物館 1995
陝川	玉田M1号-A群*		2		2		3	1		E	慶尚大学校博物館 1992
陝川	玉田M1号-B群*	1				2				B	慶尚大学校博物館 1992
陝川	玉田M1号-C群*	1?			2			1		不明	慶尚大学校博物館 1992
陝川	玉田M1号-D群*			2	2	○		1		E	慶尚大学校博物館 1992
陝川	玉田M1号-EFG群a*	1		2							慶尚大学校博物館 1992
陝川	玉田M1号-EFG群b*			2			2			A	慶尚大学校博物館 1992
陝川	玉田M1号-EFG群c*	1		2	2	1	4			E	慶尚大学校博物館 1992
陝川	玉田M1号-H群*			1	2	1	2			A	慶尚大学校博物館 1992
陝川	玉田M1号-その他*	1			2		4	1		B	慶尚大学校博物館 1992
陝川	玉田M3号-F群*									不明	慶尚大学校博物館 1990
陝川	玉田M3号-G群*	1		1						E	慶尚大学校博物館 1990
陝川	玉田M3号-I群*	1								C	慶尚大学校博物館 1990
陝川	玉田M3号-J群*	1		2	2	1	1			B	慶尚大学校博物館 1990
陝川	玉田M4号*	1								B	慶尚大学校博物館 1993
陝川	玉田5号		2							B	趙栄済 1986、慶尚大学校博物館 1999
陝川	玉田8号		2							E	趙栄済 1986、慶尚南道・慶尚大学校博物館 1988
陝川	玉田23号	1								A	趙栄済 1986、慶尚南道・慶尚大学校博物館 1988
陝川	玉田28号(A)*		2	2		3		1		E	慶尚大学校博物館 1997
陝川	玉田28号(B)*		2					1		不明	慶尚大学校博物館 1997
陝川	玉田31号		2			1				E	趙栄済 1986、慶尚南道・慶尚大学校博物館 1988
陝川	玉田35号A群*		1				1			E	慶尚大学校博物館 1999
陝川	玉田35号C群*		1			5	1			E	慶尚大学校博物館 1999
陝川	玉田70号*			1						E	慶尚南道・慶尚大学校博物館 1988
陝川	玉田75号*			2		4	1			E	慶尚大学校博物館 2000
陝川	玉田95号*			1		1				B	慶尚大学校博物館 2003
陝川	磻渓堤ト号A群*	1		2							慶尚南道・国立晋州博物館 1987
昌原	茶戸里B38号墳*			1						不明	国立中央博物館 2001
昌原	道渓洞19号	1		2		2		1		A	朴東百 1987、秋淵植 1987、西岡千絵・武末純一 2007

第1章 古代東アジアの盛矢具　277

地域	遺跡・墓名										型式	文献
咸安	道項里40号*				2	4	1				E	国立昌原文化財研究所1999
咸安	道項里11号*		2								E	慶南考古学研究所・咸安郡2000
咸安	道項里8号*	1	2+2		1			6	2	1	A,E	国立昌原文化財研究所2004
咸安	道項里現8号盗掘坑*		1								E	国立昌原文化財研究所2001
咸安	道項里文54号*	1	2+1					6	1		A	国立昌原文化財研究所2001
咸安	道項里39号*		2	2							E	国立昌原文化財研究所1999
咸安	道項里現15号*		2								E	国立昌原文化財研究所2000
咸安	道項里現22号*			1						1	E	国立昌原文化財研究所2001
咸安	道項里現4号（旧咸安34号）*			1							E	国立金海博物館2007
咸安	道項里43号*			2		2					E	国立昌原文化財研究所2000
咸陽	白川里1号	1					3			1	B	鄭澄元・申敬澈1987
公州	宋山里1号		1	1?							EかB	野守健・神田惣蔵1935
公州	水村里Ⅱ-5石室墓*				1	2	7			1	不明	忠南発展研究院付設忠南歴史文化研究所2003
公州	水村里Ⅱ-1号土壙墓*		2								E	忠南発展研究院付設忠南歴史文化研究所2003
天安	龍院里1号石槨*		2				4	1			E	李南奭2000
天安	龍院里9号石槨*	2		2	1		4	1		1	A	李南奭2000
論山	茅村里5号*	1		1							B	安承模・李南奭1994
清州	新鳳洞66号木槨*		2						1		E	忠北大学校博物館1995
清州	新鳳洞83号木槨*				1		2			1	不明	忠北大学校博物館1995
清州	新鳳洞109号木槨*				1		10	1			不明	忠北大学校博物館1995
清州	新鳳洞2号石室*			1	1		2	1				洪鎭杓・林善華・車載華・文尚勲1987, 国立文化財研究所1989
益山	笠店里1号				2	2					不明	郭長根・韓修英1998
長水	三顧里13号*		2	2	1						E	国立光州博物館・光州広域市1996
光州	明花洞*			1							不明	
羅州	大安里9号已棺	2	2								B	国立光州博物館・全羅南道・羅州郡1988
	不詳1（東博）		2	1	5						不明	
	不詳2（東博）				1						不明	東京国立博物館1982
	不詳3（釜山市博）										不明	崔鍾圭1987
	不詳4（東亜大博）			2							不明	

○本文ではふれていない1988年以後に報告された盛矢具，1988年以後に筆者が知った盛矢具を含む（＊印）

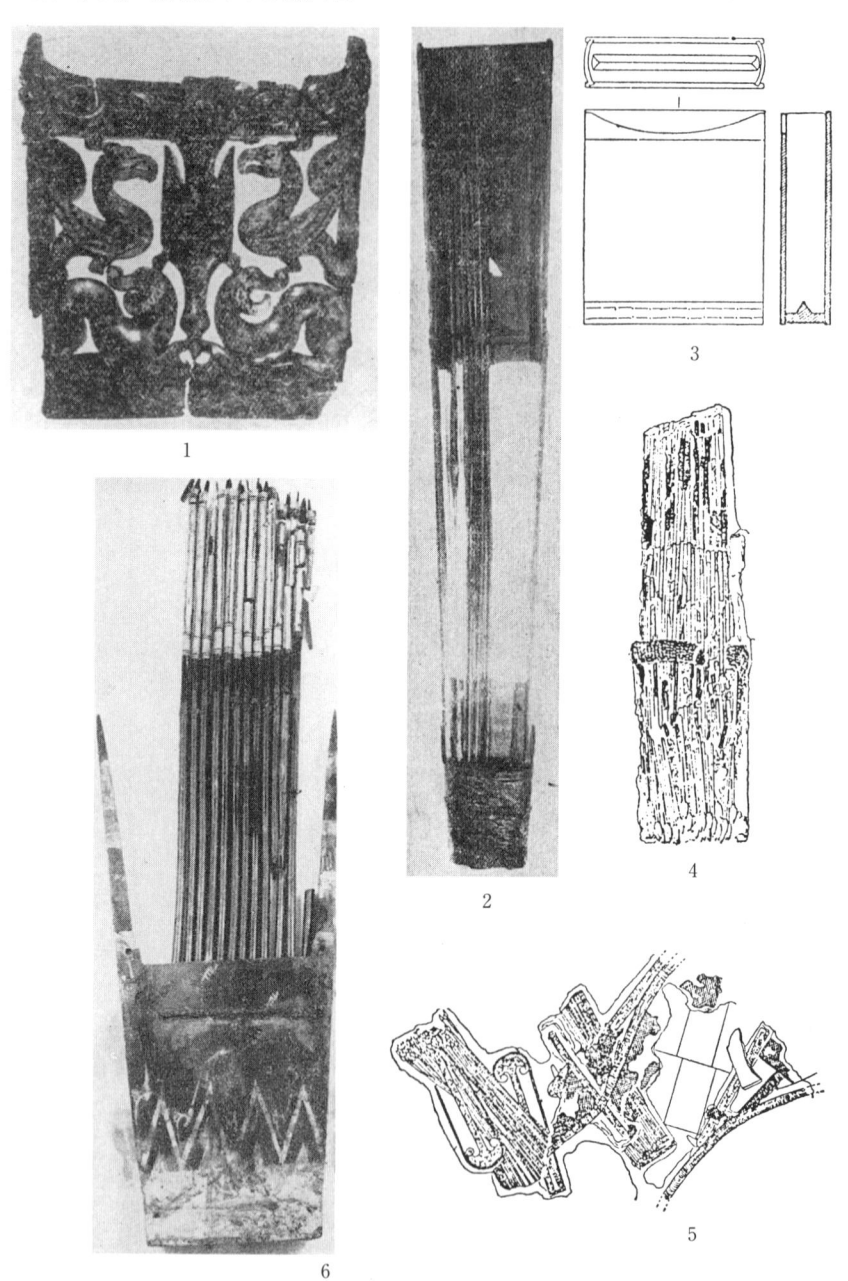

278　第3部　古代東アジアと朝鮮半島

図63　中国出土方立式盛矢具

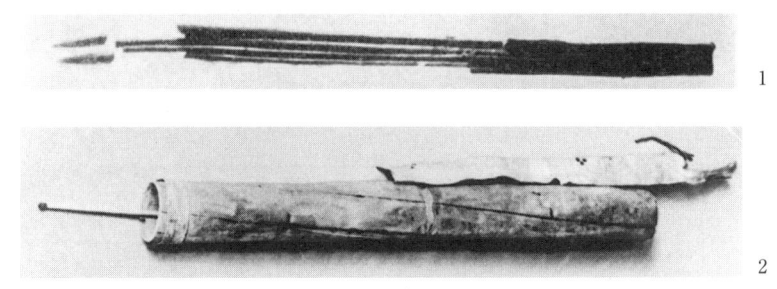

図64　中国出土矢筒式盛矢具

で、下方に長さ約10cm（写真からの推定）の方立部が付き、そこに鏃が下向きに収容されている（湖南省文物管理委員会1954）（図63-2）。

1974年に調査された秦始皇陵外壁東壁から1225m東にあたる東西の長さ約210mの第1号兵馬俑坑の東端から編織物の「箭箙」が3点出土した。長さ36〜38cm、幅21cm、奥行3.1cmの方立部に銅鏃が下向きに収容されている。矢柄も外表に漆が塗られていたためにその痕跡がよく残り、全長68〜72cmをはかる（始皇陵秦俑坑考古発掘隊1975）（図63-4）。

1976年には秦始皇陵第1号兵馬俑坑の東端の北側約20m離れたところから第2号兵馬俑坑が発見された。騎馬俑の足元から80から100本の銅鏃が一束となったものが6カ所から発見され、それは「箭箙」に収容されていたとみられている。鏃の束の幅が実測図よりはかると約20cmになるので、箙の幅もそれくらいだろう（始皇陵秦俑坑考古発掘隊1978）（図63-5）。

1973年に調査された長沙馬王堆3号墓からも木製の「矢箙」が発見された。逆梯形の方立の両側には上に突出する錐形の木柱が付き、矢が12本収容されている（湖南省博物館・中国社会科学院考古研究所1974）（図63-6）

以上は方立をもつ盛矢具の主なものであるが、これに対して矢筒式の盛矢具もすでに春秋時代後期よりみられる。

瀏城橋1号墓出土の「竹矢箙」は、円筒状で外面に黒漆が塗られ、全長81cm、径3.3〜3.4cmをはかる。そして三稜形銅鏃46本が伴出している（湖南省博物館1972）。

江陵藤店1号墓出土の「箭箙」は、二つの半円筒形竹筒を合わせたもので、内側に赤漆を塗っており、出土時には中に数本の矢が収容されていたという。

表3　中国出土の盛矢具

時　代	墓　名	所 在 地	盛矢具の形	文　　献
春秋後期	江陵沙塚1号墓	湖北省江陵県馬山区裁縫店	方立式	湖北省文化局文物工作隊 1966
戦国中期	左家公山15号墓	湖南省長沙市左家公山	方立式	湖南省文物管理委員会 1954・1957
戦国中期	雨台山419号墓	湖北省江陵県九店公社雨台大隊	方立式	湖北省荊州地区博物館 1984
秦	秦始皇帝第1号兵馬俑坑	陝西省臨潼県	方立式	始皇陵秦俑坑考古発掘隊 1975
秦	秦始皇帝第2号兵馬俑坑	陝西省臨潼県	方立式	始皇陵秦俑坑考古発掘隊 1978
前漢	馬王堆3号墓	湖南省長沙市	方立式	湖南省博物館・中国社会科学院考古研究所 1974
春秋後期	瀏城橋1号墓	湖南省長沙市瀏城橋	矢筒式	湖南省博物館 1972
戦国	藤店1号墓	湖北省江陵県藤店公社藤店大隊	矢筒式	荊州地区博物館 1973
後漢	尼雅	新疆維吾爾自治区民豊県	矢筒式	新疆維吾爾自治区博物館 1960
戦国	長沙五里牌406号墓	湖南省長沙市	袋状	中国科学院考古研究所編 1957
戦国後期	徳山51号墓	湖南省常徳県徳山鎮		湖南省博物館 1963
戦国中期	蔡坡12号墓	湖北省襄陽県伙牌公社施近大隊		襄陽首届亦工亦農考古訓練班 1976
前漢中期	渾源畢村1号墓	山西省大同市		山西省文物工作委員会・雁北行政公署文化局・大同市博物館 1980
前漢中期	渾源畢村2号墓	山西省大同市		山西省文物工作委員会・雁北行政公署文化局・大同市博物館 1980

　残存長56cmを測る（荊州地区博物館1973）（図64-1）。

　尼雅出土の「箭箙」は円筒状で、全長90cm、径8.5cmの中に長さ81cmの矢が4本入っていた（新疆維吾爾自治区博物館1960・1975）（図64-2）。

　以上が矢筒式盛矢具の主なものである。このほかに「箙」と報告されているものの形状の説明がなかったり、図や写真がなくその形を判断することができないものもあるが、これらをすべてまとめたのが表3である。

　春秋時代にはすでに方立式の盛矢具と矢筒式の盛矢具が出現しており、これらはどちらかに取って替わることなく秦漢時代まで継続して用いられている。矢が伴出するのはもちろんであるが、木あるいは竹製の弓が伴出する例も多く、その長さは1.2m～1.7mをはかる。

　中国では盛矢具をあらわす言葉として、箙、犢丸、蘭があることをすでに指摘した。箙は林巳奈夫が殷代の甲骨文字や文献などから、「細い材を組んで長方形の枠を作り、下部に箙を受ける浅い籠状の容器を作りつけ、羽根の下あたりの高さに矢を囲ふ枠を設けたもの」（林巳奈夫1972）と考えたように、方立

式の盛矢具である。すなわち、江陵沙塚1号墓、左家公山15号墓、秦始皇陵兵馬俑坑、長沙馬王堆3号墓出土の盛矢具がそれにあたる。それに対して、犢丸、籣は蓋付きの筒状であることから、矢筒式の盛矢具をあてることができよう。すなわち、瀏城橋1号墓、江陵藤店1号墓、尼雅出土の盛矢具がそれにあたる。ただし、犢丸と籣の区別は実物の上ではつけ難い。なお、長沙五里牌406号墓からは皮製の12×16cmの盛矢具が出土しており、これは恐らく袋状になるものと考えられる（中国社会科学院考古研究所編1957）。

　魏晋南北朝時代には実物資料がみられなくなるが、それに代わって盛矢具を装着した武人俑が出現する。現在のところわかっている最も古い例は、四美塚出土の負箭箙俑で、その年代は547年である（磁県文化館1977）。したがって、その間数百年の空白があり一部の壁画を除いては、資料的に断絶している。

　茹茹公主墓出土の負箭箙俑は、髪を束ね額に冑をつけ胴には両当鎧をつけた武人で、右腰背面から下げた盛矢具がみられる。矢の長さの3分の1弱が収容部となり、矢羽根は左に傾く（磁県文化館1984）（図65-1）。

　和紹隆夫婦墓出土の侍衛俑は、甲冑をつけずに右腰背面に盛矢具を下げている（河南省文物研究所安陽文管会1987）（図65-2）。

　李思孟村にある3号墓出土の武士俑も甲冑をつけずに右腰背面に盛矢具をつけているものと（図65-4）、上半身に両当鎧をつけて右腰背面に盛矢具をつけているものがある（図65-3）。いずれも矢羽根近くを矢がばらばらにならないように束ねている（河北省滄州地区文化館1984）。

　高潤墓出土の甲冑箭嚢俑は、矢がみられないが嚢状の盛矢具を右腰背面に下げている。腰にまわした2段の帯のうち、下段の帯に盛矢具をあらかじめ斜めになるように装着していることがわかる（磁県文化館1979）（図65-5）。

　范粋墓出土の儀仗俑は、頭に帽を被り身には甲冑をつけずに盛矢具を右腰背面につけている（河南省博物館1972）（図65-6〜8）。

　北朝の盛矢具をつけた陶俑を集成したのが表4であるが、これらの墓から出土した俑は、みな右腰背面に斜めに盛矢具をつけて、腰の帯は2段にまわるものが多い。そして、盛矢具前面には飾り金具らしきものはみられない。

　一方、天理参考館が所蔵する甲冑武人俑は、右腰背面につけられた盛矢具の

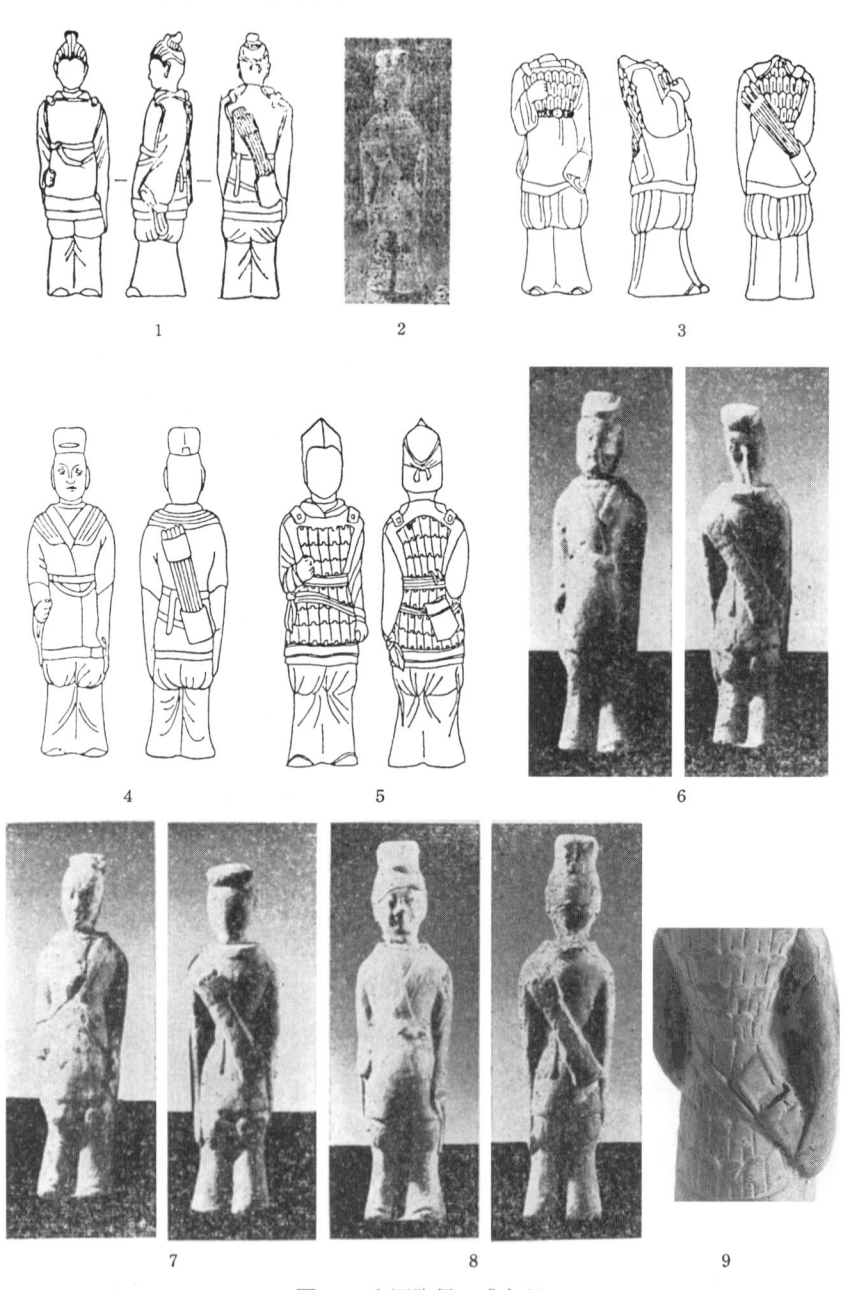

282　第3部　古代東アジアと朝鮮半島

図65　中国陶俑の盛矢具

表4　中国陶俑の盛矢具

時　代	古　墳　名	陶　俑	所　在　地	報　告　書
北魏 532 年	王温墓＊	武士俑	河南省洛陽市孟津県北陳村	洛陽市文物工作隊 1995
北魏	聯体磚廠2号墓＊	鎧甲武士俑	河南省偃師市南蔡庄郷	偃師商城博物館 1993
北魏	（天理参考館）	甲冑武人俑	不詳	天理大学附属参考館編 1984
東魏 547 年	四美塚	負箭箙俑	河北省磁県申庄公社東陳村	磁県文化館 1977
東魏 550 年	茹茹公主墓	負箭箙俑	河北省磁県大冢菅村	磁県文化館 1984
東魏・北斉	東八里洼墓＊	負箭箙俑	山東省済南市	山東省文物考古研究所 1989
北斉 568 年	和紹隆夫婦墓	小冠箭俑Ⅰ式	河南省安陽県張家村	河南省文物研究所安陽文管会 1987
北斉 568 年	和紹隆夫婦墓	侍衛俑Ⅲ式	河南省安陽県張家村	河南省文物研究所安陽文管会 1987
北斉 571 年	李思孟3号	武士俑	河北省滄州地区呉橋県李思孟村	河北省滄州地区文化館 1984
北斉 575 年	高潤墓	甲冑箭囊俑	河北省磁県東槐樹村	磁県文化館 1979
北斉 575 年	范粋墓	陶儀仗俑Ⅰ式	河南省安陽県洪河屯村	河南省博物館 1972
北斉	湾漳墓＊	箭箙侍衛俑	河北省磁県湾漳	中国社会科学院考古研究所・河北省文物研究所・鄴城考古工作隊 1990
北斉	湾漳墓＊	補襠鎧侍衛俑	河北省磁県湾漳	中国社会科学院考古研究所・河北省文物研究所・鄴城考古工作隊 1990

。本文ではふれていない 1988 年以降新しく報告された陶俑も含む（＊印）

方立上縁と背板両側に粘土紐が貼り付けられており、何らかの装具があったと考えられる（天理大学附属参考館編 1984）。そして、方立上端からのびる帯が直接武人の腰をまわるなど、今まで述べてきた北斉の陶俑にみられる盛矢具とは異なる部分がみられる（図 65-6）。しかし、総じてこの時代の盛矢具は、方立式が腰にまわる帯に下げられていたとみてよいだろう。

墓の出土品と陶俑を時代的につなぐものとして壁画資料がある。

1982 年に調査された遼寧省朝陽県十二台営子公社袁台子大隊内にある東晋時代の石槨墓に壁画が描かれてあった（遼寧省博物館・朝陽地区博物館文物隊・朝陽県文化館 1984）。その内容は、主人、門吏、厨房、屠殺、牛耕、奉食、四神など多方面に及ぶが、そのうち東壁前部に狩猟図が描かれ、そこに盛矢具がみられる。馬に乗り弓を射る主人の腰には黒の盛矢具が付けられ、矢が4本収められている（図版 14-①）。写真ではわかりにくいが、方立をもつ盛矢具と思われる。壁画下半部にも主人に従って狩猟する図が描かれる。馬に乗った人物の腰に付けられた盛矢具には3本の矢が収められているというの

で、やはり主人と同じ盛矢具が考えられる。

　新疆ウイグル自治区のアスターナ第6区第3号墓より出土した紙に書かれた絵には、主人の背後に弓を収めた弓袋とともに6本の矢を下向きに収めた盛矢具が描かれる（Sir A. Stein 1928）。底辺はU字形となり両側がやや外傾し、表には飾り金具を二つ付けている。黒の線で描かれ彩色はない（図版14-②）。岡崎敬は、この墓を4世紀を中心とする高昌国にいた中国土人の墓とみなしている（岡崎敬 1953）。

　絵画資料では、ほかに河南省鄧県の彩色画像塼墓（陳文章 1958）や四川省徳陽県で採集された画像塼（四川省文物管理委員会 1956）に、盛矢具に収められた矢が数本腰のところに表現されているが、いずれも盛矢具本体は反対側の腰に付いているためみることはできない。

7　盛矢具の復元

　金具の分類および出土状況をもとに日本と朝鮮半島における盛矢具をみてみると、各金具の用途を次のように考えることができる。
1、Ⅰ類は方立部の表飾り金具で、Ⅶ類の金具を伴うことが多い。
2、Ⅱ～Ⅳ類は方立式の上縁、下縁あるいは矢筒式の上縁、下縁につく縁金具で、裏に布が付着しており、さらに板が残っている例もある。そして、円形、楕円形あるいは飯盒形、長方形にまわるものがある。
3、Ⅵ類は方立部上側面の位置につく。
4、Ⅴ類は2個1対になって鉄鏃群の両側より出土し、2個は長さが異なる。
5、Ⅷ～Ⅺ類は盛矢具本体ではなく、それを下げる帯に伴う金具である。

　そして、古墳ごとに出土した各類の金具を整理したのが表1（日本）と表2（朝鮮半島）であり、そこから金具の組み合わせの特徴をみてみると次のことがわかる。
1、Ⅰ類とⅡ～Ⅳ類は共伴しない。
2、Ⅵ類とⅡ～Ⅳ類は共伴しない。
3、Ⅴ類はⅠ～Ⅳ類と共伴し、単独で出土する例もあり、最も多くみられる金具である。

以上のことから、金具の付く盛矢具を復元してみると次の五つの型に分けることができる。

A型 Ⅰ類＋Ⅴ類（このほかにⅥ類、Ⅶ類、Ⅷ～Ⅺ類金具が伴う例もある）

最も出土状態のよかった福泉洞22号墳の例で復元してみると、Ⅰ類は方立の表飾りで両側の上端部にⅥ類が付く。方立の底はⅠ類の下縁にあたり、金具の裏に付着している有機質がその部分で、L字状に曲がっていることから背板に直接付くのではなく、底板のようなものがあったと思われる。そして、Ⅰ類は背板と平行にではなく、上にいくに従い外側に開き、方立口縁は幅22.2cm、奥行4.7cmの長方形となる。方立の高さはⅠ類の長さとⅥ類の幅を合わせた長さ、すなわち16.5cmとなる。Ⅵ類のすぐ上にⅤa類が付くが、その長さは左側が21.6cm、右側が20.6cmと1cmの差がある。先端に鉸具がみられるので革帯に接続したのだろう。鉸具のすぐ近くからⅧ類金具が出ているので、革帯の存在を裏付けてくれる。麻線溝1号墳出土のⅤa類は、遊環付心葉系銙板の遊環に鉸具が直接連結している。心葉系銙板は腰帯に付けた飾りであるから、腰帯に直接Ⅴa類が付くことになる。福泉洞22号墳の場合はⅧ類が腰帯に付く金具で、そこにあけられた細長い孔とⅤa類に付く鉸具とは間接的に連結していたが、その間隔は短かったと思われる。そして道渓洞19号墳でもみられたⅤa類の二つの長さの違いは、盛矢具を左下がりの斜めに下げることとつながる。Ⅹ類、Ⅺ類は腰帯の鉸具、鉈尾にあたり、必ずしも盛矢具に必須の金具ではない。

このような復元を裏付けてくれるのが、安岳3号墳奥室回廊東壁に描かれた出行図の中にみえる盛矢具である（科学院考古学及民俗学研究所1958）。Ⅰ類とⅦ類がみえ、矢が下向きに3本収まっている（図66）。アスターナ第6区第3号墓出土の紙に描かれた盛矢具も底線が曲線をなしているので、この種の盛矢具と考えてよく、Ⅶ類らしき金具の表現もみえる。また、背板は彩色されていないので、あるいは枠のみ有機質のもので作られたとも考えられる。アスターナの例でみると方立の高さのさらに1.3倍ほど上にのびている。これを福泉洞22号墳に当てはめると盛矢具の全長は約38cmになる。

Ⅶ類はⅠ類金具の内側より発見されたので、方立の前面に鋲留された飾金具であろう。池山洞39号墳では、Ⅶ類が頭を下にして2個が向き合うように金

図66　安岳3号墳壁画

銅製鋲で留められている。東京国立博物館所蔵のⅦ類は裏に木質が付着する。方立の前面飾りに用いられたのであるから、縦の木目が上下を表すと判断すると、頭は下に尾は上を向くようになる。ただし、尾は真上ではなく外側にやや傾くようだ。

　Ⅰ類の大きさをまとめたのが表5である。幅13.0cm〜22.2cm、長さ10.5cm〜15.8cmの範囲にあるが一つとして同じものはない。ただし、林堂洞7B号墳のものは発掘当時に足台と見違えるほど大きく、幅24.1cm、長さ15.4cmをはかる。Ⅰ類の形態をみると、両側、底辺、立体の三要素で相違がみられる。両側は外傾、直立、内傾があり、底辺は直線と曲線があり、全体の形は平板のものと立体のものがある。両側が内傾するものは全体の形が立体的

表5　I類金具表

古墳名	長さ cm	幅 cm	底辺形状	両側形状	備考
日本					
月ノ岡古墳	14.3	17.8	直線	やや外傾	
塚堂古墳（後円部）	13～14	18～20	曲線	外傾	
山ノ神古墳	13以上	20	曲線	外傾	
天狗山古墳	13	15余	直線	直立	
おつくり山古墳	14	15.8	直線	内傾	
永禅寺1号墳	13.8	16.7		外傾	
内裏塚古墳	15.8		直線	やや外傾	
韓国					
道項里現8号墳＊			直線	内傾	
道渓洞19号墳	15.7	上23.8、下16.5	直線	外傾	
林堂洞B7号墳	15.4	24.1	直線	外傾	龍文透彫
池山洞34号墳SE-3号石槨	10.5	上13.0、下14.5	直線	内傾	
福泉洞11号墳	12.5以上	13.5			内縁金具
福泉洞22号墳	13.9	18.3	直線	やや外傾	
中国					
喇嘛洞採集＊	22.3	28.7		やや外傾	

＊印は新しく追加した遺跡

で小形なので、他のI類と区別される。おつくり山古墳、池山洞34号墳SE－3号石槨出土品がそれにあたる。

B型　II類〜IV類＋V類

　帯状金具、山形帯状金具、三葉形帯状金具を矢の方立部の上縁あるいは下縁の飾金具とするものである。金具は土圧により押しつぶされた状態で出土することが多いため、その形を知ることが難しいが、およそ円形、半円形あるいは飯盒形になる。そして飾金具としてVII類が付けられている例もある。出土状態の最もよい千葉県富士見塚古墳でみると、底板のまわりにII類が楕円形（12×7cm）にまわり、布や革で長さ24cmの方立部を作り、上縁にはIII類金具が山形を下に向けて円形（径10.5cm）にまわる。そして、III類の左右端部直上にVb類が1対付く（図36）。B型の方立部の口縁は径10〜15cmのものが多く、池山洞39号墳のものは径17cmと大きいが、長さは16cmと低い。八幡大塚2号墳と池山洞連結石槨のものは大きさもほぼ同じ飯盒形で、腰に当たる部分が内側に窪み体に合うように作られている。V類はA型と同じように二つの長さが異なるものが多く、B型も斜めに装着していたことをうかがわせる。

　さて、ここで中国の矢筒式盛矢具と比較してみよう。春秋から後漢時代にみ

図67　慶州出土高坏蓋　　　　図68　大谷山22号墳

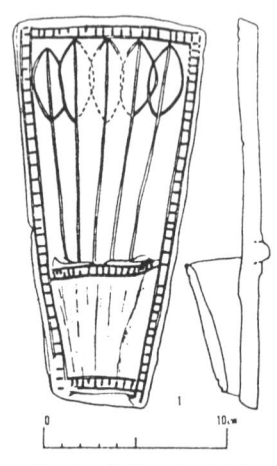

られる長筒形は収容部の長さが56cm（残存部）～ 90cmと長いが、径は10cmを超えるものがない。それに比べ朝鮮半島や日本出土のB型は収容部が短く径が大きいので、むしろ北朝の陶俑にみられる盛矢具に近い形である。韓国の慶州出土の高杯蓋の人物装飾にみられる盛矢具（図67）や和歌山県大谷山22号墳出土の埴輪盛矢具（図68）も同類であろう。後者は、収容部の上縁と下縁および全体の周囲に梯子状の刻線が入っているので、何らかの縁どりがあったと思われる。その背板は矢羽根の上にまで延びており、上にいくに従い背板の幅が広くなっている。[6]

C型　Ⅲ、Ⅳ類＋Ⅴ類

　山形金具や三葉形金具が方立の上縁や下縁に付くもので、その形が円形ではなく長方形となる点でB型と区別される。現在のところ番塚古墳と経ヶ岡古墳出土品にみられる。前者はⅤ類を伴っていないので一抹の不安が残るが、Ⅳ類はすでに多く発見され、出土状態や復元形から盛矢具の金具であることは明らかなので、番塚古墳例もそのように考えてよいだろう。上下の縁金具の間は

皮革でつながれ、その上に装飾的な布が張られている。

D型　Ⅱ類

現在のところ山王山古墳例がある。直線状のⅡ類金具の短辺（側辺）が内側に傾斜しているので、上にいくに従い狭くなる形で、方立の幅は約 30cm と広い。正倉院の平胡籙のような形態が想定される（図版 16-③）。

E型　Ⅴ類

矢を収容する部分が有機質でできており、方立部に金具を伴わないもの。しかし、盗掘や破壊にあってⅠ〜Ⅳ類がなくなりⅤ類のみが発見される例もあったであろうから、E型の中には本来は B 型、C 型へ変更すべきものもあろうかと思われる。花野井大塚古墳や天神山 7 号墳の出土状況をみると、鏃は刃先を一直線に揃えて並び、茎端部の両側から矢を挟むようにⅤ類が出土している。Ⅴ類の間隔は前者で約 12cm、後者で約 20cm（写真からの推定）をはかる。特に後者ではⅤ類の下端部からⅥ類が出土しており、方立口縁が長方形を呈することがわかる。カンス塚古墳からもⅤ類とⅥ類がセットになって出土しており、そのことを裏付けてくれる。

以上が金具の分類と組み合わせをもとに盛矢具を復元したものだが、そのほかに金具をもたない盛矢具の存在を推測させる例があるので、これを新たに F 型と名づける。

F型　金具なし

鉄鏃群が刃先を揃えて一括出土し、その付近に有機質の存在が知られるもの。この場合、鏃を上に向けて収容する有機質のみよりなる靫である可能性もあるので、それと区別するために鏃の上あるいは刃先に有機質がみられるものに限る。いくつかをみていこう。

円照寺墓山第 1 号墳から出土した長頸式鉄鏃群の中に編み物が付着する残欠がある（図版 15-①）。報告によると「蘭状の植物性のものを經とし之に二条の貫き糸を絡みて編み上げたもので、……經は鏃の長さに沿いて附着している。恐らくこれは蘭では無くして「防己（つづらふじ）」を經として編み成した筩籙の一部の鏃に接触した部分」とあり（佐藤小吉・末永雅雄 1930）、葛編みの盛矢具が想定される。

新沢千塚 206 号墳は割竹形木棺土壙墓で、遺骸の右腰あたりから鉄鏃 10 本

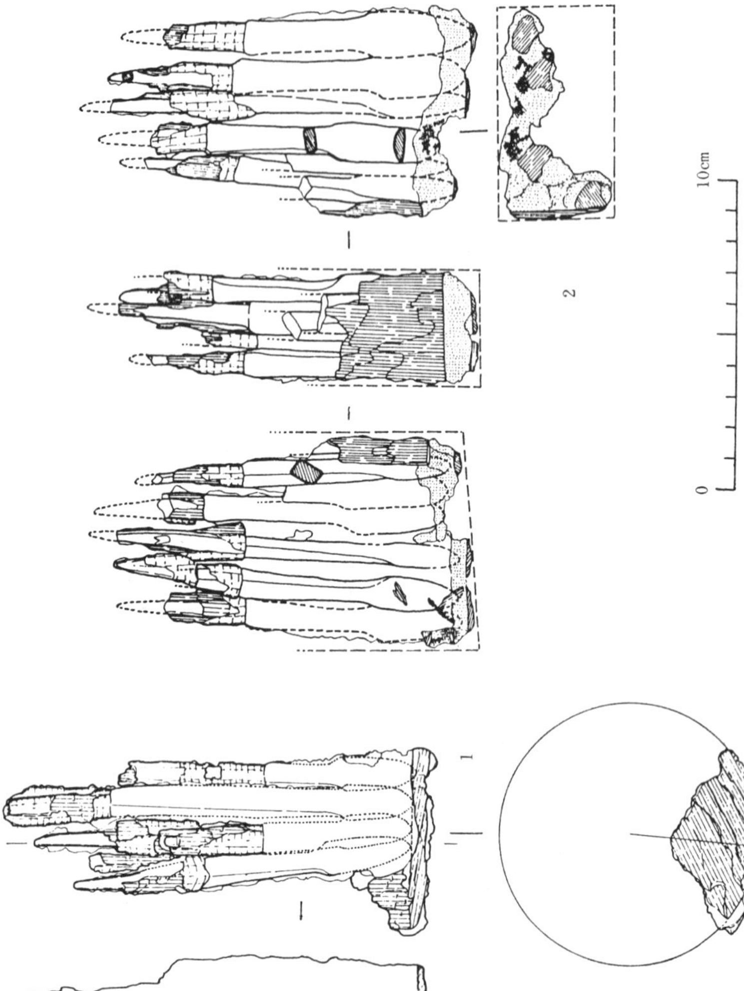

290　第3部　古代東アジアと朝鮮半島

図69　福泉洞11号墳

が先端を遺骸の足の方に向けて揃って出土した（堀田啓一1981b）。刃先部に布痕が付着しているので布製の盛矢具が想定される。

　福泉洞11号墳出土の鉄鏃群Cでは、刃先部に底板とみられる木板痕が一部良好に残っており、復元内径9.4cm位をはかる。鏃身にも木痕が残るものがあるので、円筒ないし半円筒形の盛矢具が想定される（図69-1）。同古墳出土の鉄鏃群Dにも刃先、鏃身、茎部の側面に板状の木痕が付着しており、長方形の収容部をもつ盛矢具が想定される（図69-2）（鄭澄元・申敬澈1983）。

　池山洞45号墳1石室では、棺外室内より38本の鉄鏃が幅12cm位の範囲で一括出土した。刃先近くに木痕が残り鏃身上にも布痕がみられるので、木に布を張った盛矢具が想定される（金鍾徹1979）。

　一方、日本の武人埴輪にも右腰に着装された盛矢具をみることができる。

　群馬県新田郡世良田出土の挂甲武人埴輪にみられる盛矢具には4本の矢が収められ、矢の上部を2条の紐で束ねている。下半部には1枚の粘土板が貼られ方立部を表現している。その上縁と両側縁には革紐を通したと思われる孔が多数刻み目であらわされる。この粘土板の上にはさらに2枚の小さな粘土板が貼られて縁に刻み目が付く。この刻み目を紐を通す孔と判断した理由は、挂甲の小札にみられる革綴孔と同じ表現であることから鋲孔ではなく紐孔とみた（図版15-②）。茨城県東茨城郡茨城町大字神谷字富士山出土の埴輪男子片も同様の盛矢具を右腰に着装している（図版15-③）。

　以上、6型式に分類したが、問題を残す金具をここで指摘しておこう。まず、八幡大塚2号墳出土のⅡ類である。形や大きさは池山洞連結石槨例と同じであるが、鉄鏃群の茎より50cmほど矢羽根の方で出土した。金具の裏には板が付いており、鋲足が1.1cmもあることから底板の縁金具とみるのがよいだろう。そうすると「矢筒式」の盛矢具と考えられる。もちろん金具あるいは鉄鏃群が大きく移動しているとみればB型と考えて問題はない。次に星の宮神社古墳例のⅫ類があげられる。幅20cmある鉄鏃群の中央から鏃に平行して出土しているので、今までに例のない出土状況である。類例を待つことにしてA～F型の中にはいれない。

Ⅴ類の用途上の問題点

　A、B、E型に付くⅤ類は、鉄鏃群に対していずれも平行の位置より出土し、鏃と反対側の一端に鉸具が付く例が多いことから、盛矢具を下げることに関係する金具とみられる。そこでまず、盛矢具をどのように腰から下げていたかを考えよう。

　唐代の壁画にみられる長筒形のやや裾広がりとなった胡籙は、矢羽根が腰あたりにきて筒の先端は足元近くにまでさがっている。そして、腰帯とは別に2本の帯を腰から下げて胡籙につないでいる。ターク・イ・ブスターン大洞の壁画にあらわされた騎馬武人像の右腰にも、腰帯から2本の帯を下げて長筒形の胡籙をつないでいる図がみられる（深井晋・杉山二郎・木全敬蔵・田辺勝美1983）。2本の帯が胡籙の両側に付くのか片側に付くのか、この壁画ではよくわからないが、同形の胡籙を下げる西トルキスタン出土の銀製打ち出し騎馬人物像をみると、長筒形の胡籙の左側面の上下に二つの環が付いているので（東京国立博物館編1985）、2本の帯は胡籙の片側に付くとみてよい。

　それに対して方立式の盛矢具は、高句麗古墳壁画でみると矢羽根は肩近くにまで上がり、方立部は腰からやや下あたりに描かれている。中国北朝の陶俑をみても同様である。残念ながら着装方法は描かれていないので不明である。時代はやや下るが、法隆寺や正倉院に伝わる方立式の盛矢具をみると、背板中央の左右に孔が開けられ、そこに帯を通すようになっている。

　法隆寺献納宝物の「木造彩絵胡籙」は全長62.0cm、幅15.5cmで、方立上縁から上に約22cm上がった背板左側縁と、上に約13cm上がった背板右側縁に方形孔があき、そこに革帯を通すようになっている。そして、さらに上部に左右3対の孔があき、矢羽根を束ねる紐が通される（図版16-①）。一方、正倉院中倉の「漆黒胡籙」は葛藤で編み、全面に黒漆を塗ったものである。全長49.6cm、幅12.4cmで、写真より推定した方立部の長さは13.3cm、方立上縁より上に約14.7cm上がった左側縁と、上に13cm上がった右側縁に方形孔があき、そこに帯が通される（図版16-②）。いずれも方形孔は同じ高さではなく、左が高く右が低くなっている。したがって身体に着装すれば矢羽根が左に傾き、高句麗古墳壁画や埴輪にみられる盛矢具と一致する。

　古墳からの盛矢具の出土状況をみると、Ⅴ類は方立口縁の両側から直立する

ようにお互い平行な位置関係に置かれている。そして、1対のうち左側が長く右側が短くなっていて、先端に付く鉸具は法隆寺、正倉院中倉の盛矢具の帯を通す方形孔の位置にあたる。また麻線溝1号墳出土のⅤa類のように帯金具と直接連結している例もあることから、Ⅴ類が直接腰帯とつながることも考えられる。

Ⅴ類金具の先端に付く帯はどのように延びていたのだろうか。埴輪の例よりみれば直接腰をまわる帯と考えられるが、簡略化されている場合もあり断定できない。一方、Ⅷ類の存在は中央下部にあけられた長方形孔から帯を下げることがターク・イ・ブスターンの壁画から推定されるので、腰帯に付けられたⅧ類金具から2本の帯が下げられて、Ⅴ類金具先端の鉸具と連結されたことが推定される。椒浜古墳や朝鮮半島の不詳1のⅤ類に付くD形環をみると、帯が巻かれていた痕跡があり、その方向は金具と斜めになっている。したがって、盛矢具の装着方法にはⅤ類が背板に接着してD形環から帯が延びて直接腰に巻かれる埴輪方式と、D形環や鉸具から垂直に伸びた2本の帯が腰帯に連結する2通りの方法が考えられよう。

8 若干の考察

系　譜

盛矢具が出土した日本の古墳で最も古いのは、5世紀中葉に位置づけられる月ノ岡古墳である。ここからはⅤ類のなかでも古い型式のⅤa類をもつA型盛矢具が出土している。同様のものは内裏塚古墳でも出土しており、同じ時期に位置づけられる。朝鮮半島でⅤa類をもつA型盛矢具は福泉洞22号墳である。月ノ岡古墳とはⅠ類の形状の類似、盛矢具付属具であるⅧ、Ⅹ、Ⅺ類をもつなど共通点が多い。福泉洞22号墳は5世紀前葉に位置づけられる古墳なので、A型盛矢具は半島南部から日本に伝わったことは明らかである。

福泉洞古墳群のうち5世紀前葉の古墳からは、縦長板弯曲冑、挂甲、馬冑、馬甲などが出土しており、これらは高句麗の古墳壁画にも描かれているところである。「矢立式」の盛矢具も同じように壁画に描かれている。安岳3号墳では左腰に、舞踊塚（図70-1）、長川1号墳（図70-2）では右腰に着装したA

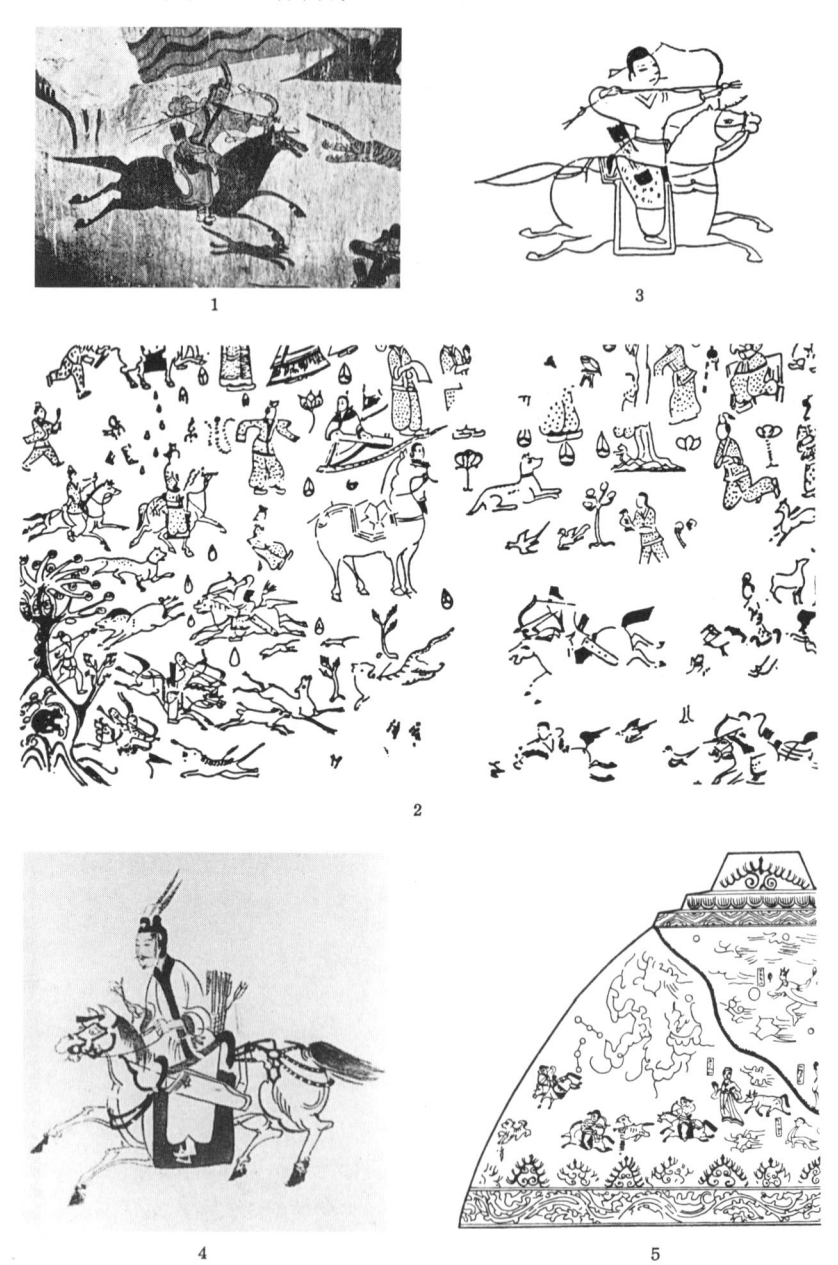

294 第3部 古代東アジアと朝鮮半島

図70 高句麗古墳壁画にみる盛矢具

型盛矢具がみられ、薬水里古墳（図70-3）、双楹塚（図70-4）、徳興里古墳（図70-5）では人物が左を向いているため盛矢具本体はみえないが、背の後ろに数本の矢が描かれており、「矢立式」の盛矢具を右腰に着装していたと思われる。これらの古墳壁画は壁画内容から4世紀中葉～5世紀代に位置づけられる。また麻線溝1号墳からはVa類金具が発見されており、盛矢具も甲冑類とともに高句麗から半島南部に移入された可能性が強い。

　5世紀前葉頃の半島の南北情勢をみると、392年に新羅の伊湌の大西知の子である実聖を人質として高句麗に送り、401年には実聖が帰国して、翌年には新羅の王にあたる尼師今についている。また、415年に奈勿王の子である卜好を人質として高句麗に送り、418年には帰国している。(8)一方、400年には高句麗が歩騎5万を派遣して新羅から加羅、安羅などの半島南部に至り、倭を討って新羅を救っている。(9)新羅に兵を送った高句麗は、その後5世紀中葉頃まで新羅に駐屯していたらしい（末松保和1954）。したがって、5世紀前葉の半島南部は高句麗軍の影響を強く受け、新羅の王位継承にも高句麗の意向が強く働いていたようだ。このような軍事的進出を背景として甲冑類や盛矢具が高句麗から半島南部へ移入したと考えられる。

　では、高句麗の盛矢具はどこから移入されたのだろうか。ここで高句麗と国境を接する中国遼東地区の4世紀代の情勢をみてみよう。遼河流域にはすでに鮮卑族の慕容部が勢力を伸ばし、337年慕容皝が前燕の王位に就いた。342年には軍5万余りが高句麗を討ってその王都の丸都に乱入し、先王（乙弗利）の墓をあばき、王の母、妻を捕え5万人を捕虜として、王宮と都城を焼き払った。そして、慕容皝は前燕の都を龍城（朝陽県）に移した。348年慕容皝が薨ずると、その子の儁が王位を継ぎ、350年には軍20万が薊（北京市）を占領して王都をここに移した。357年、前燕の王都をかつて後趙の王都だった鄴に移した。この頃の前燕は華北の東半部を領域におさめ、西の前秦と南の東晋との三大勢力が鼎立する状況であった。しかし、370年前秦の符堅により前燕は滅ぼされ、383年には符堅が東晋に敗れると華北は再び混乱し、慕容垂は翌年に後燕を建てた。(10)4世紀の遼東をほぼ支配していた鮮卑族の前燕は、郡県制を取り入れ漢人を郡長官に任命するなど、漢人を国家体制のなかに組み込んでいった。安岳3号墳の被葬者である冬壽もそのような漢人貴族の1人であっ

た。

　朝陽県袁台子の石槨墓は前燕の支配階層の墓で、金銅製の馬具などに安陽孝民屯墓との共通性も認められるが、墓主夫妻の生活風俗は漢人貴族のものであるから、被葬者は漢化した鮮卑ではないかと考えられている（穴沢咊光1984）。この墓に描かれた狩猟図には矢を収めた「方立式」の盛矢具がみえ、これは高句麗の古墳壁画にみられるのと同一である。したがって当時の社会情勢や古墳壁画よりみて、高句麗の盛矢具は遼東の前燕から移入されたと考えられ、その時期は4世紀とみられる。
(補10)

　さて、ここで中国の盛矢具についてみてみよう。甲骨文字を除いて考えると、すでに春秋時代から「矢筒式」と「矢立式」の2種があらわれている。「矢筒式」は戦国、漢時代と続き、楽浪郡の王根墓（石巌里219号墓）からも出土している（榧本杜人・中村春寿1975）。しかし、それ以後はみえず、半島南部や日本には移入されなかったようだ。藤店1号墓や尼雅出土の写真をみると、鏃が上向きに収まっているようで壺胡籙にはならないようだ。収容方法からみれば日本の靫と共通するが、その関係は不明である。「矢立式」は秦、漢時代とみられるが、その後数百年の空白をおいて北朝の陶俑に再びみることができる。その空白期間はちょうど五胡十六国の混乱期にあたり、少ないながらも絵画資料によって知ることができる。袁台子石槨墓の壁画やアスターナ第6区第3号墓より出土した紙に描かれた絵である。後者はA型であり、前者は型式不明だが「矢立式」であることは明らかである。アスターナ第6区は4世紀を中心とする高昌国にいた中国土人の墓といわれているように（岡崎敬1953）、絵には漢人貴族の社会が描かれている。したがって4世紀の中国では漢人社会を描いた絵に「方立式」の盛矢具がみられる。五胡（鮮卑、匈奴、氐、羌、羯）の盛矢具も「方立式」の盛矢具である。

　以上をまとめると次のようにいえる。日本のA型盛矢具は、月ノ岡古墳→福泉洞22号墳→長川1号墳・安岳3号墳→袁台子石槨墓とその源流をたどることができた。そして袁台子の壁画にみえる「矢立式」の盛矢具が漢人貴族のものであるか、鮮卑などの北方民族系のものであるかについては、資料の増加をまって検討したい。

日本の盛矢具

　A～E型の盛矢具に盛られた矢の数をみると、13本から50本位で30本前後のものが多い。型式の違いによる数の変化はみられず、幅30cmをこえる「平胡籙」系統の山王山古墳例でも20数本であり、「壺胡籙」の可能性も残す八幡大塚2号墳例では約30本となっている。東大寺献物帳には一つの胡籙に50本の矢が盛られると記されているが、古墳時代にあっては30本前後を普通としていたのだろう。半島でも数本と少ない例もあるが、20～30本が普通のようで日本と同じ状況を示す。

　石室内の出土位置をみると、遺骸の足元の壁に近いところから発見される例が多く、副葬品として置かれる位置もあらかじめ決まっていたようだ。木棺や石棺に直葬の場合には土壙のテラス面に置かれたようで、法連40号墳、浅間山1号墳でその例がみられる。また金具は発見されていないものの鉄鏃群の状況から盛矢具の存在が推定される新沢千塚115号墳、206号墳の場合も同様な位置で発見されている。半島南部では副葬の位置に特に決まりはなかったようで、石室あるいは石槨内の頭、腰、足元より発見されている。

　伴出遺物をみると甲冑類を伴うものが35例中22例、馬具を伴うものが35例中22例と多く、甲冑・馬具をともに伴うものは35例中10例と少ない。和歌山県大谷古墳からは、馬の甲冑と人の甲冑、そして馬具がいくつかの群をなして出土した。遺骸を安置した石棺内からは、耳飾、玉類、鏡のほかに衝角付冑、挂甲、直刀、盛矢具、鉄鏃（仮にA群とする）が出土し、棺外西側からは短甲、馬甲、馬冑、鞍金具、木心鉄装輪鐙（仮にB群とする）が出土し、棺外東側の木箱の中からは、金銅f字形鏡板付轡、金銅剣菱形杏葉、金銅龍文透彫雲珠、馬鈴（仮にC群とする）などが出土している。各群が一つの組み合わせを示すと考えるならば、盛矢具は衝角付冑を被り挂甲を身につけ直刀をもつ武人の腰に下げられたことになる。すなわち、A群は武装した武人、B群は甲冑をつけた騎馬人物、C群は盛装した馬とみられる。したがって、盛矢具は騎馬人物に伴うものではなく、群馬県世良田の埴輪にみられたように武人が身につけたものといえる。半島南部の福泉洞11号墳では頭上に短甲、縦長板革綴冑、頭部に金銅冠、盛矢具、鉄鏃群、右脇に三葉文環頭大刀、三累環頭大刀が出土しており、やはり武人の姿を想定できる。

日本における盛矢具の発展をみると、5世紀中葉にⅤa類をもつA型が半島南部からの影響であらわれ、5世紀後葉にはⅤb類をもつA型が出現している。Ⅴb類の出現と同じ頃、それを組み合わせの中にもつB型、E型があらわれ、やがてその変形としてC型、D型もあらわれた。5世紀後半に盛行したA型は6世紀に入るとほとんどみられなくなり、6世紀前半にはB型以下の型式が盛行する。しかし、これも長続きせず6世紀後半にはわずかの例を除いて古墳からの出土品にはみられなくなった。[補11]

註
(1) 正倉院文書續修第三巻に「寄人秦人安閇年六十正丁胡禄作」がみられる。
(2) 市毛勲1971には出土が報告されていないが、杉山晋作・沼沢豊・豊田佳伸・高田博・相京邦彦1979に胡籙の出土が報告されている。
(3) 崔鍾圭1987には陽川洞古墳とあるのみで、所在地は文化財研究所編1977による。
(4) 植物園地区の古墳群は蔡熙国1964によると高山洞古墳群にあたり、それは昭和11、12年に朝鮮古蹟研究会によって調査された高山里古墳群にあたると思われる。
(5) 朴東百・秋淵植1987、195頁。韓永熙1987によれば、磻渓堤の古墳では木槨墓内の東側（頭位）から鉄製の箭筒（살축통）と鏃塊が出土したという。
(6) 猪熊兼勝・久野邦雄・山脇功・岡邦祐1967。人物埴輪に着装していたとみられ、全長20.4cm、上幅10.4cm、下幅5.2cmの逆梯形を呈す。
(7) たとえば陝西省博物館・陝西省文物管理委員会1974aの墓道東壁儀衛図や同1974bの墓道東壁儀仗図之二局部、墓道東壁儀仗図之三局部にみられる。
(8) 『三国史記』巻第三　奈勿尼師今
　　「三十七年春正月高句麗遣使王以高句麗強盛送伊湌大西知子実聖為質」
　　「四十六年秋七月高句麗質子実聖還」
　　　同　　巻第三　実聖尼師今
　　「十一年以奈勿卜好質於高句麗」
　　　同　　巻第三　訥祇麻立干
　　「二年春正月親謁始祖廟王弟卜好自高句麗與堤上奈麻還来」
(9) 広開土王碑第二面8行「十年庚子教遣歩騎五萬往救新羅従男居城至新羅城倭満其中官軍方至倭賊退…」
(10) このへんの事情については、『晋書』巻百九載記第九慕容皝、巻百十載記第十慕容儁、巻百十一載記十一慕容暐、巻百二十三載記二十三慕容垂、および池内宏

1942 に詳しい。

補註
(1) 1959年、1991年に九州大学が発掘した報告書が1993年に刊行された（九州大学文学部考古学研究室1993）。そこでは、胡禄金具としてⅣ類以外に側辺が波状を呈する細長の鉄板が報告されている。裏面に皮革や漆膜がみられないことから胡禄本体にともなう金具ではなく、胡禄を身体に装着するための金具と考えられている。
(2) 藤田富士夫1998より補う。
(3) 2009年では約100基の古墳からの出土が知られる（表2参照）。
(4) 嶺南大学校2005が刊行されたので、それにより追加訂正した。
(5) 釜山大学校博物館1990bが刊行されたので、それにより追加訂正した。
(6) 慶尚大学校博物館1999が刊行されたので、それにより追加訂正した
(7) 慶尚南道・慶尚大学校博物館1988が刊行されたので、それにより追加訂正した。
(8) 慶尚大学校博物館1997が刊行されたので、それにより追加訂正した。
(9) 慶尚南道・慶尚大学校博物館1988が刊行されたので、それにより追加訂正した。
(10) 1988年に遼寧省北票県の喇嘛洞の破壊された古墳より採集された金銅製透彫胡禄金具は、前燕の盛矢具の実物資料であり壁画からの推定を裏付けてくれた。
(11) 筆者が1988年に論文を発表して以来、日本では盛矢具金具出土古墳は約1.5倍の数が知られるようになり、韓国では約5倍の数の盛矢具の出土が知られ、その数は現在も増えつつある。表1と表2には、新しい例も含めてすべて集成した（新しい資料には＊印を付けた）。集成表をみても、筆者のAからEに分類した五つの復元形を変更する必要はなく、むしろ新資料における金具の組み合わせは五つの復元形の正しさを証明してくれる。系譜についても、新しい実物資料の出現が筆者の推定を証明してくれた。新しい資料による新知見は、日本では一つの古墳から一つの盛矢具が出土するのに対して、韓国では玉田M1号、M3号のように一つの古墳に複数の盛矢具が副葬されるのが特徴である。

300　第3部　古代東アジアと朝鮮半島

①

②

③

図版 1

第1章　古代東アジアの盛矢具　301

①

②

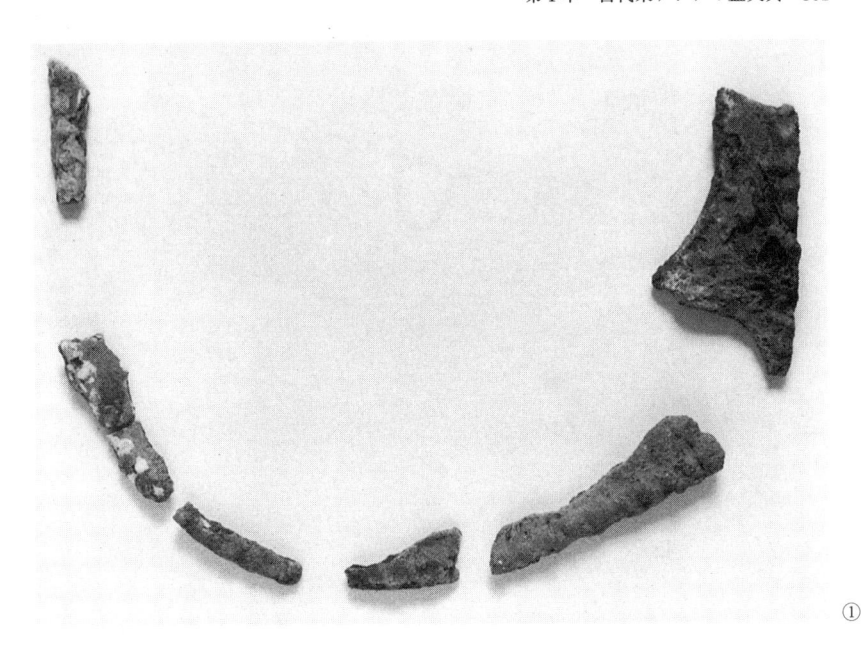

図版 2

302　第3部　古代東アジアと朝鮮半島

①

②

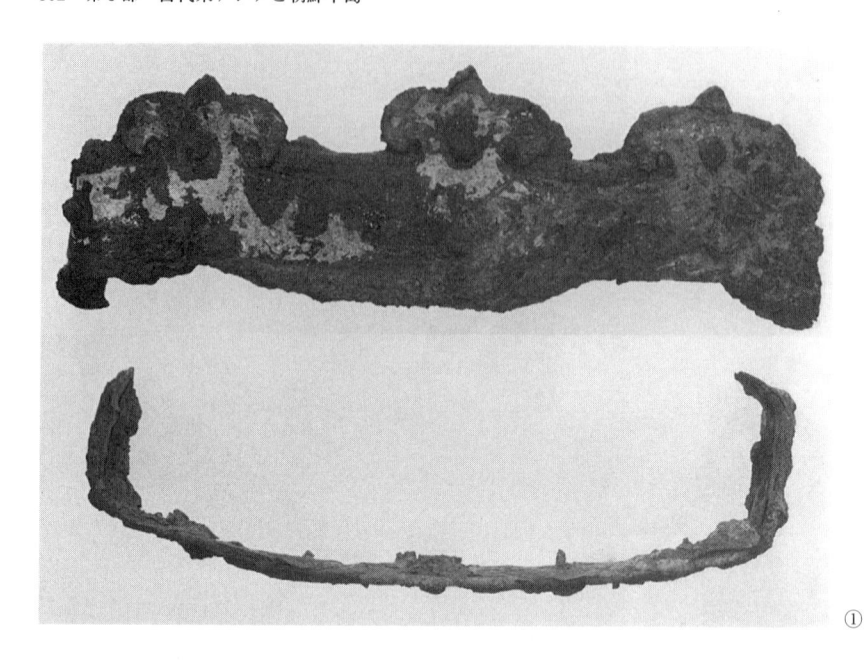

図版 3

第1章 古代東アジアの盛矢具　303

金具の一部 → 表面

出土　備中國吉備郡川邊村天狗山古墳

内面　金具の一部

鐵鏃 →

①　　②

図版 4

304　第3部　古代東アジアと朝鮮半島

①

②

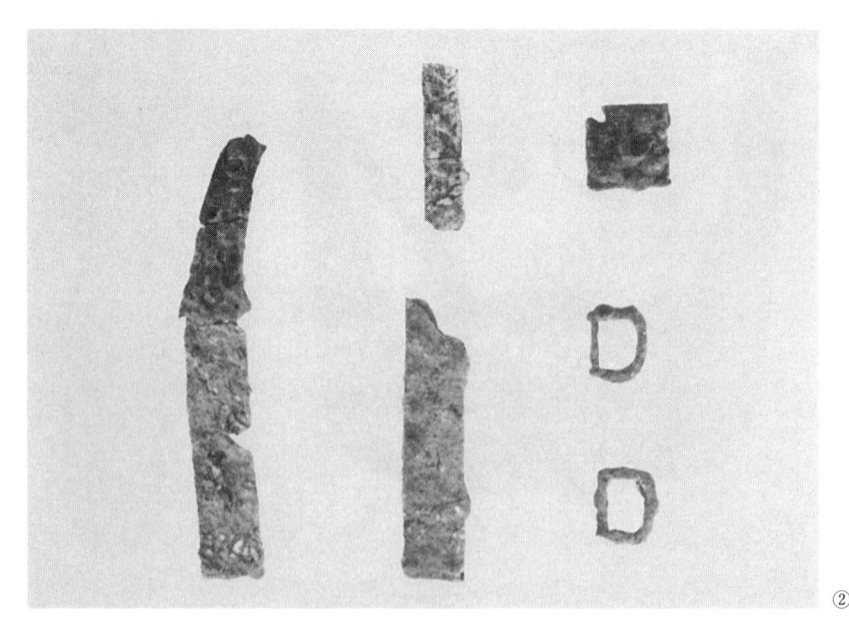

図版 5

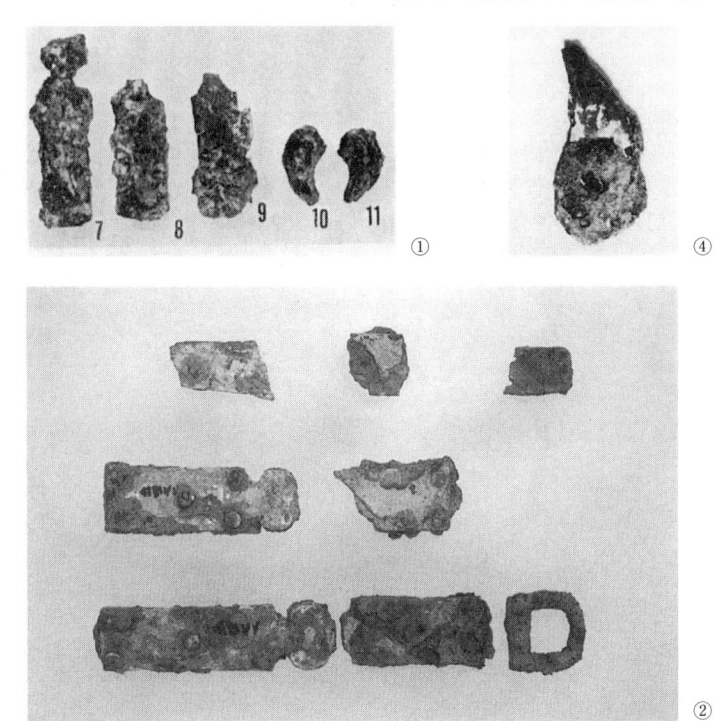

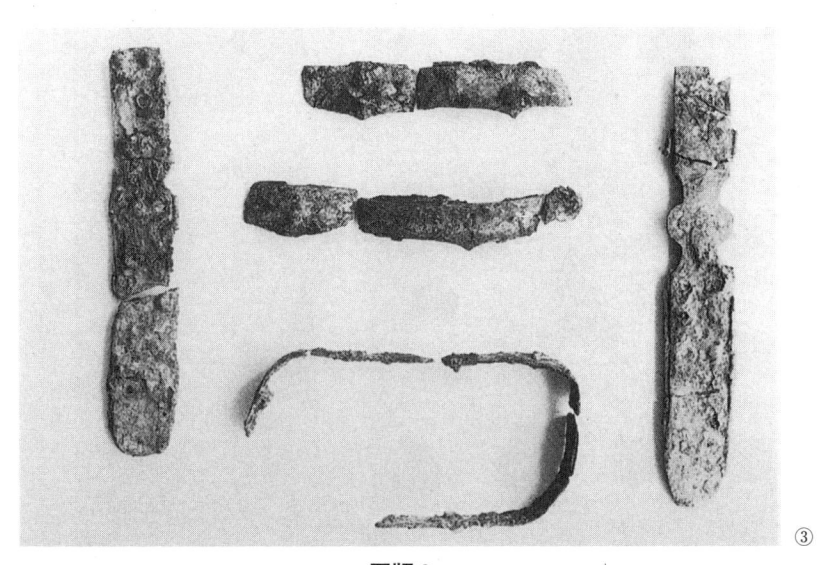

第1章　古代東アジアの盛矢具　305

図版6

306　第3部　古代東アジアと朝鮮半島

①

②　　　　　　　　　　　　　　　　③

図版 7

第1章 古代東アジアの盛矢具　307

①

②

③

図版 8

①

②

図版 9

第1章 古代東アジアの盛矢具 309

①　　　　　　　　　　　　　　③

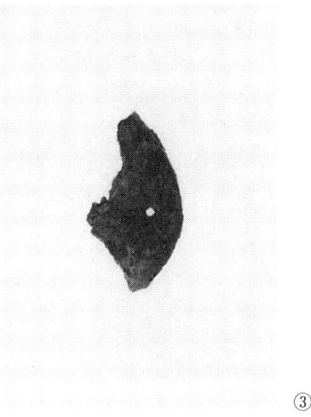

図版 10

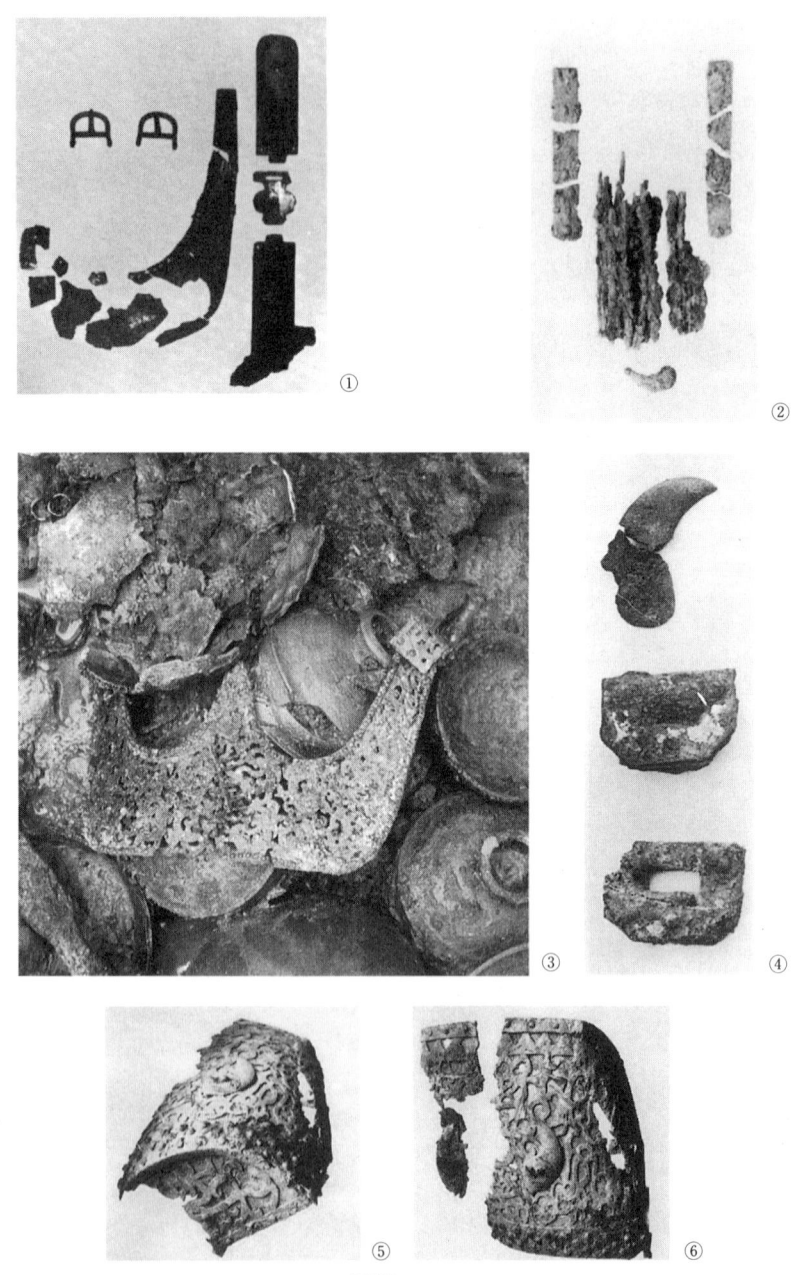

310 第3部 古代東アジアと朝鮮半島

図版 11

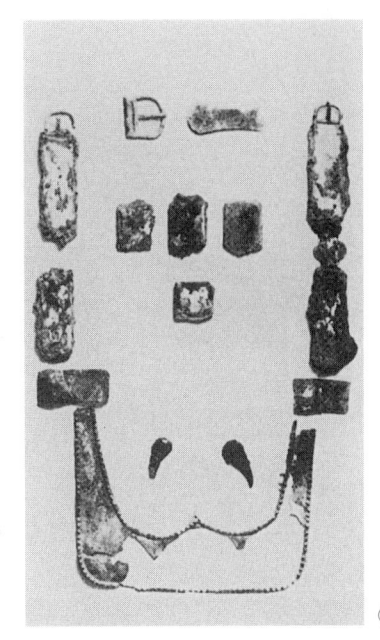

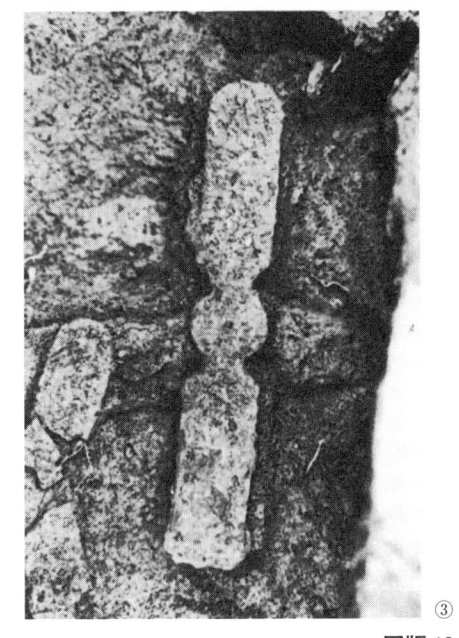

第 1 章　古代東アジアの盛矢具　311

図版 12

312　第3部　古代東アジアと朝鮮半島

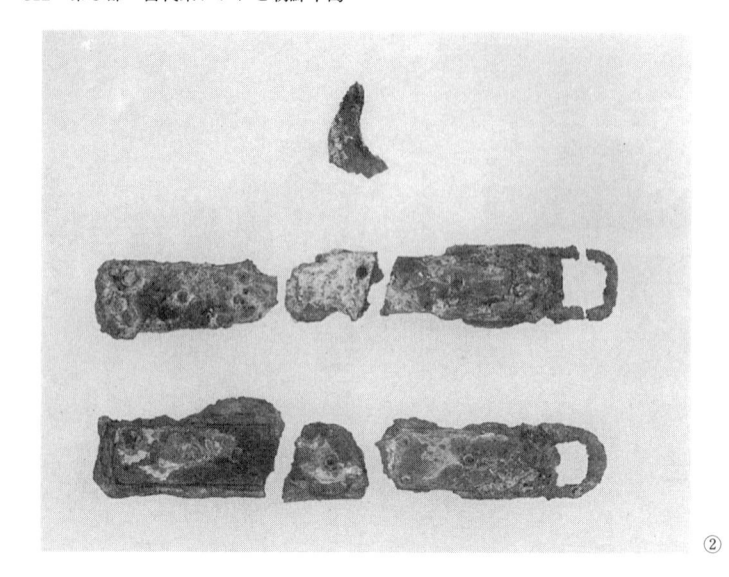

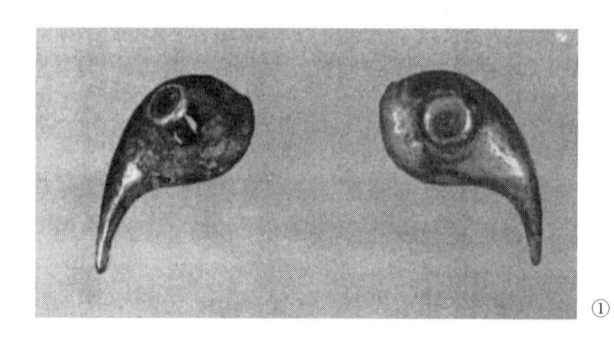

②

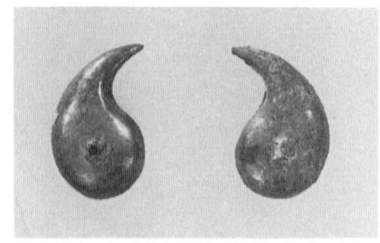

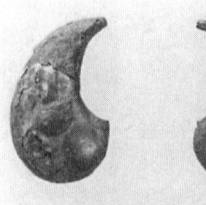

①

⑤

③ 　　　　　　　　　　　　　　　④

図版 13

第1章　古代東アジアの盛矢具　313

①

②

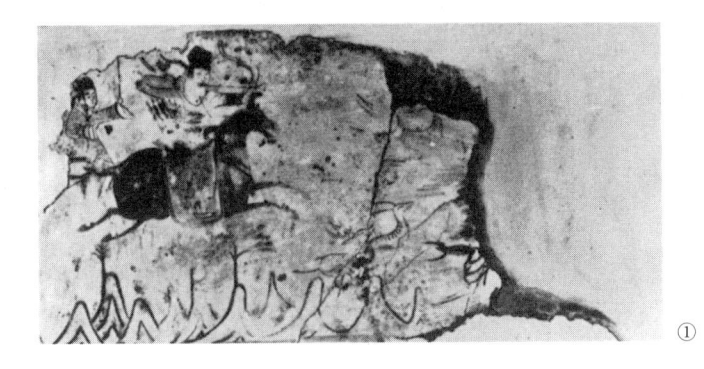

図版 14

314　第3部　古代東アジアと朝鮮半島

図版 15

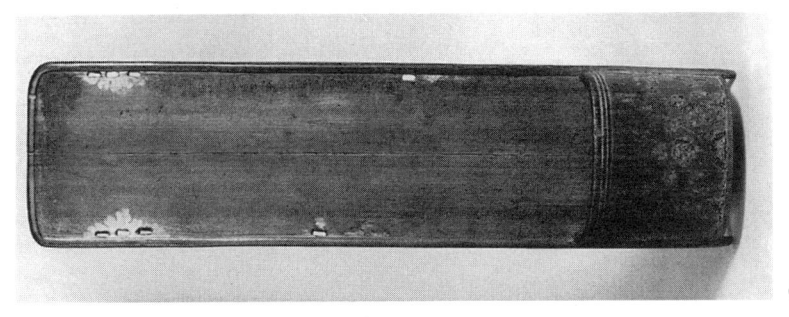

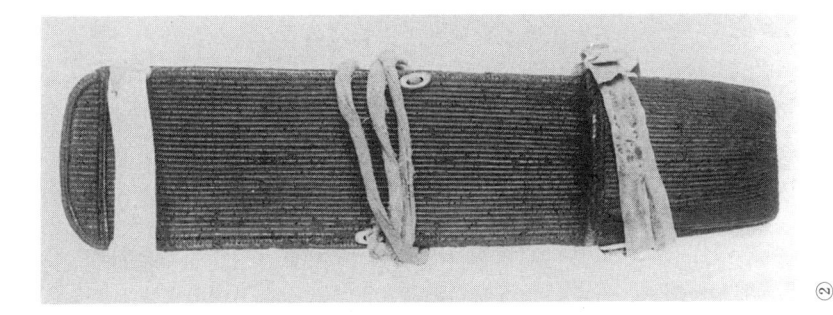

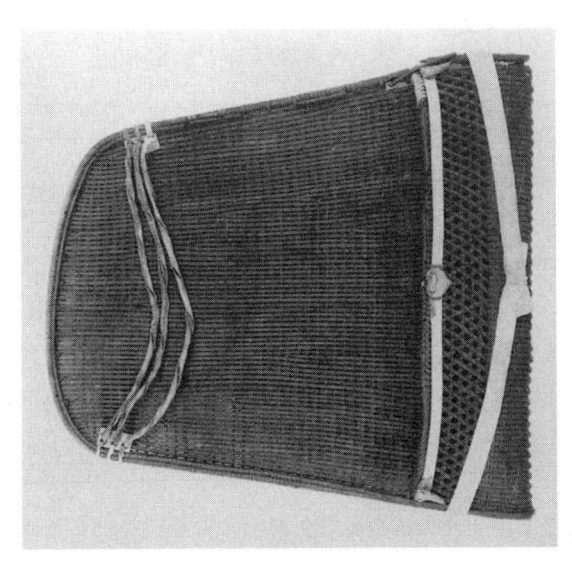

第 1 章　古代東アジアの盛矢具　315

図版 16

第2章　日韓硬玉製勾玉の自然科学的分析

1　問題の所在

　4～6世紀の日本と韓国の古墳からは、多くの硬玉製勾玉が出土している。とくに硬玉という石で作った玉類は勾玉が圧倒的に多く、他の石質——碧玉、瑪瑙、ガラス、滑石など——で作られた勾玉とは異なる性格をもっていたとみられる。

　半島の新羅では、皇南大塚北墳、天馬塚、金冠塚、瑞鳳塚といった古墳から金冠が出土し、それぞれに77個、58個、58個、41個の硬玉製勾玉が付いている。これらの古墳は、金冠、金製垂飾付耳飾、金製帯金具などを副葬品としてもっていることから、王ないし王族の墓と考えられる。王権の象徴である金冠に付属する硬玉製勾玉もまた王権の象徴とみてよいだろう。金冠より一ランク低い金銅冠には、王陵と考えられる皇南大塚南墳を除くと硬玉製勾玉が付かない。

　日本では、1カ所の古墳からこれほど集中して出土することはなく、多くても10個程度である。しかし、出土する古墳の数は韓国より多くみられ、1991年の統計では古墳出土の硬玉製勾玉は768個を数える。日本と韓国で出土する硬玉製勾玉は形態が非常によく似ており、しかも特殊な型式である頭に数条の溝を刻んだ「丁子頭勾玉」も両国で出土し、新羅の金冠にも付属している。硬玉の産地をみると、アジアでは日本とミャンマーの2カ所しかなく、韓国では未だ確実な硬玉産地の報告はない。地理的にみてミャンマーより日本がはるかに近いので、日本列島産の硬玉を使用していたと考えられる。したがって、韓国出土の硬玉製勾玉は、①形態が類似すること、②朝鮮半島南半部に限って分布すること、③硬玉原石産地が韓国にはないという3点から、日本列島から入ってきたと考えられる。そして、新羅、加耶、百済の王や支配階層が自らの

権威を示すために、日本列島すなわち倭国から入手したと考えられる。特に、硬玉製丁子頭勾玉に注目し、「日本製であり、それを日本から入手し得た彼の地の権力者が、みずからの権威の象徴として重用したのではないか」という意見が出されている（田村晃一 1986）。さらに、「新羅王権によって入手された硬玉製勾玉が、少なくとも新羅国内の豪族に配布された可能性がある」という意見もある（藤田富士夫 1992）。加耶や百済に比べ新羅が抜きんでて数が多いのは、新羅が中心となって入手したからだろう。これらの新羅の古墳をみると、共通して鉄鋌が多く出土していることに気がつく。皇南大塚北墳から 20 枚、皇南大塚南墳から 1246 枚（小形）と 86 枚（大形）、金冠塚から約 400 枚、天馬塚から 37 枚というように硬玉製勾玉を多く出土する古墳からは鉄鋌も多く出土している。両者には何らかの関係があったと思われる。一方、倭の 4〜6 世紀の状況をみると、金や金銅製品が出現し始め、鉄製品が急激に増加する。特に、鉄鋌は特異な形態をもち、道具として使用されたのではなく鉄の地金として利用されたようで、束ねて紐で縛って古墳に副葬された例もある。当時の倭国では、まだ鉄や金が生産されていないので、朝鮮半島から入手したと考えられる。すなわち、倭国と朝鮮半島との間の交易（相互贈与）として、倭国から半島へ硬玉製勾玉が、半島から倭国へ鉄（製品）がもたらされたと考えられる。硬玉製勾玉は古代の交易を物語る重要な歴史資料といえよう。

ところが、1986 年に韓国の硬玉製勾玉には日本列島産ではない硬玉を使用しているものがあるという報告が出された（崔恩珠 1986）。もしそうだとすれば、上記の古代交易論は再考しなければならない。そこでここでは、韓国出土と日本列島出土の硬玉製勾玉を分析して、その結果を 1986 年の報告と比較し、韓国の硬玉製勾玉が日本列島産の硬玉を原材料としていないかどうか検討してみることにする。

2 日本と韓国における自然科学的分析

(1) 硬玉と産地

硬玉は一般にはヒスイ（翡翠）と呼ばれているが、ヒスイには鉱物学的にみるとヒスイ輝石（Jadeite）とネフライト（Nephrite）の二種類がある。前者

を硬玉、後者を軟玉と呼んでいる。そこで、両者を区別するためにヒスイ勾玉ではなく硬玉製勾玉と呼ぶことにする。硬玉はヒスイ輝石（化学組成 $NaAlSi_2O_6$）を主とする共生鉱物であり、硬度6.5～7と固く、比重3.3前後で一般の岩石より重く、色は白・淡緑・淡緑青が多いが、翠緑、灰、紫が混在することもある。生成は、アルカリ岩の母岩から分化した曹長石が、さらにヒスイ輝石と石英に分かれてできたもので、この時アルカリ岩は水分を含んで蛇紋岩となり、石英と化合して角閃石が生じる（小野健1991）。したがって、硬玉の産地は曹長石、蛇紋岩、角閃石系の軟玉とは密接な関係がある。

　日本における硬玉産地は下記の通りであり、これらはいずれも岩石学的鑑定を受けている。なお、地名のあとの年は発見あるいは報告された年である。

①新潟県糸魚川市小滝　1939年（河野義禮1939、大森啓一1939）
②新潟県西頸城郡青海町橋立　1958年（茅原一也1958）
③鳥取県八頭郡若桜町角谷　1966年（益富寿之助1966）
④兵庫県養父郡大屋町加保　1971年〔発見〕（前田豊邦・和田金男1982）
⑤長崎県長崎市三重町向郷・樫山　1978年（西山忠男1978）
⑥岡山県阿哲郡大佐町1984年（小林祥一・三宅寛1984、蒜科哲男・東村武信1990a）
(1)

　このほかに①と②に関連して、富山県下新川郡朝日町の宮崎海岸がある。漂石としての硬玉が採取されるが、これらは小滝川（姫川）や青海川の原石が川を下り海に出て、海流によって西に流されてきたものとみられている。しかし、径30cm以上の硬玉岩塊もあることから、海底に産出地を予測する意見もある（寺村光晴1995）。またヒスイとして利用された可能性がある硬玉と思われるものあるいはそれとよく似た類似岩石の産地は次の通りである。

⑦長崎県西彼杵郡大瀬戸町雪ノ浦　1958年（西山忠男1988）
　　「長崎ヒスイ」と呼ばれるが、苦灰石（$CaMg(Co_3)_2$）と石英の集合体からなるもので、ヒスイとは別物である。
⑧北海道沙流郡日高町千栄　1967年（番場猛夫1967）
　　3個が化学成分分析され、「日高産軟玉ヒスイ」と認識された。ただし、成分にかなり含まれる Al_2O_3 からみて、この軟玉が硬玉起源である可能性が示唆されている。そうすると、近くに硬玉が産出する可能性もある。

⑨静岡県引佐郡引佐町西黒田（桜井欽一 1970、藁科哲男 1991）

「黒田ヒスイ」と呼ばれ、西黒田地区と渋川地区に産する。比重は 3.15 〜 3.36 である。

日本では少なくとも 6 カ所に硬玉の産地があることは確実で、新潟県から長崎に及んでいる。このうち、①と②は良質で多くの硬玉が産するとともに、曹長石、角閃石岩、蛇紋岩がみられる。

(2) 自然科学的分析の研究史

今までのどのような研究成果をもとに今回の研究を行ったかを明確にするために、日本と韓国における分析研究を簡単に振り返ってみたい。

遺跡出土の硬玉製品の原石が上記のどこの産地であるかは、肉眼的には判別できない。そこで、化学分析による微量元素の比較という方法が取り入れられた。藁科哲男・東村武信の両氏は、放射性同位元素の励起線源を使用した蛍光 X 線分析で、元素の種類と含有率を求め、元素同士の含有率比の値を原産地識別に用いた。それによると、カドミウム 109 ($_{109}Cd$) を励起線源として分析して求めた Sr（ストロンチウム）と Zr（ジルコニウム）と Fe（鉄）の元素比が原産地識別に有効である。X 軸に Sr／Fe をとり、Y 軸に Zr／Sr をとると、糸魚川産グループ、大佐産グループ、若桜産グループ、引佐産グループ、日高産グループ、長崎産グループ、ミャンマー産グループに分けられ、遺跡出土の硬玉製品を分析するとどこの原石を使用しているかがわかる。しかし、各グループの境が重なっているところもあり、必ずしも決定的なことはいえない部分もある。特に、糸魚川産グループとミャンマー産グループの区別は困難なようである。今回は、日本のどの産地かを求めるのではなく、むしろ分析結果として得られた日本列島内の遺跡出土硬玉と日本とミャンマーの硬玉原石いずれにも微量成分として Sr と Zr が含まれているという成果を利用する。[2] 藁科哲男はその後、次に述べる韓国側の研究を念頭に入れて、韓国江原道春川で産出した薄緑系の優白色半透明の軟玉原石を分析したところ Sr と Zr のピークが全くみられないという結果を出した（藁科哲男 1990）。すなわち、日本列島産の硬玉には Sr と Zr のピークがあり、韓国の軟玉にはないということがわかった。

藁科哲男の成果をうけて、韓国でも硬玉製勾玉に関する分析研究が行われた。崔恩珠は、丁子頭勾玉を含む19個の金良善コレクションの硬玉製勾玉を韓国科学技術院で分析した（崔恩珠1986）。分析方法は、走査電子顕微鏡（SEM）によるEPMA分析方法（Electron-probe X-ray microanalysis）を選択して、各勾玉の表面3～4個の部位に対してEDS（Energy-Dispersive-Spectrum）による微少分析を行った。使用した装置は、EDAX9100-70とJSI-D130（SEM）で、加速電圧25kVである。Zrは偏在するといわれるが、19個の勾玉に対して合計64カ所の部位を測定したので、Zrを見落とすことはないだろう。藁科哲男の分析結果と比較した崔恩珠は次のような判断を下した。

①分析した韓国の硬玉製勾玉にはすべてSrとZrが検出されず、CaとFeの比も日本のものとは異なるので産地が異なる。おそらく、今はわからなくなってしまったが韓国にも硬玉の産地があった。

②したがって、硬玉製勾玉の部分的な交易はあっただろうが、韓国出土の硬玉製勾玉すべてが日本製であったり、輸入された日本の原石で製作されたものではない。

それに対して、韓国の試料は発掘品ではないので考古資料としては問題があることや、日本と同一条件の機器を使用しているかという疑問が出され、この結果を歴史学的考察の材料とはしがたいという批判がある（門田誠一1989）。また、藁科哲男の韓国春川産軟玉の分析結果を考慮すれば、比重を測って硬玉であることを確認する必要もあっただろう。

3 蛍光X線分析

(1) 試　料

日本と韓国いずれも確実に出土地が判明している次の4個を今回は試料として用いた（図1）。ほかに、原石と韓国出土といわれる個人収集品1個を条件設定や検証のために用いた。

古市方形墳出土大形品：頭部に4条の刻みがある丁子頭勾玉。透緑色で白斑点が入る。長さ4cm（図1右端）。

古市方形墳出土小形品：頭部に3条の刻みがある丁子頭勾玉。濃緑色で頭部

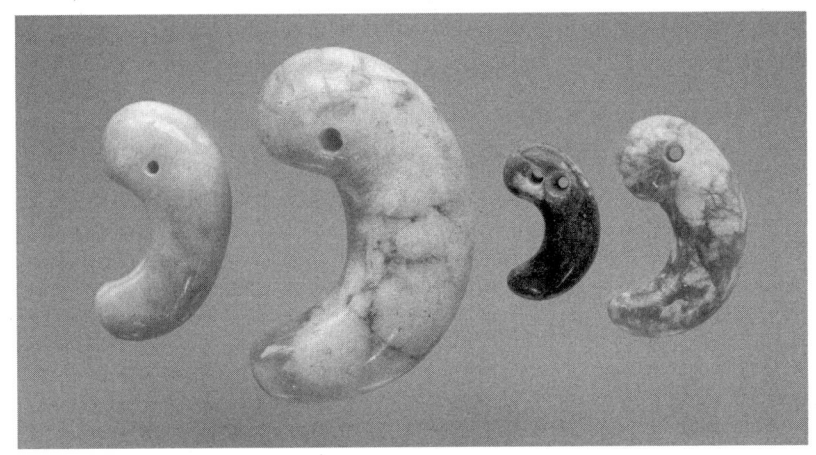

図1 硬玉製勾玉（左から梁山夫婦塚中形品、同大形品、
古市方形墳小形品、同大形品）

に白斑点が入る。穿孔は二つありどちらも貫通している。長さ3cm（図1右から2番目）。

梁山夫婦塚出土大形品：頭部に4条の刻みがある丁子頭勾玉。片面は透緑色で背部に大きな白斑点が入り、反対面はほとんど白色で透緑色が線条に入る。長さ6.5cm、重さ95.5503g、比重3.3158（図1右から3番目）。

梁山夫婦塚出土中形品：淡緑色で白色が混ざるがその境はあいまいであってはっきりしない。長さ4.4cm、重さ28.5464g、比重3.2800（図1左端）。

古市方形墳は奈良県奈良市古市町にあり、1964年に奈良市史編集委員会考古学班が発掘調査をおこなった（伊達宗泰1988）。推定復元一辺27mの古墳で、東西に一つずつの粘土槨をもつ。西槨は大きな破壊を受け遺物が残っていなかったが、東槨は一部破壊されていたものの遺物が残っていた。東槨内の南には画文帯神獣鏡1面、斜縁二神二獣鏡1面、内行花文鏡2面、盤龍鏡1面のほか刀子、鑿が、北には鉄斧、鉄鎌、刀子、鑿が、中央には琴柱形石製品4個のほか玉類が多数副葬されていた。硬玉製勾玉は玉類のなかに3個あり、まわりには152個の管玉が散在していた。便宜上、大形品・中形品・小形品と分け、分析したのは大形品と小形品の2個である。古墳は4世紀後半から5世紀初頭の築造とされる。

梁山夫婦塚（北亭洞10号墳）は慶尚南道梁山郡梁山邑北亭里にあり、1920年に古蹟調査委員会により発掘調査され（小川敬吉1927）、1990年には東亜大学校博物館により再調査された（沈奉謹1991）。横口式石室をもつ円墳で、再調査により護石の直径20mと確認された。石室内には奥壁に頭を向けて、主人と夫人の2体が平行に棺台の上に安置され、入口近くに3体の殉葬者を石室主軸と直交して埋葬している。棺台の構築順序からみて主人が埋葬されたのちに夫人が追葬されている。6世紀前半の古墳と考えられ、いわゆる山字形金銅冠が出土しているので新羅との関係がうかがわれる。硬玉製勾玉は3個あり、大形品は主人の胸中央部から1個出土した。112個の藍色ガラス玉が勾玉の左右から冠の方に向かい2条になって丸く分布しているので、大形品は首飾りの中心部に付けられていたとみてよいだろう。中形品は殉葬者3人（甲、乙、丙）のうち最も入口に近いところに置かれた丙の左胸から出土した。やはり藍色ガラス玉64個とともに出土しているので、首飾りとみてよい。小形品は、丙の頭部あたりからガラス玉とともに出土した。今回の分析に使用したのはこのうちの大形品と中形品の2個である。

(2) 分析方法

同一機器、同一条件で、変色せず非破壊であることを条件とした。分析に用いた機器は、フィリップス社製エネルギー分散型蛍光X線分析装置で商品名はEDAX DE95である。原理は、ロジウム（Rh）管球から電気的に1次X線を発生させてこれを試料（硬玉製勾玉）にあてると、試料から2次X線（蛍光X線という）が発生するのでこれをシリコン検出器で測定する。試料に含まれている元素が固有の2次X線を発生するので、どのような元素がどのくらい含まれているかがわかる。

硬玉は石であるため強いX線を当てると変色する可能性があるが[3]、エネルギー分散型蛍光X線分析は少ないエネルギーで元素分析できる特徴をもっている。測定は試料を照射径20mmの穴の上にのせて容器を密閉し、100〜200mTorr（ミリトル）の真空にした。真空にするのは、空気中の窒素、酸素、炭素による測定への影響を少なくするためである。

SrとZrのもつ最大ピークが14keV〜16keVあたりにあるので、それ以上

の電圧をかけないと検出できない。そこで、はじめ励起電圧20kV、電流20μA、測定時間100秒（Lsec）という条件で最初の試料（韓国個人収集品）の分析をおこなったが、SrとZrは検出できなかった（図2）。次に30kV、20μA、100秒にすると、わずかではあるがSrとZrのピークが検出できた（図3）。電圧を40kVにあげてもピークの高さはほとんど変わらないので、電圧は30kvと設定した。今回の分析の目的は、Sr、Zr、Feの元素比を求めるのではなく、SrとZrの有無を確認することにあるので、検出可能で放射線の影響が少ないできるだけ低エネルギーでおこなうことにした。

（3）分析結果

硬玉製勾玉の蛍光X線分析において、1次X線の励起電圧を30kV、電流20μA、測定時間を100秒に設定すれば、SrおよびZrを効率よく検出できることが確認できたので、この条件において前述の4試料の測定を行った。古市方形墳出土の大形品および小形品について得られた蛍光X線スペクトルを図4、5に、また、梁山夫婦塚出土の大形品、中形品について得られたスペクトルを図6、7にそれぞれ示す。図中の蛍光X線ピークにはその同定元素を記入した。各スペクトルにおいて元素名が記載されていないピーク、すなわち20.2keVおよび2.7keV近傍のピークはX線源として使用したRhからの1次X線がエネルギーを失わずに散乱（レイリー散乱）されたもの（それぞれRh $K\alpha$ および $L\alpha$）、また19keV近傍に出現しているやや幅広のピークはRhの1次X線が試料によって散乱（コンプトン散乱）され、そのエネルギーの一部を失ったX線が検出されたものである。今回の測定において注目しているSrおよびZrはそれぞれ14.2keVおよび15.8keVにそれぞれ最大ピーク（$K\alpha$）をもつため、このピーク強度を測定することによって、SrおよびZrの有無を判断した。ただし、Srの第2ピーク（$K\beta$）が15.8keVにピークを有し、Zr $K\alpha$線と重複して一つのピークを形成するため、Zrの存在を判断する際には注意を要する。この場合には、$K\beta$線のピーク強度が$K\alpha$線の強度の10〜20%であることを考慮して、15.8keVのピークがSrに帰属するものか、またはZrに帰属するのかを判断した。

図4は古市方形墳から出土した大形の硬玉製勾玉について得られた蛍光X

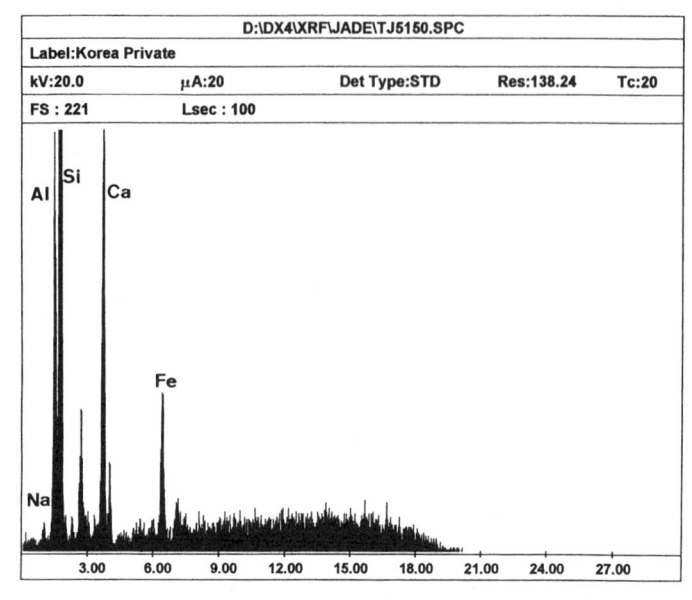

図2　韓国出土個人収集品（硬玉製勾玉）〔20kV〕

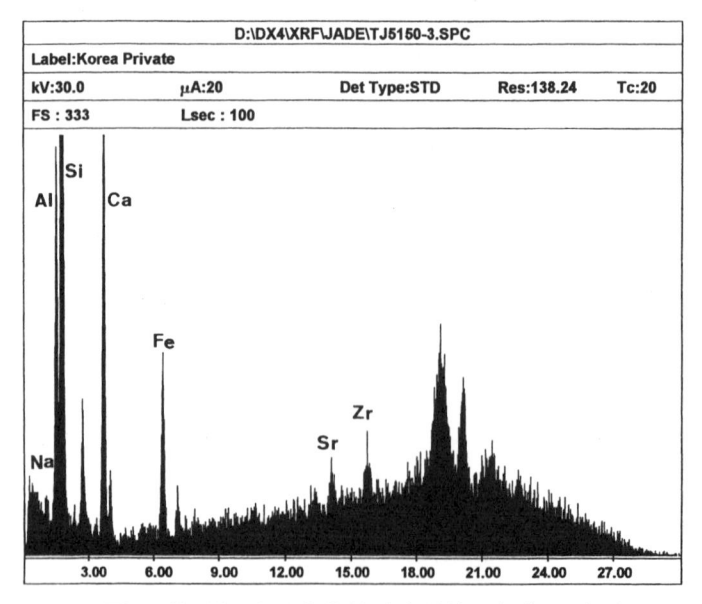

図3　韓国出土個人収集品（硬玉製勾玉）〔30kV〕

線スペクトルである。硬玉の主成分である Si、Al および Na が低エネルギー領域（それぞれ $K\alpha$ = 1.7、1.5、1.0keV）において検出されている。これらの蛍光 X 線スペクトルは真空雰囲気下でないと検出が困難であるが、今回は 100 〜 200mTorr の真空下で測定をおこなったため、十分な感度で検出がおこなわれている。Si、Al に比べて Na のピーク強度が著しく低いが、さらに真空度を高めて測定をおこなえばより高い強度で検出をおこなうことができると考えられる。また、これらの主成分以外に明瞭なピークとして検出できたのは、Ca、Fe（それぞれ $K\alpha$ = 3.7、6.4keV）および今回注目した Sr と Zr のみであった。硬玉中にはこれらの成分以外に、微量成分として K、Ti、Cr、Mn、Rb、Y、Nb、Ba、La、Ce などが存在していることが報告されているが、今回の測定では明瞭に検出することはできなかった。これらの成分を検出するためには、測定雰囲気の真空度を高めてバックグラウンドを低減すること、励起線源のエネルギーを高めて励起効率を高めること、さらには測定時間を長くして S/N 比（信号対ノイズ比）を高めることなどの工夫が必要である。注目している Sr と Zr については、図 4 の測定結果ではバックグラウンドよりもはるかに高い強度で検出されていることがわかる。14.2keV（Sr $K\alpha$）および 15.8keV（Zr $K\alpha$）のピークの S/B 比（信号対バックグランド比）として、それぞれ 0.52 および 1.07 が得られた。両ピークとも Sr および Zr の含有率を求めるにはピーク強度が低すぎ、信頼性のある定量値を得ることはできないが、明らかにピークとして検出されていることがわかる。

　図 5 は古市方形墳出土の小形の硬玉製勾玉について得られた蛍光 X 線スペクトルである。明瞭なピークとして検出されたのは、主成分の Si、Al、Na と少量の Ca、Fe、Sr、Zr であり、図 4 に示した大形の勾玉とほぼ同様の化学組成を有していることがわかる。しかし、Sr および Zr のピークに着目してみると、Sr のピーク強度が Zr のピーク強度よりもはるかに大きく、図 4 の測定結果と比較してその傾向が逆転していることがわかる。図 5 の測定結果について、15.8keV のピークは Zr（$K\alpha$）に帰属する割合よりも Sr の第 2 ピーク（$K\beta$）に帰属する割合が大きく、14.2keV（Sr $K\alpha$）および 15.8keV（Zr $K\alpha$）のピークの S/B 比を求めてみると、それぞれ 0.95 および 0.19 であり、Sr の存在量が Zr に比べてはるかに大きいことが明らかになる。

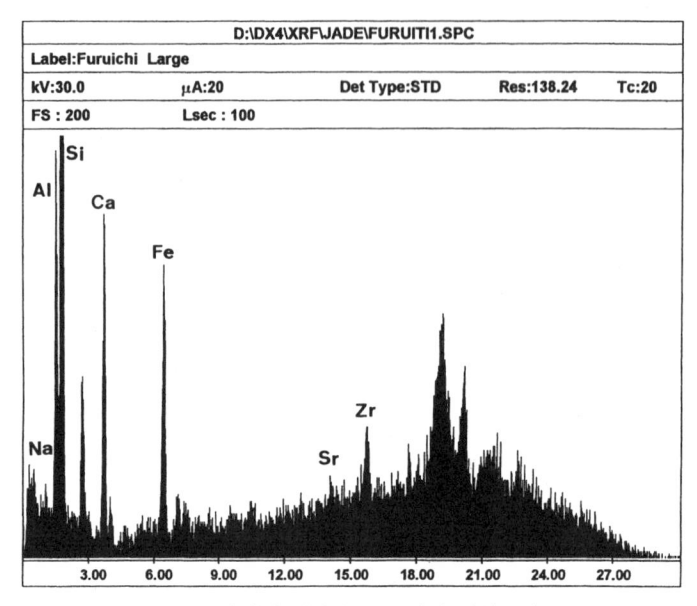

図4 古市方形墳大型品（硬玉製勾玉）

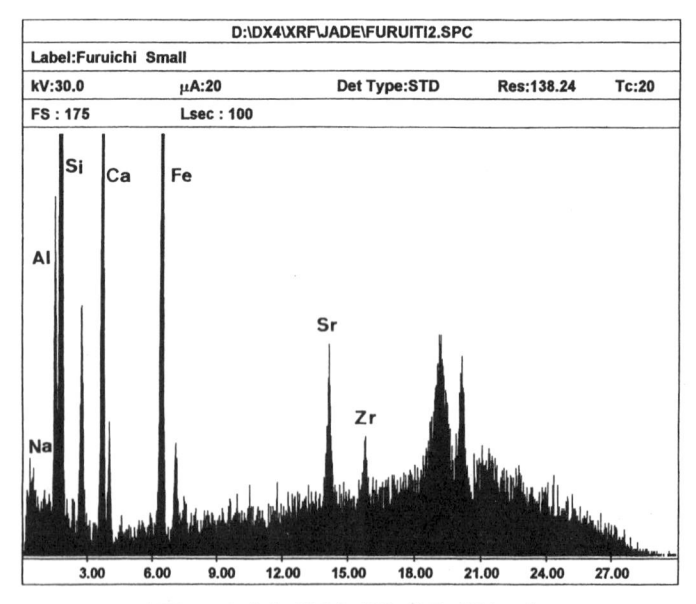

図5 古市方形墳小型品（硬玉製勾玉）

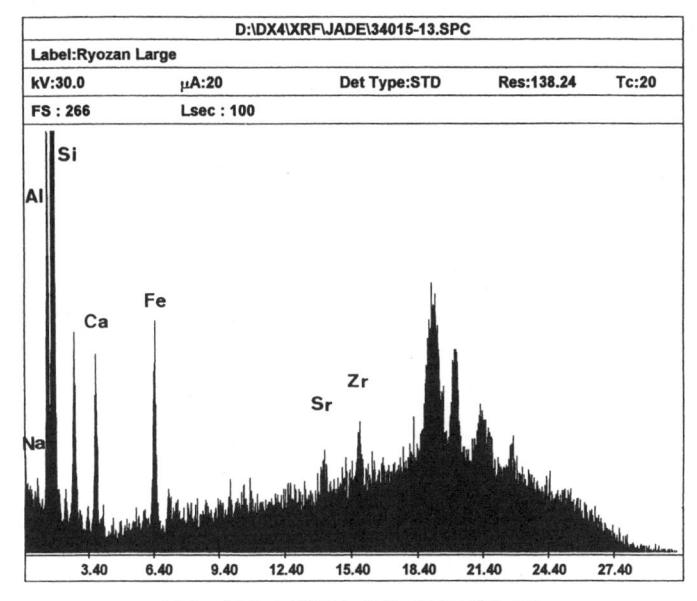

図6　梁山夫婦塚大型品（硬玉製勾玉）

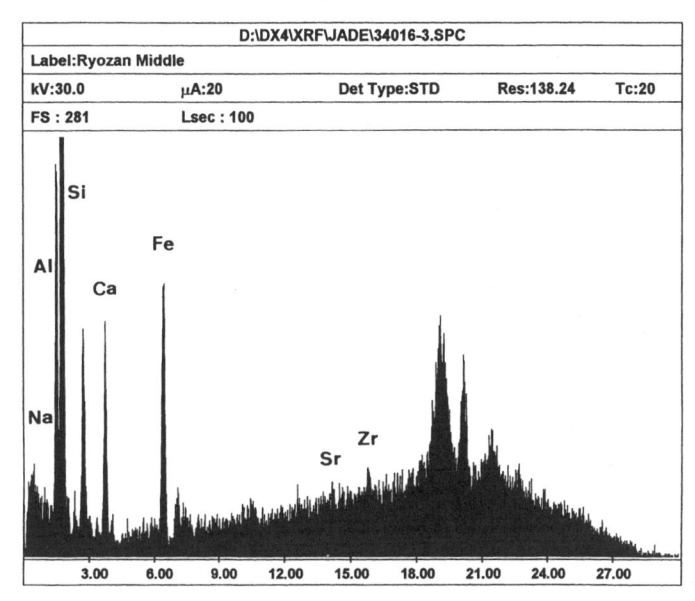

図7　梁山夫婦塚中型品（硬玉製勾玉）

図6および図7は梁山夫婦塚から出土した硬玉製勾玉のうち、大形品および中形品について得られた蛍光X線スペクトルを示している。両試料ともに化学組成は古市方形墳出土のものとほぼ同様であり、明瞭なピークとして検出されているのは、Si、Al、NaおよびCa、Fe、Sr、Zrの7成分である。図6と図7は非常に類似したスペクトルを示しており、今回測定をおこなった梁山夫婦塚出土の2試料の化学組成がかなり類似していることを予想させた。SrおよびZrのピーク強度は図4、5の結果と比較してはるかに小さく、古市方形墳からの出土品に比べてその存在量が少ないと考えられる。しかし、14.2keVおよび15.8keVの位置には明らかに蛍光X線ピークが検出されており、梁山夫婦塚出土の勾玉中にもSrおよびZrの両元素が含有されていると考えられた。得られたスペクトルから14.2keV（Sr Kα）および15.8keV（Zr Kα）のピークのS/B比を求めてみると、図6の梁山夫婦塚大形品についてはそれぞれ0.34および0.59、図7の中形品についてはそれぞれ0.37および0.21という値が得られた。

4　まとめ

　韓国と日本出土の硬玉製勾玉を同一機器、同一条件のもとで分析した結果、いずれにも微量元素としてSrとZrが検出された。韓国内で原石産地と硬玉製勾玉製作遺跡がみつかっていない現状では、梁山夫婦塚の2個は日本列島内の原石を使用していた可能性が高い。しかし、SrとZrが検出されたからといって日本の原石であると確定することはできない。それは、韓国内で原石が将来発見され、その硬玉にSrとZrが含まれている可能性があるからである。硬玉は輝石の一種で、石灰岩の接触地帯に出る輝石は南の方は慶尚南道の河東で出ており、また硬玉の生成と関係の深い曹長石や蛇紋岩が慶尚南道で出ているので、今はなくなっても三国時代にはあったのではないかという指摘があったり（金元龍1985）、「慶尚南道晋州と忠清北道丹陽地方で硬玉の産地が発見されたそうだが、まだ正確な地名は確認されていない」という報告（韓炳三1976）もあるからである。

　日本における硬玉原石は、1917年に青木重孝が新潟県国道148号線の根知

川橋で拾ったのを嚆矢とするが岩石鑑定を受けていず、石も今は行方不明である（青木重孝1988）。その後、八幡一郎は、糸魚川市長者ケ原で硬玉に似た緑斑点々たる白色の礫を採集し専門家の鑑定を受けたが、石英岩の一種として退けられた（八幡一郎1941）。岩石学的にはじめて硬玉と鑑定されたのは1939年になってからである。新潟県小滝川産の緑色鉱物片を、河野義禮が化学分析を、大森啓一が光学分析を担当し硬玉と報告した（河野義禮1939、大森啓一1939）。しかし、このことが考古学界に知られるようになったのは、それから2年後であった（島田貞彦1941）。それまでは硬玉の唯一の産地であったミャンマーから南中国を経由して倭に入ってきたという考え（浜田耕作1927、樋口清之1932・1937）と、中国南部には硬玉製品がほとんどないことと、硬玉製品以外の中国南部の製品が倭に入ってきていないことから、まだ産地は見つかっていないが国内産の可能性があるという考えがあった。[4]

しかし、糸魚川での原石発見が伝えられ、新潟県の大角地遺跡、笛吹田遺跡、田伏遺跡、富山県の浜山遺跡で古墳時代の硬玉工房跡が発掘されると、ほとんどが小滝川、青海川、宮崎海岸一帯の硬玉原石を使用していると考えられるようになり、このことは藁科哲男の原産地分析でも確認されている。[5]

わが国で硬玉産地が発見されてから、まだ60年たらずである。韓国でもなお、考古学的にも岩石学的にも完全に原石産地が否定しきれない現状では、硬玉産地があり、しかも今回の分析結果からみて微量元素としてSrとZrが含まれているという仮定のもとに自然科学的研究を進めていく必要がある。なぜならば、半島に硬玉産地が発見されたからといっても、天馬塚や皇南大塚などの金冠に付く硬玉製勾玉がすべて半島産とは言いきれず、日本列島産の可能性をなお残しているからである。今後は、日本列島と朝鮮半島を含めた産地分析を同一条件でおこなっていくことが必須である。[6]

註
(1) 藁科哲男・東村武信1990aでは、大佐産の原石は比重が3.17未満なので軟玉に属すると理解している。
(2) 藁科哲男・東村武信1987およびその後の新しい試料の分析でも微量成分としてSrとZrが含まれていることが確認されている。ただし、長崎産にはSrのピーク

がほとんどみられない。

(3) 長崎産、糸魚川産、ミャンマー産の原石硬玉をX線マイクロアナライザーによる蛍光X線分析（加重電圧20kV、試料電流0.05μA）とX線管励起による波長分散型蛍光X線分析装置を使った分析（電圧50kV、電流40mA）の結果、どちらの分析の時かわからないが放射線の影響によって試料（原石）が著しく変色したという報告がある（藁科哲男・東村武信 1990b）。

(4) 後藤守一は、「どこかに硬玉原産地がありはしないかと日本内地をさがし求めると共に、北日本と関係があるシベリアの地をもたづねて見たいと思う」と述べている（後藤守一 1930）。原田淑人は、「私は勾玉などに使用された硬玉質の原石が、その当時我国又はその附近に産出したものと想像する方が寧ろ妥当あるやうに感ぜられてならない」と述べ、化学的分析により、日本および南朝鮮出土の硬玉製のものとミャンマー産硬玉を比較考察する必要を説いている（原田淑人 1940）。

(5) 糸魚川産とミャンマー産の区別はまだできないが、原田淑人（1940）の考えに従えばミャンマー産の可能性はないといえよう。

(6) 化学分析は早川泰弘（独立行政法人国立文化財機構東京文化財研究所）がおこない、その結果を早川が本章の3（3）分析結果に執筆した。

引用文献

凡例
〈配列〉日文文献、韓・朝文献、中文文献、欧文文献の順に記載
　　　　韓・朝文献と中文文献は著者名の日本語音読みで五十音順に配列
　　　　欧文はアルファベット順に配列
〈論文・書名表記〉韓・朝文献は日本語訳で示す
〈著者〉彙報などで著者名が不詳の場合は、著者不詳としるす

日文

青木重孝 1988「ヒスイの再発見史」『古代翡翠文化の謎』新人物往来社
穴沢咊光 1973「北燕・馮素弗墓の提起する問題」『考古学ジャーナル』第85号　ニューサイエンス社
穴沢咊光 1980「慶州鶏林路14号墳出土の嵌玉金装宝剣をめぐる諸問題」『古文化談叢』第7集　九州古文化研究会
穴沢咊光 1984「東と西の民族移動時代」『東方』No.45　東方書店
穴沢咊光 2007「慶州路西洞「ディヴィッド塚」の発掘―「梅原考古資料」による研究」『伊藤秋男先生古希記念考古学論文集』
穴沢咊光・馬目順一 1973「羅州潘南面古墳群」『古代学研究』第70号　古代学研究会
穴沢咊光、馬目順一 1975「昌寧校洞古墳群」『考古学雑誌』第60巻第4号　日本考古学会
穴沢咊光・馬目順一 2007「慶州瑞鳳塚の調査―梅原考古資料と小泉顕夫の回想にもとづく発掘状況の再現と考察」『石心鄭永和教授停年退官紀念天馬考古学論叢』
網干善教 1962『五条猫塚古墳』奈良県史蹟名勝天然記念物調査報告書第20冊
有光教一 1934「皇吾里五四号墳甲・乙塚」『昭和八年度古蹟調査概報』朝鮮総督府
有光教一 1935「慶州皇南里第八十二号墳第八十三号墳調査報告」『昭和六年度古蹟調査報告第一冊』朝鮮総督府
有光教一 1936「新羅金製耳飾最近の出土例に就いて」『考古学』第7巻第6号
有光教一 1937a「慶州忠孝里石室古墳調査報告」『昭和七年度古蹟調査報告第二冊』朝鮮総督府
有光教一 1937b「扶餘窺岩面に於ける文様塼出土の遺蹟と其の遺物」『昭和十一年度

古蹟調査報告』朝鮮古蹟研究会
有光教一 1940「羅州潘南面古墳の発掘調査」『昭和十三年度古蹟調査報告』朝鮮古蹟研究会
有光教一 1955「慶州邑南古墳群について」『朝鮮学報』第8輯　朝鮮学会
有光教一 1959「慶州月城・大邱達城の城壁下の遺跡について」『朝鮮学報』第14輯
有光教一 1962『朝鮮櫛目文土器の研究』京都大学文学部考古学叢書第三冊
有光教一 1980「羅州播南面新村里第九号墳発掘調査記録」『朝鮮学報』第94輯
有光教一 1981『朝鮮考古資料・解説（1）』出版科学総合研究所
有光教一 1982「戦前における藤田亮策先生の朝鮮考古学」『貝塚』第30号　物質文化研究会
有光教一 1983「古蹟調査特別報告解説　真興王の戊子巡境碑と新羅の東北境」『朝鮮考古資料集成　5・9・10・11・12巻解説』出版科学総合研究所
有光教一 1985「朝鮮古蹟調査略報告—朝鮮考古資料集成13」『朝鮮考古資料集成—6・7・13・14・15・16・17巻解説』出版科学総合研究所
有光教一・藤井和夫 2000a「慶州皇吾里16号墳発掘調査報告」『朝鮮古蹟研究会遺稿Ⅰ』東洋文庫
有光教一・藤井和夫 2000b「慶州路西里215番地古墳発掘調査報告」『朝鮮古蹟研究会遺稿Ⅰ』
有光教一・藤井和夫 2002「高霊主山第39号墳発掘調査報告」『朝鮮古蹟研究会遺稿Ⅱ』東洋文庫
飯田市教育委員会 2000『宮垣外遺跡』
飯野公子 1997「朝鮮半島への考古学的関心—考古学会機関誌にみる—」『考古学史研究』第7号　京都木曜クラブ
池内宏 1919『朝鮮平安北道義州郡の西部に於ける高麗時代の古城址』東京帝国大学文学部紀要第三
池内宏 1938『通溝』巻上　日満文化協会
池内宏 1942「晋代の遼東」『帝国学士院紀事』第1巻第1号（『満鮮史研究』上世編　祖国社 1951 所収）
池内宏・梅原末治 1940『通溝』巻下　日満文化協会
石田茂作 1937「扶餘軍守里廃寺址発掘調査（概要）」『昭和十一年度古蹟調査報告』
石田茂作・斎藤忠 1940「扶餘に於ける百済寺址の調査」『昭和十三年度古蹟調査報告』
市毛勲 1971「千葉県山武郡成東町経僧塚古墳の調査」『史観』第83冊　早稲田大学史学会

伊藤秋男 1972「耳飾の型式学的研究に基づく韓国古新羅古墳の編年に関する一試案」『朝鮮学報』第64輯
伊藤秋男 1976「慶尚北道善山古墳群（Ⅰ）」『人類学研究所紀要』第5号　南山大学人類学研究所
稲垣栄三 1980「関野貞 1867～1935」『第17回展示　先駆者の業績』東京大学総合研究資料館
井上秀雄訳注 1980『三国史記1』平凡社
猪熊兼勝・久野邦雄・山脇功・岡邦祐 1967「大谷山22号墳」『岩橋千塚』和歌山市教育委員会
今田治代 1999『野津古墳群Ⅱ』熊本県竜北町教育委員会
今西龍 1907「朝鮮にて発見せる貝塚に就て」『東京人類学会雑誌』第259号　東京人類学会
今西龍 1908a「新羅旧都慶州附近の古墳」『歴史地理』第11巻第1号　日本歴史地理研究会
今西龍 1908b「慶州に於ける新羅の墳墓及び其遺物に就いて」『東京人類学会雑誌』第269号
今西龍 1917a「京畿道楊州郡佛厳山山城及佛厳寺調査報告書」『大正五年度古蹟調査報告』朝鮮総督府
今西龍 1917b「京畿道高陽郡北漢山遺蹟調査報告書」『大正五年度古蹟調査報告』
今西龍 1917c「京畿道広州郡、利川郡、驪州郡、楊州郡、高陽郡、加平郡、楊平郡、長淵郡、開城郡、江華郡、黄海道平山郡遺蹟遺物調査報告書」『大正五年度古蹟調査報告』
今西龍 1917d「高麗諸陵墓調査報告書」『大正五年度古蹟調査報告』
今西龍 1918「任那について」『朝鮮彙報』2月号　朝鮮総督府
今西龍 1919a「加羅疆域考（上）」『史林』第4巻第3号　京都帝国大学史学研究会
今西龍 1919b「加羅疆域考（下）」『史林』第4巻第4号
今西龍 1920「慶尚北道善山郡、達城郡、高霊郡、星州郡、金泉郡・慶尚南道咸安郡、昌寧郡調査報告」『大正六年度古蹟調査報告』朝鮮総督府
入江文敏・森川昌和 1975「十善の森古墳の測量調査」『福井県埋蔵文化財調査報告』第3集
岩永哲夫・北郷泰道 1980「平松地下式古墳発掘調査」『宮崎県文化財調査報告書』第22集
上田三平 1932「四ッ塚古墳」『史蹟調査報告』第6輯　文部省
上田宏範 1953「朝鮮古代学会の展望（1）慶州における壺杆塚銀鈴塚の発掘」『古代

学』2巻2号　古代学協会
宇治市教育委員会 1991『宇治二子山古墳』
内田好昭 2001「日本統治下の朝鮮半島における考古学的発掘調査（上）」『考古学史研究』第9号　京都木曜クラブ
宇野慎敏 1999「初期垂飾付耳飾の製作技法とその系譜」『日本考古学』第7号　日本考古学協会
梅原末治 1931「慶州金鈴塚飾履塚発掘調査報告図版」『大正十三年度古蹟調査報告第一冊』朝鮮総督府
梅原末治 1932「慶州金鈴塚飾履塚発掘調査報告本文」『大正十三年度古蹟調査報告第一冊』
梅原末治 1938「扶餘陵山里東古墳群の調査」『昭和十二年度古蹟調査報告』朝鮮古蹟研究会
梅原末治 1940「昭和十三年度古蹟調査の概要」『昭和十三年度古蹟調査報告』
梅原末治 1941「新田原古墳調査報告」『宮崎県史蹟名勝天然記念物調査報告』第11輯　宮崎県
梅原末治 1946『朝鮮古代の文化』高桐書店
梅原末治 1967　→韓・朝文
梅原末治 1973『考古学六十年』平凡社
梅原末治・浜田耕作 1922「慶尚北道慶尚南道古墳調査報告書」『大正七年度古蹟調査報告第一冊』朝鮮総督府
及川民次郎 1933「南朝鮮牧ノ島東三洞貝塚」『考古学』第4巻第5号
大金宣亮他 1986「星の宮神社古墳・米山古墳」栃木県埋蔵文化財報告書第76集
大坂金太郎 1921『新羅旧都慶州古蹟案内』慶州古蹟保存会
大阪大学稲荷塚古墳発掘調査団 2005『井ノ内稲荷塚古墳の研究』大阪大学文学研究科考古学研究報告第3冊
太田福蔵 1913「朝鮮古墳壁画の発見に就て」『美術新報』第12巻第4号　画報社
大野雲外 1898「韓国古墳発見の高杯及石鏃」『東京人類学雑誌』第150号
大曲美太郎 1934「慶南多大浦にて貝塚発見」『ドルメン』第3巻第6号　岡書院
大森啓一 1939「本邦産翡翠の光学性質」『岩石鑛物鑛床学』第22巻第5号　日本岩石鑛物鑛床学会
岡崎敬 1953「アスタァナ古墳群の研究」『仏教芸術』19　毎日新聞社
岡田敏彦 1984「経ヶ岡古墳」『四国縦貫自動車道関係埋蔵文化財調査報告』
小川敬吉 1927「梁山夫婦塚と其遺物」古蹟調査特別報告第五冊　朝鮮総督府
奥田悌 1920『新羅旧都慶州誌』玉村書店

小栗鉄次郎 1929「井戸田おつくり山古墳」『愛知県史蹟名勝天然記念物調査報告』第7
小沢洋 1983「君津地方古墳資料集成（1）」『研究紀要Ⅰ』君津郡市文化財センター
小沢洋 1991「九条塚古墳の再検討」『研究紀要Ⅳ』君津郡市文化財センター
小田富士雄・下原幸裕・山口裕平 2004『福岡県京都郡における二古墳の調査—箕田丸山古墳及び庄屋塚古墳』福岡大学考古学研究室研究調査報告書第3冊
小野健 1991「ヒスイの造岩鉱物と原石の鑑定」『古代王権と玉の謎』新人物往来社
小場恒吉 1938a「高句麗古墳の調査」『昭和十二年度古蹟調査報告』朝鮮古蹟研究会
小場恒吉 1938b「慶州東南山の石仏の調査」『昭和十二年度古蹟調査報告』
小場恒吉・榧本亀次郎 1935『楽浪王光墓』古蹟調査報告第二冊　朝鮮古蹟研究会
各務原市教育委員会編 1990『各務原の歴史』
片山祐介 2002「月の木1号墳出土鉄製品について」『月の木遺跡　月の木古墳群』飯田市教育委員会
金子丈夫・石山勲 1983「塚堂古墳の調査」『塚堂遺跡Ⅰ』浮羽バイパス関係埋蔵文化財調査報告第1輯　福岡県教育委員会
鎌木義昌 1967「岡山市八幡大塚古墳」『考古学研究』第52号　考古学研究会
鎌木義昌・亀田修一 1986「八幡大塚2号墳」『岡山県史　考古資料』岡山県
蒲原宏行 1991「腕輪形石製品」『古墳時代の研究』第8巻　雄山閣
榧本亀次郎 1933「永和九年在銘塼出土古墳調査報告」『昭和七年度古蹟調査報告第一冊』朝鮮総督府
榧本杜人・中村春寿 1975「石巌里第219号墓発掘調査報告書」『楽浪漢墓　第二冊』
河上邦彦 1984『市尾墓山古墳』高取町文化財調査報告第5冊
河野一隆・野島永 1993「荒神塚古墳（三宅1号墳）（南槨）」『甲冑出土古墳にみる武器・武具の変遷』第三分冊近畿編　第33回埋蔵文化財研究集会
神田惣蔵・野守健 1929「鶏龍山麓陶窯址調査報告」『昭和二年度古蹟調査報告第一冊』朝鮮総督府
韓炳三（岡内三真訳）1973「慶州における最近の発見・新羅の金製嵌玉宝剣装飾」『考古学ジャーナル』第87号
喜谷美宣 1966「兵庫県加古川市カンス塚古墳」『日本考古学協会年報』19
木下之治 1968「龍王崎古墳群」佐賀県文化財調査報告書第17集
木村光一 2007「帯金具について—南山大学人類学博物館所蔵品の紹介と考察—」『伊藤秋男先生古稀記念考古学論文集』
九州大学文学部考古学研究室 1993『番塚古墳』
京都大学総合博物館 1997『王者の武装』

京都府埋蔵文化財調査研究センター・京都府立山城郷土資料館編 1987『発掘成果速報―昭和 61 年度の調査成果から―』
金元龍 1977「新羅壺杆塚の被葬者は誰か」『歴史読本』第 22 巻第 12 号　新人物往来社
金元龍 1985「日本海をめぐる古代文化の回廊」『古代日本海文化の源流と発達』大和書房
樟本立美 1990「天神山古墳群」『福井市史　資料編 1 考古』福井市
黒板勝美 1917「黄海道殷栗郡鳳山郡平安南道大同郡龍岡郡安州郡平安北道義州郡龍川郡定州郡史蹟調査報告書」『大正五年度古蹟調査報告』朝鮮総督府
黒板勝美 1974「朝鮮史蹟遺物調査復命書」『黒板勝美先生遺文』吉川弘文館
小泉顕夫 1927「慶州瑞鳳塚の発掘」『史学雑誌』第 38 編第 1 号　史学会
小泉顕夫 1938a「泥仏出土地元五里廃寺址の調査」『昭和十二年度古蹟調査報告』朝鮮古蹟研究会
小泉顕夫 1938b「平壌萬寿台及其附近の建築物址」『昭和十二年度古蹟調査報告』
小泉顕夫 1940「平壌清岩里廃寺址の調査」『昭和十三年度古蹟調査報告』
小泉顕夫 1958「高句麗清岩里廃寺址の調査」『仏教芸術』33　毎日新聞社
小泉顕夫 1986『朝鮮古代遺跡の遍歴』六興出版
小泉顕夫・梅原末治・藤田亮策 1924「慶尚南北道忠清南道古蹟調査報告」『大正十一年度古蹟調査報告第一冊』朝鮮総督府
小泉顕夫・澤俊一 1934『楽浪彩篋塚』古蹟調査報告第一冊　朝鮮古蹟研究会
小泉顕夫・野守健 1931「慶尚北道達城郡達西面古墳調査報告」『大正十二年度古蹟調査報告第一冊』朝鮮総督府
高正龍 1996「八木奘三郎の韓国調査」『考古学史研究』第 6 号
河野義禮 1939「本邦に於ける翡翠の新産出及び其化学的性質」『岩石鑛物鑛床学』第 22 巻第 5 号　日本岩石鑛物鑛床学会
神戸市教育委員会 1986『舞子遺跡毘沙門 1 号墳現地説明会資料』
児島隆人 1973「嘉穂地方の古墳・遺物　山ノ神古墳」『嘉穂地方史　先史編』嘉穂地方史編纂委員会
小島俊次 1955「奈良県天理市上之庄星塚古墳」『奈良県史蹟名勝天然記念物調査抄報』奈良県教育委員会
児玉真一 2005「第 3 節装身具」『若宮古墳群Ⅲ―月岡古墳―』吉井町文化財調査報告書第 19 集
後藤守一 1930「上古の工芸」『考古学講座』第 15 巻　雄山閣
小林祥一・三宅寛 1984「岡山県大佐町産 jadeite」『昭和 59 年三鉱学会秋期連合学術

講演会講演要旨集』86（茅原一也 1987『地質鉱物学教室研究報告第 6 号 茅原一也教授記念号』新潟大学理学部地質鉱物学教室、132 頁より引用）

駒井和愛 1934「唐代の胡禄について」『史苑』第 7 巻第 4 号（『中国考古学論叢』慶友社 1974 所収）

駒井和愛 1965『楽浪郡治址』東京大学文学部

近藤義郎 1954『蒜山原―その考古学的調査―』（近藤義郎〈著者代表〉『蒜山原四つ塚古墳群』（改訂版）1992 所収）

近藤義郎 1986「四ツ塚一号墳」『岡山県史　考古資料』岡山県

崔鍾圭 1983b「慶州朝陽洞遺跡発掘調査概要とその成果」『古代文化』第 35 巻第 8 号　古代学協会

斎藤忠 1937a「慶州皇南里第百九号墳皇吾里十四号墳調査報告」『昭和九年度古蹟調査報告第一冊』朝鮮総督府

斎藤忠 1937b「慶州に於ける古墳の調査」『昭和十一年度古蹟調査報告』

斎藤忠 1938「慶州に於ける新羅一統時代遺構址の調査」『昭和十二年度古蹟調査報告』（『新羅古文化論攷』吉川弘文館 1973 所収）

斎藤忠 1940a「大邱府附近に於ける古墳の調査」『昭和十三年度古蹟調査報告』

斎藤忠 1940b「昭和十四年に於ける朝鮮古蹟調査の概要」『考古学雑誌』第 30 巻第 1 号

斎藤忠 1943「大邱の古墳」『大邱府史』第三（『新羅文化論攷』吉川弘文館 1973 所収）

斎藤優 1970『若狭上中町の古墳』上中町教育委員会

斎藤優 1979『改訂松岡山古墳群』松岡町教育委員会

早乙女雅博 1979「新羅の土器編年について」『朝鮮史研究会会報』第 54 号

早乙女雅博 2005「高句麗・広開土王碑　東大建築本の調査」『関野貞アジア踏査』東京大学出版会

早乙女雅博・藤井恵介 2000「朝鮮建築・考古資料基礎集成（1）」『朝鮮文化研究』第 7 号　東京大学大学院人文社会系研究科・文学部朝鮮文化研究室

早乙女雅博・藤井恵介・角田真弓 2002「朝鮮建築・考古資料基礎集成（2）」『朝鮮文化研究』第 9 号

桜井欽一 1970「ひすいについて」『自然科学と博物館』第 37 巻第 5・6 号　国立科学博物館

佐々木栄孝 2005『紋様学のパイオニア小場恒吉』明石ゆり（発行）

定森秀夫・吉井秀夫・内田好昭 1990「韓国慶尚南道晋州水精峯 2 号墳・玉峯 7 号墳出土遺物」『京都文化博物館紀要　朱雀』第 3 集

佐藤小吉・末永雅雄 1930「円照寺墓山第1号古墳調査」『奈良県史蹟名勝天然記念物調査報告』第11冊
柴田常恵 1906「上総君津郡飯野村内裏塚」『東京人類学会雑誌』第249号
島田貞彦 1941「日本発見の硬玉に就いて」『考古学雑誌』第31巻第5号
島田寅次郎 1925「日ノ岡月ノ岡古墳」『福岡県史蹟名勝天然記念物調査報告』第1輯
朱栄憲（永島暉臣慎訳）1972『高句麗壁画古墳』学生社
白井克也 2003「新羅土器の型式・分布変化と年代観」『朝鮮古代研究』第4号　朝鮮古代研究刊行会
白鳥庫吉・箭内亙 1913「漢代の朝鮮」『満鮮歴史地理』第一巻　南満洲鉄道株式会社
末永雅雄 1934『日本上代の甲冑』岡書院
末永雅雄 1936「矢の具の推移」『歴史公論』第5巻第3号　雄山閣
末永雅雄 1941『日本上代の武器』弘文堂書房
末永雅雄 1962「椒浜古墳」『初島町誌』初島町教育委員会
末松保和 1949『任那興亡史』吉川弘文館
末松保和 1954『新羅史の諸問題』東洋文庫
末松保和 1974「あとがき」『黒板勝美先生遺文』吉川弘文館
杉原荘介 1933「慶州南山に遺蹟を探る」『ドルメン』第2巻第4号
杉山晋作・沼沢豊・豊田佳伸・高田博・相京邦彦 1979「考古学からみた房総文化—古墳時代—」『千葉県文化財センター研究紀要』4
清家裕二 1997「福井県西塚古墳出土品調査報告」『書陵部紀要』第9号　宮内庁書陵部
関野貞 1897「古社寺建築物保存調査復命書」(『日本の建築と芸術』下　岩波書店 1999所収)
関野貞 1904「韓国建築調査報告」『東京帝国大学工科学術報告』第6号
関野貞 1909「韓国・慶州に於ける新羅時代の遺蹟」『東洋協会調査部学術報告』第一冊
関野貞 1910a「朝鮮文化の遺蹟」『歴史地理』臨時増刊号 1910年11月
関野貞 1910b「朝鮮建築調査略報告」『朝鮮芸術之研究』度支部建築所
関野貞 1910c「朝鮮文化の遺蹟」『朝鮮芸術之研究』
関野貞 1911「加耶時代の遺跡」『考古学雑誌』第1巻第7号
関野貞 1913「朝鮮江西に於ける高句麗時代の古墳」『考古学雑誌』第3巻第8号
関野貞 1914a「朝鮮文化の遺蹟其二」『大正三年度古蹟調査略報告』
関野貞 1914b「朝鮮文化の遺蹟其三」『大正三年度古蹟調査略報告』

関野貞 1914c「満洲輯安縣及平壌附近に於ける高句麗時代の遺蹟（一）」『考古学雑誌』第 5 巻第 3 号

関野貞 1914d「高句麗時代の壁画（一）」『国華』294 号　国華社

関野貞 1914e「平壌附近に於ける高句麗時代の墳墓」『建築雑誌』第 326 号　建築学会

関野貞 1914f「朝鮮平壌附近並に満州国輯安県附近に於ける楽浪及高句麗の遺蹟」『朝鮮教育会雑誌』第 25 号　朝鮮教育会

関野貞 1915「百済の遺蹟」『考古学雑誌』第 6 巻第 3 号

関野貞 1920「平安南道及満洲高句麗古蹟調査略報告」『大正六年度古蹟調査報告』

関野貞 1924「公州新出土百済時代の塼」『建築雑誌』第 453 号

関野貞 1933「朝鮮宝物古蹟名勝天然記念物保存令発布に就て」『朝鮮仏教』第 93 号　朝鮮仏教社

関野貞・谷井済一・栗山俊一 1911「朝鮮遺蹟調査略報告」『朝鮮芸術之研究続編』朝鮮総督府

関野貞・谷井済一・栗山俊一 1914a「明治四十四年朝鮮古蹟調査略報告」『大正三年度古蹟調査略報告』朝鮮総督府

関野貞・谷井済一・栗山俊一 1914b「大正元年朝鮮古蹟調査報告」『大正三年度古蹟調査略報告』

関野貞・谷井済一・栗山俊一・小場恒吉・小川敬吉・野守健 1919「平壌附近に於ける楽浪時代の墳墓一」『古蹟調査特別報告第一冊』朝鮮総督府

関野貞・谷井済一・栗山俊一・小場恒吉・小川敬吉・野守健 1927「楽浪郡時代の遺蹟」『古蹟調査特別報告第四冊』朝鮮総督府

関野克 1978『建築の歴史学者　関野貞』上越市立総合博物館

全栄来 1987「韓国益山笠店里百済中期古墳」『九州考古学』61　九州考古学会

千家和比古 1980「胡籙について」『上総山王山古墳』千葉県市原市教育委員会

総督府鉄道局 1929『朝鮮鉄道史』第 1 巻

高橋潔 2001「関野貞を中心とした朝鮮古蹟調査行程― 1909 年（明治 42 年）～ 1915 年（大正 4 年）―」『考古学史研究』第 9 号

滝沢誠 2000「平沢古墳群出土の胡籙」『沼津市史研究』第 9 号

武田幸男 1989『高句麗史と東アジア』岩波書店

伊達宗泰 1988「古市方形墳」『奈良市史　考古編』奈良市　吉川弘文館

伊達宗泰・小島俊次 1956『大和国磯城郡大三輪町穴師珠城山古墳』奈良県教育委員会

田中萬宗 1930『朝鮮古蹟行脚』泰東書院

田中幸夫 1935「筑後千年村徳丸古墳前方部における埋葬の状態と遺物の一・二」『考古学雑誌』第25巻第1号
谷豊信 1989「四、五世紀の高句麗の瓦に関する若干の考察」『東洋文化研究所紀要』第108冊　東京大学東洋文化研究所
田村晃一 1986「手工業製品の対外流通」『岩波講座　日本考古学3生産と流通』岩波書店
千葉県立房総風土記の丘 1983『企画展　古墳時代の武具・馬具』
茅原一也 1958「新潟県青海地方のjadeite rockについて」『藤本治義教授還暦記念論文集』藤本治義教授還暦記念会
朝鮮講話の会 1972『考古学者梶本杜人』
朝鮮古蹟研究会 1934『昭和八年度古蹟調査概報楽浪古墳』
朝鮮古蹟研究会 1935『昭和九年度古蹟調査概報　楽浪古墳』
朝鮮古蹟研究会 1936『昭和十年度古蹟調査概報　楽浪古墳』
朝鮮古蹟研究会 1937『昭和十一年度古蹟調査報告』
朝鮮総督府 1915a『朝鮮古蹟図譜』第一冊
朝鮮総督府 1915b『朝鮮古蹟図譜』第二冊
朝鮮総督府 1916『朝鮮古蹟図譜』第三冊
朝鮮総督府 1924a『古蹟及遺物登録台帳抄録附参考書類』
朝鮮総督府 1924b「慶州金冠塚と其遺宝　図版上冊」『古蹟調査特別報告第三冊』
朝鮮総督府 1934『朝鮮宝物古蹟名勝天然記念物保存要目』
朝鮮総督府編 1999『増補朝鮮総督府三十年史』クレス出版
朝鮮電気事業史編集委員会編 1981『朝鮮電気事業史』
張相烈・金相赫・朴晋煌（高寛敏訳）1985「徳興里壁画古墳発掘報告」『徳興里壁画古墳』講談社
著者不詳 1899「韓国発見の古土器」『東京人類学雑誌』第161号
著者不詳 1919「大正七年度古蹟調査成績」『朝鮮彙報』大正8年8月号　朝鮮総督府
著者不詳 1933「楽浪研究の新陣容」『朝鮮仏教』第93号
坪井正五郎 1903「芝公園丸山古墳及び其近傍に在る数ケ所の小古墳に就いて」『古蹟』第1巻第1号　帝国古蹟取調会
帝室博物館 1937『正倉院御物図録』第10輯
寺村光晴 1995『日本の翡翠』吉川弘文館
天理大学附属参考館編 1984『三国六朝の陶俑』天理ギャラリー69回展
東京国立博物館 1982『寄贈　小倉コレクション目録』
東京国立博物館 1985『特別展　シルクロードの遺宝』

鳥居龍蔵 1906「満洲調査復命書」『史学雑誌』第 17 編第 2・3・4 号
鳥居龍蔵 1917「平安南道、黄海道古蹟調査報告書」『大正五年度古蹟調査報告』
鳥居龍蔵 1953『ある老学徒の手記―考古学とともに六十年―』(『鳥居龍蔵全集』第 12 巻　朝日新聞社 1976 所収)
中村栄孝 1930「古蹟調査の近況」『青丘学叢』第 1 号　青丘学会
中村恵次 1978「市原市富士見塚古墳」『房総古墳論攷』故中村恵次氏著作刊行会
中村徹也 1970「宇治市二子山南墳出土の短甲と挂甲」『考古学雑誌』第 55 巻第 4 号
名古屋市立博物館 1980『特別展　東海の古墳時代』
鍋田勇・石崎善久 1989「私市円山古墳出土の胡籙金具」『京都府埋蔵文化財情報』第 31 号
奈良県立橿原考古学研究所 1988『榛原町高山 1 号墳発掘調査現地説明会資料』
西岡千絵 2008「胡籙資料集成Ⅱ―竹並 H―26 号横穴墓・龍王崎 1 号墳例―」福岡大学考古資料集成 2　福岡大学人文学部考古学研究室
西岡千絵・武末純一 2007「胡籙資料集成Ⅰ―道渓洞 19 号土壙墓例、付：論文翻訳―」福岡大学考古資料集成 1　福岡大学人文学部考古学研究室
西川宏 1968「帝国主義下の朝鮮考古学」『朝鮮研究』75 号　日本朝鮮研究所
西川宏 1970a「日本帝国主義下の朝鮮考古学(年表)」『考古学研究』第 6 巻第 4 号　考古学研究会
西川宏 1970b「日本帝国主義下における朝鮮考古学の形成」『朝鮮史研究会論文集』第 7 集　朝鮮史研究会
西嶋定生 1975・1976「東アジア世界と日本史(その 1)～(その 12)」『歴史公論』第 1 巻第 1 号―第 2 巻第 11 号　雄山閣(『中国古代国家と東アジア世界』東京大学出版会 1983 所収)
西谷真治 1974「古墳と豪族」『兵庫県史第 1 巻』兵庫県
西谷正 1982「釜山考古学会のこと―朝鮮考古学史にふれて―」『福岡考古談話会会報』第 11 号　福岡考古談話会
西谷正 1990「朝鮮の金石学者・金正喜」『書道研究』第 4 巻第 7 号　菅原書房
西田弘・鈴木博司・金関恕 1961「新開古墳」『滋賀県史蹟調査報告』第十二冊　滋賀県教育委員会
西山忠男 1978「西彼杵変成岩類中のヒスイ輝石岩石」『地質学雑誌』第 84 巻第 3 号　日本地質学会
西山忠男 1988「長崎のヒスイをめぐって」『文明のクロスロード　Museum Kyusyu』第 7 巻第 3 号　博物館等建設推進九州会議
野上丈助 1977「武器・武具十六の謎」『歴史読本』9 月増刊号

野上丈助 1983「日本出土の垂飾付耳飾について」『藤沢一夫先生古稀記念古文化論叢』藤沢一夫先生古稀記念論集刊行会

野中完一 1897「朝鮮国発見の古土器」『東京人類学雑誌』第 141 号

野守健・榧本亀次郎・神田惣蔵 1935「平安南道大同郡大同江面梧野里古墳調査報告」『昭和五年度古蹟調査報告第一冊』朝鮮総督府

野守健・神田惣蔵 1935「公州宋山里古墳調査報告」『昭和二年度古蹟調査報告第二冊』朝鮮総督府

野守健・榧本亀次郎 1938「晩達山麓高句麗古墳の調査」『昭和十二年度古蹟調査報告』

八賀晋 1982「西宮山古墳出土の遺物」『富雄丸山古墳・西宮山古墳出土遺物』京都国立博物館

浜田耕作 1927『出雲上代玉作遺物の研究』京都帝国大学文学部考古学研究報告第十冊

浜田青陵 1929「慶州の瑞鳳塚」『考古游記』刀江書院

浜田青陵 1932『慶州の金冠塚』慶州古蹟保存会

浜田耕作 1935「日本文化の源泉」『岩波講座東洋思潮・東洋文化の源泉及び交流・東洋文化の源泉』岩波書店

浜田耕作・梅原末治 1922「星山洞第 1 号墳」『大正七年度古蹟調査報告第一冊』

浜田耕作・梅原末治 1923「金海貝塚発掘調査報告」『大正九年度古蹟調査報告第一冊』朝鮮総督府

浜田耕作・梅原末治 1924「慶州金冠塚と其遺宝　本文上冊」『古蹟調査特別報告第三冊』朝鮮総督府

浜田耕策 1987「高句麗の古都集安出土の有銘塼」『日本古代中世史論考』吉川弘文館

林已奈夫 1972『中国殷周時代の武器』京都大学人文科学研究所

原口正三 1975「須恵器の源流をたずねて」『古代史発掘　第 6 号』講談社

原田大六 1958「沖ノ島の祭祀遺物」『沖ノ島』吉川弘文館

原田淑人 1922「慶尚北道慶州郡内東面普門里古墳及慶山郡清道郡金泉郡尚州郡並慶尚南道梁山郡東莱郡諸遺蹟調査報告書」『大正七年度古蹟調査報告第一冊』

原田淑人 1940「我国の硬玉問題に就いて」『鏡剣及び玉の研究』考古学会

原田淑人・駒井和愛 1932『支那古器圖攷　兵器編』東方文化学院東京研究所

坂靖 1990「胡籙の復元―寺口千塚資料を中心として―」『古代学研究』第 120 号

番場猛夫 1967「北海道日高産軟玉ヒスイ」『調査研究報告会講演要旨録』No.18 工業技術庁地質調査所北海道支所

樋口清之 1932「日本石器時代硬玉渡来伝播私考」『上代文化』第 8 輯　国学院大学上

代文化研究会
樋口清之 1937「我国の「玉」及びその渡来伝播についての考」『国史學』第 33 号　国史学会
樋口隆康・岡崎敬・宮川徙 1961「和泉七観古墳調査報告」『古代学研究』27 号
樋口隆康・西谷真治・小野山節 1959『大谷古墳』和歌山市教育委員会
久永春男 1966『豊田大塚古墳発掘調査報告書』豊田市教育委員会
櫃本誠一・松下勝 1984『日本の古代遺跡 3　兵庫県南部』保育社
氷見高校歴史クラブ 1964「朝日長山古墳」『氷見地方考古学遺跡と遺物』
氷見市教育委員会 1973『富山県氷見市朝日長山古墳調査報告書』
広瀬繁 1998「古社寺保存法成立前後の〈文化財〉保護行政（下）―奈良県技師・関野貞を中心に―」『考古学史研究』第 8 号
深井晋・杉山二郎・木全敬蔵・田辺勝美 1983『ターク・イ・ブスターン』Ⅲ実測図集成、東京大学東洋文化研究所
福井県立博物館 1984『第三回特別展　遺跡は語る』
福尾正彦 1982「筑後月の岡古墳とその周辺」『森貞次郎博士古稀記念古文化論集』
福岡県教育委員会 1993『苑ギ坂古墳群』福岡県文化財調査報告書第 106 集
藤井和夫 1979「慶州古新羅古墳編年試案―出土新羅土器を中心として―」『神奈川考古』第 6 号　神奈川考古同人会
藤井和夫 1996「新羅・加耶古墳出土冠研究序説」『東北アジアの考古学第二』東北アジア考古学研究会
藤井恵介 2006「関野貞資料と関野貞展の私的覚書」『文化資源学』第 4 号　文化資源学会
藤井恵介・早乙女雅博・角田真弓・李明善 2004『東京大学総合研究博物館所蔵　関野貞コレクション　フィールドカード目録』東京大学総合研究博物館
藤田等 1973「嘉穂地方出土の鏡　山ノ神古墳」『嘉穂地方誌』先史編
藤田富士夫 1983『日本の古代遺跡 13　富山』保育社
藤田富士夫 1984「各地域における最後の前方後円墳　富山県」『古代学研究』第 105 号
藤田富士夫 1992『玉とヒスイ』同朋舎出版
藤田富士夫 1998「朝日長山古墳の墳丘規模について」『富山市考古資料館報』第 33 号　富山市考古資料館
藤田亮策 1929「昭和三年度古蹟調査事務概要」『朝鮮』171 号　朝鮮総督府
藤田亮策 1930a「櫛目文様土器の分布に就きて」『青丘学叢』第 2 号
藤田亮策 1930b「雄基松坪洞石器時代遺蹟の発掘」『青丘学叢』第 2 号

藤田亮策 1930c「東萊の甕棺出土」『青丘学叢』第2号
藤田亮策 1930d「昭和四年古蹟調査の概要」『朝鮮』177号
藤田亮策 1931a「最近に於ける楽浪古墳の発掘」『青丘学叢』第3号
藤田亮策 1931b「朝鮮古蹟研究会の創立と其の事業」『青丘学叢』第6号
藤田亮策 1931c「雄基松坪洞遺蹟の調査」『青丘学叢』第6号
藤田亮策 1931d「開城府立博物館の開館」『青丘学叢』第6号
藤田亮策 1931e「朝鮮に於ける古蹟の調査及び保存の沿革」『朝鮮』199号
藤田亮策 1933「朝鮮考古学史」『ドルメン』第2巻第4号満鮮特集号
藤田亮策 1937「大邱大鳳町支石墓調査」『昭和十一年度古蹟調査報告』
藤田亮策 1940「大邱大鳳町支石墓調査（第二回）」『昭和十三年度古蹟調査報告』
藤田亮策 1948「高句麗の思出」『史学』第23巻第3号 三田史学会
藤田亮策 1951「朝鮮古文化財の保存」『朝鮮学報』第1輯
藤田亮策 1953「朝鮮古蹟調査」『古文化の保存と研究』黒板博士記念会
藤田亮策・梅原末治・小泉顕夫 1925「南朝鮮に於ける漢代の遺蹟」『大正十一年度古蹟調査報告第二冊』朝鮮総督府
古岡英明 1972「朝日長山古墳」『富山県史』考古編
古川登 1997「各都道府県の動向 福井」『日本考古学年報』48（1995年度版）
堀田啓一 1981a「50号」『新沢千塚』奈良県史跡名勝天然記念物調査報告第39冊
堀田啓一 1981b「206号」『新沢千塚』奈良県史跡名勝天然記念物調査報告第39冊
北郷泰道 1980「地下式横穴出土の胡籙金具」『宮崎考古』第6号 宮崎考古学会
北郷泰道 1981「地下式横穴出土の胡籙金具―補遺―」『宮崎考古』第7号
前田豊邦・和田金男 1982『大屋の遺跡』大屋町教育委員会
前原市教育委員会 1994『井原地区周辺の古墳群』前原市文化財調査報告書第51集
益富寿之助 1966「鳥取県下の三郡変成帯より硬玉Jadeiteの発見」『地学研究』第17巻第3号 日本鉱物趣味の会
町田章 1970「古代帯金具考」『考古学雑誌』第56巻第1号
松尾昌彦 1994「落洞古墳の古式馬具」『伊那』第42巻第6号 伊那史学会
松崎元樹 1997「世田谷区御嶽山古墳出土遺物の調査」『学習院大学史料館紀要』第9号
松本正信・加藤史郎 1970『宮山古墳発掘調査概要』姫路市文化財調査報告1
真野和夫他 1973『飛山』大分県文化財調査報告第28集
宮崎市教育委員会 1977『下北方地下式横穴第5号緊急発掘調査報告書』宮崎市文化財調査報告書第3集
宮崎勇蔵 1935「筑後国浮羽郡千年村徳丸塚堂古墳」『史蹟名勝天然記念物調査報告

書』第10輯　福岡県
村井嵓雄 1972「岡山県天狗山古墳出土の遺物」『MUSEUM』No.250　東京国立博物館
村上幸雄 1987『法蓮40号墳』総社市埋蔵文化財発掘調査報告4
門田誠一 1989「日本と韓国における硬玉製勾玉についての再吟味」『日本海文化研究』富山市他
八木奘三郎 1900「韓国通信（坪井理科大学教授への来書）」『東京人類学会雑誌』第177号
八木奘三郎 1914「朝鮮の磨石器時代」『人類学雑誌』第29号第20号
谷井済一 1910a「韓国慶州西岳の一古墳に就いて」『考古界』第8篇第12号
谷井済一 1910b「慶州の陵墓」『朝鮮芸術之研究』
谷井済一 1912「朝鮮通信（一）」『考古学雑誌』第3巻第4号
谷井済一 1913a「朝鮮通信（二）」『考古学雑誌』第3巻第5号
谷井済一 1913b「朝鮮通信（三）」『考古学雑誌』第3巻第6号
谷井済一 1913c「朝鮮通信（四）」『考古学雑誌』第3巻第9号
谷井済一 1913d「慶州通信」『考古学雑誌』第3巻第11号
谷井済一 1914「朝鮮平壌附近に於ける新たに発見せられたる楽浪郡の遺蹟（上）」『考古学雑誌』第4巻第8号
谷井済一 1917「平安南道江東郡晩達面古墳調査報告書」『大正五年度古蹟調査報告』
谷井済一 1920a「黄海道鳳山郡・平安南道順川郡及平安北道雲山郡古蹟調査略報告」『大正六年度古蹟調査報告』
谷井済一 1920b「京畿道広州・高陽・楊州・忠清南道天安・公州・扶餘・青陽・論山・全羅北道益山及全羅南道羅州十郡古蹟調査略報告」『大正六年度古蹟調査報告』
矢野一貞 1867『筑後将士軍談』巻之五十
山田友治 1975『浅間山1号墳発掘調査報告書』浅間山1号墳発掘調査団
山本四郎編 1980『寺内正毅日記—1900〜1918—』京都女子大学研究叢刊5　同朋舎
山本雅和 1998「『韓国建築調査報告』を読む」『考古学史研究』第8号
山本雅和 2001「文化標徴としての古墳—建築史学者関野貞の古墳調査—」『考古学史研究』第9号
八幡一郎 1941「硬玉の鑛脈」『ひだびと』第9年第6号　飛騨考古土俗学会
行田裕美・木村祐子 1992『長畝山北古墳』津山市埋蔵文化財発掘調査報告書第45集　津山市教育委員会
横山将三郎 1933「釜山府影島東三洞貝塚報告—縄紋式系統の朝鮮大陸との関係—」

『史前学雑誌』第 5 巻第 4 号
横山将三郎 1934「油阪貝塚に就て」『小田先生頌寿記念朝鮮論集』大阪屋号書店
吉岡康暢 1976「永禅寺古墳群」『珠洲市史』
吉川則男 1999「峯ケ塚古墳出土遺物について」『渡来文化の受容と展開』第 46 回埋蔵文化財研究集会
米田美代治 1940「慶州千軍里寺址及び三層石塔調査報告」『昭和十三年度古蹟調査報告』
若狭徹 2009「井出二子山古墳の歴史的意義」『史跡保渡田古墳群井出二子山古墳史跡整備事業報告』第 2 分冊遺物・分析・考察編　高崎市教育委員会
若林勝邦 1898「筑後国月岡発見の兜及び其他に就て」『考古学会雑誌』第 2 編第 6 号
和嶋俊二 1951「永禅寺古墳」『石川考古学研究会会誌』第 3 号
渡辺正気・松岡史 1959「福岡県京都郡番塚前方後円墳」『日本考古学協会第 24 回総会研究発表』
渡辺豊日子 1933「朝鮮宝物古蹟名勝天然記念物保存令の発布に就て」『朝鮮』220 号
渡辺豊日子 1934「朝鮮の宝物古蹟名勝天然記念物保存に就て」『朝鮮』234 号
藁科哲男 1990「ヒスイを科学する」『古代翡翠道の謎』新人物往来社
藁科哲男 1991「ヒスイ製玉類の原材料の産地―その後の成果―」『古代王権と玉の謎』新人物往来社
藁科哲男・東村武信 1987「ヒスイの産地分析」『富山市考古資料館紀要』第 6 号　富山市考古資料館
藁科哲男・東村武信 1990a「奈良県内遺跡出土のヒスイ製玉類の産地分析」『考古學論攷』第 14 冊　奈良県立橿原考古学研究所
藁科哲男・東村武信 1990b「垣内古墳出土の石製装飾品の蛍光 X 線分析による原材産地分析」『園部垣内古墳』同志社大学文学部文化学科考古学研究室

韓・朝文

安春培 1989「釜山蓮山洞 4 号墳発掘調査報告」『釜山女大史学』第 6・7 合輯号
安承模・李南奭 1994『論山茅村里百済古墳群発掘調査報告書（Ⅱ）』百済文化開発研究院
尹世英 1975「味鄒王陵地区第九区域（A 号破壊古墳）発掘調査報告」『慶州地区古墳発掘調査報告書』第 1 輯　文化財管理局慶州史蹟管理事務所
尹善姫 1987「三国時代銙帯の起源と変遷にかんする研究」『三佛金元龍教授停年退任記紀念論叢―美術史・歴史学・人類民俗学篇』一志社
尹炯元・朴文洙 1998『慶州竹東里古墳群』国立慶州博物館

引用文献　347

尹武炳・朴日薫 1968「慶州西岳里石室墳発掘調査」『考古学』第 1 輯　韓国考古学会
尹容鎮 1975「味鄒王陵地区第一・二・三区域古墳群および皇吾洞 381 番地廃古墳発
　　　　掘調査報告」『慶州地区古墳発掘調査報告書』第 1 輯　文化財管理局慶州史
　　　　蹟管理事務所
尹容鎮・朴淳発 1991『慶州新院里古墳群発掘調査報告書』慶北大学校博物館・慶南
　　　　大学校博物館
梅原末治 1967「晋率善穢伯長銅印」『考古美術』第 8 巻第 1 号　考古美術同人会
科学院考古学及民俗学研究所 1958『安岳 3 号墳発掘報告』遺蹟発掘調査報告第 3 輯
郭長根・韓修英 1998『長水三顧里古墳群』郡山大学校博物館学術叢書第 6 冊
韓永熙 1987「陝川・松林里礎渓堤古墳群発掘調査概報」『第 30 回全国歴史学大会発
　　　　表要旨』慶熙大学校
韓国文化財保護財団 1998『尚州新興里古墳群 (Ⅱ)』学術調査報告第 7 冊
韓国文化財保護財団 2005『慶州隍城洞遺蹟Ⅱ―江邊路 3 - A 工区開発区間内発掘調査
　　　　報告書―』
韓国文化財保護財団・慶州市 2000『慶州市栗洞 1108 番地古墳群発掘調査報告書』
韓国文化財保護財団・慶州市 2002『慶州隍城洞遺蹟― 537 - 1・10、537 - 4・535 - 8、
　　　　544 - 1・6 番地発掘調査報告書―』
韓炳三 1973「慶州市鶏林路新羅古墳発掘調査」『博物館新聞』第 29 号
韓炳三 1976「曲玉の起源」『考古美術』第 129・130 号　韓国美術史学会
韓炳三 2000「慶州龍江洞統一新羅苑池遺蹟発掘調査」『古代史シンポジウム』朝鮮奨
　　　　学会
翰林大学校アジア文化研究所 1986『江原道の先史文化』
姜友邦 1973「慶州市鶏林路発掘速報」『博物館新聞』第 29 号
金基雄 1968「義城大里古墳発掘調査報告」『史学研究』20　韓国史学会
金元龍 1958「京畿楊平郡楊東面丹石里新羅時代古墳報告」『歴史学報』第 10 輯　歴
　　　　史学会
金元龍 1960a『新羅土器の研究』乙酉文化社 ("Studies on Silla Pottery" The Eul-
　　　　Yoo Publishing Co., Seoul)
金元龍 1960b「慶州金尺里古墳発掘調査略報」『美術資料』第 1 号　国立博物館
金元龍 1969「皇吾里第 1 号墳」『慶州皇吾里第 1・33 号皇南里第 151 号古墳発掘調査
　　　　報告』文化財管理局古蹟調査報告第二冊
金元龍 1973『韓国考古学概説』一志社
金元龍 1974「百済初期古墳に対する再考」『歴史学報』第 62 号　歴史学会
金元龍 1977　→日文

金元龍 1985　→日文
金元龍編 1976『韓国考古学年報』3　ソウル大学校博物館
金元龍編 1977『韓国考古学年報』4
金元龍・崔夢龍・郭秉勲 1975「慶州校洞廃古墳発掘調査報告」『慶州地区古墳発掘調査報告書』第 1 輯　文化財管理局慶州史蹟管理事務所
金載元 1948『壺杆塚と銀鈴塚』国立博物館古蹟調査報告第一冊
金載元・金元龍 1955『双床塚・馬塚・138 号墳調査報告書』国立博物館古蹟調査報告第 2 冊
金載元・尹武炳 1962『義城塔里古墳』国立博物館古蹟調査報告第三冊　乙酉文化社
金正基・李鍾哲 1971「溟州郡下詩洞古墳群調査報告」『考古美術』第 110 号　韓国美術史学会
金鍾徹 1979「高霊池山洞第 45 号古墳発掘調査報告」『大伽倻古墳発掘調査報告書』高霊郡
金鍾徹 1981『高霊池山洞古墳群』啓明大学校博物館遺蹟調査報告第 1 輯
金昌鎬 1991「慶州皇南洞 100 号墳（剣塚）の再検討」『韓国上古史学報』第 8 号
金馹起 1988「三陟葛夜山出土新羅土器」『江原史学』第 4 輯　江原大学校史学会
金ジョンチャン 2006「加速器質量分析（AMS）による炭素年代測定と韓国考古学現場適用事例」『考古学と自然科学』第 15 回嶺南考古学会学術発表会
金宅圭・李殷昌 1975『皇南洞古墳発掘調査概報』古蹟調査報告第 1 冊　嶺南大学校博物館
金日成綜合大学考古学及民俗学講座 1973『大城山城の高句麗遺蹟』金日成綜合大学出版社
金廷鶴・鄭澄元 1975「味鄒王陵地区第 5 区域古墳群発掘調査報告」『慶州地区古墳発掘調査報告書』第 1 輯　文化財管理局慶州史蹟管理事務所
金廷鶴・鄭澄元・林孝澤 1980「味鄒王陵第 7 地区古墳群発掘調査報告」『慶州地区古墳発掘調査報告書』第 2 輯　文化財管理局慶州史蹟管理事務所
金秉模 1971「江陵草堂洞第 1 号古墳」『文化財』第 5 号　文化財管理局
金龍星・崔キュジョン 2007「積石木槨墳の新たな理解」『石心鄭永和教授停年退官紀念天馬考古学論叢』
慶州文化財研究所 1991『慶州文化財研究所年報』創刊号（1990 年）
慶尚大学校博物館 1990『陜川玉田古墳群Ⅱ― M3 号墳』慶尚大學校博物館調査報告第 6 輯
慶尚大学校博物館 1992『陜川玉田古墳群Ⅲ― M1・M2 号墳』慶尚大学校博物館調査報告第 7 輯

慶尚大学校博物館 1993『陝川玉田古墳群Ⅳ―M4・M6・M7号墳』慶尚大学校博物館調査報告第8輯
慶尚大学校博物館 1997『陝川玉田古墳群Ⅵ―23・28号墳』慶尚大学校博物館調査報告第16輯
慶尚大学校博物館 1999『陝川玉田古墳群Ⅷ―5・7・35号墳』慶尚大學校博物館調査報告第21輯
慶尚大学校博物館 2000『陝川玉田古墳群Ⅸ―67-A.B,73〜76号墳』慶尚大學校博物館調査報告第23種
慶尚大学校博物館 2003『陝川玉田古墳群Ⅹ―88〜102号墳』慶尚大学校博物館調査報告第26輯
慶尚南道・慶尚大学校博物館 1988『陝川玉田古墳群Ⅰ木槨墓』慶尚大學校博物館調査報告第3輯
慶尚南道・国立晋州博物館 1987『陝川磻溪堤古墳群』陝川ダム水没地区発掘調査報告1
慶尚北道文化財研究院 2002a『浦項鶴川里遺蹟発掘調査報告書Ⅰ―石棺墓・木槨墓・積石木槨墓（本文2）―』学術調査報告第24冊
慶尚北道文化財研究院 2002b『浦項鶴川里遺蹟発掘調五報告書Ⅱ―竪穴式石槨墓（本文2）―』学術調査報告第24冊
慶尚北道文化財研究院 2003『浦項玉城里古墳群発掘調査報告書』学術調査報告第25冊
慶尚北道文化財研究院 2004a『大邱汶山浄水場建設敷地内達城汶山里古墳群Ⅰ地区―大形封土墳3号―』学術調査報告第38冊
慶尚北道文化財研究院 2004b『大邱汶山浄水場建設敷地内達城汶山里古墳群Ⅰ地区―大形封土墳4号―』学術調査報告第38冊
慶尚北道文化財研究院 2005a『慶州奉吉里古墳群―本文―』学術調査報告第49冊
慶尚北道文化財研究院 2005b『慶州奉吉里古墳群―写真―』学術調査報告第49冊
慶南考古学研究所・咸安郡 2000『道項里・末山里遺跡』
慶北大学校博物館 1992『大邱―春川間高速道路建設予定地城内文化遺蹟発掘胴査報告書（軍威―安東間）』慶北大学校博物館叢書17
慶北大学校博物館 2006『義城大里里3号墳』慶北大学校博物館学術叢書33
啓明大学校博物館 1995『高霊本館洞古墳群』啓明大学校博物館遺蹟調査報告第4輯
啓明大学校博物館 2006『星州星山洞古墳群』啓明大学校行素博物館遺蹟調査報告第13輯
厳永植・黄龍渾 1974『慶州仁旺洞（19号、20号）古墳発掘調査報告』慶熙大学校博

　　　　物館叢刊第 1 冊
江原道 1981『溟州下詩洞古墳群発掘調査報告書』
考古美術編集部 1961「慶州皇吾里で古墳発見」『考古美術』第 2 巻第 12 号　考古美術同人会
考古美術編集部 1962「慶州皇吾里古墳調査」『考古美術』第 3 巻第 5 号
考古美術編集部 1964「小倉武之助所蔵隠匿遺物発見」『考古美術』第 5 巻第 6・7 号
考古美術編集部 1966「慶州で石室古墳発見」『考古美術』第 7 巻第 3 号
考古美術編集部 1968a「慶州で遺蹟露出」『考古美術』第 9 巻第 4 号
考古美術編集部 1968b「慶州で地下遺構および古墳発掘」『考古美術』第 9 巻第 5 号
考古美術編集部 1969「月城芳莱里古墳発掘調査」『考古美術』101 号　韓国美術史学会
高正龍 1988「慶北高霊出土瓦当に対する一考察」『伽耶通信』第 18 輯
洪思俊・金正基 1964「皇吾里 4・5 号墳発掘調査報告」『皇吾里 4・5 号墳皇南里破壊古墳発掘調査報告』国立博物館古蹟調査報告第五冊
洪鍾郁・林善基・車載善・文尚勲 1987「益山笠店里出土遺物保存処理」『保存科学研究』第 8 輯　文化財研究所
国立金海博物館 2007『咸安末里山 34 号墳』
国立慶州博物館 1987『菊隠李養璿博士蒐集文化財』
国立慶州博物館 1995「慶州東川洞収拾調査報告」『国立慶州博物館年報』1994 年度
国立慶州博物館 2003『慶州仁旺洞遺蹟』
国立慶州博物館・慶州市 1997『慶州遺蹟地図』
国立慶州博物館・慶北大学校博物館 1990『慶州市月城路古墳群』
国立慶州文化財研究所 1995『慶州皇南洞 106-3 番地古墳群発掘調査報告書』
国立慶州文化財研究所 2002『慶州仁旺洞古墳群』
国立光州博物館・光州広域市 1996『光州　明花洞古墳』国立光州博物館学術叢書第 29 冊
国立光州博物館・全羅南道・羅州郡 1988『羅州潘南古墳群』国立光州博物館学術叢書第 13 冊
国立昌原文化財研究所 1999『咸安道項里古墳群Ⅱ』
国立昌原文化財研究所 2000『咸安道項里古墳群Ⅲ』
国立昌原文化財研究所 2001『咸安道項里古墳群Ⅳ』
国立昌原文化財研究所 2004『咸安道項里古墳群Ⅴ』
国立中央博物館 2000『慶州路東里四号墳』日帝独占期資料調査報告 1
国立中央博物館 2006『壺杆塚・銀鈴塚　発掘 60 周年記念シンポジウム』

国立中央博物館・慶尚南道 2001『昌原茶戸里遺跡』国立博物館古蹟調査報告　第三十三冊
国立文化財研究所 1989『益山笠店里古墳発掘調査報告書』
崔恩珠 1986「韓国曲玉の研究」『崇実史学』第 4 輯　崇田大学校史学会
崔淳雨 1978「三陟葛夜山積石古墳概報」『考古美術』第 138.139 号　韓国美術史学会
崔鍾圭 1983a「回顧　韓国考古学 40 年　新羅」『韓国考古学年報』10 輯　ソウル大学校博物館
崔鍾圭 1983b　→日文
崔鍾圭 1983c「慶州九政洞一帯発掘調査」『博物館新聞』139 号　韓国国立中央博物館
崔鍾圭 1983d「中期古墳の性格に対する若干の考察」『釜山史学』第 7 輯
崔鍾圭 1987「盛矢具考」『釜山直轄市立博物館年報』第 9 輯
蔡熙国 1964『大城山一帯の高句麗遺蹟に関する研究』遺蹟発掘報告第 9 輯　社会科学院出版社
崔秉鉉 1984「皇龍寺出土古新羅土器」『尹武炳博士回甲記念論叢』（一部改変して「皇龍寺址出土創建期時の性格」として『新羅古墳研究』1992 に所収）
崔秉鉉 1992『新羅古墳研究』一志社
崔秉鉉 1994「考古学的考察」『皇南大塚（南墳）発掘調査報告書（本文編）』文化財研究所
朱栄憲 1963「薬水里壁画古墳発掘報告」『考古学資料集』第 3 輯　科学院出版社
秦弘燮 1960「慶州皇吾里古墳発掘調査略報」『美術資料』第 2 号　国立博物館
秦弘燮 1965「慶州皇吾里古墳整理調査概要」『考古美術』第 6 巻第 8 号　考古美術同人会
秦弘燮 1967「慶州皇吾里古墳発掘調査概要」『考古美術』第 8 巻第 8 号
秦弘燮 1969「皇吾里第 33 号」『慶州皇吾里第 1・33 号皇南里第 151 号古墳発掘調査報告』文化財管理局古蹟調査報告第二冊
秦弘燮・金和英 1975「慶州仁旺洞第 149 号古墳」『慶州地区古墳発掘調査報告書』第 1 輯　文化財管理局慶州史蹟管理事務所
辛虎雄・李相洙 1994「湫岩洞 B 地区古墳群発掘調査報告」『東海北坪工団造成地域文化遺蹟発掘調査報告書』関東大学校博物館学術叢書三
沈奉謹 1991「夫婦塚」『梁山金鳥塚・夫婦塚』東亜大学校博物館古蹟調査報告第 19 冊
全栄来 1987　→日文
全玉年 1985「東莱福泉洞 22 号墳出土胡籙金具を通じてみた胡籙の復元」『伽倻通信』第 11・12 合輯号

全玉年 1992「加耶の金工品に対して―盛矢具研究―」『伽耶考古学論叢』1　伽耶文化研究所

宋桂鉉・洪潽植・李海蓮 1995「東莱福泉洞古墳群第5次発掘調査概報」『博物館研究論集 3』釜山広域市博物館

大邱大学校博物館 2002a『達城竹谷里古墳発掘調査報告書―本文―』

大邱大学校博物館 2002b『達城竹谷里古墳発掘調査報告書―図面・図版―』

池健吉 1977「慶州仁旺洞新羅石槨墳と出土遺物」『韓国考古学報』2　韓国考古学研究会

池健吉・趙由典 1981『安渓里古墳発掘調査報告書』文化財研究所

池賢柄 1990「慶州皇南洞古墳発掘調査概報」『文化財』第23号　文化財管理局

池賢柄・高東淳・金ジャンホン 1995「江陵市の古墳遺蹟」『江陵の歴史と文化遺蹟』江陵大学校博物館学術叢書 11 冊

中央文化財研究院・慶州市 2005『慶州徳泉里古墳群』発掘調査報告第 73 冊

忠南発展研究院付設忠南歴史文化研究所 2003『公州水村里遺蹟』

忠北大學校博物館 1995『清州新鳳洞古墳群』調査報告第 44 冊

趙栄済 1986『陝川玉田古墳群一次発掘調査概報』慶尚大学校博物館調査報告第 1 輯

張相烈・金相赫・朴晋煌 1981「徳興里壁画古墳発掘報告」『徳興里高句麗壁画古墳』科学、百科事典出版社

張信堯・金達澤 1976「慶州第 98 号墳南塚から出土した古墳骨に関する研究」『文化財』第 10 号（文化財管理局文化財研究所 1994『皇南大塚（南墳）発掘調査報告書（本文篇）』に所収）

張正男 1994「考古遺蹟」『慶州西岳地域地表調査報告書』慶州文化財研究所

趙由典・申昌秀 1986「慶州龍江洞古墳発掘調査概報」『文化財』第 19 号　文化財管理局

沈載完・李殷昌 1974「慶州皇南洞第百十号古墳発掘調査略報」『考古美術』121・122号　韓国美術史学会

鄭永鎬 1973「慶州市内発掘調査―二、檀國大学校博物館」『考古美術』119 号

鄭在繻 1977「護国・先賢遺蹟と伝統文化遺蹟の保存継承に対して」『文化財』第 11 号　文化財管理局

鄭澄元・申敬澈 1983a『東莱福泉洞古墳群Ⅰ―図面・図版―』釜山大学校博物館遺蹟調査報告第 5 輯

鄭澄元・申敬澈 1983b『東莱福泉洞古墳群Ⅰ―本文―』釜山大学校博物館遺蹟調査報告第 5 輯

鄭澄元・申敬澈 1987『咸陽白川里 1 号墳』釜山大学校博物館遺蹟調査報告第 10 輯

東亜大學校博物館 1992『昌寧校洞古墳群』古蹟調査報告書第 21 冊
東国大学校慶州キャンパス博物館 1999『皇吾洞百遺蹟現場説明会資料』
東国大学校慶州キャンパス博物館 2008『慶州皇吾洞 100 遺蹟Ⅰ』東国大学校慶州キャンパス博物館研究叢書第 29 冊
任孝宰 1966「慶州皇吾里一号古墳発掘調査概報」『文理大学報』第 12 巻第 2 号　ソウル大学校文理科大学学報編纂委員会
白弘基 1975「江陵草堂洞古墳群に対して」『江陵教育大学論文集』第 7 輯
ハンソクジョン 1960「咸鏡南道の由来未詳の山城と古墳に対して」『文化遺産』1960 年 2 号　科学院出版社
福泉博物館 2001『福泉博物館』
釜山大学校博物館 1983『東莱福泉洞古墳出土遺物展』
釜山大學校博物館 1990a『東莱福泉洞古墳群Ⅱ—図面・図版—』釜山大學校博物館遺蹟調査報告第 14 輯
釜山大學校博物館 1990b『東莱福泉洞古墳群Ⅱ—本文—』釜山大學校博物館遺蹟調査報告第 14 輯
文化財管理局 1975『慶州天馬塚発掘調査報告書』
文化財管理局 1977『文化遺蹟総覧』中巻
文化財管理局 1978『雁鴨池』
文化財管理局 1982『皇龍寺』（図版編）遺蹟発掘調査報告書Ⅰ
文化財管理局 1984『皇龍寺』遺蹟発掘調査報告書Ⅰ
文化財管理局文化財研究所 1985『皇南大塚Ⅰ（北墳）発掘調査報告書』
文化財管理局文化財研究所 1993『皇南大塚Ⅱ（南墳）発掘調査報告書（図版・図面篇）』
文化財管理局文化財研究所 1994『皇南大塚（南墳）発掘調査報告書（本文篇）』
文化財研究所 1990『全国文化遺蹟発掘調査年表増補版Ⅰ』
文化財研究所 1995『文化財研究所二十年史』
朴東百・秋淵植 1987『昌原道渓洞古墳群Ⅰ』昌原大学校博物館学術調査報告第 1 冊
朴日薫 1964「皇南里破壊古墳発掘調査報告」『皇吾里四・五号墳皇南里破壊古墳発掘調査報告』国立博物館古蹟調査報告第五冊
朴日薫 1969「皇南里 151 号墳」『慶州皇吾里第 1・33 号皇南里第 151 号古墳発掘調査報告』文化財管理局古蹟調査報告第二冊
朴日薫 1971「積石槨古墳発掘調査」『考古美術』109 号　韓国美術史学会
兪在恩 2000「江陵市草堂洞出土金属遺物保存」『保存科学研究』第 21 輯　国立文化財研究所

李殷昌 1975「味鄒王陵地区第 10 区域皇南洞第 110 号古墳発掘調査報告」『慶州地区古墳発掘調査報告書』第 1 輯　文化財管理局慶州史蹟管理事務所

李殷昌 1978「仁旺洞古墳発掘調査略報告」嶺南大学校博物館

李殷昌 1980「味鄒王陵地区第 4 地域古墳群」『慶州地区古墳発掘調査報告書』第 2 輯　文化財管理局慶州史蹟管理事務所

李殷昌・姜裕信 1992「慶州龍江洞古墳の研究―龍江洞古墳の発掘調査を中心として―」『古文化』第 40・41 合輯　韓国大学博物館協会

李漢祥 1994『5 〜 6 世紀新羅の辺境支配方式―装身具分析を中心に―』ソウル大学大学院文学碩士学位論文

李漢祥 1999「金工品を通じてみた 5 〜 6 世紀新羅の集権化過程」『東垣学術論文集』創刊号　韓国考古美術研究所

李熙濬 1995「慶州皇南大塚の年代」『嶺南考古学』第 17 輯

李熙濬 1997「土器による新羅古墳の分期と編年」『韓国考古学報』第 36 輯　韓国考古学会

李康承・李熙濬 1993『慶州隍城洞石室墳』国立慶州博物館・慶州市

李弘植 1954「延寿在銘新羅銀合杅に対する一・二の考察」『崔鉉培先生華甲記念論文集』

李鍾宣 1992「積石木槨墳の編年に対する諸論議」『韓国古代史論叢』第 3 集（『古新羅王陵研究』2000 学研文化社所収）

李尚律 1990「福泉洞 23 号墳出土の副葬遺物」『伽倻通信』第 19・20 号

李相洙 1995「三陟市の古墳遺蹟．陵墓」『三陟の歴史と文化遺蹟』関東大学校博物館学術叢書 9 冊

李南奭 2000『龍院里古墳群』公州大学校博物館学術叢書 00-03 公州大学校博物館　天安温泉開発・高麗開発

リャンイクリョン 1958「安辺龍城里古墳発掘報告」『文化遺産』1958 年 4 号　科学院出版社

嶺南大学校博物館 1983『慶尚押梁벌と嶺南大学校』

嶺南大学校博物館 1991『昌寧桂城里古墳群』

嶺南大學校博物館 2000『慶山林堂地域古墳群Ⅴ―造永 E1 号墳―』嶺南大學校博物館学術調査報告第 35 冊

嶺南大学校博物館 2002『慶山林堂地域古墳群Ⅵ』嶺南大学校博物館学術調査報告第 42 冊

嶺南大学校博物館 2003『慶山林堂地域古墳群Ⅶ』嶺南大学校博物館学術調査報告第 44 冊

嶺南大學校博物館 2005『慶山林堂地域古墳群Ⅷ―林堂 7 号墳―』嶺南大学校博物館学術調査報告第 48 冊
嶺南大学校博物館・韓国土地開発公社慶北支社 1994『慶山林堂洞古墳群Ⅱ―造永 EⅢ-8 号墳外―』嶺南大学校博物館学術調査報告第 19 冊
嶺南大學校博物館・韓国土地公社 1999『慶山林堂地域古墳群Ⅳ―造永 CⅠ・Ⅱ号墳―』嶺南大學校博物館学術調査報告第 25 冊
嶺南大学校博物館・韓国土地公社 2000『慶山林堂地域古墳群Ⅴ―造永 EⅠ号墳―』嶺南大学校博物館学術調査報告第 35 冊
嶺南大学校博物館・大邱広域市都市開発公社 1999a『時至の文化遺蹟Ⅱ―古墳群 1 本文―』嶺南大学校博物館学術調査報告第 27 冊
嶺南大学校博物館・大邱広域市都市開発公社 1999b『時至の文化遺蹟Ⅲ―古墳群 2 本文―』嶺南大学校博物館学術調査報告第 28 冊
嶺南文化財研究院 1999a『慶州舍羅里遺蹟Ⅰ（本文）』嶺南文化財研究院学術調査報告第 19 冊
嶺南文化財研究院 1999b『慶州城東洞 386-6 番地生活遺蹟』嶺南文化財研究院学術調査報告第 16 冊
嶺南文化財研究院 2004『高霊池山洞古墳群Ⅰ』嶺南文化財研究院学術調査報告第 70 冊
嶺南文化財研究院 2005『達城汶山里古墳群Ⅰ―Ⅱ地区 M1・M2 号墳―』嶺南文化財研究院学術調査報告第 96 冊
嶺南文化財研究院 2006a『高霊池山洞古墳群Ⅱ』嶺南埋蔵文化財研究院学術調査報告第 108 冊
嶺南文化財研究院 2006b『高霊池山洞古墳群Ⅲ』嶺南埋蔵文化財研究院学術調査報告第 109 冊
嶺南埋蔵文化財研究院・高霊郡 1998『高霊池山洞 30 号墳』嶺南埋蔵文化財研究院学術調査報告第 13 冊

中文
偃師商城博物館 1993「河南偃師両座北魏墓発掘簡報」『考古』1993 年第 5 期
河南省博物館 1972「河南安陽北斉范粋墓発掘簡報」『文物』1972 年第 1 期
河南省文物研究所安陽文管会 1987「安陽北斉和紹隆夫婦合葬墓清理簡報」『中原文物』1987 年第 1 期
河北省滄州地区文化館 1984「河北省呉橋四座北朝墓葬」『文物』1984 年第 9 期
吉林省文物工作隊・集安県文物管理所 1982「集安長川 1 号壁画墓」『東北考古與歷

史』1982 年第 1 輯
荊州地区博物館 1973「湖北江陵藤店一号墓発掘簡報」『文物』1973 年第 9 期
湖南省博物館 1963「湖南省常徳徳山楚墓発掘報告」『考古』1963 年第 9 期
湖南省博物館 1972「長沙瀏城橋一号墓」『考古学報』1972 年第 1 期
湖南省博物館・中国社会科学院考古研究所 1974「長沙馬王堆二・三号漢墓発掘簡報」『文物』1974 年第 7 期
湖南省文物管理委員会 1954「長沙左家公山的戦国木槨墓」『文物参考資料』1954 年第 12 期
湖南省文物管理委員会 1957「長沙出土的三座大型木槨墓」『考古学報』1957 年第 1 期
湖北省荊州地区博物館 1984『江陵雨台山楚墓』中国田野考古報告集考古学専刊丁種第 27 号
湖北省文化局文物工作隊 1966「湖北江陵三座楚墓出土大批重要文物」『文物』1966 年第 5 期
山西省文物工作委員会・雁北行政公署文化局・大同市博物館 1980「山西渾源畢村西漢木槨墓」『文物』1980 年第 6 期
山東省文物考古研究所 1989「済南市東八里洼北朝壁画墓」『文物』1989 年第 4 期
磁県文化館 1977「河北磁県東陳村東魏墓」『考古』1977 年第 6 期
磁県文化館 1979「河北磁県北斉高潤墓」『考古』1979 年第 3 期
磁県文化館 1984「河北磁県東魏茹茹公主墓発掘簡報」『文物』1984 年第 4 期
始皇陵秦俑坑考古発掘隊 1975「臨潼県秦俑坑試掘第一号簡報」『文物』1975 年第 11 期
始皇陵秦俑坑考古発掘隊 1978「秦始皇陵東側第二号兵馬俑坑鑽探試掘簡報」『文物』1978 年第 5 期
四川省文物管理委員会 1956「在四川徳陽県収集的漢画像塼」『文物参考資料』1956 年第 7 期
襄陽首届亦工亦農考古訓練班 1976「襄陽蔡坡十二号墓出土呉王夫差剣等文物」『文物』1976 年第 11 期
新疆維吾爾自治区博物館 1960「新疆民豊県北大沙漠中古遺址墓葬区東漢合葬墓清理簡報」『文物』1960 年第 6 期
新疆維吾爾自治区博物館編 1975『新疆出土文物』
陝西省博物館・陝西省文物管理委員会 1974a『唐李賢墓壁画』
陝西省博物館・陝西省文物管理委員会 1974b『唐李重潤墓壁画』
中国科学院考古研究所編 1957『長沙発掘報告』中国田野考古報告集考古学専刊丁種第 2 号

中国社会科学院考古学研究所安陽工作隊 1983「安陽孝民屯晋墓発掘報告」『考古』1983 年第 6 期
中国社会科学院考古研究所・河北省文物研究所・鄴城考古工作隊 1990「河北磁県湾漳北朝墓」『考古』1990 年第 7 期
陳文章 1958「河南鄧県発現北朝七色彩絵画像塼墓」『文物参考資料』1958 年第 6 期
方起東 1964「吉林輯安麻線溝 1 号壁画墓」『考古』1964 年第 10 期
洛陽市文物工作隊 1995「洛陽孟津北陳村北魏壁画墓」『文物』1995 年第 8 期
遼寧省博物館文物隊・朝陽地区博物館文物隊・朝陽県文化館 1984「朝陽袁台子東晋壁画墓」『文物』1984 年第 6 期
遼寧省文物考古研究所 2002『三燕文物精粋』
黎瑶渤 1973「遼寧省北票県西官営子北燕馮素弗墓」『文物』1973 年第 3 期

欧文

Akio Ito（伊藤秋男）1971 "Zur Chronologie der Früsilla zeitlichen Gräber in Südkorea", München.
Sir A. Stein 1928 "Innermost Asia, Vol. III Plates and Plans"
Tadashi Sekino（関野貞）1931 "Ancient Remains and Relies in Korea" Japan Council of Institute of Pacific Relations（太平洋問題調査会）.

図版出典一覧

第1部第2章
図1　筆者作成
図2　朝鮮総督府1916、277p 812
図3　定森秀夫・吉井秀夫・内田好昭1990、73p 第2図

第1部第3章
図1　関野貞フィールドカード20-042（東京大学総合研究博物館所蔵）

第2部第1章
図1　奥田悌1920 折込図「慶州附近古蹟地図」より改変
図2　斎藤忠1937a、図版第二
図3　秦弘燮1969、墓槨平面及断面図
図4　文化財管理局文化財研究所1993、図面4下
図5　金廷鶴・鄭澄元1975、222p 挿図14
図6-1、2、3　筆者実測
図6-4　金廷鶴・鄭澄元1975、224p 挿図15②A
図7　尹世英1975、95p 図1
図8-1　斎藤忠1937a、図版二五(二)右から2番目
図8-2　斎藤忠1937a、図版二五(二)右から1番目
図8-3　斎藤忠1937a、図版二五(三)右から4番目
図8-4　斎藤忠1937a、図版二五(二)右から6番目
図8-5　斎藤忠1937a、図版二五(二)右から5番目
図8-6　斎藤忠1937a、図版二四(二)右から3番目
図8-7　斎藤忠1937a、図版二四(二)右から2番目
図8-8　斎藤忠1937a、図版二四(一)右から4番目
図8-9　斎藤忠1937a、図版二五(一)右から3番目
図8-10　斎藤忠1937a、図版二四(三)右から1番目
図8-11　斎藤忠1937a、図版二四(三)右から5番目
図9-1　秦弘燮1969、93p 図版5-25/1左
図9-2　秦弘燮1969、93p 図版5-25/2中
図9-3　秦弘燮1969、93p 図版5-29下
図9-4　秦弘燮1969、93p 図版5-28中
図9-5　秦弘燮1969、93p 図版5-24/1
図9-6　秦弘燮1969、100p 図版12-66左
図9-7　秦弘燮1969、101p 図版13-70右端
図9-8　秦弘燮1969、105p 図版17-94/1右
図9-9　秦弘燮1969、104p 図版16-90左
図9-10　秦弘燮1969、104p 図版16-90右
図10-1　国立慶州博物館・慶北大学校博物館1990、147p 図面71⑤
図10-2　国立慶州博物館・慶北大学校博物館1990、149p 図面72①
図10-3　国立慶州博物館・慶北大学校博物館1990、149p 図面72②
図10-4　国立慶州博物館・慶北大学校博物館1990、144p 図面68①
図10-5　国立慶州博物館・慶北大学校博物館1990、147p 図面71②
図10-6　国立慶州博物館・慶北大学校博物館1990、149p 図面72④
図11　国立慶州博物館・慶北大学校博物館1990、176p 図面86⑩
図12-1　国立慶州博物館・慶北大学校

博物館 1990、204p 図面 102 ④
図 12-2　国立慶州博物館・慶北大学校博物館 1990、202p 図面 101 ⑪
図 12-3　国立慶州博物館・慶北大学校博物館 1990、200p 図面 100 ⑤
図 13-1　国立慶州博物館・慶北大学校博物館 1990、198p 図面 99 ⑧
図 13-2　国立慶州博物館・慶北大学校博物館 1990、196p 図面 98 ③
図 13-3　国立慶州博物館・慶北大学校博物館 1990、196p 図面 98 ④
図 14-1、2、3、4　筆者実測
図 15-1、2、3　筆者実測
図 16-1　李殷昌 1975、375p 図版 22 ④
図 16-2　李殷昌 1975、368p 図版 19 ② 右
図 16-3　李殷昌 1975、369p 図版 19 ④ 左端
図 17　筆者実測
図 18　筆者撮影
図 19-1　文化財管理局文化財研究所 1993、図面 187 ①
図 19-2　文化財管理局文化財研究所 1993、図面 81 ②
図 19-3　文化財管理局文化財研究所 1993、図面 144 ⑤
図 19-4　文化財管理局文化財研究所 1993、図面 146 ⑤
図 19-5　文化財管理局文化財研究所 1993、図面 140 ⑦
図 20-1　国立慶州博物館・慶北大学校博物館 1990、36p 図面 9 ②
図 20-2　国立慶州博物館・慶北大学校博物館 1990、28p 図面 5 ⑧
図 20-3　国立慶州博物館・慶北大学校博物館 1990、28p 図面 5 ④
図 21-1　文化財管理局 1975、143p 図 128 ①
図 21-2　文化財管理局 1975、143p 図 128 ⑥
図 21-3　文化財管理局 1975、143p 図 128 ⑩
図 22-1　梅原末治 1932、第四十二図 7

図 22-2　梅原末治 1932、第四十二図 4
図 22-3　梅原末治 1932、第四十一図 6
図 23-1　国立慶州博物館・慶北大学校博物館 1990、186p 図面 92 ②
図 23-2　国立慶州博物館・慶北大学校博物館 1990、185p 図面 91 ③
図 23-3　国立慶州博物館・慶北大学校博物館 1990、192p 図面 94 ②
図 24　梅原末治 1932、第八十図 8
図 25-1　斎藤忠 1937a、35p 第一八図
図 25-2　黎瑤渤 1973、9p 図一三
図 26-1　文化財管理局 1984、222p 挿図 54
図 26-2　文化財管理局 1984、223p 挿図 59
図 26-3　文化財管理局 1984、223p 挿図 58
図 26-4　文化財管理局 1984、223p 挿図 56
図 26-5　文化財管理局 1984、224p 挿図 64
図 26-6　文化財管理局 1984、215p 挿図 11
図 26-7　文化財管理局 1984、223p 挿図 60
図 26-8　文化財管理局 1984、223p 挿図 57
図 26-9　文化財管理局 1984、224p 挿図 62
図 26-10　文化財管理局 1984、224p 挿図 63
図 26-11　文化財管理局 1984、222p 挿図 55

第 2 部第 2 章
図 1-1　筆者作成
図 1-2　金正基・李鍾哲 1971、20p を編集
図 1-3　朝鮮総督府 1916、310p944、945、946 をトレース編集
図 1-4　金正基・李鍾哲 1971、21p 実測図左
図 1-5　金正基・李鍾哲 1971、21p 実測

図版出典一覧　361

図右
図 1-6　金正基・李鍾哲 1971、21p 図 3
図 1-7　金正基・李鍾哲 1971、22p 図 4
図 2-1、2、3、4　定森秀夫氏提供
図 3-1、2、3、4　定森秀夫氏提供
図 4-1、2、3、4、5、6、7　筆者実測
図 5-1　筆者実測
図 5-2　李相洙 1995、171p 図 3 ②
図 5-3　李相洙 1995、171p 図 3 ③
図 5-4　李相洙 1995、172p 図 4 ①
図 5-5　李相洙 1995、170p 図 2 ①
図 5-6　李相洙 1995、171p 図 2 ②
図 5-7　李相洙 1995、171p 図 3 ①
図 6-1　崔淳雨 1978、241p 図 12
図 6-2　崔淳雨 1978、238p 図 4
図 6-3　金秉模 1971、28p 図 12
図 6-4　池賢柄・高東淳・金ジャンホン 1995、225p 写真 15 上から三段目右端
図 6-5　池賢柄・高東淳・金ジャンホン 1995、225p 写真 15 最上左端
図 6-6　池賢柄・高東淳・金ジャンホン 1995、224p 写真 14 下左
図 6-7　池賢柄・高東淳・金ジャンホン 1995、224p 写真 14 下右
図 7-1　李殷昌 1975、369p 図版第 19 ④ 左端
図 7-2　李殷昌 1975、369p 図版第 19 ④ 左から 2 番目
図 7-3　金廷鶴・鄭澄元 1975、232p 図版 3 ③
図 7-4　金廷鶴・鄭澄元 1975、242p 図版 13 ③
図 7-5　金廷鶴・鄭澄元一 1975、232p 図版 3 ⑧
図 7-6　金廷鶴・鄭澄元 1975、262p 図版 33 ④
図 7-7　金廷鶴・鄭澄元 1975、232p 図版 3 ⑥
図 7-8　有光教一 1935、図版第三三下段左
図 7-9　文化財管理局 1975、図版 101-2 左端
図 7-10　李殷昌 1975、390p 図版第 32 ③
図 7-11　斎藤忠 1937a、図版第二四(三)右から 1 ～ 3 番目
図 7-12　秦弘燮 1969、93p28
図 7-13　金廷鶴・鄭澄元 1975、251p 図版 22 ⑤～⑥の左

第 2 部第 3 章
図 1　金鍾徹 1981、26p 第 10 図
図 2　斉藤優 1979、41p 第 12 図下
図 3　嶺南埋蔵文化財研究院・高霊郡 1998、101p 図面 46
図 4　金鍾徹 1979、216p 図 11
図 5　文化財管理局文化財研究所 1985、図面 11
図 6　文化財管理局文化財研究所 1993、図面 21
図 7　金鍾徹 1981、22p 第 7 図 52
図 8　国立慶州博物館・慶北大学校博物館 1990、55p 図面 19 ③
図 9　国立慶州博物館・慶北大学校博物館 1990、315p 図面 165 ②
図 10　国立慶州博物館・慶北大学校博物館 1990、60p 図面 21 ②
図 11　文化財管理局文化財研究所 1985、図面 35-1
図 12　網干善教 1962、44p 第 23 図 1、2
図 13　樋口隆康・岡崎敬・宮川徙 1961、17p 第 21 図
図 14　児玉真一 2005、21p 第 13 図 6
図 15　西田弘・鈴木博司・金関恕 1961、50p 第二八図
図 16　文化財管理局文化財研究所 1993、図面 42 ①上段右端
図 17　文化財管理局文化財研究所 1993、図面 44 ①上段右端
図 18　俞在恩 2000、93pPhoto21 より筆者トレース
図 19　嶺南大学校博物館 2005、305p 図面 68-114
図 20　文化財管理局文化財研究所

1994、100p 挿図 39 下段の一部
図21　文化財管理局文化財研究所 1993、図面 110 の一部
図22　遼寧省文物考古研究所 2002、図版 57-46 左
図23　国立慶州博物館・慶北大学校博物館 1990、163p 図面 82 ③
図24　国立慶州博物館・慶北大学校博物館 1990、163p 図面 82 ④
図25　国立慶州文化財研究所 2002、191p 図面 110-2
図26　国立慶州文化財研究所 2002、191p 図面 105-1
図27　嶺南大学校博物館・韓国土地開発公社慶北支社 1994、145p 図面 66-1〜6
図28　李南奭 2000、107p 図面 47 ①
図29　慶尚大学校博物館 1997、図面 36-105
図30　宮崎市教育委員会 1977、12p 第 5 図①②
図31　慶尚大学校博物館 1997、図面 83-200
図32　野上丈助 1983、258p 第 25 図の一部
図33　慶尚大学校博物館 1990、97p 図面 44 ①

第 3 部第 1 章
図1　筆者作成
図2　梅原末治 1941、25p 第一一図 3
図3　北郷泰道 1980、3p 第 2 図
図4　真野和夫他 1973、39p 第 33 図
図5　木下之治 1968、46p 第 49 図、第 50 図を改変
図6　末永雅雄 1934、269p 第一一三図
図7　筆者実測
図8　宮崎勇蔵 1935、第五図右下
図9　筆者実測
図10　筆者実測
図11　原田大六 1958、99p 第三三図
図12　岡田敏彦 1984、111p 第 26 図
図13　末永雅雄 1934、274p 第一一五図、村井嵓雄 1972　12p 第 27 図
図14　末永雅雄 1934、273p 第一一四図
図15　鎌木義昌・亀田修一 1986、273p 図 276
図17　村上幸雄 1987、11p 第 7 図
図18　村上幸雄 1987、第 11 図に筆者実測を追加
図19　近藤義郎 1986、325p 図 326
図20　近藤義郎 1954、102p と 103p の間の折込第 39 図
図21　近藤義郎 1954、131p 第 52 図
図22　八賀晋 1982、53p 第 21 図
図23　野上丈助 1977、227p
図24　神戸市教育委員会 1986、8p
図25　筆者実測
図26　樋口隆康・西谷真治・小野山節 1959、95p 第 30 図
図27　伊達宗泰・小島俊次 1956、23p 第十六図、第十七図
図28　堀田啓一 1981a、289p 第 307 図
図29　河上邦彦 1984、44p 第四三図
図30　筆者実測
図31　吉岡康暢 1976、第 4 図 14
図32　筆者実測
図33　久永春男 1966、33p 挿図第 23
図34　坪井正五郎 1903、第四図（い）
図35　千家和比古 1980、77p 第 28 図
図36　中村恵次 1978、181p 第 35 図
図37　山田友治 1975、14p 第 8 図に筆者実測を追加
図38　杉山晋作氏より実測図の提供を受け、筆者トレース
図39　千葉県立房総風土記の丘 1983、14p
図40　大金宣亮他 1986、31p 第一三図
図41　大金宣亮他 1986、22p 第一〇図
図42　崔鍾圭 1987、62p 図 2 ②③
図43　崔鍾圭 1987、62p 図 2 ④〜⑦
図44　金鍾徹 1981、59p 第 26 図㊼
図45　金鍾徹 1981、151p 第 70 図②
図46　金鍾徹 1981、101p 第 45 図⑰⑱㉑
図47　金鍾徹 1981、94p 第 42 図

図版出典一覧　363

図48　東洋文庫所蔵梅原考古資料 No.10216
図49　鄭澄元・申敬澈 1987、51p 図面 30-1 ～ 3
図50　鄭澄元・申敬澈 1983a、75p 図面 54 ⑦～⑫
図51　全玉年 1985、84p 第 2 図 5、86p 第 3 図 1、2
図52　全玉年 1985、84p 第 2 図 1 ～ 4、86p 第 3 図 3 ～ 7
図53　全玉年 1985、82p 第 1 図
図54　朴東百・秋淵植 1987、138p 図 48
図55　朴東百・秋淵植 1987、145p 図 51、147p 図 52、150p 図 53 ①②
図56　穴沢咊光・馬目順一 1973、26p 第 16 図
図57　野守健・神田惣蔵 1935、11p 第四図 (1)、15p 第五図
図58　金日成綜合大学考古学及民俗学講座 1973、309p 図 292、310p 図 293 右
図59　方起東 1964、526p 図七 1
図60　筆者実測
図61　筆者実測
図62　崔鍾圭 1987、62p 図 2 ⑧
図63-1　湖北省文化局文物工作隊 1966、55p 図 27 右上
　　 2　湖南省文物管理委員会 1954、11p 図十左
　　 3　湖北省荊州地区博物館 1984、86p 図六六
　　 4　始皇陵秦俑坑考古発掘隊 1975、9p 図一三
　　 5　始皇陵秦俑坑考古発掘隊 1978、16p 図一五
　　 6　湖南省博物館・中国社会科学院考古研究所 1974、図版拾参
図64-1　荊州地区博物館 1973、14p 図一九右
　　 2　新疆維吾爾自治区博物館編 1975、三〇右
図65-1　磁県文化館 1984、3p 図三 4

　　 2　河南省文物研究所安陽文管会 1987、10p 図一 1
　　 3　河北省滄州地区文化館 1984、36p 図六二
　　 4　河北省滄州地区文化館 1984、36p 図六三
　　 5　磁県文化館 1979、239p 図五 1
　　 6　河南省博物館 1972、53p 図一〇
　　 7　河南省博物館 1972、53p 図一一
　　 8　河南省博物館 1972、53p 図一二
　　 9　天理大学附属参考館編 1984、16
図66　科学院考古学及民俗学研究所 1958、図版 XXVII
図67　崔鍾圭 1987、71p 図 11-③
図68　猪熊兼勝・久野邦雄・山脇功・岡邦祐 1967、188p 第 68 図
図69　鄭澄元・申敬澈 1983a、72p 図面 51 ⑧、73p 図面 52 ①
図70-1　朱栄憲 (永島暉臣慎訳) 1972、図 41-2
　　 2　吉林省文物工作隊・集安県文物管理所 1982、160p 図四
　　 3　朱栄憲 1963、図版 LXXⅢ 2
　　 4　朝鮮総督府 1915b、167p 五四二
　　 5　張相烈・金相赫・朴晋煌 (高寛敏訳) 1985、57p 図 12
図版出典
1 ①　梅原末治 1941、図版第一四 (一)
1 ②　筆者撮影
1 ③　筆者撮影
2 ①　筆者撮影
2 ②　筆者撮影
3 ①　筆者撮影
3 ②　筆者撮影
4 ①　末永雅雄 1941、図版第六五
4 ②　東京国立博物館写真原板 No.35308
5 ①　筆者撮影
5 ②　村上幸雄 1987、図版 10-1
6 ①　松本正信・加藤史郎 1970、32p
6 ②　東京国立博物館写真原板 No.125153
6 ③　京都府埋蔵文化財調査研究セン

ター・京都府立山城郷土資料館編 1987、45p123
6④　筆者撮影
7①　筆者撮影
7②　筆者撮影
7③　筆者撮影
8①　筆者撮影
8②　筆者撮影
8③　筆者撮影
9①　筆者撮影
9②　東京国立博物館写真原板 No.125151
10①　筆者撮影
10②　筆者撮影
10③　筆者撮影
11①　小沢洋 1983　44p 図版 10
11②　千葉県立房総風土記の丘 1983、14p31
11③　嶺南大学校博物館 1983、8p 左上
11④　浜田耕作・梅原末治 1922、図版第一三第二三図
11⑤　東洋文庫所蔵梅原考古資料 No.10217
11⑥　東洋文庫所蔵梅原考古資料 No.10218
12①　国立慶州博物館 1986、82p134
12②　釜山大学校博物館 1983、114
12③　趙栄済 1986、50p 上右
12④　東洋文庫所蔵梅原考古資料 No.3355
13①　洪鍾郁・林善基・車載善・文尚勲 1987、84p 上（修理前）
13②　東京国立博物館写真原板 No.125149
13③　東京国立博物館写真原板 No.83531
13④　東京国立博物館写真原板 No.83533
13⑤　東京国立博物館写真原板 No.83532
14①　遼寧省博物館・朝陽地区博物館文物隊・朝陽県文化館 1984、図版伍 1 上

14②　Sir A. Stein 1928、CVII Ast vi. 3.05
15①　佐藤小吉・末永雅雄 1930、図版第四四右上
15②　東京国立博物館写真原板 No.54444（原品天理大学附属参考館所蔵）
15③　東京国立博物館写真原板 No.72935
16①　東京国立博物館写真原板 No.22929
16②　帝室博物館 1937、第一三図中
16③　帝室博物館 1937、第二三図右

第 3 部第 2 章
図 1　筆者撮影
図 2～図 7　早川泰弘作成

初出一覧

初出掲載誌は以下の通りであるが、正誤訂正、タイトル、文章の一部表現変更などの作業を行っている。

第1部
第1章「新羅の考古学調査「100年」の研究」『朝鮮史研究会論文集』第39号、朝鮮史研究会、2001年
第2章「関野貞の朝鮮古蹟調査」『精神のエクスペディシオン』東京大学総合研究博物館、1997年
第3章「関野貞の朝鮮古蹟調査（2）―大正二年朝鮮古蹟調査略報告―」『韓国朝鮮文化研究』第10号、東京大学大学院人文社会系研究科韓国朝鮮文化研究室、2007年

第2部
第1章　書き下ろし
第2章「三国時代・江原道の古墳と土器―関野貞資料土器とその歴史的意義」『朝鮮文化研究』第4号、東京大学文学部朝鮮文化研究室、1997年
第3章「装身具よりみた日韓の暦年代」『日韓古墳・三国時代の年代観（Ⅱ）』釜山大学校博物館・国立歴史民俗博物館、2007年

第3部
第1章「古代東アジアの盛矢具」『東京国立博物館紀要』第23号、東京国立博物館、1988年
第2章「日韓硬玉製勾玉の自然科学的分析」『朝鮮学報』第162輯、朝鮮学会、1997年〔早川泰弘共著（現在国立文化財機構東京文化財研究所分析科学室長）〕

あとがき

　大学に入学した1971年の7月に、韓国で百済の武寧王の王陵が発掘され、翌72年の3月には奈良県で高松塚の壁画が発見された。この二つの出来事は、日本の古墳時代研究の眼を東アジアに向けさせることになった。大学で古墳時代を専攻しようとしていた私は、1975年に初めて韓国を訪問した。公州では百済王の陵墓と考えられている宋山里古墳群のなかにある武寧王陵を見学し、慶州では国立博物館慶州分館が東部洞から仁旺洞に移転して国立慶州博物館として開館したときにあたり、新羅古墳出土品の陳列を見学することができた。また、98号墳（のちに皇南大塚と呼ばれる）が発掘中で南墳の木棺内の調査が進み、被葬者が着装したままの副葬品を見学することができた。このときの情景はいまでも脳裏に焼き付いており、漆黒のなかで硬玉製大形勾玉、金製帯金具、環頭大刀などが輝いていた。98号墳の見学をしたのち、すぐ隣の155号墳（のちに天馬塚と呼ばれる）の復元工事も見学した。古墳時代研究には、東アジアからの視点が必要であると考えていた私は、大学院に入学すると朝鮮半島の考古学を学び始めた。ちょうどそのころ、東京では鄭漢徳先生、田村晃一先生を中心に学生達が集まり東北アジア考古学研究会を組織して、韓国の発掘報告書や北朝鮮の文献を講読したり、各自の研究発表などを行い始めた。この会は現在も続いており、私自身そのなかで育てられたといってもよい。1990年からは、九州、大阪、京都、東京の各研究会が年1回集まり朝鮮半島の考古学研究の交流会を開き、活発な研究発表が行われている。

　学部時代は中国考古学専攻の故関野雄先生にお世話になった。先生は、学生時代に朝鮮をやろうと思って済州島にも行ったが、親爺（関野貞：関野雄先生はいつも父親のことをおやじと呼んでいた）が朝鮮の建築・考古・美術を研究していたのでぼくは中国にした、と言われていた。

　大学院に入ると、偶然にも工学部建築学科に関野貞が調査した韓国の下詩洞

古墳群出土の土器があることを知り、建築学科職員であった田中晶さんのお世話により調査させていただいた。そのころ日本で韓国の発掘品を手にとって見る機会はあまりなかったので、1975年の慶州での体験とあわせて、新羅考古学の研究を志すようになった。修士論文は「新羅土器の編年研究」であり、この時の土器編年がその後の研究の軸となった。

東京国立博物館東洋課に就職すると、(財)小倉コレクション保存会が1981年7月20日に寄贈した朝鮮考古資料の整理と調査を担当することになった。翌年3月1日に写真と総目録をのせた『寄贈小倉コレクション目録』を刊行した。目録には資料の名称を書かねばならないが、私のこれまでの知識のなかで名称と用途が不明の金具の存在が気にかかり調べていくうちに、盛矢具の金具であることがわかった。博物館業務では、韓国に行くよりも韓国から日本に来た研究者の対応が多かったが、そのなかで多くの友人ができ、盛矢具の調査でもその方々に大変お世話になった。また1983年の「韓国古代文化展」、1990年の故李方子女史に由来する服飾等の譲渡、1992年の「伽耶文化展」では、その都度国立中央博物館の故韓炳三先生にお世話になった。業務では列品の購入と修理、保存も大切な仕事である。その事前調査では材質・技法・錆の進行などを調べるため科学的分析も必要になり、隣にある文化財研究所にはいつもお世話になった。そればかりではなく硬玉製勾玉の分析では、忙しいなかを早川泰弘先生に時間を割いていただき、私が納得するまで付き合っていただいた。

大学に移ると今までの環境とは大いに変わった。博物館では、展覧会は1年以上も前から準備をはじめ直前3カ月が集中期間であり、平常展示は6カ月交替で、一つの仕事が長いのに対して、大学では授業が毎週同じ時間にあるので、1週間周期の生活となった。大学院生の時に調査した関野貞資料が気にかかり調べてみると、土器以外にも考古遺物、高句麗古墳壁画模写、ガラス乾板、実測図面がそのなかにあり、建築学科の藤井恵介先生と一緒に整理・調査することになった。調査にあたり、まず関野貞について調べたのが第1部第2章である。調べていくうちに、古蹟調査委員会議案や報告原稿などの新しい資

料が発見され、それをもとにまとめたのが第1部第1章と3章である。ご子息の関野雄先生が亡くなられた後に整理した遺品のなかにも関野貞資料があり、遺族の方から東京大学に寄贈していただいた。整理がようやく一段落ついたところで、2005年に東京大学総合研究博物館で「関野貞アジア踏査」という展覧会を開催した。さらに2009年には、日記類をまとめて『関野貞日記』(828頁)を中央公論美術出版から刊行した。

　授業では日本史、東洋史や考古学を専攻する学生が多いが、朝鮮考古学に関しては初めてということで、最初の頃は概説を講義した。できるだけ新しい発掘成果と研究を取り入れておこない、2000年にはそれをまとめて『朝鮮半島の考古学』として同成社から刊行した。この縁もあり、今回も同成社の山脇洋亮さんに出版をお願いし、制作にあたっては同社の加治恵さんのお手をわずらわした。

　大学には博物館にはないサバティカル制度があり、それを利用して韓国に長期滞在して研究することができた。慶州の味鄒王陵地区の気になっていた土器を発掘した釜山大学校博物館に拠点をおき、申敬澈先生の配慮で土器を調査させていただいた。慶北大学校博物館でも味鄒王陵地区の土器を調査することができ、李熙濬先生、朴天秀先生にお世話になった。

　これまでの考古学研究を通じて、物(発掘・遺物)と人との出会いがいかに大切であるかを学んだ。今後も、この宝物を大切にして研究を進めていきたいと思っているが、この場を借りてお世話になったすべての方々に心よりお礼を申し上げたい。

　なお、第3部第1章の盛矢具の調査にあたり、以下の機関と人々にお世話になった。記して感謝の意を表したい(敬称略、順不同、下線は物故者)。

　九州大学、佐賀県有明町教育委員会、福岡県立浮羽高校、吉井町教育委員会、岡山県立博物館、岡山県総社市教育委員会、千葉県立房総風土記の丘資料館、千葉県立上総博物館、福井県上中町教育委員会、福井市教育委員会、石川県立歴史博物館、富山県氷見市教育委員会、韓国国立中央博物館、国立慶州博物館、国立文化財研究所、啓明大学校博物館、慶尚大学校博物館、東亜大学校博物館、釜山大学校博物館、嶺南大学

校博物館、昌原大学校博物館、吉林省博物館

　西谷正、真野和夫、石山勲、正岡睦夫、臼井洋輔、村上幸雄、神谷正弘、高橋裕、戸澗幹夫、大野究、中司照世、杉山晋作、堀部昭夫、山口直樹、田村晃一、大橋泰夫、三輪嘉六、安藤孝一、本村豪章、望月幹夫、韓炳三、池健吉、李健茂、韓永煕、李康承、崔鍾圭、趙由典、尹根一、李午熹、姜大一、鄭澄元、申敬澈、宋桂鉉、禹順姫、秋淵植、金鍾徹、金若秀

　　2010年3月

　　　　　　　　　　　　　　　　　　　　　　　　　早乙女雅博

新羅考古学研究
しらぎこうこがくけんきゅう

■著者略歴■

早乙女雅博（さおとめ・まさひろ）
1952年　神奈川県に生まれる。
1981年　東京大学大学院人文科学研究科博士課程単位取得退学
　　　　東京国立博物館学芸部東洋課北東アジア室長をへて
現　在　東京大学大学院人文社会系研究科韓国朝鮮文化研究専攻・
　　　　准教授

〈主要著作論文〉
『朝鮮の歴史〈新版〉』（共著）三省堂、1995年。『世界美術大全集東洋編10』（共著）小学館、1998年。『朝鮮半島の考古学』同成社、2000年。『古代朝鮮の考古と歴史』（共編著）雄山閣、2002年。『関野貞アジア踏査』（共編著）東京大学出版会、2005年。『高句麗壁画古墳』（監修）共同通信社、2005年。『関野貞日記』（共著）中央公論美術出版、2009年。

2010年5月15日発行

著　者　早乙女雅博
発行者　山　脇　洋　亮
印　刷　三美印刷㈱
製　本　協栄製本㈱

発行所　東京都千代田区飯田橋4-4-8
　　　　（〒102-0072）東京中央ビル　㈱同成社
　　　　TEL 03-3239-1467　振替 00140-0-20618

©Saotome Masahiro 2010. Printed in Japan
ISBN978-4-88621-514-7 C3022